中原文化概论

吴 涛 著

中原出版传媒集团
大地传媒

大象出版社
·郑州·

图书在版编目(CIP)数据

中原文化概论 / 吴涛主编.— 郑州 : 大象出版社,
2017. 4

ISBN 978-7-5347-9195-6

Ⅰ. ①中… Ⅱ. ①吴… Ⅲ. ①文化史—河南—高等学
校—教材 Ⅳ. ①K296. 1

中国版本图书馆 CIP 数据核字(2017)第 052867 号

中原文化概论

吴 涛 著

出 版 人 王刘纯
责任编辑 郑强胜
责任校对 钟 骄
书籍设计 王 敏

出版发行 大象出版社(郑州市开元路 16 号 邮政编码 450044)
发行科 0371-63863551 总编室 0371-65597936
网 址 www.daxiang.cn
印 刷 新乡市豫北印务有限公司
经 销 各地新华书店经销
开 本 787mm×1092mm 1/16
印 张 25.5
字 数 408 千字
版 次 2017 年 4 月第 1 版 2017 年 4 月第 1 次印刷
定 价 49.00 元
若发现印、装质量问题,影响阅读,请与承印厂联系调换。
印厂地址 新乡县翟坡镇兴宁村
邮政编码 453000 电话 0373-5635065

前 言

打开中华人民共和国地图，河南省位于整个版图的中心，自古就有“中原”“中州”之称。

中原地区，自然条件得天独厚，冬无严寒，夏无酷暑，温暖适中，气候宜人。唐代杜佑在《通典》中言：“覆载之内，日月所临，华夏居土中，生物受气正。”

早在旧石器时代，中原地区就有人类在此繁衍生息。新近发现的许昌人，填补了中华大地人类进化链条中的空白。

进入新石器时代以后，中原地区更是成为华夏文明演进的中心区域。七千多年以前，裴李岗文化已经是典型的农业文明。古老的石磨盘，见证了那个时代农业生产的进步。随着粟的驯化种植，中原地区发生了一场革命性的变革，有学者称之为“农业革命”。自此而后，人们不仅是食物的消费者，也是食物的生产者，人类开始了稳定的定居生活，社会发生了深刻的变革，氏族逐渐形成，并走向繁盛。

继之而起的仰韶文化，是史前彩陶文化的顶峰。在中原大地上，发现了众多的仰韶文化遗址。20 世纪 20 年代，位于三门峡渑池县的仰韶遗址的发现，揭开了仰韶文化神秘的面纱。按照考古文化命名的原则，一般都用它的首先发现地命名。于是，这种以彩陶为特征的史前文化就被命名为仰韶文化。

仰韶文化遗址的发现带有一定的偶然性，但是从另外一个角度看，似乎又有着一定程度的必然。仰韶，这个不同寻常的地名，仿佛就在不断提醒世人，在这片神奇的土地下面必然埋藏着不为人知的秘密！而且，仰韶文化广泛地分布在黄河中下游地区。假如不是仰韶遗址，而是其他的遗址被最先发现，那么这一类型的文化将会失去一个非常典雅的命名。

进入龙山时代，中原地区文化的发展呈现出明显的加速趋势。尤其是在豫西一带，人们在与自然的搏斗中，逐渐组织起来，国家的雏形得以诞生。大禹治水的故事，主要就是发生于豫西地区。近年，王城岗遗址、新寨遗址等大型遗址的发现，揭示出那个时代先民们的生活画卷。

四千多年前，中国历史上第一个王朝——夏王朝的建立，宣告了中华民族进入了文明的时代。二里头遗址的发现，将夏王朝的历史从传说变成了史实。

自此而后，无论是从东方兴起的商王朝，还是从西方兴起的周王朝，都把统治的重心放在了中原地区。司马迁在《史记》中充满深情地说："昔三代之居，皆在河洛之间。"

商代早期的都城，偃师商城、郑州商城，见证了这个王朝逐步走向兴盛的脚步。安阳的殷墟，更是见证了这个王朝曾经的辉煌。后母戊大方鼎（又称司母戊大方鼎），成为中国历史上青铜文明的标志。甲骨文的发现，将中华民族有文字记载的历史提前了近千年！

兴起于西方的周人，在消灭商朝以后，亟须在东方建立新的都城。传世文献记载，为了寻找合适的建都地址，周公曾经派人到天下各地去测量日影。最后，周公得出的结论是，洛阳地处天下之中！在儒家经典《尚书》中，直接称呼洛阳地区为"土中"。20世纪60年代，陕西宝鸡出土了一尊青铜器，名为何尊。何尊的铭文记载，周武王在消灭殷商以后，正式祭祀上天，向上天报告，要"宅兹中国"，也就是要到"中国"去定居。他所谓的中国，正是以洛阳为中心的中原地区。

周武王去世以后，周公摄政。周公在平定殷商残余势力之后，在洛阳城中制礼作乐，开启了中华礼乐文明的传统。周公在西周初年，还进行了深刻的历史反思，提出了"保民""明德"的主张，从而开启了中国传统政治思想民本主义的传统。

平王东迁，周王室虽然威权不再，但洛阳依然是当时天下的文化中心，东方的文化圣城。周王室的柱下史老子，被后世认为是道家文化的源头。孔子入周问礼，以及后来的周游列国，促使孔子思想体系走向成熟。《诗》《书》《礼》《易》《春秋》等儒家经典的形成，无不与洛阳城有着很深的渊源。

进入战国时期，墨子在这片土地上为和平而奔走呐喊，孟子来到这里宣扬其王道理想，庄子在这里开始他的玄思，韩非子在这里写下《孤愤》《说难》等名篇……中国思想史上，最辉煌的一幕——百家争鸣，在这里上演！

秦汉一统，中华文明发展到了第一个高峰。洛阳城中的太学，见证了这个时代文明的昌盛。张衡在《二京赋》中描写东汉洛阳城的时候，难掩其激动的心情："穆穆焉，皇皇焉，济济焉，将将焉，信天下之壮观也。"千年之后的顾炎武也感慨："三代以下，风俗之美，无尚于东京者。"

魏晋玄学，把道家之学推向另一个高峰。竹林七贤，为后世知识分子树立了人格独立的典范。曹丕《典论》中"经国之伟业，不朽之盛世"的论断，宣告了"文学自觉"时代的来临。《洛阳伽蓝记》则记载佛教进入中国以后所取得的辉煌。

隋唐两代，空前的大一统，造就了空前的辉煌！杜甫、白居易等人将唐诗推向了极致，韩愈则提出复兴道统的主张，为此他还倡导复兴古文，从而被尊为"唐宋八大家"之首，号称"文起八代之衰"。隋唐两代，洛阳成为大运河的中心，武则天一度改洛阳为神都。这一时期对洛阳的推崇，达到了无以复加的地步。

赵匡胤陈桥驿黄袍加身，开启了一百多年的东京梦华。北宋开封城已经是一座世界级的商业大都市，号称不夜城。学者们津津乐道的"唐宋转型"，所说的就是北宋时期所出现的深刻社会变革。

靖康元年（1126 年），金人的铁骑踏破了中原的繁盛。此后的数百年间，中原地区陷入沉寂。但是，长期以来我们的先民在中原地区的文化创造却并没有随着中原的沉寂而停滞。相反，随着先民播迁的脚步，中原文化扩展到了华夏大地的每一个角落。时至今日，中原文化已经成为中华文化最为核心的基干。

近代以来，中华民族遭受了空前的苦难。同时，中华民族也开始了她再次的腾飞。伴随着中华民族的伟大复兴之路，中原地区也将再度崛起。中原文化也成为我们实现中华民族伟大复兴"中国梦"的重要文化资源。

近年，对于中原文化的研究，渐成显学之势。前贤焚膏继晷，孜孜以求，推动中原文化的研究不断走向深入。如今呈现在大家面前的这本小书，无意去构建庞大的体系，也无意去探究高深的理论，无非是将自己的一点学习心得分享出来，以期收到抛砖引玉之效而已。

目 录

第一章
地理视域下的中原

河南省位于黄河中下游地区，居于整个中国版图的最腹心地带，因而自古就被称为“中州”“中原”，“得中原者得天下”已经成为人们普遍接受的观念。

第一节　河南自然地理

今天的中国版图被世人形象地比喻为雄鸡，而河南省就位于雄鸡的心脏地带。河南省因为大部分地区位于黄河以南而得名，周围分别与河北、山西、陕西、湖北、安徽、山东、江苏等七省交界，面积约16.7万平方公里。河南大地山川秀美，可以说得天地造化的眷顾，境内地形千差万别，山水齐备，既有奔腾不息的大江大河，也有崇山峻岭，更有一望无际的广阔平原。河南境内的水系，由北向南分别属于：海河、黄河、淮河、长江。河南境内的山脉分别属于太行山山脉和秦岭余脉，豫东地区则是一望无际的大平原。

一、河南的河流

（一）黄河

中华民族的母亲河黄河在河南省境内干流全长711公里，流域面积3.62万平方公里，占全省面积的1/5强。

黄河进入河南以后，奔腾于晋豫峡谷之中。晋豫峡谷是黄河最后一段峡谷，西起三门峡，东到孟津，全长约150公里，其中以三门峡最为知名。相传大禹治水，用神斧将高山劈成“人门”“神门”“鬼门”三道峡谷，河道由鬼石和神石将其分成三股，如同三座门，三门峡由此得名。峡口下方河中央有一块巨石，无论河水怎样上涨，永远不会被淹没，因而被人们称为“中流砥柱”。它历来被看成是中华民族不屈不挠精神的象征。早在《晏子春秋》中，就有记载。① 今天的砥柱，位于三门峡水库大坝的下方。

中华人民共和国成立后在三门峡修筑了黄河干流上的第一座水库——三门峡水库。三门峡水库是当年苏联援建的156个重点项目中唯一的一个水利工程。工程于1957年4月13日开工，1961年建成，被誉为“万里黄河第一坝”。三门峡水库的修建，为我国大型水利枢纽项目建设积累了宝贵的经验。

如今的三门峡水库已成为重要的黄河湿地。2007年2月6日被建设部命名为“河南省三门峡市天鹅湖国家城市湿地公园”。随着水体环境的改善，每年都会有上万只天鹅来此过冬栖息。2010年春，三门峡市被中国野生动物保护协会授予“中国大天鹅之乡”称号。

20世纪90年代，在黄河最后一段峡谷的出口处，又建起了一座新的大型水利枢纽——小浪底水利枢纽。小浪底水利枢纽是治理开发黄河的关键性工程，属国家“八五”重点项目，工程于1997年截流，2001年年底竣工。

小浪底水库位于穿越中条山、王屋山的晋豫峡谷中，库区全长130公里，总面积278平方公里。小浪底水利枢纽的建成，有效地控制了黄河洪水，可使黄河下游花园口的防洪标准由60年一遇提高到千年一遇，基本解除黄河下游凌汛的威胁，减缓下游河道的泥沙淤积。

小浪底水库还可以利用其长期有效的库容调节非汛期径流，增加水量用于城市及工业供水、灌溉和发电。它处在承上启下控制下游水沙的关键部位，控制黄河输沙量的100%，可滞拦泥沙78亿吨，相当于20年下游河床不再淤积抬高。

小浪底水库的建成，不仅发挥了巨大的水利功能，而且也造就了一个风景秀美的景区。小浪底大坝截流后，晋豫黄河峡谷与库区的柏崖山、红崖山、黄鹿山等20多个风景点及雄伟的水库大坝交相辉映，形成湖光山色、千岛星布、“高峡出平湖”的自然景观，使得小浪底水库同时成为由山水自然风光和水利工程组成的大型旅游区。

进入21世纪以后，作为小浪底枢纽的配套工程，又在西霞院修建了一座反调节水库。这座水库的建成，使黄河下游地区供水状况极大改善，减少了黄河下游

---

① 《晏子春秋·内篇谏下》：“吾尝从君济于河，鼋衔左骖，以入砥柱之中流。”张纯一校注，梁运华点校：《晏子春秋校注》，中华书局2014年版。

断流情况的发生。

黄河从孟津宁嘴峡进入平原地区，郑州荥阳市广武镇的桃花峪是黄河中下游的分界线。黄河在郑州段，最著名的景区就是位于郑州西北30公里处的黄河风景名胜区。

黄河风景名胜区北临滔滔黄河，南依巍巍嵩山。这里绿树满山，亭阁相映，山清水秀，景色宜人。尤其是黄河从这里彻底摆脱了两岸山峦的控制，进入一望无际的平原，自极目阁上眺望黄河，横无际涯，浩浩荡荡，别有一番恢宏之气。看黄河向东奔流而去，一股豪情油然而生。

景区中还有一座名为“哺育”的黄河母亲乳白色汉白玉雕像，雕像高5米、重12.5吨，其造型是一位慈祥贤美的母亲，怀抱着甜睡的婴儿，显得格外素雅、慈祥，母亲神态亲切自然，栩栩如生。命名为“哺育”，象征着作为中华民族的母亲河——黄河对中华民族的哺育之恩。作为中华民族的母亲河，她有着巨大的吸引力和无与伦比的凝聚力，每当中华民族危难之际，人们总会听到黄河在咆哮的声音！

郑州北郊的花园口，则是近代中华民族苦难的见证。据说这里曾是明嘉靖朝吏部尚书许赞的花园，也是黄河南岸一个重要的渡口，因而被称为花园口。花园口大堤的将军坝是黄河著名的险工段，是人们祭祀河神的地方。

抗日战争全面爆发以后，1938年5月19日徐州失守，日军沿着陇海线一路西犯，千里平原无险可守，很快日军就威胁到郑州。如果郑州沦陷，日军将沿着平汉铁路南下，对武汉形成包围之势。为了阻挡日军南侵，蒋介石下令“以水代兵”，扒开黄河。首先于6月4日在中牟县赵口开挖，但效果并不理想。后来决定在花园口掘堤，6月9日上午9时许，开始放水。第二天恰逢大雨，河水暴涨，黄河水就从花园口奔泻而出。

从军事的角度来说，扒开花园口的确在一定程度上起到阻止日军的效果。但是，滔滔黄河水所到之处，都成了一片泽国。河南、安徽、江苏3省44个县市遍地洪水，1250万人受灾，89万人死于非命。其中河南省受害最为严重，21个县市、900多万亩耕地被淹，47万人死亡。1946年黄河回归故道时，中牟、尉氏、通许、扶沟、西华、商水6县的人口总数只有受灾前的38%。从此以后，又多了一个新的地理名词：黄泛区。由于没有固定的河道，新黄河“滚来滚去”，这样在豫、苏、皖三省之间就形成了一片沼泽区。1946年黄河回归故道以后，黄泛区的生存环境仍然十分恶劣，耕植条件严重恶化，继续给当地人民造成灾难，直到新中国成立后，经过长期的治理才得到好转。时至今日，在豫东平原之上依然可以看到当年黄泛区留下的沙垄。

花园口以下的黄河是著名的千里悬河。黄河从黄土高原奔流而下，由于黄河中上游植被的破坏，水土流失严重，黄河挟带了大量的泥沙，黄河也成了世界上含沙量最大的河流。黄河在进入平原以后，流速放缓，泥沙开始沉淀，河床不断抬高，一遇到暴雨就容易形成决堤和改道，因而黄河也成了改道最为频繁的大河。黄河的入海口在天津和江苏之间漂移，黄河甚至一度由长江口入海。后来人们为了防止黄河决堤和改道，不断加固大堤，久而久之，就形成了地上悬河的景观。在开封市，黄河河床已经比开封市地面高出七八米，在封丘县的曹岗镇黄河河床比地面高出10米多。

黄河在河南境内最重要的支流就是伊洛河。伊洛河是黄河的一级支流，由伊河和洛河汇聚而成，在巩义市洛口注入黄河。伊河发源于栾川县，流经嵩县、伊川县、洛阳市区，至偃师市入洛河，全长347公里，著名的龙门石窟就在伊河之滨。如今在伊河上游修建有陆浑水库。洛河发源于陕西洛南县，流经卢氏县、洛宁县、宜阳县、洛阳市区、偃师市，在偃师市汇聚伊河后称伊洛河，全长467公里。如今在洛河上修建有故县水库。这两条河流在历史上对河洛文明的产生起到了巨大的作用，今天伊洛河仍发挥着巨大的水利效益。

（二）淮河

淮河在河南境内干流长340公里，流域面积8.83万平方公里，约占全省面积的一半。距离黄河仅十多公里的郑州也属于淮河流域。

淮河在中华民族形成过程中，扮演了重要的角色，很早就受到人们的重视，被誉为“四渎”之一。所谓“四渎”，即黄河、长江、淮河、济水。淮河也是传统南方和北方的地理分界线。

淮河发源于河南省，如果按照地理学界常用的“河源唯远”的原则，那么淮河的源头是在嵩县车村镇境内。但是一般人们认为淮河源头在河南桐柏县的太白顶。

太白顶为桐柏山主峰，海拔 1140 米，又名凌云峰、白云山、胎簪山，距离桐柏县城约 15 公里。太白顶，山高谷深，怪石嶙峋，古木参天，有着非常丰富的动植物资源。太白顶景色秀美，宛如仙境。特别是百余公顷的映山红、白鹃和梅花，每当盛开的时候，绚烂多姿，引人入胜。太白顶还有众多的人文景观，比如山腰的桃花洞、张良洞、鬼谷子洞，山脚下则有淮源亭和淮源井，字大如斗的“淮源”碑刻刚劲有力。

据《禹贡》记载：“导淮自桐柏，东会于泗、沂，东入于海。”① 至少在先秦时期桐柏山就被认为是淮河的源头。据记载，东汉延熹六年（163 年）在桐柏建有“淮渎庙”，用以祭祀淮河的河神，以后历代不断加以修葺，如今尚保留有大量文物。

淮河干流出桐柏就进入信阳市境。淮河在流经信阳后，从涓涓细流汇聚成一条气势磅礴的大河。如果说淮河在南阳境内还是一个小姑娘，到了信阳就已经成为一个亭亭少女。同时，信阳也因淮河的流过而成为风光秀美、物产丰富，兼具南秀北雄的一片沃土。固始县境东北角三河尖镇建湾村淮河滩地——“老鼠尾巴”，海拔只有 22.4米，是河南省境内海拔最低的地方。

淮河支流众多，淮河南岸的支流多起源于桐柏山、大别山，一般都不长，但水量丰沛，如白露河、史河、浉河等，南岸著名的水库有南湾湖水库、北湖水库、出山店水库等。淮河北岸的支流有沙颍河、洪河、涡河等，除沙颍河、洪河外，一般都是平原排水河道，长度都比较长，但水量不是很大。沙颍河是淮河最长的支流，沙颍河发源于伏牛山，先后流经洛阳、郑州、平顶山、许昌、漯河、周口等地区，从沈丘县进入安徽境内。淮河北岸比较大的水库有白沙水库、石漫滩水库、板桥水库、宿鸭湖水库等。

历史上的淮河，哺育了淮河两岸的人民，但也给淮河儿女带来了无尽的灾难，比如“75 · 8”水灾就造成了数百万人受灾。今天的淮河治理已经初见成效，淮河安澜的梦想基本实现。

（三）长江、卫河

南阳盆地基本属于长江水系，最为重要的河流是唐白河。唐白河由唐河和白

---

① 《尚书 · 禹贡》，阮元校刻《十三经注疏》，中华书局 1980 年版。

河组成，唐河发源于方城县七峰山，白河发源于嵩县攻离山，它们在湖北襄阳附近汇合后称唐白河，而后注入汉江。

唐白河流域很早就得到了开发，耕地较多，人口稠密，唐白河是南阳地区重要的灌溉水源。其中鸭河口灌区，是全国十大灌区之一。

早在北宋时期，朝廷为解决漕运的问题，就曾经尝试从唐河往北开凿运河以补充漕运水系，可以说是最早的南水北调工程。

位于豫、鄂两省交界处的丹江口水库，由位于湖北境内的汉江库区和位于河南境内的丹江库区组成，是亚洲第一大人工淡水湖，也是南水北调中线工程的水源地。

丹江口水库始建于20世纪50年代，建成后在防洪、发电、航运、灌溉、养殖以及旅游等方面发挥了巨大的效益。尤其是丹江口水库的水质连续25年达到国家二类水质标准，因而被选为南水北调中线水源地。南水北调中线的取水口就在河南省淅川县九重镇的陶岔，陶岔渠首枢纽工程是南水北调中线的渠首，也是丹江口水库的副坝和南水北调中线工程的标志性建筑。中线工程完工后，陶岔渠首已成为向中国北方京、津、冀等地送水的“水龙头”。

丹江口水库风光秀丽，两岸名胜古迹众多。比如位于荆关镇（又名荆紫关镇）的清代一条街，长五里有余，分北街、中街、南街三部分，街道上有山陕会馆、平浪宫、禹王宫、万寿宫、法海禅寺、清真寺、城隍庙、古码头、山门等古建筑群，坐落有致，保留有清代建筑七百多间。这条古街，见证了历史上南阳水陆交通的繁忙，中原文化与楚文化在这里交汇融合。

河南省黄河以北的地区属于海河水系，最主要的河流是卫河。卫河发源于河南辉县市的百泉镇，因新乡一带古属卫国而被称为卫河，卫河也是新乡市的母亲河。

百泉镇因百泉湖而得名，百泉湖底遍布泉眼。据说百泉湖在殷商时期就已经被人们关注，北宋时期邵雍、苏轼等都到过百泉。其中邵雍在百泉居住一二十年之久。

百泉湖水温常年在20℃左右，冬暖夏凉。一年四季湖水碧绿清澈，湖内鱼蟹清晰可见。湖畔亭台楼阁，点缀其间。近看楼台掩映成趣，远眺苏门山，山清水秀，景色迷人，被誉为“中州明珠”。湖北岸的卫神庙是历代祭祀卫河河神的地方，保留了大量的文物。

卫河先后流经新乡、安阳、濮阳三市，最后进入山东，在天津汇入海河。20世纪60年代以前，卫河是华北平原上的重要航运水道。也有学者经考察后指出，卫河的河道基本上是当年隋炀帝所开凿的永济渠河道，是大运河的一部分。在相当长的历史时期内，卫河水一直是清澈见底，川流不息，水产丰富。卫河两岸是宁静富饶的鱼米之乡。每当风和日丽，卫河水色如金，被称为“卫水金波”，是历史上新乡的八景之一。

二、河南的山

豫北地区的山地属于太行山山脉，豫西山地属于秦岭余脉，是边缘性过渡地形区，豫南的大别山区则是伏牛山的延伸。

（一）豫北山地

太行山位于中国的中东部，是中国地形第二级阶梯和第三级阶梯的分界线之一，东部是平原，西部是山地。太行山分布于北京、河北、山西、河南四省市，南北绵延数百公里。太行山在河南省境内主要分布于安阳、新乡、焦作、济源四市。

位于安阳林州市的太行大峡谷，被誉为“中国十大最美峡谷”之一，也是攀岩爱好者的乐园，景区内拥有丰富的自然和人文景观。

位于安阳林州市的红旗渠修建于20世纪60年代，被誉为“人工天河”，已经成为中原人民自力更生、艰苦创业、团结协作、无私奉献精神的象征。红旗渠以浊漳河为源，渠首位于山西省平顺县石城镇侯壁水电站下约600米处。总干渠长70.6公里，红旗渠的建成，彻底改善了林州人民恶劣的生存环境，满足了当地人畜饮水和农田灌溉的用水需求。

新乡辉县市境内的关山地质公园，是一座25亿年前山崩地裂形成的地质遗迹奇观。公园内，奇峰参天，沟壑纵横，清泉飞瀑，错落有致，极具北国山水之特性。

位于辉县市的八里沟风景区则是集奇、险、俊、秀、幽于一谷，号称“太行之魂、中华风骨”。八里沟大瀑布落差158米，瀑口宽20余米，咆哮奔腾，声闻数里，号称“亚洲第一瀑”。

焦作市修武县境内的云台山，2004年被联合国教科文组织评选为首批世界地质公园。云台山以山称奇，整个景区奇峰秀岭连绵不断，拥有众多地质奇观。主峰茱萸峰海拔1308米，登上山顶不仅可以远眺绵延太行群山，而且可以俯瞰豫北平原，天气晴好，可见黄河如带，心旷神怡。云台天瀑落差314米，是我国境内所发现的落差最大的瀑布。

位于济源市境内的王屋山属太行山山脉，因为形状似房屋而被命名为王屋山。王屋山西北高而东南低，奇峰峻岭，飞瀑清泉，景色宜人。王屋山拥有丰富的动植物资源，森林覆盖率达98%。2006年王屋山入选世界地质公园。王屋山主峰海拔1715.7米，主峰之巅有石坛，据道教经典记载，王屋山为轩辕黄帝祭天之所，故又称天坛山。隋唐五代时期的道士司马承祯、杜光庭等人把王屋山列为道教“十大洞天”之首。王屋山现存道教宫观阳台宫，多为明代重建。

王屋山是愚公的故乡。愚公移山的故事因《列子》的记载和毛泽东在《愚公移山》中的引用而家喻户晓。愚公精神也成为中国人民战胜困难的精神支柱。

位于济源市的轵关陉、沁阳市的太行陉、辉县市的白陉分别属于著名的“太行八陉”之一，是豫、晋两省交通的重要通道，地形险要，历来为兵家必争之地。

（二）豫西山地

豫西山地为秦岭山系的余脉，在河南境内分成数支，呈东北、东南扇形展开。

1. 小秦岭

小秦岭横跨豫、陕两省，地形复杂，山势挺拔陡峻，是河南省最高的山地构造地貌类型，山体多为花岗岩结构。

河南省早在1982年就于小秦岭地区设立了省级自然保护区，2006年小秦岭被批准为国家级自然保护区。小秦岭地区气候温和，雨水充足，地形复杂，蕴藏着丰富的生物资源、矿物资源和景观资源。据调查，小秦岭地区有着众多珍稀动植物资源，在保护区范围内，分布着国家重点保护植物13种，其中红豆杉和银杏为国家一级保护植物。目前保护区内拥有国家一级保护动物 4 种，包括金钱豹、林麝、金雕、黑鹳。其他国家二级保护动物还有金猫、豺、黄喉貂、水獭等 23 种。

位于小秦岭保护区内的亚武山主峰老鸦岔，海拔 2413. 8米，是河南省第一高峰，被誉为“河南之巅”。相传真武大帝曾修道于此，因貌似武当山而得名“亚武山”，为我国北方的道教圣地。

亚武山风景名胜区不仅是国家地质公园，而且还是国家森林公园。景区内重峦叠嶂，雄奇险峻。更难得的是，亚武山地区水资源丰富，山因水而灵动。亚武山有多处山泉飞瀑，四季常流，水质良好，清澈见底。处于海拔 1200 米之上的玉锁天湖，水域面积达 7. 5万平方米，是中原罕见的高山湖泊。

亚武山地区有众多的人文景观，山上有道教宫观，山下有东汉“四知”先生杨震祠。东汉弘农人杨震，官至太尉。曾有故人向他行贿，而且说晚上没人知道，杨震则说：“天知，神知，我知，子知。何谓无知。”① 杨震于是以“四知”先生而闻名天下。

2. 崤山

崤山又称嵚崟山，以古崤县得名。崤山是秦岭山脉东段的支脉，位于河南省西部，灵宝市、陕县南部，洛宁县的西部。崤山主峰为青岗峰，海拔 1903 米。

崤山地形险要，山高谷深，横绝于黄河与洛河河谷之间，是关中的天然屏障，将关中地区与中原分隔开来。山北的陕县，自古就被认为是关中与中原的分界线。陕西省就因为地处陕县以西而得名。

位于崤山两侧的崤函古道是中原地区往来关中的必经之路。崤函古道素以险要著称，顾祖禹《读史方舆纪要》记载：“自新安以西，历渑池、硖石、陕州、灵宝、阌乡而至于潼关，凡四百八十里。其地皆河流翼岸，巍峰插天，绝谷深委，峻坂纡回。崤函之险，实甲于天下。”② 春秋时期，晋军曾在此截击秦军，秦军全军覆没，匹马只轮都未能逃脱。

崤函古道由南崤道和北崤道组成。目前，陕县硖石乡车壕村西南还保存有一段崤函古道的遗迹。唐代大诗人杜甫夜宿于此，目睹官兵抓人、民不聊生的凄惨

---

① 范晔：《后汉书》卷五十四《杨震列传》，中华书局 1965 年版。

② 顾祖禹：《读史方舆纪要》卷四十六《河南一》，中华书局 2005 年版。

景象，写下了著名诗篇《石壕吏》。现存古道遗迹长约 150 米，路面宽 3—6 米，车辙宽约 1.06 米，辙痕深 0.05—0.3米，呈西北、东南向。辙痕系车轮在原自然石灰石质山坡上长期碾轧而形成，印痕清晰。除辙痕外，局部尚留有人工钢钎凿刻的痕迹。

2014 年，丝绸之路被列入联合国教科文组织世界文化遗产名录，其中在中国境内有 28 个具体的申遗点。崤函古道就是其中之一，而且是唯一的道路遗迹。

位于崤函古道上的函谷关是控制关中的门户，相传老子在这里留下了五千言《道德经》。据说，孟尝君“鸡鸣狗盗”的故事也发生在这里。西汉中期，汉武帝应楼船将军杨仆之请而将函谷关移到新安县，所以今天有两个函谷关。

崤山向东延伸的余脉称为邙山。邙山起自洛阳市北，沿黄河南岸绵延至郑州市北的广武山，长度 100 多公里。

邙山虽然海拔不高，平均只有 300 米左右，但山势雄浑，土层深厚。立墓于此，即圆了古人所崇尚的“枕山蹬河”的风水之说。而且在北邙山地表以下 5—15 米的土层，渗水率低、黏结性能良好、土壤紧硬密实，因此邙山被视为殡葬安家的风水宝地。俗语道：“生在苏杭，葬在北邙。”苏杭是人间天堂，而北邙则是离彼岸世界的天堂最近的地方。

早在先秦时期，就有许多贵族选择安葬于邙山。就连朝鲜半岛的百济国国王在客死他乡后，也安葬于北邙山上。唐代诗人王建的《北邙山行》说“北邙山头少闲土，尽是洛阳人旧墓”①；白居易则问“何事不随东洛水，谁家又葬北邙山”②。北邙山自东汉以来就是洛阳人的墓地，现存有汉光武帝刘秀、西晋司马炎、北魏孝武帝、南朝陈后主、南唐李后主等帝王陵墓，也有秦相吕不韦、唐朝诗人杜甫、大书法家颜真卿等历代名人之墓。后人形容邙山是“累累无卧牛之地”。

如今邙山古墓葬群，为国家级文物保护单位，位于邙山上的洛阳古代艺术博物馆是全国唯一一座以墓葬为主题的博物馆。

---

① 王建：《北邙山行》，曹寅编《全唐诗》卷二百九十八，中华书局，1999 年版。

② 白居易：《清明日登老君阁望洛城赠韩道士》，曹寅编《全唐诗》卷四百五十六，中华书局，1999 年版。

3. 外方山

大致分布在伊河以东和北汝河以南，位于洛阳、郑州、平顶山三市。东至豫东平原边缘，西南与伏牛山山脉相接，西南—东北走向，东西宽50—90公里，东北—西南长约100公里，为黄河、淮河和长江三大水系的分水岭。

外方山山脉主峰尧山，又名石人山，海拔2153.1米，位于鲁山县境内，相传尧山是刘姓始祖刘累祭祀其先祖帝尧的地方。如今，作为国家5A级风景名胜区的尧山，被称为兼具华山之险、峨眉之峻、张家界之美、黄山之秀，同时也是国家级自然保护区、国家级地质公园。

外方山的东部为箕山和嵩山。箕山出自河南省登封市南，向东蜿蜒至禹州市南著名的三峰山、柏山之后，便消失于茫茫的豫东平原。画圣吴道子墓就在三峰山上，夏启也曾在三峰山举行过“钧台之享”，相当于夏朝的开国大典。因而禹州在古代也被称为钧州，如今的禹州神垕镇就是古钧窑的所在地，钧瓷以“入窑一色，出窑万彩”的窑变而闻名于世。

嵩山为五岳之一，号称中岳，地处登封市西北面，总面积约为450平方公里，以少林河为界分为少室山和太室山两部分，两山相距10公里。

少室山有36峰，主峰连天峰，海拔1512米，为嵩山最高峰。少室山位于嵩山西侧，据说夏禹的第二个妻子，也是第一个妻子涂山氏之妹栖于此，人们在山下修建了少姨庙来祭祀她，故而山名为“少室”。

少室山山顶宽平，分为上下两层，有四天门之险。金朝末年为抵抗元兵，金宣宗曾屯兵于少室山山顶，故又称为“御寨山”。从山南北望，一组山峰，互相叠压，状如千叶舒莲，所以唐代有“少室若莲”之说。

太室山位于嵩山东侧，据传夏禹的第一个妻子涂山氏生启于此，山下建有启母庙，故称之为“太室”。《诗经·嵩高》形容嵩山“崧高维岳，峻极于天”①，所以太室山最高峰被命名为峻极峰，海拔1491.7米。后因清乾隆皇帝游嵩山时，曾在此赋诗立碑，所以又称“御碑峰”。

嵩山的海拔高度并不算特别高，在河南省境内比嵩山更高的山有很多，为什么嵩山享有“中岳”的尊称呢？一个重要的原因是嵩山的相对高度大，嵩山周围

---

① 《诗经·嵩高》，阮元校刻《十三经注疏》，中华书局1980年版。

基本上都是平原丘陵，所以嵩山就被衬托得特别高大。

嵩山岩石发育完整，太古代、元古代、古生代、中生代、新生代的地层和岩石均有出露，被地质学界称为“五世同堂”。如今的嵩山已经被列为世界地质公园。嵩山景色以“峰秀水美”而闻名，远望嵩山如同美人春睡的样子，因而古人形容“嵩山如卧”。

嵩山自古就是一座历史文化名山，《史记》载：“昔三代之居，皆在河洛之间。故嵩高为中岳，而四岳各如其方。”① 东汉班固《白虎通义》云：“中央之岳，独加高字者何？中岳居四方之中而高，故曰嵩高山。”② 唐武则天万岁登封元年（696年）封禅嵩山时，改中岳为神岳。

历代先后有30多位皇帝登临嵩山。少林寺有秦槐，相传被秦始皇封为大夫槐。据《史记》记载，汉武帝登临嵩山的时候，听到有人高呼“万岁”，山上的人以为是山下的人在喊，山下的人以为是山上的人在喊，结果问来问去，发现根本没有人喊，最后汉武帝确信是嵩山的山神在高呼万岁。汉武帝龙颜大悦，特为崇奉，令祠官加增太室祠，禁止砍伐嵩山草木，而且在山下设了一座城，专门负责祭祀嵩山，名为“崇高邑”，这是登封建城之始。

唐高宗、武则天夫妇也曾多次登临，武则天还留有《幸少林感怀》等诗文数篇。唐玄宗于开元十八年（730年），命祀嵩岳以王礼，封岳神为“中天王”。6月遣河南尹至山下恭祀，终唐无改。宋真宗诏加号为“中天崇圣帝”。元武宗加封号为“中天大宁崇圣帝”。

作为历史文化名山的嵩山，汇聚了儒道释三教的文化。少林寺是禅宗祖庭，中岳庙是北方地区保存最为完整的道观。在后面介绍佛教和道教的时候我们有专门的介绍，这里暂且从略。嵩山地区儒家建筑的代表就是嵩阳书院。嵩阳书院原为嵩阳寺，始建于北魏孝文帝太和八年（484年），隋炀帝大业年间（605—618年），更名为嵩阳观，改为道教活动场所。宋仁宗景祐二年（1035年），更名为嵩阳书院，与湖南长沙的岳麓书院、江西庐山的白鹿洞书院、河南商丘的睢阳书院，并称为古代四大书院。嵩阳书院建筑基本保持了清代的建筑布局，古朴大

---

① 司马迁：《史记》卷二十八《封禅书》，中华书局1982年版。

② 按：这段引文不见于今本《白虎通义》，引自《北堂书钞》卷一百六十，中国书店1989年影印本。

方，雅致不俗。

2010年8月1日在巴西首都巴西利亚召开的第34届世界遗产大会上，包括少林寺建筑群（常住院、初祖庵、塔林）、东汉三阙（太室阙、少室阙、启母阙）和中岳庙、嵩岳寺塔、会善寺、嵩阳书院、观星台，7处11项历史建筑共同组成的“天地之中”历史文化建筑群，被正式列入世界文化遗产名录。这组建筑类型之多、规格之高、历时之久、内涵之丰富、影响之深远，为世所罕见。它们是中国古代礼制、宗教、科技和教育等建筑类型的杰出代表，是中国古代建筑技术和建筑艺术漫长发展的滥觞，更是中国先民独特宇宙观和审美观最真实、最深刻的反映。

4. 熊耳山

熊耳山山脉是秦岭东段规模较大的支脉之一，位于崤山东南，分布在洛河与伊河之间的卢氏、洛宁等县境内。山脉总体呈东北—西南向延伸，西南端与伏牛山相接，其间无明显界线，向东北一直延伸到龙门西山，全长约150公里。熊耳山山脉大致以木柴关为界，可分为西南与东北二段。西南段山脉宽阔，东北段山势高峻。熊耳山山脉主峰全宝山海拔2094.3米，与之相邻的李岗寨海拔1975.4米，一东一西矗立，看上去如熊耳，此即熊耳山名称的由来。熊耳山以温泉而闻名，传说后羿射日后将所射落的太阳埋在熊耳山下，因而熊耳山才有众多的温泉。

《禹贡》中有记载熊耳山，“导洛自熊耳”。《水经注》称熊耳山“双峰齐秀，望若熊耳，因以为名”。① 隋末群雄之一的李密最后兵败，逃入熊耳山被杀。今天的熊耳山也是一座道教名山。

位于熊耳山山脉东北末端的东西龙门山之间，由于伊河切穿山体形成峡谷，古称伊阙，因正对着洛阳城而被称为龙门，著名的龙门石窟就在这里。

5. 伏牛山

伏牛山山脉是秦岭延伸到河南省的一条重要山脉，因形似卧牛，故称伏牛山。伏牛山呈西北—东南走向，长达400余公里，因而有“八百里伏牛山”之称。伏牛山山脉规模巨大，山势异常高峻雄伟，主要是花岗岩山地。

---

① 郦道元注，杨守敬、熊会贞疏，段熙仲点校，陈桥驿复校：《水经注疏》，江苏古籍出版社1989年版。

位于嵩县的白云山，入选《中国国家地理》“中国最美的地方”，是国家5A级风景名胜区。境内海拔1500米以上的山峰有37座，其中玉皇顶海拔2216米，被誉为“中原第一峰”，是看日出、观云海的最佳处。白云山景区森林茂密，号称森林氧吧，空气中负氧离子数量是一般居家室内的400多倍。白云山动植物资源极其丰富，调查资料显示有国家一级保护动物10种，二级保护动物28种。

位于栾川县县城南3公里的老君山是伏牛山山脉的主峰，海拔2200米，是国家5A级景区，1997年由国务院批准建立国家级自然保护区，是世界地质公园、国家地质公园。老君山原名景室山，据说老子曾在此归隐修炼，故唐太宗将其改名为老君山。从北魏就开始在山上建庙纪念老君，历代香火旺盛，被尊为道教圣地，现存庙宇6处，以顶峰老君庙最为壮观。老君庙始建于北魏，铁椽铁瓦，以“铁顶”著称。云海，也是老君山的一大奇观，中鼎云海当为老君山云海之首。

位于栾川县县城南3公里的鸡冠洞，是一处大型的石灰岩溶洞，喀斯特岩溶地貌。鸡冠洞长5600米，可供观赏长度1800余米，观赏面积2.3万平方米。此类洞穴在北方地区极其少见，被誉为“北国第一洞府”。鸡冠洞景区为国家5A级景区。

位于南阳内乡县的宝天曼是中国21个世界生物圈保护区之一，山体海拔1600—1845米。宝天曼是我国中部地区保存最为完整的自然综合基因库，保护了过渡带的综合性森林生态系统和31个国家重点保护的珍稀植物和50多种国家重点保护的珍稀动物。

位于西峡县的老界岭于1998年被划为国家级自然保护区，主峰犄角尖（又名犄角尖）位于太平镇乡东北部，是西峡、栾川、嵩县三县的界山，海拔2212.5米。老界岭保护区内动植物资源丰富，山清水秀，鸟语花香，景色宜人。

（三）豫南山地

豫南山地主要是伏牛山向东南延伸而形成的桐柏山和大别山。

1. 桐柏山

桐柏山位于秦岭向大别山的过渡地带上，西北起自南阳盆地东缘，东南与大别山相接，全长120余公里。桐柏山主峰太白顶，海拔1140米，又名凌云峰、白云山、胎簪山，位于桐柏县城南15公里。

太白顶，山势峻峭，顶宽腰窄，景色奇秀，是桐柏八大景之一。山顶有云台禅寺，终日香烟缭绕，宛如仙境。尤其是每当冷空气过境，山间的云雾淡薄缥缈，呈现出一派云海奇观。

桐柏山地区是盘古神话传说集中的地方。盘古庙、盘古山、盘古船、盘古井、盘古磨等相关盘古文化的纪念性建筑随处可见。在驻马店泌阳县桐柏山北脉有一座海拔仅459米的山峰，名为盘古山。据考证，从五代时期，人们就在这里祭祀盘古，久而久之形成了一座盘古庙。每年农历三月初三，附近群众必到盘古山朝圣。

当地还流传着大禹治水收服巫支祁的故事，根据《太平寰宇记》引《古岳渎经》记载："禹治水，三至桐柏山。乃获淮涡水神，名曰无支祁。喜应对言语，辨江淮之浅深，原隰之远近，形若猿猴，缩鼻高额，青躯白首，金目雪牙，头伸百尺。力逾九象，搏击腾踔疾奔，轻利倏忽。"① 鲁迅在其《中国小说史略》中亦明确指证："明吴承恩演《西游记》，又移其神变奋迅之状于孙悟空，于是禹伏巫支祁故事遂以湮昧也。"②

2. 大别山

大别山位于河南、安徽、湖北三省交界处，横跨豫、皖、鄂三省，呈西北—东南走向，长270公里，是长江、淮河的分水岭。

鸡公山位于信阳市南38公里处，是中国四大避暑胜地之一，也是新中国第一批对外开放的八大景区之一。现在鸡公山为国家级自然保护区。鸡公山虽然不高，却有"青分豫楚、襟扼三江"之美誉，"佛光、云海、雾凇、雨凇、霞光、异国花草、奇峰怪石、瀑布流泉"被称为八大自然景观。武汉夏天有"火炉"之称，清末汉口开埠以后，武汉的各国富商纷纷来到鸡公山避暑，在山上留下了23个国家的别墅洋房500栋。因而有"万国建筑博物馆"之美称。

金刚台国家地质公园，位于河南省信阳市商城县东南，因奇石纵横、形似金刚而得名。地处豫、皖两省交界处，主峰金刚台海拔1584米，为大别山豫南最高峰。金刚台山势雄伟，群峰叠起，怪石幽洞，瀑布深潭，珍禽怪兽出没其间，奇草异木琳琅满目。

---

① 乐史：《太平寰宇记》《古岳渎经》，中华书局2007年版。

② 鲁迅：《中国小说史略》，《河南道十六》，上海古籍出版社1998年版。

位于新县境内的金兰山为国家森林公园，由金兰山、连康山、西大山、九龙潭三山一潭相连而成，金兰山山陡崖峭，群峰刺天，景色迷人。金兰山是一座文化名山，山上有众多的道观，是淮南著名道教圣地之一；是一座佛教名山，相传达摩祖师在此住过。信徒上山进香始于宋代，清乾隆年间最盛。

大别山为革命老区，是中国工农红军第四方面军诞生地，无数热血男儿由此走上了不屈的抗战道路。1947 年，刘邓大军千里跃进大别山，揭开了中国人民解放军战略进攻的序幕。新县更是诞生了数十位共和国将军，因而也被称为“将军县”。

三、河南的平原

河南拥有广阔的平原，平原大体分为豫东平原、豫北平原以及南阳盆地。

豫东平原是黄淮大平原的组成部分，包括开封市、商丘市、周口市、驻马店市四个地区。豫东平原由黄河、淮河冲积而成，地势低平，大部分海拔在 50 米以下，主要壤质是洪水冲积性黄褐土和沙质洪水冲积性潮褐土。这两种土壤疏松肥沃，适合农作物生长。植被以暖温带落叶阔叶林为主。

豫东平原地势相对低洼，历史上黄河、淮河多次泛滥，给豫东人民带来了深重的苦难。时至今日，在黄河故道附近仍可以看到大量的沙丘、沙垄。这些沙丘曾对生活在这里的人民的生产生活构成了严重的威胁。新中国成立后，党和政府组织人力物力展开了大规模治沙活动，其中焦裕禄就是最杰出的代表。

焦裕禄在带领兰考人民封沙、治水、改地的斗争中身先士卒，以身作则。风沙最大的时候，他带头去查风口，探流沙；大雨倾盆的时候，他带头蹚着齐腰深的洪水察看洪水流势；风雪铺天盖地的时候，他率领干部访贫问苦，登门为群众送救济粮款。他经常钻进农民的草庵、牛棚，同普通农民同吃、同住、同劳动。他把群众同自然灾害斗争的宝贵经验，一点一滴地集中起来，成为全县人民的共同财富，成为战胜灾害的有力武器。最后，焦裕禄积劳成疾，罹患肝癌去世。

如今，豫东平原一带治沙、治水已经初见成效，人民的生产生活环境极大改善，豫东平原已经成为我国重要的商品粮生产基地。

豫北平原，由黄河和海河冲积而成。包括新乡市、安阳市、焦作市、濮阳市四地区。条件大体和豫东平原相近，相对而言遭受的水旱灾害较少。豫北地区气候宜人，是我国重要的粮食主产地之一。

南阳盆地位于河南省西南部南阳市境内，三面环山，北为伏牛山，东为桐柏山，西为丹江和唐白河间的分水岭。盆地边缘分布着波状起伏的岗地，岗地海拔140—200米，岗顶平缓宽阔，岗地间隔有浅而平缓的河谷凹地，呈和缓波状起伏。盆地中部为海拔80—120米的平原，形成“走岗不见岗，走凹不见凹”的地形特征。南阳盆地水资源丰沛，水利灌溉系统发达，是重要的粮食主产区。

四、河南的气候条件及物产

河南地处北亚热带和暖温带，气候温和，四季分明，日照充足，降水丰沛。依伏牛山—淮河一线，可划分为南北两个区域，北部属于暖温带半湿润半干旱地区，面积约为70%，南部属于亚热带半湿润地区，面积约为30%。

全省年平均气温在12.8℃—15.5℃之间，冬冷夏热。1月气温在-3℃—3℃，7月气温在24℃—29℃，大体东高西低，南高北低，山地与平原间温差比较明显。气温年较差、日较差比较大，极端最低气温-21.7℃（1951年1月12日，安阳），极端最高气温44.2℃（1966年6月20日，洛阳）。全年无霜期从南到北为180—240天。年平均降水量为500—900毫米，“800毫米等降水量线”穿越豫西山地、南部及西部山地，降水较多，大别山达1100毫米以上。全年降水的50%集中在夏季，常有暴雨，往往容易形成洪涝灾害。冬季相对漫长，寒冷干燥，雨雪相对较少。春季短暂，干旱少雨，而且风沙较多。秋天日照充足，温度宜人。

适宜的气候，造就了中原地区丰富的物产资源。首先，中原地区是我国境内农业最先产生的地区之一。7000多年前的裴李岗文化时期，中原地区农业生产已经非常先进。在相当长的历史时期内，中原地区的农耕技术一直遥遥领先于其他地区。如今，河南省依然是我国最主要的产粮大省之一，粮食产量占全国的1/9，粮食总产量全国第一。河南种植最为普遍的农作物是冬小麦，冬小麦的产量位居全国第一。冬小麦生长期长，产量高，营养丰富，是河南人最主要的口粮作物。在信阳、南阳和沿黄灌区，水稻的种植比较普遍，尤其是原阳所产的“黄金晴”大米，富含蛋白质、淀粉以及铜、铁、钙、镁、硒等微量元素。在河南种植比较普遍的还有玉米、谷子、红薯、大豆、高粱等秋作物。芝麻等油料作物的产量位居全国第一。同时还是优质烟叶的主要产区。

独特的土壤、气候条件，造就了许多名优土特产，有的已经走出国门，走向世界。豫北地区最具特色的土特产是“四大怀药”。“四大怀药”指的是山药、牛膝、地黄、菊花，它们的原产地在河南焦作一带。焦作地区古称怀庆府，因而被称为怀药。在《神农本草经》中将其列为上品。尤其是怀山药，号称铁棍山药，具备滋补益肾、健胃化痰、补中益气、祛冷风、镇心神、安魂魄、长肌髓的功效。

豫西山地，拥有众多的动植物资源。豫西最为著名的特产是猕猴桃。猕猴桃是猕猴喜爱的一种野生水果，故名猕猴桃；因为是中国所独有，故又称中华猕猴桃。《诗经·桧风·隰有苌楚》载：“隰有苌楚，猗傩其枝，夭之沃沃，乐子之无知！隰有苌楚，猗傩其华，夭之沃沃，乐子之无家！隰有苌楚，猗傩其实，夭之沃沃，乐子之无室！”① 苌楚指的就是猕猴桃。明代李时珍在《本草纲目》中也有详细记载。猕猴桃味甘酸而寒，有解热、止渴、通淋、健胃的功效，可以治疗烦热、消渴、黄疸、呕吐、腹泻、石淋、关节痛等疾病，而且还有抗衰老的作用。

开封一带由于黄河泛滥，形成了许多沙地，这些沙地特别适宜种植西瓜、花生、大蒜等农作物。商丘一带以产梨而著称。新郑一带所产的大枣又称鸡心大枣，味甜、性温，是补血、健脾、美容的滋补佳果，以其皮薄、肉厚、核小、味甘备受人们青睐，成为枣类中的佼佼者。

豫南大别山区最著名的特产就是信阳毛尖。毛尖号称中国十大名茶之一，信阳毛尖素以“细、圆、光、直、多白毫、香高、味浓、汤色绿”的独特风格而享誉中外，具有生津解渴、清心明目、提神醒脑、去腻消食等多种功能。

---

① 《诗经·桧风》，阮元校刻《十三经注疏》，中华书局1980年版。

第二节 从豫州到河南：河南行政区划的演变

河南又称中州，是中原地区的核心。中原地区不仅是华夏文明最初的诞生地，而且在长期的历史发展进程中被人们公认是天下的中心。

一、“土中”“中国”观念的由来

中华文明诞生于中原地区，中原也是中华文明历史演进的中心舞台。

周武王灭商之后，决定迁居中原。在出土的西周时期的青铜器何尊铭文中就有记载：“惟武王既克大邑商，则廷告于天，曰：余其宅兹中国。”① 武王灭商之后，郑重地祭告上天，说他将要到“中国”居住了。所谓的“中国”，指的是以洛阳为中心的中原地区。

不过，周武王未能实现这个愿望，在“克殷”之后不久就去世了。周人定都中原梦想的实现者是周公。根据《尚书》《逸周书》和《周礼》等文献的记载，周公为了确定新的城址，曾经进行过大规模的测量工作，最后确定洛阳地区就是天下的中心。建都洛阳，各地的诸侯向天子进贡的道路长度是均等的，也是最公平的选择。《史记》中称：“乃营成周洛邑，以此为天下之中也，诸侯四方纳贡职，道里均矣。”②

---

① 马承源：《何尊铭文初释》，《文物》1976 年第 1 期。

② 司马迁：《史记》卷九十九《刘敬叔孙通列传》，中华书局 1982 年版。

在《尚书》中，中原地区也被称为“土中”，就是大地中心的意思。在中国历史上影响深远的地理学著作，《尚书·禹贡》篇对天下山川地理的叙述，即以洛阳为中心。

中原也始终被认为是天地之间最适合人类居住的地方。杜佑《通典》云：“覆载之内，日月所临，华夏居土中，生物受气正”①。也就是说，在当时人们的观念中，天地之间，日月所照的地方，华夏族居住在大地的中心，中原万物是禀天地正气而生。

所以在相当长的历史时期内，“中国”一词，指的就是中原。东汉末年，“中国”尚不包括长江流域。赤壁之战前诸葛亮曾见到孙权，劝孙权如果要“以吴、越之众与中国抗衡”②，就早下决心。这里的“中国”，指的就是中原地区。后来，中国的概念不断扩大，最后扩展到整个960万平方公里的土地。但是，我们一定要知道，“中国”一词最初指的是中原，中原是“中国”的起源地。因而中原一直被认作中国正统之所在，就连朱元璋1368年称帝后也曾想定都中原，以开封为北京以标榜王朝的正统性。后因中原地区遭到巨大破坏，朱元璋在10多年后才放弃迁都开封的念头。

“中原”一词，先秦时期已经出现，不过并没有特指是什么地方。汉代以后，“中原”一词有了清晰的指称范围，即指以河南为中心的黄河中下游地区。比如，诸葛亮《前出师表》中就说道：“今南方已定，兵甲已足，当奖率三军，北定中原。”③

东晋时期，中原地区作为一个地理概念开始为人们所广泛接受，“中原”成为一个相对固定的地理单元。“扫除中原”“中原沉沦”“中原乱离”等，所称的都是指晋朝原所在地的黄河中下游地区。后世人们沿用了东晋以来关于中原的地理概念，将黄河中下游地区称为中原。比如，陆游的名篇《示儿》中就有：“王师北定中原日，家祭无忘告乃翁。”

---

① 杜佑：《通典》卷一百八十五《边防》，中华书局1988年版。

② 司马光：《资治通鉴》卷六十五《汉纪第五十七》，中华书局2013年版。

③ 诸葛亮：《前出师表》，《诸葛亮集》，中华书局1960年版。

二、历史时期河南行政区划变迁

河南古称豫州，“豫州”一词首见于《尚书·禹贡》篇。根据《禹贡》的记载，大禹治水时将天下划分为九州，其中荆山到黄河之间被划分为豫州。不过在大禹治水的时候，甚至是夏、商、周三代，并没有什么行政区划。这都是后人的假托。真正有行政区划，是从秦始皇统一六国以后才开始的。

（一）秦汉魏晋南北朝时期河南的行政区划

公元前249年，秦国在消灭了残存的周王室以后，在洛阳周围设置了三川郡。前206年，西楚霸王项羽在秦朝灭亡后所进行的分封中，封楚将申阳为河南王，都于雒阳（今洛阳）。不久，刘邦就从关中打过来，申阳投降，刘邦在此设置了河南郡。这是“河南”作为一个行政区划名称第一次出现在历史书卷之上。河南郡的范围西到洛阳，东到开封，大体即今天河南省中部地区。

到西汉中后期，全国共设置了一百多个郡级行政区划，其中在今河南省行政区划范围内有：颍川郡，约今许昌、漯河、平顶山地区，郡治在阳翟（今禹州市）。淮阳郡，约今周口市及安徽省部分地区，郡治在陈县（今淮阳县）。汝南郡，约今驻马店市及信阳市和安徽省部分地区，郡治在上蔡。南阳郡，约今南阳盆地及湖北中北部，郡治在宛（今南阳市）。弘农郡，约今三门峡市、洛阳市西部及陕西省部分地区，郡治在弘农（今灵宝市）。河内郡，今焦作、鹤壁、济源及安阳市大部，郡治在怀县（今武陟县）。东郡，约今濮阳市及山东部分地区，郡治在今濮阳市。陈留郡，约今开封市及商丘市部分地区，郡治在陈留（今开封市祥符区陈留镇）。梁国，今商丘市部分地区，都于睢阳（今商丘）。今信阳南部则属于江夏郡。

汉武帝时期，为了加强对各地的控制，设置了刺史来监察地方。河南省境内，弘农、河南、河内属于司隶校尉的监察范围，颍川、汝南、淮阳、梁国属于豫州刺史部。东郡属于兖州刺史部。南阳、江夏属于荆州刺史部。

东汉大体延续了西汉时期的行政区划，仅略有调整而已。比如，东汉都城在洛阳，河南郡升格为河南尹，其长官也叫河南尹，级别是中二千石，相当于政府的九卿，东汉著名的李膺就曾担任河南尹。淮阳郡分封了陈王，都城在淮阳。汝南郡郡治移至平舆。其他各郡只是边界有略微的变动。

两汉时期的行政区划，奠定了此后数百年间行政区划的基本格局。魏晋南北朝时期，大体延续了两汉时期的行政区划。

（二）唐宋时期河南的行政区划

到了唐代，虚三级行政区划基本形成。全国划分为10道，道之下设州，州下设县。唐代中原地区，洛阳周围属于都畿道，南阳地区属于山南东道，其他大部分地区属于河南道，河南道的治所在今开封。州有郑州、陕州、汝州、许州、陈州、汴州、滑州、宋州、亳州、虢州、孟州、怀州、相州、卫州、邓州、洛州。同时，由于洛阳是东都，所以还在洛阳设立了河南府。

宋代继承了唐代的虚三级行政区划，到宋神宗元丰年间全国共划分为23个路，今河南省行政区划范围内在当时分别属于京东西路、京西北路、河北西路、河东路、京西南路、淮南西路等。都城所在地府，中央直辖，长官开封府尹往往由未来的皇位继承人担任，比如宋太宗、宋真宗、宋钦宗都曾担任此职。其他时期也往往由亲王来担任。不过这些皇族一般并不实际处理政务，往往由其他官员“权判”开封府，也就是代理的意思。北宋历史上，寇准、欧阳修、包拯、范仲淹、苏轼、司马光、宗泽等北宋名臣先后供职开封府。河南境内的府、州、军则有邓州、唐州、信阳军、光州、蔡州、陈州、滑州、卫州、怀州、郑州、汝州、孟州、陕州、虢州、安利军、相州、颍昌府，另有西京河南府、南京应天府。

靖康之变后，宋室南迁，中原地区基本在金人的统治之下。金朝也在全国设路，其中河南省基本属于南京路范围内，辖区所设府、州比北宋略有增加：开封府、归德府、河南府、郑州、许州、钧州、嵩州、汝州、蔡州、陕州、邓州、陈州、息州、颍州、卫州、滑州、怀州、孟州、沁州、虢州。

（三）元、明、清、民国时期河南的行政区划

元代是中国古代行政区划沿革史上一个重要的时期，元朝设立了“行中书省”，后来演变为明、清两代的省制。元朝，河南省大部分地区归“河南江北等处行中书省”管辖，今黄河以北各地则归元朝中央管辖。在行中书省下则有河南

府路、汴梁路、南阳府、归德府、汝宁府。在府或路之下，有州和县。

明朝废除了元朝的“行中书省”，在全国各地设承宣布政使司，但人们习惯性地仍称之为省。每省设承宣布政使司负责民政、财政；指挥使司简称都司，掌军政；提刑按察使司掌监察、司法。都、布、按“三司”，互不统属，同对朝廷负责。

河南布政使司管辖范围与今天河南省的行政区划基本吻合，与河北省的界线则和今天不同，濮阳、新乡部分县市属于北直隶的大名府，而今天河北省邯郸部分县市则属于河南彰德府。在省之下则有开封府、河南府、卫辉府、怀庆府、归德府、彰德府、汝宁府、南阳府、汝州。在府州之下有县和散州。

清代基本继承了明朝的行政区划，只不过将名称正式从承宣布政使司改为省，省的长官为巡抚，简称抚台，布政使司简称藩台，提刑按察使司简称臬台。①

民国时期，基本继承了此前的行政区划。北洋政府时期，各省长官为省长，实际的军政大权则掌握在督军手中。在省之下设置了开封道、河北道、河洛道、汝阳道。南京国民政府成立以后，省的最高长官为省政府主席。河南省撤销了道，在省和县之间设了11个行政区，区设专员公署，作为省政府的派出机构，一个行政区一般管理10多个县。

在2000多年的行政区划沿革过程中，作为最基层的行政单位，县的设置变化并不大。很多县，无论是县名，还是县城的位置2000多年基本没有变化。比如中牟县、获嘉县、新郑市、临颍县、太康县、扶沟县、宜阳县、新安县等。有一些县虽说经过分分合合，但变化也都不大。比如伊川县，最早在隋代设置，中间经历了多次变迁。民国初，分属于宜阳县和嵩县等。后来冯玉祥主政河南期间曾应吉鸿昌将军的请求，在这里设立过平等县和自由县，1931年合并平等、自由两县，再次设置伊川县。

三、当今河南行政区划

中华人民共和国成立后，在今天河南省境内，先后有过河南省和平原省两个

---

① 以上叙述，参考了谭其骧先生主编的《中国历史地图集》，中国地图出版社1996年版。

省级建制。其中平原省于1952年11月15日撤销，所辖新乡、安阳、濮阳三个专区划归河南省，菏泽、聊城、湖西三个专区划归山东省。1949年5月，河南省人民政府成立，省会开封，1954年10月30日省会迁往郑州。

与民国时期相比，北部的边界略有调整，临漳县、武安县、涉县划归河北省，南乐县、清丰县、濮阳县、长垣县划归河南省。东明县先是划归河南省，后来又改属山东省。范县则从山东省改属河南省。

新中国成立后一些县进行了合并，原武和阳武两县合并为原阳县，兰封和考城两县合并为兰考县，阌乡县并入灵宝县，洧川县并入长葛县，陈留县并入开封县，广武县、汜水县、成皋县并入荥阳县。

同时也析置了一些县，从嵩县、卢氏县析出栾川县，从鹿邑县、淮阳县析出郸城县，从内乡县析出西峡县，从光山县析出新县，从范县析出台前县，从舞阳县析出舞钢市，从渑池县析出义马市，从南阳县、唐河县、方城县析出社旗县，从固始县、息县析出淮滨县，从汝南县析出平舆县，从修武县析出焦作市（地级，即今焦作市市区），从商水县析出周口市（原县级，今周口市川汇区），从郾城县析出漯河市（原县级，今漯河市源汇区），从确山县析出驻马店市（原县级，今驻马店市驿城区），从宝丰县析出平顶山市。有些县级单位名称变化比较大，比如汲县在设市的时候改名为卫辉市。

有些新设立的县，后来被撤销。比如：邺县被撤销，并入安阳县。谷熟县被撤销，并入虞城县。

新中国成立后，地区级的行政区划也经过了多次的调整。现行行政区划体系，17个地区级行政区划大体形成于20世纪80年代，2000年随着周口、驻马店两地区撤地设市而基本定型。此后仅有微调。比如将郾城县撤销改设郾城区和召陵区，将陕县改为陕州区，将开封县改为祥符区。

截至2015年年底，河南有18个省辖市，其中地级市17个、省直管市1个，52个市辖区、20个县级市、85个县。

地级市	辖区
郑州市	中原区、二七区、金水区、惠济区、上街区、管城区、新郑市、巩义市、登封市、新密市、荥阳市、中牟县

续表

地级市	辖区
开封市	鼓楼区、龙亭区、顺河回族区、禹王台区、金明区、祥符区、杞县、通许县、尉氏县、兰考县
洛阳市	涧西区、西工区、老城区、瀍河回族区、洛龙区、吉利区、偃师市、孟津县、新安县、洛宁县、宜阳县、伊川县、嵩县、栾川县、汝阳县
新乡市	卫滨区、红旗区、牧野区、凤泉区、卫辉市、辉县市、新乡县、长垣县、获嘉县、原阳县、延津县、封丘县
濮阳市	华龙区、濮阳县、清丰县、南乐县、范县、台前县
安阳市	北关区、文峰区、殷都区、龙安区、林州市、安阳县、滑县、汤阴县、内黄县
鹤壁市	淇滨区、山城区、鹤山区、浚县、淇县
焦作市	解放区、中站区、马村区、山阳区、沁阳市、孟州市、修武县、博爱县、武陟县、温县
三门峡市	湖滨区、陕州区、义马市、灵宝市、渑池县、卢氏县
南阳市	卧龙区、宛城区、邓州市、南召县、方城县、西峡县、镇平县、内乡县、淅川县、社旗县、唐河县、新野县、桐柏县
信阳市	浉河区、平桥区、固始县、罗山县、光山县、新县、商城县、潢川县、淮滨县、息县
驻马店市	驿城区、确山县、泌阳县、遂平县、西平县、上蔡县、汝南县、平舆县、新蔡县、正阳县
漯河市	源汇区、郾城区、召陵区、舞阳县、临颍县

续表

地级市	辖区
平顶山市	新华区、卫东区、石龙区、湛河区、汝州市、舞钢市、宝丰县、叶县、鲁山县、郏县
许昌市	魏都区、禹州市、长葛市、许昌县、鄢陵县、襄城县
周口市	川汇区、项城市、鹿邑县、沈丘县、郸城县、淮阳县、太康县、扶沟县、商水县、西华县
商丘市	梁园区、睢阳区、永城市、柘城县、虞城县、夏邑县、宁陵县、民权县、睢县
省直管市	济源市

目前这样一个行政区划，基本上是历史形成的结果，既体现了地理的因素，也兼顾了人文的因素，是河南社会经济文化发展的反映。

第二章　文明的曙光：
中华文明在中原的早期发展

中原地区适宜的地理环境，为文明的发展提供了可能。因此，中原地区成为中华文明最重要的诞生地。

第一节　文明曙光的初现

近代田野考古学兴起以后，在河南地区不断有重大考古发现，这些考古发现不仅展示了先民开拓的足迹，而且证实了中原地区是无可争辩的中华文明之源。

一、中原地区旧石器时代重要考古发现

早在旧石器时代，中原地区就已经有了人类的活动。中原地区旧石器时代遗址中，最重要的就是“许昌人”的发现。

“许昌人”的发现最早是在 1965 年春天，中国科学院古脊椎动物与古人类研究所的周国兴，在位于河南省许昌市西北约 15 公里的灵井镇西侧一个村民挖井挖出的堆积物中，采集到一批动物化石和打制石器，专家认为它们属于旧石器时代晚期。

2005 年河南省文物考古研究所组织力量对灵井遗址进行了再次发掘，结果在 12 月 17 日发现了人类头盖骨化石。这次惊世发现共出土古人类顶骨和枕骨、颞骨的化石 16 块。据测定，化石的年代距今 8 万—10 万年。2008 年，考古学家正式将其命名为“许昌人”。

“许昌人”化石的发现，对于揭示人类的起源有着非常重要的意义。

关于人类的起源，目前有两种截然不同的观点。

一种认为，人类的起源是单一源头。他们认为现代人类起源于非洲，大约在距今 10 万年前开始从非洲向世界各地扩散。此前各地所发现的古人类都未能繁衍

下来。

另一种观点认为，人类的起源是多源头的。他们认为人类从世界各地不断进化繁衍到今天。比如我国学者就认为中国人是在中国这片土地上独立起源的。他们认为，从巫山人开始，元谋人、蓝田人、陈家窝人、北京人、金牛山人，到山顶洞人，进化的链条是完整的。但是，此前的考古发现中，从距今约10万年前的金牛山人到山顶洞人之间，存在着缺环。而在这个时期，正是单一起源说认为人类从非洲向世界各地扩散的关键阶段。“许昌人”的发现，不仅填补了从金牛山人到山顶洞人之间的缺环，而且也有望打破人类起源的单一源头说，从而对揭示中国人起源的奥秘，乃至研究整个人类进化的过程，都有着非常重要的意义。①

二、新石器时代文明的曙光

距今1万年前后，最后一次冰河结束，中原地区气候温暖而湿润，文明开始逐渐从这里萌发。

（一）前仰韶时代

距今1万年前后，中原地区的气温明显比现在要高，大地上覆盖着茂密的植被，时不时还可以看到有象群出没。我们的先民逐渐走出丛林。最早先民的生活主要靠渔猎和采集。中原地区丰富的动植物资源，为先民提供了充足的食物，也使人类种群的扩大成为可能。在采集食物的过程中，人们逐渐认识了一些植物生长的规律，开始尝试自己种植植物，农业就此产生。

关于农业的起源，有着不同的说法。有人认为农业是从西亚的两河流域起源，后来逐渐扩散到世界各地的。不过今天我们有足够的证据证明，中国的农业是独立起源的。这就不能不说到在河南发现的裴李岗文化。

裴李岗文化，发现于1977年，因为最早发现于新郑县（今新郑市）县城西北7公里的裴李岗村而命名。早在20世纪50年代，当地农民在平整土地的过程中就发现了一些属于新时期时代的石斧、石铲、石磨盘等石器。20世纪70年代

① 路运洪：《“许昌人”头盖骨：现代人类起源再诠释——“许昌人”头盖骨对国际学术界的挑战》，《许昌学院学报》2008年第3期。

中期，考古工作者配合当地农田建设而对一些遗址进行抢救性发掘。1977 年 4 月在裴李岗村出土了大量文物，1978 年 4 月又进行了第二次发掘。

经考古工作者调查发掘，裴李岗文化广泛地分布在郑州、许昌、漯河、平顶山、开封、周口等地。已经发现的遗址有百余处，比较重要的有新郑裴李岗遗址、沙窝李遗址、新密莪沟遗址、长葛石固遗址、舞阳贾湖遗址等。

裴李岗遗址距今 8000 多年前，是一处典型的农业文化遗存。裴李岗遗址不仅发现有房屋的基址、夹砂红陶、磨制石器和骨器，更为重要的是，裴李岗遗址的石器已经不再像此前旧石器时代所发现的石球、石核、刮削器、砍砸器等与狩猎密切相关的工具，而是一整套农具，包括了耕作和收割工具——石斧、石铲、石镰，粮食加工工具——石磨盘、石磨棒等。这些东西的发现说明裴李岗时期农业生产已经比较成熟。①

有证据显示当时人们所驯化的农作物首先是粟，也就是谷子。同时，由于当时中原地区丰沛的水资源，也出现了稻作农业。在漯河市舞阳县贾湖遗址发现的就有已经炭化的人工栽培稻和野生稻的谷粒。甚至有学者认为，贾湖遗址出土文物证明当时可能已经有了酒。这只能是农业生产出现足够剩余之后的事情。

在裴李岗文化遗址中，人们还发现有陶窑，这说明当时陶器的生产已经初具规模。陶器有杯、碗、盘、钵、壶、罐等器物。由此可见，七八千年前，中原地区已经出现了比较稳定的农业定居生活。

陶纺轮、骨针等文物的出土，证实了当时人们已经懂得了纺织。此后，人们告别了依靠兽皮、树皮、树叶等来遮盖身体的历史。

伴随着原始农业的出现，也开始出现了家畜饲养。家畜的饲养是在狩猎的基础上发展而来的。在狩猎的过程中，人们也会获得一些幼畜。在农业发生之前，这些吃不完的幼畜，往往被抛弃。有了农业以后，农产品在为人们提供食物的同时，也为家畜的饲养提供了饲料，使得饲养家畜成为可能。

考古发现证实，中原地区最早驯化的动物是猪。猪是一种杂食性动物，对于农耕民族而言，很容易饲养，所以很早就进入人类的生活。猪对于古人而言非常重要，甚至一度是和人类生活在一起的，时至今日我们的汉字“家”的构成，就

---

① 关于裴李岗文化，参见李友谋、薛文灿所撰写的《裴李岗文化》一书，中州古籍出版社 1992 年。

是房子里面一头猪。裴李岗文化时期，人们驯养的还有狗、牛、羊、鹿、鸡等。裴李岗文化出土的陶猪头、陶羊头都说明了当时家畜饲养业的发达。

农业的出现，对人类社会而言，具有革命性的意义，所以也有学者将农业的出现称为“农业革命”。农业使人们从食物的采集者，变成了食物的生产者。耕种土地、饲养禽畜为人们提供了可靠的食物来源，间或还有剩余。这种生态环境使人口可以较快增加，生活比较稳定，各种社会制度得以形成。这是一场巨大的社会和经济革命。

在前仰韶时代，随着人们生活的稳定，古人的精神生活也开始丰富起来。在裴李岗文化遗址中发现的墓葬，都有一定数量的陪葬品，这表明古人已经开始有一定的宗教观念。那时候的古人已经有了一定的艺术观念，前面我们说到的陶猪头、陶羊头，都是非常难得的艺术品。

尤其是在裴李岗文化的贾湖遗址，还出土有中国最早的乐器——骨笛。在贾湖遗址中一共发现30多支骨笛，经研究已具备四声、五声、六声、七声音阶，在我国乃至世界音乐史上都有重要的历史地位。贾湖遗址出土的刻在龟甲、骨器、石器、陶器上的契刻符号表明，在距今8000—9000年的贾湖文化已出现原始文字性质的符号，为研究我国文字的起源提供了重要资料。①

（二）仰韶时代

仰韶文化，因1921年首先发现于河南省渑池县的仰韶村而命名。仰韶文化距今六七千年，属于新石器时代文化，广泛地分布于从甘肃省到山东省的黄河中下游地区。

1. 仰韶文化遗址

第一，目前所发现的仰韶文化遗址已经有数千个，在河南省境内所发现的仰韶文化遗址中，最重要的就是仰韶遗址。仰韶村距渑池县县城约9公里。遗址北依韶峰，位于一处半山坡上。1921年10月，瑞典学者安特生，中国学者袁复礼、陈德光等对仰韶村遗址进行首次发掘，证实该处为新石器时代的文化遗存。依据考古惯例，以首次发现地命名为“仰韶文化”。1961年3月，国务院公布仰韶村

---

① 可参见河南省文物考古研究院与中国科学技术大学科技史与科技考古系联合编著的《舞阳贾湖》，科学出版社2015年版。

文化遗址为第一批全国重点文物保护单位。遗址先后经过三次发掘，出土了大量的陶器、石器和骨器等珍贵文物，在国际上引起了极大的轰动。仰韶遗址发现有大量灰坑和墓葬，其文化堆积可分为五期，最上层为中原龙山文化。如今在仰韶遗址已经建起一座大型遗址博物馆。

第二，三门峡陕县县城南 4 公里的庙底沟遗址。庙底沟文化可以分为一期和二期，庙底沟一期文化，是仰韶文化最繁盛时期的文化，庙底沟类型的彩陶已处于仰韶文化彩陶工艺的兴盛期，多为红底黑花。庙底沟二期文化承袭仰韶文化发展而来，后来发展成为河南龙山文化。该遗址的发现，解决了仰韶文化和龙山文化的分期，更重要的是解决了仰韶文化和龙山文化之间的关系。从而证明，从远古时代起经过仰韶文化、龙山文化直至商周，中华民族的祖先在黄河流域不断地发展并创造了高度的文明，为研究中国史前文化的发展提供了重要的实物例证。

第三，郑州北郊的大河村遗址。大河村遗址发现于 20 世纪 70 年代，距今 6800—3500 年。大河村遗址遗存分为六期，分别属于仰韶文化庙底沟类型、大河村类型、早期龙山文化和河南龙山文化以及夏、商时期的遗存。在大河村遗址发现的尊、背壶和锅等陶器，显示了仰韶文化与大汶口或屈家岭文化的交流关系。彩陶片上绘有各种天文图像如太阳纹、月亮纹、星座纹、日晕纹等，这一发现，对研究仰韶文化的农业和古代天文学的关系具有重要意义。

第四，河南濮阳西水坡遗址。西水坡遗址发现于 20 世纪 80 年代，是一处仰韶时代中早期的文化遗址。西水坡遗址出土了三组前所未见、用蚌壳摆塑的人物与动物图案。第一组图中间有男性骨架，头朝南，东西两侧分别摆塑龙和虎的图形；第二组在第一组南面，蚌图为龙、虎、鹿和蜘蛛；第三组位于第二组南面，摆塑人骑龙与虎等。三组蚌塑中都有龙和虎图像，生动逼真，是我国迄今为止所发现最早的完整的龙形图案，被誉为“中华第一龙”。

第五，洛阳王湾遗址。王湾遗址位于洛阳城西约 3 公里处谷水镇王湾村涧河东南岸第一台地上，总面积约 8000 平方米。王湾遗址发现于 20 世纪五六十年代，分为王湾一期（仰韶文化）、王湾二期（过渡期）、王湾三期（河南龙山文化）遗存。王湾遗址提供了研究由仰韶文化到龙山文化过渡期的资料，证实了龙山文化和仰韶文化的承袭关系。①

第六，郑州西北古荥镇的西山遗址。西山遗址是仰韶时代晚期的一处城堡遗址，遗址中明确发现了城墙的遗迹，现存城墙残长 265 米，宽 3—5 米，高 1. 75—2. 5米，全部为版筑而成，还发现两座城门，整个城址面积达 3. 45 万平方米。相比较以前所发现的史前城址，西山遗址的年代最早，它的发现将我国的建城史提前了近千年，因而被称为“华夏第一城”。②

2. 仰韶时代的经济生活

仰韶文化继承裴李岗文化发展而来，社会经济比原始农业初期阶段有了较大的发展。

仰韶时代的经济生活以农业生产为主，仰韶时代人们的农业生活更加稳定。仰韶时代的农业总体上还属于原始农业的范围，刀耕火种是人们主要的耕作方式。人们所使用的农具，以石器为主，还有一些骨器和木器。这一时期石铲和石刀的出现，是一个明显的进步。随着农业生产的发展，仰韶时代农业聚落的分布也越来越广泛，而且在洛阳、郑州的众多仰韶文化遗址中都发现了粮食的遗迹。

渔猎在仰韶时代人们的生活中也扮演着重要的角色。仰韶时代遗址中曾发现了大量的渔叉、渔钩等，发现于汝州的“鹳鱼石斧图”说明当时人们已经懂得了用一些水鸟来捕鱼。在仰韶时代，箭镞的发现显示当时人们可能已经发明了弓箭。弓箭的出现极大地提高了古人狩猎的效率。仰韶时代遗址中禽类骨骼的大量发现，可能与弓箭的广泛使用有一定的关系。

仰韶时代的手工业生产也进一步发达。最能体现仰韶时代手工业生产发展水平的就是制陶业。仰韶文化前期的陶器多是手制的，中期开始出现轮制。这样就可以制作一些大型的器具，比如汝州发现的“鹳鱼石斧缸”，器高 47 厘米、口径 32.7厘米、底径 19.5厘米。陶器的制作技艺更加精湛，比如在大河村出土的连体双壶就十分精巧雅致，脱离了早期陶器的古拙质朴。③

尤其重要的是，仰韶时代的陶器普遍都有彩绘图案，所以仰韶文化被人们称

---

① 以上五个遗址的介绍，参见王仁湘、贾笑冰的《中国史前文化》，商务印书馆 1998 年版。

② 张玉石、赵新平、乔梁：《郑州西山仰韶时代城址的发掘》，《文物》1999 年第 4 期。马世之：《郑州西山仰韶文化城址浅析》，《中州学刊》1997 年第 4 期。

③ 中国大百科全书总编辑委员会《考古学卷》编辑委员会：《中国大百科全书 · 考古学卷》，中国大百科全书出版社 1986 年版。

为彩陶文化。仰韶文化彩陶图案有多种类型，大体而言包括了动物纹、植物纹、天文纹以及抽象的几何纹。

这些图案具有极高的艺术审美价值。以“鹳鱼石斧图”为例，制作者根据石斧、鹳、鱼的不同形象、内容和要求，用不同的艺术手法来表现。石斧和鱼，用黑色线条勾勒轮廓、起承转合刚柔互用的笔致，把表现对象的形状和神情描绘得十分生动；鹳则直接用色彩涂染形体，唯有眼睛，用浓重的黑线勾圈，中间用黑色圆点表现眼睛，显得分外有神。有学者指出，“鹳鱼石斧图”已经孕育了中国绘画传统艺术表现手法的两种基本形式——勾勒和没骨。①

3. 仰韶时代的社会生活

仰韶时代人们已经告别了原始群居生活，开始有一定的社会结构。学术界一般将仰韶时代的社会看作母系氏族社会。通过仰韶时代的村落和墓葬，人们可以发现，仰韶时代的社会组织已经具备明显的分层结构。根据房基可以判断，房组、房群和村落，大体与家族、氏族、部落相对应。墓葬中看不出下葬者之间的婚姻关系，说明人们并不是按照婚姻的关系下葬的。而且经常可以看到母子、母女合葬墓。这说明当时的社会是有婚姻而无嫁娶，婚姻关系是所谓的“对偶婚”，就是女性不离开本氏族，男性到其他氏族中寻找配偶，双方大体保持比较长期的固定关系，但都生活在各自的氏族中，所生育的子女归女方氏族。

在仰韶时代墓葬中，女性的陪葬品明显多于男性，这也说明女性对财产的支配权要大于男性，财产是以母系来继承的。同时，从墓葬和房屋也可以看出，在当时尚不存在经济独立的个体家庭。对偶婚中的双方在死后都葬到各自的氏族之中。②

传世文献中，记录了很多“女儿国”的传说，这些“女儿国”其实就是母系氏族社会。从传世文献中我们也可以看出，很多古老的部族，他们所能记得起的始祖都是女性，比如商人的简狄和周人的姜原。那个时代人们往往是只知其母，不知其父，所以往往将子女的生育归功于自然物或上天。传说简狄就是吃了燕子

---

① 孙彦：《“鹳鱼石斧图”题材象征意义辨析——兼论丧葬绘画的起源》，《中原文物》2008年第1期。严文明：《〈鹳鱼石斧图〉跋》，《文物》1981年第12期。

② 中国大百科全书总编辑委员会《考古学卷》编辑委员会：《中国大百科全书·考古学卷》，中国大百科全书出版社1986年版。

的卵而生下了商部族的祖先契，姜原则是在野外踩到了一个大脚印而生下了周部族的祖先弃。母系氏族社会的这些风俗也可以从现代民族学中得到印证。

（三）龙山时代

龙山文化，因为1928年首先发现于山东章丘龙山镇的城子崖而得名。龙山文化是广泛分布于黄河中下游的新石器时代晚期文化，根据分布地点不同，又可以划分为山东龙山文化、河南龙山文化、陕西龙山文化、龙山文化陶寺类型。其中河南地区是龙山文化的中心区域。1931年著名考古学家梁思永对安阳后冈遗址进行了发掘，证明了河南龙山文化是由仰韶文化发展而来的。

1. 河南龙山文化遗址

河南龙山文化广泛地分布于豫西、豫北和豫东地区。河南龙山文化存在的时间为距今4700—4000年。河南龙山文化又可以分为三个不同的类型：王湾三期、后冈二期和造律台类型。它们共同构成中原史前文化最后的发展阶段。

河南龙山文化比较重要的遗址首先是登封王城岗遗址，位于河南省登封市告成镇西北约0.5公里处的土岗上，是一处以豫西龙山文化类型中晚期为主、兼有新石器时代早期裴李岗文化和相当于夏代二里头文化与商周文化的遗址。早期曾在王城岗遗址发现了两个小城，随着中华文明探源工程的启动，又在王城岗遗址发现了一座大型城址。据王城岗小城的最新碳14测年数据为公元前2107年，这正是夏王朝建立前后的重要时期，也是大禹治水的末期。①

河南淮阳的平粮台古城遗址位于淮阳县县城东南4公里的大朱庄西南侧。1979年发现后，河南省文物研究所在此多次进行考古发掘。据碳14测定，城址距今4300—4100年。古城建立在高5米的台地上，俗称“平粮台”。城址的平面呈正方形，边长185米，城墙残高3米，宽10米，用小板堆筑而成，夯层清晰，夯窝明显。南北各辟一门，南门埋设有陶质的排水管道。城址内已发掘出10多座房基，房基普遍使用土坯砌墙。在城内还发现有灰坑、陶窑和墓葬。出土遗物有陶质的鼎、罐、瓮、豆、盆、纺轮，石质的凿、铲、斧、锛、镞和骨凿、骨镞、

---

① 北京大学考古文博学院、河南省文物研究所：《河南登封市王城岗遗址2002年、2004年发掘简报》，《考古》2006年第9期。杨肇清：《略论登封王城岗遗址大城与小城的关系及其性质》，《中原文物》2005年第4期。

蚌刀、蚌镰等。此外，还发现有铜渣。① 平粮台遗址很可能是传世文献中所记载的“太昊之墟”。

河南商丘市范围内也分布着许多重要的龙山文化遗址。位于河南商丘永城市西 29 公里龙岗乡王楼村的黑堌堆遗址，平面呈椭圆形，南北宽 40 米，东西长 45 米，高出地表约 1. 5米，面积约 1800 平方米，文化层厚 2. 5米以上。1977 年春，考古工作者在这里清理出多座房屋基址、陶窑、灰坑和墓葬，出土的文物有石器、陶器、骨蚌器和角器等。②

位于永城市酂城镇西南的造律台遗址，是一处椭圆形高台，高约 7 米，底部南北长 54 米，宽 34 米，相传汉相萧何曾在台上制定汉律，因而被称为造律台。造律台遗址上层为商代遗存，下层为河南龙山文化遗存。这里文化遗物颇为丰富，其中有石斧、陶器、骨箭头、骨锥等。以造律台遗址为代表的龙山文化造律台类型，广泛地分布在豫东和鲁西南地区。③

位于宁陵县程楼乡丁堌堆村西北角的丁堌堆遗址是一处龙山时代早期的文化遗存。遗址保存比较完整，出土有大量的陶器，以灰陶居多，胎质细密，烧制火候把握技术较高。多采用轮制法，器壁光滑，装饰有简单的绳纹或弦文，也有部分手制红陶。无论是灰陶还是红陶，都是平底器。④

新砦遗址位于河南新密市刘寨镇新砦村西部，是一处河南龙山文化晚期的遗址。新砦遗址发现于 1979 年，后来 1999 年、2000 年、2002 年曾多次对该遗址进行发掘。已初步确定新砦遗址是一处设有外壕、城壕、内壕共三重防御设施的大型城址。

城址平面基本为长方形，东墙残长 160 米，北墙长 924 米，西墙长 470 米。北墙以外 220 米有一条人工与自然冲沟相结合而成的壕沟，为外壕，东西长 1500 米，南北宽 6—14 米，深 3—4 米。城址的西南部地势较高设有内壕，现存西、北和东三面内壕。北内壕东西长约 300 米，东、西内壕的南部均遭破坏，长度不明。

---

① 曹桂岑、马全:《河南淮阳平粮台龙山文化城址试掘简报》,《文物》1983 年第 4 期。

② 张朋:《黑堌堆遗址》,《今日永城》2015 年 9 月 17 日。

③ 中国大百科全书总编辑委员会《考古学卷》编辑委员会:《中国大百科全书·考古学卷》,中国大百科全书出版社 1986 年版。

④ 马学庆、梁颖阁:《探访丁堌堆龙山文化遗址》,《京九晚报》2007 年 3 月 2 日。

在城址中心区中央偏北处坐落一座东西长 92. 6米、南北宽 14. 5米的大型建筑基址，已经清理出部分夯筑墙体、柱洞、红烧土和活动面等重要遗迹。

新砦城址内出土的遗物数量众多，做工精美，不仅有制作精美的陶器如子母口瓮、簋形豆、双腹豆、猪首形盖钮等，还有玉凿、红铜容器等高规格遗物。尤其值得注意的是，与二里头遗址出土的铜牌纹饰相类似的兽面纹、雕刻精细的夔龙纹等，这些文物不仅反映出这一遗址的都邑性质，而且也反映出这一遗址与二里头遗址可能存在的关系。①

新砦遗址发现的“三叠层”，即下层为龙山文化层，中层为新砦期文化层，上层为二里头早期文化层，证明了龙山文化与二里头文化之间确实存在新砦期，填补了龙山文化晚期与二里头文化早期缺环的空白。有学者认为，新砦遗址极有可能是中国考古界苦苦寻找多年的夏代开国之君夏启的都城。新砦城址的发现，对于探索早期夏都、对于判定二里头遗址的年代与性质、对于研究夏代都城和夏王朝的诞生以及中华文明的起源都具有十分重要的意义。②

2. 龙山时代的经济生活

龙山时代，以种植农业为主体的原始综合经济得到充分发展。这一时期农具有明显的进步。石制农具普遍采用了切割、钻孔、磨光以至抛光的先进工艺。当时的谷物收获量也十分可观。饲养业伴随着种植业发展起来了。后世所谓的六畜中至少猪、狗、牛、羊、鸡都已经开始饲养，养猪业尤其发达。原始手工业中，石制手工业达到了顶峰。石器的应用范围进一步扩大。后来，从石器手工业中又分化出玉器手工业，在洛阳就发现了不少的玉器。制陶业则发明推广了快轮制陶工艺，陶器更加精致，品种更加丰富。

河南龙山文化遗址中已出现了国家和文明的重要标志，即青铜的出现和铜工具的使用。铜器，在龙山文化的遗址中多有发现，如郑州牛寨遗址中发现了熔铜炉壁附有铅锡青铜块，汝州煤山遗址中出土了铜坩埚、熔铜炉残壁及铜液痕迹，鹿邑栾台遗址发现的青铜器等。这些资料表明青铜器的冶炼和使用已经比较普

---

① 赵春青等：《河南新密市新砦遗址 2002 年发掘简报》，《考古》2009 年第 2 期。

② 高江涛：《中原地区文明化进程的考古学研究》，社会科学文献出版社 2009 年版。

遍，河南龙山文化已经进入早期铜器时代。①

3. 龙山时代的社会生活

龙山时代，男性在生产生活中的地位显著上升。学术界一般认为，龙山时代是母系氏族社会逐渐过渡为父系氏族社会的重要时期。

父系氏族制度取代母系氏族制度，是人类历史上最深刻的变革之一。从母系氏族制度到父系氏族制度并没有引起激烈的对抗。这是因为：一、母系氏族社会并非妇女的天堂。她们除承担繁重的劳动以外，还有生育的任务。当时妇女的寿命比男子要短，母系氏族社会中妇女的生活更艰苦。所以，父系氏族制度的建立不会引起妇女的普遍反对。二、这是一场氏族社会内部的变革，并不需要侵害任何一个活着的氏族成员，氏族的全体成员仍然能够和以前一样。每一个氏族由于成年妇女的外嫁而损失的劳动力将由外氏族妇女的嫁入而得到补偿，所以不会有哪个氏族的利益受到伤害。当然，这一过程是非常缓慢的，而且也不是在不同区域同时发生的。

这一时期的墓葬也反映出丰富的信息。第一，这一时期开始出现了夫妇合葬墓和夫妇与子女的合葬墓。这是一夫一妻制的反映。一夫一妻制取代了对偶婚，一夫一妻制的婚姻具有独占性，婚姻关系也就更牢固持久。这时已经由从妻居改变为从夫居。世系制度和财产继承制度由母系改变为父系，子女不再属于母系氏族，不再继承母系氏族的财产。第二，不同墓葬中陪葬品的差别反映出分工的发展。制陶的，陶器就多些；养猪的，猪骨就多些。第三，陪葬品的多少反映出社会贫富的分化和私有制度的萌芽。第四，这时已经出现了贵族的专用墓地。在氏族公共墓地之外为贵族建造专用墓地，说明阶级分化已经达到相当严重的地步，氏族社会已经到了瓦解的边沿。

龙山时代，以文字、艺术、宗教为标志的原始精神文化达到了高级阶段。文字的前驱之一是刻画符号，龙山时代刻画符号发现的地区更加广泛。不同地区的刻画符号有一些相同的形体出现，而且与后来的甲骨文有相似之处，它们之间应该有一定的联系。这一时期的艺术主要是陶器绘画、陶器雕刻和玉雕。这期间的

---

① 中国大百科全书总编辑委员会《考古学卷》编辑委员会：《中国大百科全书·考古学卷》，中国大百科全书出版社 1986 年版。

艺术作品有的反映当时的自然环境和经济生活，有的将表现对象加以变形或与器物造型巧妙结合成整体，注入人的情感愿望，展示出原始艺术发展到了成熟阶段。龙山文化中往往出现石且和陶且，这是男性祖先崇拜的遗物，也是原始生殖崇拜的表现。在当时人的观念中，祖先神和自然神是人们信仰的主要对象。在龙山文化中还发现了卜骨。

龙山时代，一些中心聚落已经发展为早期城市。随着社会分工和交换的发展，财富积累和私有财产日益增加，掠夺战争日益频繁，部落联盟的作用越来越重要。最初为应付紧急需要而结合的临时联盟发展成长期稳定的永久性的联盟。每个部落联盟中往往有一个中心部落，它的驻地便成为中心聚落。中心聚落居住着部落联盟中最富有、最有权势的家族，成为经济交流和权力的中心。中心聚落是永久性部落联盟形成的标志，永久性部落联盟又是朝民族的形成跨出的第一步，所以中华民族的起源可以追溯到距今5000年前后。龙山时代，一些中心聚落进而发展为城市，城市是历史进步的一个标志，也是阶级社会即将到来的征兆。中华民族跨越文明的门槛，只剩下临门一脚了！①

① 参看张岂之总主编：《中国历史·先秦卷》，高等教育出版社2001年版。

第二节　中华古史的传说时代：三皇五帝的传说

中原地区众多的考古遗址展示了先民筚路蓝缕的奋斗足迹，传世文献中也记载了大量的古史传说，虽然这些传说不能直接被看成信史，但它们的背后有历史的影子，在一定程度上是中华民族早期历史的真实反映。同时，这些传说已经超越了历史本身，上升到了民族信仰的高度，共同构建了中华儿女的心灵家园。

一、中华创世纪

对于世界的诞生和人类的起源，世界各民族都曾有过自己的猜测，形成了各具特色的创世纪神话。

在中原地区流行最广泛的创世纪神话就是盘古开天辟地的传说。关于盘古的最早记载见于三国时期吴国徐整的《三五历纪》一书。

> 天地浑沌如鸡子，盘古生其中，万八千岁，天地开辟，阳清为天，阴浊为地。盘古在其中，一日九变，神于天，圣于地。天日高一丈，地日厚一丈，盘古日长一丈，如此万八千岁。天数极高，地数极深，盘古极长。后乃有三皇。数起于一，立于三，成于五，盛于七，处于九，故天去地九万里。①

南朝梁任昉《述异记》记载：

---

① 徐整的《三五历纪》原书已经散佚，这段记载见于《艺文类聚》《太平御览》等书的转引，文字略有出入。

昔盘古氏之死也，头为四岳，目为日月，脂膏为江海，毛发为草木。秦汉间俗说：“盘古氏头为东岳，腹为中岳，左臂为南岳，右臂为北岳，足为西岳。”先儒说：“盘古氏泣为江河，气为风，声为雷，目瞳为电。”古说：“盘古氏喜为晴，怒为阴。”吴楚间说：“盘古氏夫妻，阴阳之始也。”今南海有盘古氏墓，亘三百余里，俗云后人追葬盘古之魂也。桂林有盘古祠，今人祝祀；南海有盘古国，今人皆以盘古为姓。昉按，盘古氏天地万物之祖也，然则生物始于盘古。[①]

在这样的神话传说中，我们看不到造物主的影子。所以盘古的神话比起西方的创世纪神话显得质朴。

盘古的传说在中原地区流传非常广泛，主要流传于驻马店、南阳、信阳等地。中原地区的盘古传说内容很丰富，有些还具有一定的传奇色彩。尤其重要的是，中原地区盘古神话传说中凸显了先民对宇宙天地的形成、自然万物的产生等自然科学和人文科学的重大问题的积极探索精神。盘古开天辟地，垂死化身体现一种勇于开拓、创新求变的积极主动的主体意识和舍已利天下万物的至德至爱精神，这种精神凝结了华夏五千年文明的精华。

至于人类的起源，中原地区广泛流传着女娲造人的传说。女娲的传说在战国时期就已经出现，比较完整的记载见于东汉末年应劭所著的《风俗通义》中：“俗说天地开辟，未有人民。女娲抟黄土做人。剧务，力不暇供，乃引绳于絙泥中，举以为人。故富贵者，黄土人；贫贱凡庸者，絙人也。”[②] 传说开天辟地之后，还没有人民，女娲就抟黄土来做人，女娲抟土造人非常辛苦，后来就把绳子放到泥中往外甩，结果甩出的泥点也成了人。现实生活中的富贵人，就是女娲用黄土做成的，贫贱平庸的人就是被甩出的泥点子。而且传说，泥巴人做成后还需要晒干。有一次在晒的过程中，忽然天降大雨，女娲赶紧把正在晾晒的泥人搬进屋去，后来来不及了，干脆就用扫帚把泥人往屋子里撮，结果有的泥人被弄得缺胳膊少腿。现实生活中的残疾人就是这么来的。

女娲不仅造了人，而且还曾修补过天地。据说水神共工与火神祝融争帝，共

---

① 任昉：《述异记》卷上，中华书局据汉魏丛书排印本。

② 这段引文见于《太平御览》卷七十八，而今本应劭《风俗通义》中不见这段引文。王利器《风俗通义校注》把这段引文收入佚文《辨惑》篇中，中华书局2010年版。

工失败后发怒用头将撑天柱不周山给撞折了。从此山体崩塌，天柱折断，大地向东南倾斜，海水向陆地倒灌。

> 往古之时，四极废，九州裂，天不兼复，地不周载。火爁焱而不灭，水浩洋而不息。猛兽食颛民，鸷鸟攫老弱。于是女娲炼五色石以补苍天，断鳌足以立四极，杀黑龙以济冀州，积芦灰以止淫水。苍天补，四极正，淫水涸，冀州平，狡虫死，颛民生。背方州，抱圆天。和春阳夏，杀秋约冬，枕方寝绳。阴阳之所壅沈不通者，窍理之。逆气戾物伤民厚积者，绝止之。①

经过女娲一番辛劳整治，苍天总算补上了，地填平了，水止住了，龙蛇猛兽敛迹了，人民又重新过着安乐的生活。但是这场特大的灾祸毕竟留下了痕迹。从此天还是向西北倾斜，因此太阳、月亮和众星辰都很自然地归向西方，又因为地向东南倾斜，所以一切江河都往那里汇流。

据说，女娲去世后就葬在今天河南省西华县的女娲城。

二、三皇的传说

关于三皇，并没有确切的说法究竟指的是谁。至少有以下的组合方式：“天皇、地皇、泰皇”“天皇、地皇、人皇”“燧人、伏羲、神农”“伏羲、神农、祝融”“伏羲、女娲、神农”“伏羲、神农、黄帝”。在这些组合中，天皇、地皇、人皇、泰皇没有明确的对象。女娲能造人，应该属于神的范畴。黄帝一般认为是五帝之首，而祝融则在传世文献中被记载为黄帝的后裔。在此简单介绍燧人、伏羲、神农的传说。

燧人氏的传说最早见于《韩非子》的《五蠹》篇中，据说他是第一个发明钻木取火的人：“民食果蓏蚌蛤，腥臊恶臭而伤害腹胃，民多疾病。有圣人作，钻燧取火以化腥臊，而民说之，使王天下，号之曰燧人氏。”② 考古发现证明，在北京猿人时代人们就已经懂得了用火，不过当时人们只是采集自然火种，并不会自己生火。到了旧石器时代末期，人们在磨制石器的过程中，感觉到石头温度的升高，进而联想到用可燃物在石头上钻，使之升温引燃。钻木取火发明后，人们第

---

① 何宁：《淮南子集释》卷六《览冥训》，中华书局 1998 年版。

② 陈其猷：《韩非子集释》卷十九《五蠹》，上海人民出版社 1974 年版。

一次掌握了自然的力量，在人类进化的历程中，具有非常重要的意义。从此人们告别了茹毛饮血的野蛮时代，进化的速度明显加快。

钻木取火，可能不是某一两个人的发明，大概经过了很多人不断摸索。燧人氏可以看成是这一群体的象征。对比燧人氏钻木取火的传说和希腊普罗米修斯盗取天火的传说，我们可以看到燧人氏传说的质朴以及对人类自身价值的高度彰显。

据说燧人氏去世后葬在今天商丘市睢阳区的燧皇陵。今天燧皇陵已经成为一个非常重要的文化圣地。第十届全运会“华夏文明圣火”的火种就取自燧皇陵。

关于伏羲氏的记录，首先出现在《庄子》《易传》等文献中。西汉末年刘歆明确指出伏羲氏“继天而王，为百王先。首德始于木，故为帝太昊”①。如此说来，伏羲氏就是太昊部落的首领。根据文献的记载，太昊部落活动于今天河南省淮阳县一带。相传他曾制作了八卦，发明了渔猎，“作结绳而为罔罟，以佃以渔”②。大约到唐朝末年，伏羲和女娲兄妹成婚、繁衍后代的传说，已经在华夏民间广泛流传着。

至少在汉代，人们就已经开始在陈，即今天河南省淮阳县祭祀太昊伏羲氏。唐太宗于贞观四年（630 年）颁诏“无得刍牧”。显德元年（954 年）禁民樵采耕犁。宋太祖建隆元年（960 年）置守陵户，诏示三年一祭，牲用太牢，造祭器。乾德四年（966 年）诏立陵庙，置守陵户五，春秋祀以太牢，御书祝。③ 此后，太昊陵与伏羲庙不断受到尊崇。到了元朝，对伏羲的祭祀逐渐荒废，陵庙也被毁弃。④ 明洪武三年（1370 年），朱元璋访求帝王陵寝，太昊陵首列第一；洪武四年（1371 年），朱元璋御驾陈州（今淮阳县），御制祝文致祭，此碑至今尚存。⑤

太昊陵现存建筑多为明代复建。清乾隆年间又大规模重修，至此，内外城垣，规模宏大，殿宇巍峨，金碧辉煌，定成格局。如今淮阳的太昊陵庙会，在河南、安徽一带影响广泛，每年都会有数百万人前往。

传说中，伏羲发明了先天八卦。伏羲发明八卦是受了“河图”的启发。传说

---

① 班固：《汉书·律历志》引刘歆《世经》，中华书局 1962 年版。

② 《周易·系辞下》，阮元校刻《十三经注疏》，中华书局 1980 年版。

③ 徐松辑，刘琳、刁忠民等点校：《宋会要辑稿·礼》三八之一，上海古籍出版社 2014 年版。

④ 骆明：《太昊陵庙话今夕》，《纵横》2002 年第 3 期。

⑤ 李乃庆：《朱元璋太昊陵御祭碑及御祭文》，《中原文物》2007 年第 3 期。

中的“河图”“洛书”，历来被认为是中华文明的源头。如今孟津县会盟镇黄河岸边，还有一座龙马负图寺，相传这里就是河出图处。伏羲殿神龛下，有一块横匾，上书“一画开天”四个大字。伏羲就是在这里画出了先天八卦，开启了中华文明的源头。

当然，所谓“河出图，洛出书”并不能被看成是信史。这一传说背后所体现出来的史实是，在中原地区，我们的先民在漫漫岁月中，战天斗地，逐渐揭示了自然的奥秘，跨越了文明的门槛。在这一历史进程中，可能有伏羲等杰出人物做出了卓越贡献。

炎帝神农氏的主要贡献是原始农业。“包牺氏没，神农氏作，斫木为耜，揉木为耒，耒耜之利，以教天下。”① 根据《竹书纪年》的记载，炎帝神农氏发明了耒耜，教会天下人们播种百谷；他还发明了历法；懂得辨别“水泉甘苦”。在神农化时代，农业水平还很原始，基本上是刀耕火种，所以炎帝也被称为烈山氏。那时的农业还是一种游移性的农业，随着土地肥力的下降，就会选择另一个地方进行耕作。炎帝神农氏还发明了原始的商业交换，《易·系辞下》说：“日中为市，致天下之民，聚天下之货，交易而退，各得其所。”② 传说他还发明了医药。《淮南子》记载：“尝百草之滋味……当此之时，一日而遇七十毒。”③

中原地区是我国农业最早诞生的区域之一，所以在中原地区流传有大量关于炎帝神农氏的传说，位于焦作的神农山就被认为是神农发明农业的地方，位于温县的神农涧被认为是神农采药的所在，在淮阳县有神农井、五谷台等与神农有关的遗迹。

三、五帝的宏基初奠

按照《史记·五帝本纪》的说法，五帝是黄帝、颛顼、帝喾、尧、舜，也有人将禹看成是五帝之一。现代学者一般将五帝的传说对应于中原龙山文化时代，五帝主要活动于中原地区。五帝时期，奠定了中华文明的基本规模。

---

① 《周易·系辞下》，阮元校刻《十三经注疏》，中华书局 1980 年版。
② 《周易·系辞下》，阮元校刻《十三经注疏》，中华书局 1980 年版。
③ 何宁：《淮南子集释》卷十九，《修务训》，中华书局 1998 年版。

轩辕黄帝是五帝之首，也是全体华夏儿女公认的人文始祖之一。黄帝的记载首先见于《国语·晋语四》：“昔少典取于有蟜氏，生黄帝、炎帝。黄帝以姬水成，炎帝以姜水成，成而异德，故黄帝为姬，炎帝为姜。”① 说明至少在战国时期，关于轩辕黄帝的传说就已经广为流传。

据记载，黄帝先后战胜了炎帝和蚩尤，成为部落联盟的首领。从黄帝时代开始，华夏文明进入快速发展的阶段。相传黄帝在位期间播百谷草木，大力发展生产，始制衣冠，造舟车，发明指南车，定算数，制音律，创医学，他还和臣子岐伯讨论医术，因而他被看成是《黄帝内经》的作者，后世医学也被称为岐黄之术。弓箭也被看成是他的发明。元妃嫘祖发明了蚕桑；臣子隶首作数，定度量衡之制；伶伦取谷之竹以作箫管，定五音十二律制；风后衍握奇图，始制阵法；仓颉发明文字，具六书之法；大挠发明了甲子……当然，这些发明并不一定就是这些具体的人们的发明创作，他们可以被看成一个个符号，象征着我们的先民在生产生活中智慧的结晶。这些传说证明，黄帝时代华夏文明逐渐呈现出爆发式的发展趋势。

秦统一以后，黄帝被看成是全体中华儿女的共祖，甚至一些少数民族也认为自己是黄帝之后，比如鲜卑族就认为自己是黄帝少子昌意的后裔，“昔黄帝有子二十五人，或内列诸华，或外分荒服。昌意少子受封北土，国有大鲜卑山”②。今天汉族姓氏前一百大姓之中有超过七十个自认为始祖是黄帝。所以“炎黄子孙”成了华夏儿女民族认同的标志。

中原地区是炎黄部落最主要的活动区域，在中原大地上流传着众多关于黄帝的传说。司马迁在《史记》中说：“黄帝居轩辕之丘。”③ 根据南朝刘宋裴骃《史记集解》引西晋皇甫谧的说法：“有熊，今河南新郑是也。”④ 后世一般都把新郑作为黄帝故里。

据记载，汉代就已经在新郑建祠祭祀黄帝了，现存建筑规模基本为明清时期奠定，20 世纪 90 年代以来又进行过大规模重建。在故里祠前建有姓氏广场，祠后

① 上海师范大学古籍整理研究所点校：《国语·晋语四》，上海古籍出版社 1998 年版。

② 魏收：《魏书·序纪》，中华书局 1974 年版。

③ 司马迁：《史记》卷一《五帝本纪》，中华书局 1982 年版。

④ 司马迁：《史记》卷一《五帝本纪》，中华书局 1982 年版。

建有黄帝纪念馆。河南新郑的黄帝故里，从2002年开始，每年的农历三月初三都会举行拜祖大典。如今新郑的黄帝拜祖大典，已经成为海内外炎黄子孙神往的文化盛事。

黄帝在新郑的纪念地还有具茨山，根据《庄子》的记载，黄帝曾在此活动。如今的具茨山更名为始祖山，修建了很多的纪念建筑。新密的云岩宫，传说为黄帝练兵的地方。灵宝的铸鼎原被认为是黄帝成仙的地方，有黄帝的衣冠冢。

黄帝之后，继承了部落联盟首领的是颛顼，颛顼是黄帝的孙子。根据《国语·楚语下》的记载，颛顼时代发生了"绝地天通"事件："重、黎寔使天地不通。"重、黎是颛顼时期的臣子。所谓"绝地天通"，不是说使得天地不通，而是说在颛顼时代开始有了专职的宗教人员。在远古的宗教发展史上，人们自由祭祀的阶段在先，氏族贵族垄断祭祀在后。垄断祭祀权是氏族贵族垄断政权的重要途径。"绝地天通"其实是颛顼时代发生的一场宗教革命，也就是由贵族垄断了祭祀权，设立了专门的祭祀人员。应该说宗教人员的职业化促进了远古文明的发展。

据说在颛顼时代，华夏族的活动范围较大，号称"北至于幽陵，南至于交阯，西至于流沙，东至于蟠木。动静之物，大小之神，日月所照，莫不砥属"①。

帝喾高辛氏，《史记·五帝本纪》认为是黄帝之曾孙，是继颛顼之后的华夏族领袖。据《五帝本纪》记载，帝喾"生而神灵，自言其名"，是一位兼司神职的部落联盟首领。帝喾继续了颛顼的作为，将祭祀与部落联盟首领的权力结合起来，而且他"聪以知远，明以察微。顺天之义，知民之急。仁而威，惠而信，修身而天下服"②。

早在春秋时期，人们已经将颛顼、帝喾的活动范围认定在今黄河以北的新乡市、安阳市、濮阳市一带。颛顼、帝喾的寝陵位于今安阳市内黄县县城南30公里梁庄镇境内，距离濮阳15公里。汉代修有陵冢，唐太和四年（830年）建庙，宋乾德六年（968年）修缮，金大定七年（1167年）重修，元代后又多次修葺，历朝历代祭祀不绝，宋代以后列为定制。因地处黄河古道，清末逐渐被黄沙淹没。陵地古属东郡濮阳，1949年划入内黄县。根据春秋文献可知帝喾是商人先祖，如

---

① 司马迁：《史记》卷一《五帝本纪》，中华书局1982年版。
② 司马迁：《史记》卷一《五帝本纪》，中华书局1982年版。

今商丘市城南高辛镇建有帝喾陵及祭祀帝喾的庙宇。①

尧是帝喾的儿子，尧在做部落领袖治理天下时注重家族的作用，使以黄帝族为核心的部落联盟更加巩固，取得很大成功，尧因此而受到广泛的爱戴。在尧老年，主动将帝位禅让给舜。

舜，名重华，号有虞氏。据说出生于姚墟，即今河南濮阳。舜出身微贱，曾耕于历山，渔于雷泽，在黄河之滨做过陶器，在寿丘做过家具，在负夏做过买卖。这说明舜所处的是一个既善于农耕渔猎，又善于制陶手工的氏族。舜继位以后，部落联盟更加发展，高辛氏和高阳氏的许多首领都接受了舜的任命，反映了舜与各部落的广泛联系和受到尊崇的情况。舜的后裔在西周初年定居于陈，即今河南淮阳。舜晚年将帝位禅让给在治水之中做出重要贡献的禹。

大禹是夏后氏的首领，夏后氏主要活动于豫西一带。在豫西一带有很多关于大禹的传说与遗迹。夏后氏是一个非常古老的部族，以农耕为主。有学者曾经解释“姒”姓与农具有关。②

龙山文化末期，豫西一带水患不断。传说，大禹的父亲鲧负责治水。不过鲧治水采取的是堵的办法，最终因治水失败而被杀。《楚辞·天问》中说：“鸱龟曳衔，鲧何听焉？顺欲成功，帝何刑焉？永遏在羽山，夫何三年不施？伯禹愎鲧，夫何以变化？”③ 传说鲧被杀后尸体并没有腐烂，三年后从他肚子里出来一个小孩，这就是禹。

大禹在成年以后，成为夏后氏的领袖，也开始了治水的事业。大禹治水不同于鲧，不是采取的堵，而是采取疏的办法，获得了成功。根据《尚书·禹贡》的记载，大禹在治理了黄河流域以后，还对全国的山川都进行了疏导，并且将茫茫大地划分为九州。后来人们将神州大地称为“禹迹”。在13年的治水过程中，大禹三过家门而不入，而且累到了“偏枯”的程度。可能是大禹后来得了中风，所以他走路的步姿特殊，被人们称为“禹步”。后来大禹接替舜成为中原部落联盟的首领。大禹去世后，其子启破坏了传统的禅让制，接替了禹的位子，在禹州举行了钧台之享，正式建立起我国第一个王朝：夏。

---

① 张阳：《河南内黄颛顼、帝喾二帝信仰调查研究》，山西师范大学硕士论文2013年。

② 郑杰祥：《夏史初探》，中州古籍出版社1988年版。

③ 洪兴祖撰，白化文点校：《楚辞补注》卷三《天问》，中华书局1983年版。

根据近年出土的青铜器遂公盨铭文的记载，大禹治水的传说早在西周就已经广为流传。传世文献中也记载大禹主要活动在今河南禹州、登封一带。

考古发现也证实在龙山文化末期，豫西一带文化的发展速度明显加快。这与大禹治水是有一定关系的。卡尔·魏特夫的《东方专制主义》、汤因比的《历史研究》等著作中，都曾经阐述了文明的爆发与治水之间的关系。面对太大的水患，人们是无能为力的。但是，在当时豫西一带的水患，并没有使人们退却，相反，人们组织起来，在以大禹为代表的部落首领的带领下，勇敢地与水患做斗争。在治水的过程中，民众被日益紧密地组织起来，部落首领的权威也进一步确立，这为后来国家的诞生奠定了基础。

当然，大禹治水的功绩有被后人夸大的成分，大禹所治理的也就是豫西一带的山川。后来随着夏朝统治的扩大，大禹治水的传说被放大。到了商周时期，商人、周人认为自己和夏人是同族，也都接受了大禹治水的故事。到了战国，随着华夏民族共同体的诞生，大禹治水的故事被放大到整个华夏大地。

虽说大禹治水的具体事迹后世有夸张，但是大禹治水的精神，今天已经成为中华民族共同的精神财富。

第三节　中原文化根源性的解构与重建

近代以前，根在河洛，根在中原，似乎是一个不需要证明的常识性问题。人们在谈论华夏文明起源时都追溯到了三皇五帝，都将中原地区关于上古的传说当成信史。但近代以来，中原文化的根源性却不断受到质疑，从两个方面被解构。这样的解构虽然没有彻底否定中原文化的根源性，但至少使得中原文化的根源性不再那么重要，不再那么突出。20 世纪 90 年代以来，文化热逐渐形成，伴随着文化热的出现，中原文化根源性也再度被人们关注。21 世纪以来，中原地区有了一些重大的考古发现。因而，中原文化根源性就有了重建的必要和可能。

一、中原文化根源性的解构

（一）近代疑古思潮对中原文化根源性的解构

自鸦片战争以后，中华民族面临空前的挑战，人们首先想到的是从物质层面来找到应对之策。于是就有了洋务运动提出的“中学为体，西学为用”的主张。但是，洋务运动并没有能够挽救清末的危局，人们开始从制度层面来探索救国之路，于是戊戌变法出现了。为了给变法提供理论依据，康有为将 19 世纪中叶逐渐复兴的今文经学推向了极致。他的观点主要见于《新学伪经考》和《孔子改制考》两部著作中。在《新学伪经考》中他断言《左传》《周礼》《毛诗》等古文经典都是由西汉末年刘歆所伪造的，其目的是为王莽篡权制造理论依据，从而否定了 2000 年来人们一直奉为经典的作品的神圣性。在《孔子改制考》中，康有为又宣称即便是今文经典也不是真的，那不过是孔子所制造的东西，目的是为孔子进行托古改制制造理论依据。言下之意，孔子所依据的经典也是靠不住的。孔子可以改制，今人当然也可以改制。经过了“两考”的冲击，由儒家经典所构建的中华古史体系受到了空前的挑战，逐渐走向崩塌！康有为在《孔子改制考》中开篇就说：“夫三代文教之盛，实由孔子推托之故。故得一孔子而日月光华、山川焜耀。然夷考旧文，实犹茫昧。虽有美盛，不尽可考焉。”① 当然，康有为并非一个纯粹的学者，他更多是一个政治人物，自己也未必会相信自己所说的话，虽说他宣称自己的发现是发千古前人所未发，不过他的观点所产生的影响已经超出了他最初的预想。很长时间之内，中国人对于古代历史的框架就是由这些儒家的经典所构建起来的，尤其是虞夏、商、周，尧、舜、禹、汤、文、武、周公等圣人在中原地区所创造的辉煌。如今，康有为告诉人们这些经典都是假的，分别是刘歆和孔子出于不同的目的所伪造出来的。那么由这些经典所构建起来的古史自然也就很成问题了。近代历史学上影响巨大的疑古思潮就是在极端今文经学的影响下而产生的。

疑古思潮的代表人物有崔适、钱玄同等人，崔适在《史记探源》和《春秋复始》等著作中试图进一步证实康有为的观点。而钱玄同本为古文经学家章太炎的高足，后来改宗今文，投入崔适门下，成为疑古思潮中的一员猛将，并一度改名为疑古玄同！当然，疑古思潮的最重要代表人物要数顾颉刚了。顾颉刚的疑古观点主要见于他的《与钱玄同先生论古史书》和《五德终始说下的政治与历史》，后来他又将《五德终始说下的政治与历史》修改为《汉代学术史略》，最终定型为《秦汉的方士与儒生》。在这里顾氏提出了他著名的“层累地造成中国古史说”，他认为时间越靠后，人们观念中的古史就越长，而且越往后，古史的记载越系统、越整齐、越详细，中心人物越是不断被放大。这是后人不断积累添加整理的结果。他说：“古史是层累地造成的，发生的次序和排列的系统恰是一个反背。”② 他的观点曾经被人们总结为“大禹是条虫”！在疑古者看来，上古三代的

---

① 康有为：《孔子改制考》卷一《上古茫昧无稽考》，上海书店据 1922 年版影印本。

② 顾颉刚：《古史辨》第一册“自序”，上海书店据朴社 1933 年版影印。

历史本就是一个模糊的影子，遥远的三皇五帝更是一个传说而已，那是后人对古史进行不断整理之后的结果。那么，无论是伏羲的画卦、黄帝的征伐还是大禹的治水，都不过是虚幻的传说而已。

顾颉刚的“层累地造成中国古史说”产生了很大的影响，郭沫若说：“顾颉刚的‘层累地造成的中国古史’，的确是个卓识……他所提出的夏禹问题，在前曾哄传一时，我当时耳食之余，不免还曾加以讥笑。到现在自己研究一番过来，觉得他的识见委实是有先见之明。”① 顾颉刚的这些观点极具冲击力，其对中华古史系统的冲击几乎是颠覆性的。无论是文化激进主义者还是文化保守主义者，都不能忽视疑古思潮的存在，都在一定程度上接受了疑古思潮的洗礼。比如文化保守主义色彩明显的钱穆，在《国史大纲》中说：“大体上研究古史，应有其相当之限度，凡及年历、人物、制度、学术等，过细推求，往往难得真相。”② 同为文化保守主义者的柳诒徵在《中国文化史》中也说：“研究历史，尤当涤除旧念，著眼于人民之进化，勿认开务成物，为一人一家之绩也。”③ 甚至人们一度怀疑夏、商两个朝代是否存在，后来殷墟的发现否定了人们对商的怀疑，但对夏的怀疑一直持续了很长时间，一直到二里头文化的发现才终结。在疑古思潮的影响下，作为三皇五帝主要活动地的中原，其文化重要性自然在下降。甚至在近代曾经一度出现过民族虚无主义的言论，主张中国文化西来说，认为中国文化源自古巴比伦。中原作为中华文化发源地的地位干脆被取消！

新中国成立后，虽然在一定程度上疑古思潮和古史辨派受到批判，但他们的影响依然存在。一些有代表性的通史著作，在书写上古历史的时候，或多或少地受到影响。比如范文澜先生在《中国通史简编》（修订本，第一册）中提到尧、舜、禹时说：“关于他们的传说，比黄帝以下诸帝更多些，真实性似乎也大些。”④ 我们应当注意到，他对尧舜禹传说真实性的判定用了“似乎”一词。

（二）近代以来考古发现对中原文化根源性的解构

随着近代考古事业的发展，大量考古成果不断涌现，中国文化西来说逐渐被

① 郭沫若：《中国古代社会研究》，河北教育出版社 2000 年版。

② 钱穆：《国史大纲》，商务印书馆 1996 年版。

③ 柳诒徵：《中国文化史》，上海古籍出版社 2001 年版。

④ 范文澜：《中国通史简编》，人民出版社 1964 年，第 92 页。

抛弃，疑古思潮也逐渐降温。但是，近代考古事业的发展对中原文化根源性的解构力甚至要大于疑古思潮，因为它的解构是建立在“科学”的基础之上的。

近代上古考古的重要发现，一开始主要出现在黄河流域，比如仰韶文化、龙山文化。这些考古文化的发现，在一定程度上印证了中原是华夏文明起源地。但后来随着新中国考古事业的展开，重要的考古成果开始不断在各地出现。比如在长江流域先后出现河姆渡文化、马家浜文化、大溪文化、屈家岭文化、良渚文化、薛家岗文化、崧泽文化等，而在辽河流域也发现了红山文化等重要文化遗址。在这些遗址中，往往都有惊人的发现。比如在河姆渡文化遗址中发现了最早的船桨、最早的水井以及干阑式建筑。在大溪文化、屈家岭文化等发现了大量稻作的痕迹。在良渚文化遗址中出土了大量的玉器，说明当时不仅已经有了宗教的观念，而且也很可能出现了国家的萌芽。红山文化的发现，逐渐改变了人们对于塞外蛮荒的印象。基于此，一些学者认为，至少在史前时期，上述地区的文化发展并不落后于中原。比如樊如霞《先越文化不落后于中原文化的探讨》一文，就通过仰韶文化、中原龙山文化与河姆渡文化、良渚文化的对比，认为吴越地区的文化在史前时期已经发展到很高水平，至少是不落后于中原文化的。

于是人们对于中华文明起源又开始形成了新的观念，即中华文明是多源头的，如满天星斗一样出现在华夏大地上。比如苏秉琦先生在《中国文明起源新探》一书中不仅专列一章名为“满天星斗”，而且一再表达他对红山女神像的赞美：“她是红山人的女祖，也就是中华民族的共祖。”① 类似这样的观点不在少数。当然，苏先生的观点似乎有点极端，不过一般人更多地认为，中华文明的起源是多源的。很多通史教材也往往如此叙述，使得中华文明满天星斗式起源更加深入人心，逐渐成为新时代人们关于上古历史的常识。而且一些地方也将本地的史前考古发现当成重要的文化资源进行炒作，文化本位意识非常强烈，在很多人看起来，承认中原文化的根源性，就是对本地文化的否定。

由于这些观点是建立在一些考古发现的基础之上的，因而对中原文化根源性带来了强有力的冲击。甚至一些中原学者在谈论中原文化根源性的时候，似乎也不再那么理直气壮，仿佛在降低声调，在谈论中原文化根源性的同时也并不否定

① 苏秉琦：《中国文明起源新探》，辽宁人民出版社 2011 年版。

其他地区文化源地的地位，或者说认为中原文化的根源性并不是排他性的。

二、中原文化根源性的重建

20世纪末，伴随着经济的腾飞，文化自觉逐渐显现，出现了所谓文化热、国学热。传统文化再度受到关注，人们对于文化的热情前所未有地高涨。与经济全球化同时存在的是自身文化意识的觉醒，一个显著的标志就是寻根热的出现。在这样的背景下，中原文化的根源性再度被人们关注，这就为中原文化根源性的重建提供了可能。

（一）“走出疑古时代”

近代疑古思潮疑古过甚之弊前人已经充分指出，但是我们对疑古思潮并不能简单否定。尤其是顾颉刚的“层累地造成中国古史说”，在很大程度上揭示了古人历史书写的真相，尽管他的具体观点不无可商榷之处。顾颉刚在谈到清末今文经学的时候曾说：“清代的今文家自己的建设固然不足取，但其对于古文家的骗局的破坏工作实是非常的精当，为讲汉代学术思想史的人所不该不取材的。”① 其实，这句话倒是可以用于近代疑古思潮本身。疑古思潮的价值在于解放思想，而不在于具体的观点。疑古思潮的巨大破坏作用，扫除了我们研究古史的许多障碍，使得我们重新以科学的眼光审视古史成为可能。今天研究古史，不能忽视疑古思潮的存在。但是，人们常讲“不破不立”，破的目的在于立，疑古思潮破则有余，立则不足。正如李学勤先生所说：“疑古思潮在思想史上起过很大的进步作用，但因怀疑过度，难免造成古史的空白。这一思潮影响深远，要对古代历史文化做出实事求是的评价，不能不摆脱有关观点的约束。”② 我们虽然肯定近代疑古思潮的价值，但在具体的观点上，到了“走出疑古”的时代。

今天中原文化根源性的重建，就是建立在对疑古思潮再认识的基础之上。经历了疑古思潮的洗礼后，我们再论中原文化根源性，将会更加审慎，更加科学，将我们的论断建立在科学考证的基础之上。这将使得我们对中原文化根源性的论

---

① 顾颉刚：《秦汉的方士与儒生》第十六章，上海世纪出版集团2005年版。

② 李学勤：《走出疑古时代》“自序”，辽宁教育出版社1997年版。

断更加坚实可靠。

首先，我们必须对上古史的传说进行重新的审视，绝对不能再简单地将传说当成信史。必须避免从一个极端走向另一个极端，不能从疑古简单地向信古回归。就如同冯友兰先生在《古史辨》第六册“序言”中所说：“我曾说过，中国现在之史学有三种趋势，即信古、疑古及释古。就信古一派，与其说是一种趋势，毋宁说是一种抱残守缺的人的残余势力，大概不久即要消灭；即不消灭，对于中国将来的史学也是没有什么影响的。真正的史学家，对于史料没有不加以审查而即直信其票面价值的。疑古一派的人，所做的工作即使审查史料。释古一派的人所做的工作，即是将史料融会贯通。就整个的史学说，一个历史的完成，必须经过审查史料及融会贯通两阶段，而且必须到融会贯通的阶段历史方能完成。”① 所以，如果我们直接拿传说当信史，不仅不能重建中原文化的根源性，还会贻笑大方。当下需要的不是“信古”，而是在经历了“疑古”之后的“释古”。

其次，历史唯物主义是重建中华古史系统的基本方法。对中原文化根源性的重建必须是建立在对近代疑古思潮成果的充分吸收基础之上，剔除三皇五帝传说中荒诞不经的成分，运用历史唯物主义的方法，对上古的传说进行重新的解读。虽然传说中有后人虚构和想象的成分，但是这些历史传说并非向壁虚构，传说的背后也反映一定的历史真实，即人们常说的“史影”。比如黄帝的传说在中原一带广泛流传，新郑、新密等地都有黄帝曾在当地活动的传说，虽说我们不能直接拿传说当史实来用，但这些传说也反映出许多信息。新密市刘砦镇境内的云岩宫，传说是黄帝讲武之所。当然在当地流传的许多传说故事未必可以信据，但新中国成立后，在云岩宫周围的确发现了好几处仰韶文化遗址。新近发现的新砦遗址也距离云岩宫不远。② 这些都说明中原地区关于上古史的传说，绝非空穴来风。这些传说，需要进行去伪存真的再度审视。今天综合运用历史学、民俗学、人类学、考古学的最新研究成果，完全可以重建中华古史的系统。尤其是“中华文明探源工程”的启动，更是为中原文化根源性的重建提供了难得的机遇。

站在今天的立场上考察疑古思潮，就会发现疑古思潮中很多观点都经不起历史唯物主义的分析。比如，关于黄帝，当然传统典籍中关于黄帝的记载都不能当

---

① 罗根泽编：《古史辨》第六册“冯序”，上海书店据开明书店 1938 年影印版。

② 赵春青等：《河南新密新砦遗址 1999 年试掘简报》，《华夏考古》2000 年第 4 期。

成信史来看待，但今天我们来看黄帝，就不能仅把他当成一个传说。我们要看到传说背后有所谓历史的影子的存在！作为一个具体的个人，可能他有虚幻的成分，但是作为一个时代的代表，作为一个文化的符号，他是绝对真实的！现代考古学一般将龙山文化与传世典籍中的黄帝时代相对应，越来越多的考古材料证明了这一论断。所以，今天我们运用历史唯物主义的观点，综合利用考古材料和传世文献，重新建立起我们中华民族的古史系统，强化中原作为华夏文明源头的地位。

（二）考古发现的再认识

近代以来考古发掘所取得的巨大成就，对探索华夏文明的起源无疑具有十分重要的意义。尤其是长江流域和辽河流域的重大考古发现，在一定程度上改变了人们的一些传统观念。对于这些考古成果，绝对不能视而不见，必须对它们进行再认识。

长江流域、辽河流域的重大考古发现，与中原文化根源性的重建并不冲突，并不矛盾，中原文化根源性的重建并不是对这些考古成果的简单否定。相反，这些考古成果，说明了中华文明在中原地区的突破，是建立在一个广博的基础之上的。应当将这些考古发现与中原地区的考古发现纳入一个整体的框架之中。中华文明在中原地区的突破，并不是偶然的爆发，而是经历了一个相当长的历史时期的积淀。重建中原文化根源性，并不是要割裂史前时期中原文化与各地文化之间的联系和交流。现代考古学已经证实，在史前时期，中原地区的文化发展不可能是绝对孤立的。无论是仰韶时代，还是龙山时代，中原地区与周边地区之间均存在着比较密切的文化联系，它们之间表现出一定的共性。的确在个别时期、个别方向上，周边地区的文化发展会有高于中原地区的情况发生。不过，由于中原所处地理位置的优越性，中原地区往往成为文化交流的中心枢纽。比如，考古发掘证明龙图腾在中原地区最后的定型，就是汇集了很多的文化元素。正是各地文化向中原的汇集，才导致到龙山时代，中原地区的文化发展速度明显加快，并最终在中原地区告别了蒙昧，进入文明时代。

源是相对于流而言的。没有实现传承的文化，对于今天的中华文明而言，不具有根源性意义。相反周边地区的一些史前文化，逐渐消失在历史长河之中，成为绝响，对后世的发展并不起多大作用。这些文化，对于中华文明的起源就没有太大意义。纵然它可能一度很发达，但是也不能被看成是中华文明的源头。比如上海地区的崧泽文化很发达，但是，它与今天的上海城之间没有任何联系。至少以目前的研究，人们还没有发现有什么实际的联系。那么崧泽文化对于我们讨论中华文明的起源就没有意义。类似的还有红山文化。就目前的证据来看，不能证明红山文化与今天的燕辽文化之间有什么联系。那么纵然红山文化一度很发达，也不能被看成中华文明的源头。同样，河姆渡文化与今天的浙东文化之间，良渚文化与今天的杭州文化之间，也无法建立有效的联系。它们对于探索华夏文明的起源，意义也不大。还有一些文化，或者融合到中原文化之中，或者后来随着中原文化的扩张而被迫向更远的方向迁移。它们同样也不能看成中华文明的源头。

在中原地区则不一样，至少从前仰韶时代的裴李岗文化开始，中原地区文化发展一直有着完整的链条。从前仰韶时代、仰韶时代、龙山时代，中原地区的文化发展并不曾发生过中断。代表着夏朝的二里头文化，就是由中原龙山文化直接发展而来的。这些考古发现，无疑是重建中原文化根源性的重要依据。

（三）作为华夏文明文化源地地位的中原

重建中原文化根源性必须明确文化源地与单个文化特质的起源地的不同。今天的中华文化，是由众多的文化特质构成的。重建中原文化根源性，绝不是要将中华文化中所有的文化特质的源头都追溯到中原。所谓的文化源地，是文化圈生长的核心，在该文化圈内其他地区所享用的文化成果是由文化发生源地传播而来的。学术界一般将青铜器、文字、城市和国家作为文明发生的标志。[①] 而这些文明发生的标志，最先出现于中原地区。

中国青铜器的滥觞，是在龙山时代。在许多龙山时代遗址中发现了人们使用铜器的证据。在代表夏文化的二里头时代，华夏文明已经正式进入青铜时代，而且青铜铸造工艺达到相当高超的水准。在二里头二期和三期遗存中均发现了铸铜作坊遗址，并在附近出土有相当数量的炼铜坩埚和陶范。这表明当时的青铜冶炼已经初具规模。在二里头遗址，发现了大量的青铜工具、兵器和礼器。二里头遗

① 周尚意等：《文化地理学》，高等教育出版社 2004 年版。

址出土的青铜生产工具有铜锛、铜凿、铜镞等，一般器小而薄，造型简单，但种类繁多。特别是消耗量较大的青铜镞的出现和铜鑺范的出现，说明当时对于小、中型的青铜工具已能大量生产。

关于汉字的起源，传说中仓颉造字，从此人类掌握了超越文化的力量，以至于“天雨粟，鬼夜哭”。现代学者多认为，仰韶时代和龙山时代陶器上的刻画符号，可能与文字的起源有关。著名文字学家裘锡圭先生认为夏代应该已经有了文字，他说：“从我们现有的知识来看，世界上从来没有一个民族是在进入阶级社会之前就创造了完整的文字体系的。根据绝大多数史学家的意见，我国大约在夏代进入阶级社会，所以汉字形成的时代大概不会早于夏代。”① 虽说我们尚未发现夏代的文字，但商代的甲骨文已经是一种很成熟的文字了。裘锡圭先生说：“商代后期的汉字不但已经能够完整地记录语言，而且在有些方面还显得相当成熟。”②

城市的出现应该以城墙为标志，在仰韶文化的遗址中，郑州西山遗址中发现了明确为城墙的遗迹，现存城墙残长 265 米，宽 3—5 米，高 1. 75—2. 5米，全部为版筑而成，还发现两座城门，整个城址面积达 3. 45 万平方米。③ 进入龙山时代的王城岗遗址、平粮台遗址已经是公认的城堡了，随着“中华文明探源工程”的展开，在王城岗一带又发现了更大规模的河南龙山文化晚期城址。

夏代一直被认为是我国历史上的第一个朝代，夏朝因而也是华夏文明最早建立的国家。马克思主义告诉我们，国家是阶级矛盾不可调和的产物，是一个阶级压迫另一个阶级的工具。在传世文献的记载中，夏代已经有了完整的国家机器。作为国家暴力机器的监狱在夏代已经出现，相传夏帝槐“做圜土”，根据郑玄的解释，“圜土，狱城也”④，也就是监狱。传世文献中还记载夏代已经有了成文法，《左传》中就有：“夏有乱政，而作禹刑。”⑤ 为了维持国家机器的运转，夏代还有了贡赋制度，《孟子》中说：“夏后氏五十而贡。”⑥ 传世文献记载夏代出现了

---

① 裘锡圭：《文字学概要》，商务印书馆 1988 年版。

② 裘锡圭：《文字学概要》，商务印书馆 1988 年版。

③ 曲英杰：《古代城市》，文物出版社 2003 年版。

④ 《周礼 · 地官 · 地长》，阮元校刻《十三经注疏》，中华书局 1980 年版。

⑤ 《左传 · 昭公六年》，阮元校刻《十三经注疏》，中华书局 1980 年版。

⑥ 《孟子 · 滕文公上》，阮元校刻《十三经注疏》，中华书局 1980 年版。

分官设职的情况，见于记载的有“六卿”“车正”“太史令”等。考古发现证明夏代已经进入阶级社会。二里头遗址发现的墓葬可以分为三种类型，鲜明地表明墓主人的三种社会身份。在二里头遗址中发现了宫殿宗庙建筑遗迹，二里头遗址一号宫殿遗址可能是王宫，二号宫殿遗址可能是宗庙。正如黄有汉先生所言："二里头文化中的规模宏大的宫殿遗址，是夏代高高在上的王权的象征。夏后氏完全发展成为国家的君主，都邑和宫殿的出现，表明夏代王权的产生。"①

作为文明出现标志的青铜器、文字、城市、国家都出现于中原大地，中华民族在中原大地迈进了文明的门槛，这些都无可争议地证明中原作为中华文明文化源地的地位。

我们的先民就是在这片土地上披荆斩棘，跨越蒙昧和蛮荒，开启了东方文明之光。

（四）中原地区作为文明源地的条件

中原大地之所以能成为华夏文明的文化源地，并不是偶然的。文化地理学家们普遍认为，作为文化源地，需要有适宜的气候、充足的水源、相对丰富的动植物资源、开阔平坦的地形、适宜的土壤等条件。“中华文明探源工程”重点关注了自然环境的变迁对于文明起源的意义。在中华大地上，中原地区无疑是得天独厚的一块沃土。中原地区位于北温带，气候适宜，四季分明，满足了文明起源的气候条件。黄河及其支流，为文明的起源提供了充足的水源，使灌溉农业的起源成为可能，而卡尔·魏特夫正是将灌溉对水利的开发看成是中华文明产生的重要推动力②。相对丰富的动植物资源，又为农业的产生提供了可供驯化的动植物对象。平坦开阔的黄河冲积平原不仅为文明的起源提供了广阔的空间，也为文明的起源提供了适宜的土壤。汤因比在《历史研究》中曾提出过一种“挑战与应战”理论，该理论认为，过于优越或过于恶劣的自然环境都对文化的发展不利，适宜的自然环境将对文化的发展形成适度挑战。而黄河中游地区，恰恰为文明的起源提供了适宜的环境。他说：“我们能肯定的是黄河沿岸的中华文明始祖没有像邻人那样享受安逸闲适的生活环境。事实上，在没有产生文明的南方居民（例如：

---

① 李玉洁主编：《中国早期国家性质》，河南大学出版社 1999 年版。

② 卡尔·魏特夫著，徐式谷等译：《东方专制主义》，中国社会科学出版社 1989 年版。

长江流域的居民）中，没有哪个地方经历过如此艰苦的斗争。”① 赵世瑜等人运用汤氏的理论，对中国的地理环境进行考察之后得出结论认为，华南较为舒适和优越的自然条件一度使珠江、闽江流域的文化发展落后于黄河、长江流域；而塞北过于严酷的自然环境超越了当时人类控制自然的能力，使这一区域的文化在更长的一段时间相对落后。②

因而，中原作为华夏文明起源地的地位是无可撼动的！即便我们承认华夏文明的源头不是绝对唯一的，那么中原，无疑是众多源头中最重要的一个，是华夏文明的主源。

三、中原文化根源性的时间断限

中原文化根源性的重建，还需要解决时间断限的问题。即谈论中原文化根源性是否只限于史前时期的问题。史前时期中原文化对中华文明的贡献当然是中原文化根源性的体现，也体现在跨越文明门槛后中原文化对中华文明的贡献之中。

所谓根源性，首先体现在原创性。中华文化之中，原发于中原地区的文化特质，都是中原文化根源性的体现。因而，凡是属于中原人民在生产生活之中自主创造的，非外来的文化，都是根源性的文化。比如，以农耕为主的生产方式。同时要指出的是，中原文化的创造性并不是仅停留在史前时期，进入文明门槛以后，中原文化依然保持了很强的创造力。比如以宗族组织为主的社会结构，以儒、道为代表的精神信仰等，这些都起源于中原大地。中原文化的创造力不仅体现在本土文化的创造上，也体现在对外来文化的改造上。也有一些文化，虽然不是起源于中原，但首先落脚于中原，首先在中原开始了中国化的进程，并以中原为中心向四周传播，这样的文化也属于根源性的文化。比如佛教，虽然起源于印

---

① ［英］汤因比著，郭小凌等译：《历史研究》，上海世纪出版集团2010年版。在汤氏这段话后，译者特意加了一段译者注：“该说法已过时。根据近几十年国内出土的大量考古资料来看，长江流域的良渚文化、东北地区的红山文化都曾发展出不亚于黄河流域，具有明显特征的文明。”我们认为，译者的这一说法是值得商榷的。前面已经说过，文明的出现需要四个标准：青铜器、文字、城市、国家。目前，没有证据表明，良渚文化、红山文化已经具备这四个标准，译者混淆了“文化”与“文明”的概念。

② 赵世瑜等：《中国文化地理概说》，山西教育出版社1991年版。

度，但佛教在中国的落脚点就在中原。尤其重要的是，佛教也是在中原开始了中国化的进程，实现了中国化以后的佛教已经与印度佛教大相径庭，这样的中国化改造也具有明显的原发性。中国化佛教的代表禅宗就是起源于中原，少林寺就是禅宗祖庭。佛教在中国的传播是以中原为中心向四周展开的，因而佛教文化也体现了中原文化的根源性。

中原文化根源性还体现于它的传承性。根是相对于枝而言的，源是相对于流而言的。中原文化的根源性文化特质就是实现了有效传播的文化，旋生旋灭的文化并非根源性文化。重建中原文化根源性，并非进行文化考古，并非去复原文化发展历程中所有的痕迹，而是应当立足于今天的中华文明来谈中原文化的根源性。一些文化现象虽然起源很早，但没有实现有效的传承，对于重建中原文化根源性也没有意义。比如史前时期的食人风俗。有一些文化特质，虽然起源并不是很早，但是它被有效地传承下来，成为今天中华文明的有效组成部分，这些文化特质也是中原文化根源性的体现。比如起源于中原地区的宋词、话本小说等。

中原文化的根源性也体现在中原文化对今天中华文明的贡献上。今天的中华文明是一个整体，各地域文化都是中华文明不可或缺的组成部分，都对中华文明的形成做出了贡献。毋庸讳言，中原文化对华夏文明的贡献度远远超过了其他的地域文化。就内容而言，中原文化与今天的中华文明之间有着很大的重合度，是中华文明的主干，构成中华传统的核心内容。对于传统，并没有明确的定义。一般而言，传统表现为经验的积累，表现为一些思想行为的惯性。传统具有一定的惰性，传统往往是人们应对挑战的资源。因而传统是不断变化的，是一个文化积淀的过程。同时，传统也具有明显的稳定性，有一些文化特质，在世代繁衍的过程中，逐渐积淀而为传统之中最核心的内容，使得传统具有了相对的稳定性，因而传统的积淀是一个相当漫长的历史过程。比如起源于中原的儒家文化，已经成为中国文化的代表，被公认为中国文化最核心的内容。不管人们是否读过《论语》，儒家所提倡的仁、义、礼、智、信依然是人们共同遵守的基本道德规范，指导着人们的生活。随着时代的变迁，中原根文化中的“忠”“孝”等道德范畴发生了变化，但强调个人对国家、对社会、对家庭的责任和义务，始终是中国人基本的人生价值取向。儒家文化的起源及其发展，体现了中原文化的根源性。

因而，重建中原文化的根源性，就不能将目光仅停留在史前时期，仅仅依靠考古学的成果。重建中原文化根源性更多地还需要运用历史学的方法，从思想史、文化史的角度来进行论证。今天探讨中华文明的根源，不仅要关注史前时期对中华文明的孕育，而且也要关注中华文明的早期发展。构成今天中华文明的许多要素都是形成于中华文明的童年和少年时期。

中原文化根源性的时间断限，至少应该延伸到作为华夏民族主体的汉族基本形成为止。现在学界一般认为汉民族共同体的基本形成，应该是秦汉时期的事情。所以，中原文化根源性的时间断限，至少应向下延伸到秦汉时期。自从进入文明门槛以后，直到秦汉时期的两千年中，中原文化对中华文明的贡献有目共睹，无论过去还是现在，从来没有对此有过任何的争议，这是构成中原文化根源性无可撼动的根基。

四、中原文化根源性重建过程中的误区

在中原文化根源性重建过程中存在若干认识上的误区，如果不能加以克服，将在很大程度上消解我们对于中原文化根源性重建的努力。

（一）狭隘乡土观念的干扰

在重建中原文化根源性的过程中，必须回避乡土观念的干扰。眼下很多研究往往出于为乡土争荣誉，为乡土争抢文化资源的目的。这样，一些高水平的学者往往不愿意参与进来，只有少数学者在地方政府的支持下进行着自说自话式的研究，他们的结论很难被普遍接受。

很长一段时间以来，随着文化资源对于当地社会经济发展的价值逐渐显现，各地出现了一股争抢文化资源之风，甚至出现恶意争抢的现象。民众对这种恶意争抢的现象深恶痛绝，有些恶意争抢的行为虽然可以吸引眼球于一时，但终究会搬起石头砸自己的脚。我们今天重建中原文化根源性的努力，要自觉与各种恶意争抢文化资源的行为划清界限。所谓夸饰乡里，壮夫不为！中原地区有着丰富的历史文化资源，我们没有必要去跟风争抢。与其去争抢别人的文化资源建设伪文化，不如充分挖掘自己的文化资源更有意义。

（二）中原文化根源性的重建并非仅在于考证文化名人的籍贯

在很长一段时间内也存在着对中原文化根源性重建的理解过于简单的现象，仅仅将中原文化根源性的重建理解为文化名人籍贯的考证。由于典籍记载的缺失，许多文化名人的籍贯无从考证，或者至少在新材料发现以前，很难有重大的突破。比如老子的籍贯，虽然我们可以证明安徽涡阳说不能成立，但是我们同样也没有足够的证据来证明他是鹿邑人。道家文化的形成与中原大地的联系，并不是依靠老子的籍贯而建立的。无论老子是哪里人，那个春秋末年的思想家长期生活在洛阳则是可以肯定的，他的史官经历对于道家思想体系的诞生有着促进作用。同样，还有墨子，有学者宣称墨子是河南鲁山人①，其实，墨家文化与中原大地之间的联系，并非仅体现于墨子的籍贯。不管墨子是哪里人，墨子长期担任宋国大夫，这一点在所有的墨子研究者那里都没有异议。同时，我们也可以发现墨家学派与夏文化之间有着非常明显的联系。这些都说明，墨家学派的渊源在中原。还有一些学者花费很大的精力来考证孔子的祖籍，当然孔子是宋国之后，是殷人之后，这一点没有疑问。不过儒家的源头在中原并非因为孔子的祖籍地在中原，因为毕竟从孔父嘉到孔子已经过去了相当长的时间。正是周公在中原地区开创的礼乐文明才是儒家真正的源头。

（三）中原文化根源性并非仅体现于根亲文化

伴随着寻根热而出现的就是对根亲文化的研究热潮。根亲文化是中国传统文化的一个重要内容，慎终追远是中国传统文化十分注重的一个方面。当然，根亲文化也体现了中原文化的根源性。但是我们不能狭隘地把中原文化的根源性仅仅理解为体现于根亲文化之中，有必要将根亲文化与中原文化根源性之间的关系进行辨析。

首先，中原文化根源性体现在根亲文化之中。根亲文化注重的是宗族、姓氏的迁移和流传，看重的是血缘关系的亲疏。至少秦汉以来两千年的历史进程中，中原往往成为移民迁播的出发地。移民在迁播的过程中，故乡更是他们魂牵梦萦

---

① 萧鲁阳：《墨子研究的几个问题》，收王彦武主编《中原文化与现代化》，大象出版社 2002 年版。

的心灵归宿。比如永嘉之乱中南迁的谢氏家族到江南一二百年后依然宣称自己是陈郡谢氏。如今，“河洛郎”成为很多中原移民共同的文化记忆。泉州地区就有一条江被称为洛阳江，洛阳江入海口被称为洛阳湾，在洛阳湾有一座跨海大桥被称为洛阳桥，如今洛阳桥是国家级重点文物保护单位。血浓于水，散居四方的中原游子始终都记得自己根在河洛、根在中原，经常可以看到人们来中原寻根问祖。根亲文化是中原文化根源性的一个重要体现，它为中原文化与各地域文化之间建起了血脉联系的桥梁。

其次，根亲文化并非中原文化所独有。根亲文化不仅属于中原，在大中华范围内都广泛地存在着，慎终追远是我们民族共同的特征。在中国不存在笼罩社会生活方方面面的宗教，但以儒家为主的中国传统文化依然解决了诸多宗教才能解决的问题。其中就包括人从哪里来到哪里去的问题，宗族观念告诉人们自己的生命源于祖先的繁衍，自己也有义务将祖先传递的血脉延续下去，《孟子·离娄上》宣称“不孝有三，无后为大”①。个体生命在终结之后，也将回归到列祖列宗的怀抱当中，正如《礼记·檀弓上》中所言：“狐死正首丘，仁也。”②“叶落归根”是中国人根深蒂固的观念。所以，对于传统的中国人而言，死后不能入祖坟是莫大的悲哀。根亲文化之于中国人，具有一定的宗教情结。因而，众多移民迁出地都普遍存在着根亲文化。比如河北、山东地区与今天东北地区之间的血脉联系也属于根亲文化的范畴。数百万闯关东的开创者来自山东、河北等地，一二百年过去了，东北人当中依然有很多的人清晰地记得自己的祖居地。在历史上，山西是移民重要的迁出地，洪洞县的大槐树成为许多移民心中故乡的象征。寻根、叙谱等文化现象，普遍存在于华人分布的各个角落，宗祠往往是每个村落最为核心的建筑。属于根亲文化范畴的姓氏文化更是我们每个中国人的标签，甚至深受中华文化影响的东亚、东南亚国家，也广泛地存在着根亲文化，都有寻根活动。

最后，中原文化根源性文化特质在广度和深度上超越了根亲文化。中原文化中既有根亲文化的内容，同时中原文化的根源性超越了根亲文化。仔细考察中华民族的形成历史，就会发现，中华民族的民族认同更多地体现在文化上，而非血

---

① 《孟子·离娄上》，阮元校刻《十三经注疏》，中华书局1980年版。

② 《礼记·檀弓上》，阮元校刻《十三经注疏》，中华书局1980年版。

缘上。唐代韩愈曾说："诸侯用夷礼则夷之，夷而进于中国则中国之。"[①] 今天的中华民族是民族融合的结果，民族的融合不仅体现于血脉的融合，更多地是文化的融合，在民族融合过程中，中原文化发挥了融合核心的作用。今天我们甚至可以说，从人类学的角度看，世界上不存在"纯种"的汉人。中华民族是一个文化的共同体而非一个单纯的血缘组织，所以，中原文化根源性远远超越了根亲文化的范畴。比如，今天的广东人，除客家人以外，大多是粤人后裔。如果单纯谈论根亲文化，似乎他们与中原没什么关联。但在思想观念上、文化信仰上，他们与中原大地的血脉联系依然非常紧密。起源于中原的以儒家为主的传统文化影响及于全部华夏儿女内心深处，中原大地也是广东人精神信仰的根源地。所以，中原文化根源性要比根亲文化广阔得多。根亲文化有着非常明显的狭隘性和局限性，比如祭祖是根亲文化的一个重要表现，但祭祖总是有一定的限定范围的。《论语·为政》就有："子曰：'非其鬼而祭之，谄也。'"[②] 河南新郑黄帝故里前姓氏广场中罗列了大量属于黄帝一系的姓氏，但显然无法包括属于炎帝一系的姜、申等姓氏，也无法包括属于东夷之后的任、宿等姓氏。与其强调黄帝是我们的血脉之祖，不如强调他是我们的人文初祖。而且，历史上的移民迁播大多是在乱世完成的，详细考察移民迁播的路线是非常困难的。所以，今天根亲文化所表现出的寻根热，附会的成分很多，也有一些糟粕需要扬弃。单纯地强调中原文化的根亲性，不足以最大限度地凝聚共识。寻根并不是简单地认祖归宗，更多的是追求文化之根、精神之根。相对而言，根亲文化注重血缘宗亲，中原文化根源性注重精神信仰。根亲文化是狭隘的，中原文化的根源性是广博的。中原文化中有根亲文化的内容，但中原文化根源性远远超越了根亲文化的范畴。中原大地是民族血脉的根源，更是精神灵魂的根源！

（四）警惕文化建设中的民粹主义情绪

重建中原文化根源性的过程中，也需要警惕民粹主义情绪。[③] 很长一段时间以来，有人分不清文化自信力与民粹主义的区别。文化自信力是建立在对自身的

① 韩愈：《原道》，刘真伦、岳珍校注《韩愈文集汇校笺注》，中华书局2010年版。

② 《论语·为政》，阮元校刻：《十三经注疏》，中华书局1980年版。

③ 这里使用的民粹主义一词与政治学上的民粹主义有所不同。

正确认识的基础之上的，文化自信力的构建是充分认识自身的优缺点并有广博的文化视野和胸怀的体现。自信就要有宽广的胸怀，否则就是自我膨胀，夜郎自大。民粹主义更多地体现出一种文化的民族主义情绪，以为凡我必好、凡我必真，表现出对其他民族优秀文化的一种盲目抗拒。

五、中原文化根源性的范围

中原根文化从属于中原文化，起源于中原地区的文化有很多，今天的中原文化包罗万象，我们必须对中原根文化有一个清晰的界定。

首先，所谓根文化，是原发的文化。中原文化是中原人民在生产生活过程中创造的物质财富和精神财富的总和。作为华夏文明重要组成部分的中原文化，最显著的特征就是它的根源性。根源性的体现就是中原文化中有相当多的文化特质原发于中原地区，是中原先民在中原大地上自主创造的文化，而非源自外来文化的传播。比如，以农耕为主的生产方式，以宗族组织为主的社会结构，以儒、道为代表的精神信仰等。这些都是起源于中原大地，当然属于根文化的范围。今天的中原文化，也有许多文化并非原发性的。比如存在于中原回民之中的伊斯兰教文化，就是伊斯兰教传入中原地区以后形成的文化，并不属于中原根文化。同样，近代工业文明传入中原后所形成的文化，如铁路文化，也不属于中原根文化的范畴。如前所述，那些虽不起源于中原，但最先落脚于中原并向外传播，而且在中原开始中国化的进程的文化也属于中原根文化。

其次，所谓根文化，是积淀而为传统的文化。前已论及，传统是在不断变化的，是一个长期的文化积淀过程。朱维铮先生用“音调未定”一词来形容传统。①但是，传统的稳定性也不容否定。在一定的历史时期内，传统相对比较固定。虽然在一些历史转折时期，传统发生了显著的变化。传统并非对过去的否定，传统在变迁的过程中具有明显的继承性。以儒家文化为例，虽然经历了现代新文化运动以来的批判，但今天儒家文化对人们的影响依然不容否认。指导人们生活的，依然是儒家所倡导的那些伦理观念。即便是在一些曾经很激烈地否定传统的人身

---

① 朱维铮：《音调未定的传统》，浙江大学出版社 2011 年版。

上，也有儒家思想的影子。儒家文化当然属于中原根文化的范畴。在传统的积淀过程中，有一些文化特质已经被传统所抛弃，成为历史的陈迹，只停留在典籍的记忆之中，它们虽然起源于中原，但也不能被看成是根文化。比如，有证据显示“裹足”最早出现于北宋时期的中原，它首先在上层社会流行，明清时期普及于社会各个阶层，成为那个时代传统的组成部分。但今天，裹足已经被人们抛弃，我们只能在民俗博物馆中看到它的踪影。裹足文化就不能被包含在中原根文化之中。同时，传统的发展也表现出螺旋状的上升，在一定的历史时期有一些文化特质会成为传统，但在下一个历史阶段它会被遗忘，而到一个新的历史时期它又会被发掘出来成为传统。这样的文化特质，也应属于中原根文化。比如起源于中原的墨家文化，先秦时期一度成为显学，但在秦汉以后曾经沉寂2000多年，一直到近代人们又开始尝试从墨家文化中寻求应对社会发展的资源，于是就有了墨学在近代的复兴，墨家文化再次进入传统，墨家文化就应属于中原根文化。

最后，所谓根文化，是实现了传播的文化。今天去追溯已经消逝了的文化流星毫无意义可言，根文化的传播应该同时具备纵向和横向两种传播。纵向的传播，即文化在世代之间的传承。一些文化现象，虽然起源于中原，但被后代所抛弃，并没有实现有效的继承，不是中原根文化。如殷商时期的人祭和人殉，就不能纳入中原根文化的范围之内。横向的传播，即文化在地区之间的扩散。有一些文化现象，虽然起源于中原，但由于种种原因，并没有能够实现由中原向其他地区的扩散，影响局限于中原之内，这样的文化，也不能被看成是中原根文化。比如分布于三门峡地区的地坑院，是一种非常奇特的民居文化，它的起源非常古老，是上古时期人们穴居的遗留。今天在三门峡地区依然保存着一万多座完整的地坑院，依然保留有“进村不见房，闻声不见人”的奇妙景象，被称为“地下四合院”。但这一特色鲜明的文化景观只分布于豫西地区，并未向其他地区扩散，因而地坑院文化，也不是根文化。只有那些起源于中原，被中原人民世代传承，并通过各种渠道从中原地区向四周辐射扩散的文化，才能看成是中原根文化。比如起源于中原地区由宗法制度蜕变而来的姓氏文化，经历了数千年的发展，今天依然是每个中国人的标志，而且从中原逐渐扩散到整个华夏大地，姓氏文化就应属于中原根文化的范围。

第三章

中原帝都文化

中原不仅是华夏文明的发生地，而且在相当长的历史时期内，也是华夏文明演进的中心舞台，长期在政治、经济、文化生活中占据着核心的地位，自古就有“得中原者得天下”之说。因而，中原地区是历史上诸多王朝建都的首选，今天中国的八大古都之中，中原独占其四。夏代以后的 3000 多年中，先后有超过 20 个王朝在中原建都。

第一节　郑州商城：商朝早期的都城

郑州是河南省的省会，是河南的政治、经济、文化中心。郑州是一座历史文化名城，拥有悠久的历史。2004 年 11 月，中国古都学会认定郑州为大古都，是我国“八大古都”之一。同时，郑州又是一座年轻的城市，20 世纪铁路交通的发达使郑州获得迅猛的发展。郑州就是这样一座古老而又年轻的城市，既有历史的厚重，又充满青春的活力。

一、郑州商城

郑州地区很早就有人类活动的遗迹，在其周边发现了大量仰韶文化、龙山文化的遗址。进入夏代以后，在郑州还发现了洛达庙遗址，出土有大量文物。在郑州城市发展史上，最重要的遗址就是郑州商城遗址。

郑州商城遗址是商朝中前期的重要都城，目前保存基本完整，规模很大。目前我们可以看到的残存的城墙有 7 公里长，城墙残高 3—6 米，全部是夯筑而成。现在只剩余东墙和南墙。1950 年由考古学家韩维周发现并报告文物部门。1951 年春天，中国科学院考古所河南调查发掘团来到郑州对该遗址进行调查，他们根据采集到的标本，进一步推断这里为重要的商代遗址，时代要比安阳殷墟更早。1952 年，第一届考古工作人员训练班在郑州二里岗和洛阳东郊进行田野考古实习，开始郑州商城遗址的第一次正式考古发掘。1954 年春，郑州市城市建设全面开展，考古学家安金槐带领郑州市文管会的工作人员在二里岗一带开展了大规模的考古发掘工作。1955 年发现城墙遗址，确定此为商代城市。1961 年，商城遗址被国务院公布为全国重点文物保护单位。

“文革”期间，郑州商城的发掘一度中断。直到 1971 年，安金槐再度组织文物工作队对郑州商城进行发掘。1973 年，他们在城东北部发现了许多大小不等的商代夯土建筑基址。其中有多处规模宏大，不同于一般的建筑房基，被确定为宫殿基址所在地。到 1979 年，考古队在郑州商城内相继发现宫殿基址 20 多处。通过发掘证明，城址东北部的宫殿区建筑分布密集，已形成规模宏大、结构复杂的宫殿建筑群，断定郑州商城东北部就是商代二里岗时期王室贵族的宫殿区。1986 年，又发现了外城墙。在商城的外围，还发现了很多的商代青铜冶炼、骨器制作、陶器制作遗址、遗迹和墓葬区。①

郑州商城近似长方形，北城墙长约 1690 米，西城墙长约 1870 米，南城墙和东城墙长度均为 1700 米左右。城墙底部宽约 20 米，顶宽 5 米，系夯筑而成。目前残存高度尚有 3—9 米。城墙有 11 个缺口，估计应该是城门的所在。郑州商城是目前国内发现最早、保存最完整的大型城墙基址。在城内东北部发现的房基面积最大的有 2000 平方米，有的夯土地基上还保留有柱础。② 这些都表明了这里应该是宫殿区。因而可以认定，郑州商城是商代的一个都城遗址。

对于郑州商城的年代，目前有一些不同的看法，邹衡先生以为是商代早期的都城，安金槐先生以为是商代中期商王仲丁所迁的隞都。据测定，郑州商城的绝对年代在距今 3600 年左右，由此看来应该是商代早期的都城。③

在郑州商城出土了大量的文物，其中最为重要的就是杜岭方鼎。杜岭方鼎有两个，杜岭一号高 1 米，重 86 公斤，现藏国家博物馆。杜岭二号高 87 厘米，重 64 公斤，现藏河南博物院，是河南博物院“九大镇馆之宝”之一。在城东北部的祭祀坑内还发现一件夔龙金箔，在西城墙外还发现一件完整的原始青瓷。在一些器物上还发现一些刻画符号或原始文字。这些文物都具有非常高的文物和艺术价值。④

---

① 杨育彬：《郑州商城初探》，河南人民出版社 1985 年版。

② 杨育彬：《郑州商城相关问题研究——纪念郑州商城遗址发现 60 周年》，《中原文物》2011 年第 2 期。

③ 杨育彬：《郑州商城初探》，河南人民出版社 1985 年版。

④ 河南省博物馆：《郑州新出土的商代前期大铜鼎》，《文物》1975 年第 6 期。

由于现代城市的占压，目前郑州商城的发掘工作还没有完全结束。1989 年在郑州西北郊区又发现了一个比郑州商城稍晚一些的商代都城遗址——小双桥商城。目前关于小双桥商城遗址的发掘仍在进行之中。

商朝灭亡后，周武王将自己的弟弟鲜分封到管，即今天的郑州市管城区。因而鲜被称为管叔。武王去世后，管叔因反对周公而被杀，他的后裔以管为氏，所以郑州是管姓的起源地。春秋时期，郑州是郑国贵族祭仲的封地，所以今天的郑州东区还有一个名叫祭城的地名。当地人依然保留了这个地名的古音“zhà”。隋代出现了郑州最早的行政区划，但郑州长期属开封府管辖。

二、古城的新生

郑州是一座有着 3000 多年历史的古城，不过郑州城在此后的长期历史发展进程中基本都被洛阳和开封两座古都的光辉所掩盖，这样的局面一直到近代才结束。伴随着近代铁路事业的发展，京广、陇海两大铁路干线在郑州交会，郑州也进入了迅猛发展的时期。

京广铁路，本名卢汉铁路，北起卢沟桥，南到汉口。清朝末年，比利时获得了卢汉铁路的修筑权。1898 年年底，从南北两端同时开工，1905 年 11 月 15 日黄河大桥建成。1906 年 4 月 1 日全线竣工通车，全长 1214 公里，改称京汉铁路。1928 年以后，北京改名北平，京汉铁路也因而改名为平汉铁路。清朝末年几经周折，终于在 1909 年 1 月，拨官款 500 万两白银，并向英国汇丰、法国汇理两银行借款 5 万英镑，还清了京汉铁路借款，把铁路赎回，收回京汉铁路管理权。京汉铁路的全线贯通，打破了仅依赖于水道与驿道的传统交通网络格局。新中国成立后，1957 年粤汉铁路和京汉铁路贯通，一条由北京到广州的南北大通道形成，这条通道因而改名为京广铁路。

陇海铁路的最初兴建是作为京汉铁路的支线，1904 年 10 月从郑县车站分别向东西延伸到洛阳和开封，1909 年底完成，全长 189 公里。1912 年 9 月，北洋政府与比利时签订修建 1800 公里的陇海铁路借款合同，以汴洛铁路为基础向东西方向展筑，两段工程于 1913 年 5 月同时开工。此后断断续续，一直到 1945 年才修到了天水。新中国成立后，陇海铁路继续修建，1953 年修到了兰州，东西交通大动脉最终贯通。

铁路网络的贯通，带动了沿线地区的迅猛发展。比如京汉铁路通车前，漯河只是一个有几户手工作坊和一些商业店铺的小寨子，自有了京汉铁路以后，漯河逐渐成为交通枢纽。作为京广、陇海两大铁路动脉交会地的郑州更是获得了巨大的发展。

19 世纪末，郑州只是一个小小的县城，城区面积 2.23 平方公里，人口 2 万人。作为平汉、陇海两条南北与东西铁路干线的交会处，郑州居于中原近代交通运输网的核心位置。在铁路的联动作用下，郑州逐步发展成为中原地区粮食、棉花等农产品及工业品的转运中心，河南省内及周边诸省的很多商品均以之为集散地。郑州也在沿海各通商口岸对内地特别是西部地区进行经济辐射的过渡链上，起到一定的带动和桥梁作用。郑州的商业因铁路而迅猛发展。①

同时，铁路的贯通也为郑州的工业发展带来了契机。铁路通车之前，郑州仅有一些手工业工场，现代意义上的机器工业几乎一片空白。交通状况的改善，为郑州城市工业的发展奠定了基础。铁路修通以后，郑州工业化呈现迅猛发展的势头。郑州工业的起步最初都是与铁路密切相关的产业，比如铁路的机务维修等。后来随着铁路的带动，其他领域内的工业也迅猛发展，尤其是棉纺织业，郑州当时最大的纺织企业——豫丰纱厂，于 1920 年 5 月建成投产，永安、申新、大成和大兴纺织股份有限公司等大型纺织企业纷纷在郑州设立分公司。由于铁路的便利，河南的工矿业也迅猛发展。这些都为郑州城市的进一步发展奠定了基础。②

新中国成立后，郑州的交通区位优势进一步显现。1954 年河南省省会从开封迁往郑州，郑州逐渐成为河南省的政治、经济、文化中心。郑州这座古城也再度焕发了青春。如今的郑州是一座典型的移民城市，绝大多数郑州人是移民及移民的后裔。今日郑州的文化，也是河南各地文化交汇融合的产物。郑州不存在强势的本地文化，没有排外欺生的现象，表现出非常开放、博大的胸怀。就连郑州的

---

① 刘晖：《铁路与郑州近代城市空间结构变动及功能演变》，《安徽史学》2015 年第 7 期。

② 刘晖：《略论铁路与民国时期河南省植棉业的现代转型》，《历史教学（高校版）》2009 年第 8 期。

方言也不是由郑州本地土语发展而来，可以说综合了各地河南方言的特点，又接近普通话的发音。今天的郑州充满了生机与活力。伴随着高速铁路网的逐渐成形，一座现代化商贸城市，正在中原大地上迅速崛起。

第二节　殷墟与甲骨文

1899 年秋，国子监祭酒王懿荣得了疟疾，派人到北京宣武门外菜市口达仁堂中药店买回一剂中药。王懿荣粗通医理，对买回来的中药一一检视，结果在无意中看到其中的一味叫龙骨的药上面有一些刻画符号。作为国家最高学府掌门人的王懿荣对文字学素有研究，他发现这些刻画符号很像古代文字。通过进一步的研究，他断定这就是 3000 年前殷商时期的文字。后来王懿荣在“庚子之乱”中遇难，但他的发现从此揭开了殷墟神秘的面纱，打破了它千年的沉寂。

一、殷墟

甲骨文被发现后，最初人们并不知道这些甲骨的出土地点，后来经过著名学者罗振玉的考察，确定它们的出土地点在安阳。1928 年中央研究院历史语言研究所成立以后，开始对殷墟的正式发掘。一座 3000 多年前的商代都城逐渐呈现在世人的面前。

据记载，殷商王朝从商王中丁以后出现了“九世之乱”，在这期间，兄弟子侄为继承王位一直争夺不休，造成了政治混乱、国力衰弱的局面。仲丁以后，王室多次迁都。盘庚继立时，政治上的混乱仍然相当严重，为了拯救政治危机，盘庚迁都于殷。《古本竹书纪年》记载：“自盘庚徙殷至纣之灭二百五十三年，更不徙都。”[①] 殷地处于洹水平原，地势优越，土地肥沃，水分充足，气候温暖，加上政治较为清明，所以殷王朝能长期定都于此，并得以迅速发展。“殷道复兴，诸侯来朝，以其遵成汤之德也。”[②] 盘庚以后，商朝结束了“荡析离居”的动荡岁月，出现了“百姓由宁”的政治局面，历经盘庚、小辛、小乙、武丁、祖庚、祖甲、廪辛、庚丁、武乙、文丁、帝乙、帝辛共8代12王253年的统治。

现代考古发掘证实，盘庚所迁的殷都，就位于中国河南安阳市殷都区小屯村周围，横跨洹河两岸，由殷墟王陵遗址、殷墟宗庙宫殿遗址与洹北商城遗址等共同组成，规模宏大，气势恢宏。殷墟宫殿宗庙区位于洹河南岸小屯村、花园庄一带。50余座建筑遗址分“宫殿、宗庙、祭坛（甲、乙、丙）”三组，宏伟壮观。另外，还发现铸铜遗址等。宫殿区出土大量的甲骨文、青铜器、玉器、宝石器等珍贵文物。殷墟王陵遗址位于洹河北岸，是殷商王朝的陵地与祭祀场所，开了中国帝王陵寝制度的先河，是我国目前已知最早、最完整的王陵墓葬群。王陵遗址共发现有12座王陵大墓和2500多座祭祀坑。殷墟王陵的埋葬制度、分布格局、随葬方式、祭祀礼制等，集中反映了商代晚期的社会组织、阶级状况、等级制度、亲属关系，代表了中国古代早期王陵建设的最高水平。著名的后母戊大方鼎就出土在这里。[③] 洹北商城发现于1999年，年代略早于王陵遗址和宫殿遗址。[④] 如今的殷墟已经被列入世界文化遗产保护名录。

在殷墟最重要的发现就是甲骨文。19世纪末甲骨文发现以来，这里共出土甲骨15万多片。虽然部分甲骨已经流散到海外，但是大多数都已经著录。在殷商时期的社会生活中，占卜占据着十分重要的地位。目前所发现的甲骨文大部分都有占卜的记录，所以甲骨文也被称为甲骨卜辞。一条完整的卜辞包括：前辞、贞辞、占辞、验辞等四部分。前辞记录占卜的时间、地点和占卜的贞人，贞辞记录占卜的问题，得到兆象后的预测判断称为占辞，最后与实际情况验证的结果称为验辞。

这些甲骨记载的内容极为丰富，包括祭祀、畋猎、农业、天文、军事等，涉

---

① 司马迁：《史记》卷三《殷本纪》，裴骃《史记集解》引《竹书纪年》，中华书局1982年版。
② 司马迁：《史记》卷三《殷本纪》，中华书局1982年版。
③ 参见白寿彝总主编：《中国通史》（第三卷），第二章第一节，上海人民出版社1994年版。
④ 唐际根等：《安阳市洹北商城的勘察与试掘》，《考古》2003年第5期。

及商代社会生活的方方面面，为甲骨文和商代历史研究提供了极其宝贵的资料，被称为中国古代乃至人类最早的“档案库”。甲骨卜辞的发现为我们研究殷商时期的历史提供了不可多得的材料。殷墟的发掘，确证了商王朝的真实存在，重新构建了中国古代早期历史的框架，使传统文献记载的商代历史成为信史。①

目前甲骨文已经发现单字约4500个，其中约有1500个单字已被释读。甲骨文是目前我们所能看到的最早的汉字，是今日汉字的鼻祖。从字体的数量和结构方式来看，甲骨文已经是有较严密系统的文字。汉字的“六书”原则，在甲骨文中都有所体现。但是原始图画文字的痕迹还是比较明显的。其主要特点是：第一，在字的构造方面，有些象形字只注重突出实物的特征，而笔画多少、正反向背却不统一，比如“臣”字的朝向也不确定。第二，甲骨文的一些会意字，只要求偏旁会合起来含义明确，而不要求固定。因此甲骨文中的异体字非常多，有的一个字可有十几个甚至几十个写法，比如“车”字。第三，甲骨文的形体，往往是以所表示实物的繁简决定大小，有的一个字可以占几个字的位置，也可有长有短。第四，因为字是用刀刻在较硬的兽骨上，所以笔画较细，方笔居多。②

由于甲骨文是用刀刻成的，而刀有锐有钝，骨质有细有粗，有硬有软，所以刻出的笔画粗细不一，甚至有的纤细如发，笔画的连接处又有剥落，浑厚粗重。结构上，长短大小均无一定，或是疏疏落落，参差错综，或是密密层层，严整庄重，故能显出古朴多姿的无限情趣。

甲骨文，结体上虽然大小不一，错综变化，但已具有对称、稳定的格局。所以有人认为，中国的书法，严格讲是由甲骨文开始的，因为甲骨文已具备书法的三个要素，即用笔、结字、章法。一般来说，甲骨卜辞的内容都很简略，即便如此，也已经体现出一定的语法和句式的特点。

如今在安阳已建起了一座文字博物馆——中国文字博物馆。

二、邺都

除了殷商王朝，先后有战国时期的魏国，三国时期的曹魏，北朝时期的后

① 董琨：《中国汉字源流》，商务印书馆1998年版。

② 胡双宝：《汉字史话》，收入《中国古代文化专题史话》，中华书局1987年版。

赵、冉魏、前燕、东魏、北齐等多个政权在邺城建都。邺城即今河北临漳县西南的邺镇村、三台村一带。邺城今天虽然不在安阳的行政区划之内，但是邺城南距冀、豫两省边界不过数公里，而且历史上邺城、临漳长期在安阳行政区划之内。20 世纪 50 年代初调整省界时，临漳才从河南省划归河北省。所以，著名历史学家谭其骧先生曾经说："殷和邺都是安阳的前身，安阳继承殷和邺成为河北平原南部、太行山东麓的都邑。所以追溯安阳的历史，应该肯定它是公元前 14 世纪至前 6 世纪中国史前重要古都所在地之一。"① 谭先生的这一观点已经成为学界的共识，安阳被认定为中国的八大古都之一。

商纣王亡国后，殷都就被废弃了，秦汉之际殷墟在地面尚留有痕迹。西周建国后为了控制殷商遗民，把周武王之弟康叔分封到卫国，安阳即属于卫国。战国时期，安阳地区属魏国，魏文侯在安阳设邺城，并一度迁都于此，西门豹治邺就发生在这个时期。今天安阳城北丰乐镇尚有西门大夫祠。

秦朝开始设置安阳县，隶属邯郸郡。东汉末年，袁绍割据河北开始经营邺城。袁绍被平定之后不久，曹操继续经营邺都，将它建设成为黄河以北的政治中心。曹操本人也经常生活在邺城。当时的邺城，"东西七里，南北五里"，有七座城门："南曰凤阳门，中曰中阳门，次曰广阳门。东曰建春门。北曰广德门，次曰厩门。西曰金明门，一曰白门。"②

城北部为官署宫殿区，文昌殿是举行盛大典礼的地方，听政殿则是处理日常政务的地方。宫殿区的西边是苑囿区，其中铜雀、金虎、冰井三台最为壮观。铜雀台建于建安十五年（210 年），高 10 丈，有屋 101 间；金虎台建于建安十八年（213 年），高 8 丈，有屋 109 间；冰井台建于建安十九年（214 年），高 8 丈，有屋 145 间。三台之间有阁道相连，雄伟壮观，郦道元称之为"巍然崇举，其高若山"③。

建安十八年（213 年）曹操自封为魏公，后来又晋封为魏王。曹魏国都在邺城。曹操去世后也葬在邺城。根据文献记载，曹操在 220 年于洛阳去世，221 年灵柩被运回邺城，葬于"西门豹祠西原上"。2009 年河南省文物局宣布，曹操的高陵已经

---

① 参见谭其骧为陈桥驿主编的《中国七大古都》所写的序言，中国青年出版社 2005 年版。
② 《水经注疏》，江苏古籍出版社 1989 年版。
③ 《水经注疏》，江苏古籍出版社 1989 年版。

被发现，位于今安阳市安丰乡西高穴村。曹操之子曹丕代汉称帝后，以洛阳为首都，仍以邺城为陪都之一。左思的《三都赋》中所说的魏都就是邺城。

313年，晋愍帝司马邺即位后，为了避讳，将邺城改为临漳。一个月后邺城被石勒攻占。石勒建立后赵之初，国都在襄国，即今河北邢台。石勒早有迁都邺城之意，331年秋天一场大水从太行山上冲下来大量树木，“时大雨霖，中山西北暴水，流漂巨木百余万根，集于堂阳”。石勒非常高兴，对公卿说：“诸卿知不？此非为灾也，天意欲吾营邺都耳！”① 335年后赵皇帝石虎正式迁都邺城。据记载，后赵时期的邺城太武殿高近三丈，地下室可藏五百名卫士。据郦道元说，邺城全盛之时，距邺城六七十里外可以看到邺城的巍峨：“远望苕亭，巍若仙居。”②后赵灭亡后，冉魏、前燕相继定都于邺城。

534年，北魏分裂为西魏和东魏，东魏在高欢的操控下于当年迁都邺城。在东魏政权中，皇帝元善见只不过是个傀儡，大权掌握在高欢手中。东魏时期，高欢因嫌邺城过于狭隘，又将邺城向南扩建。539年，还曾动员十万人前去拆除洛阳宫殿，将木材运到邺城。新扩建的南城东西六里，南北八里。作为正殿的太极殿仅廊柱就用去120根。城南还建有许多的离宫。此后皇帝就在邺城的南城居住。

550年，高欢之子高洋废黜元善见自立为帝，建立北齐，北齐依然以邺城为国都。577年北齐灭亡后，北周在邺城设相州。580年，相州总管尉迟迥以邺城为根据地起兵讨伐企图篡权的杨坚，最终被杨坚所灭。杨坚大怒，下令拆除邺城，将相州、魏郡的治所迁往安阳。邺城最终成为一座废墟。唐人聂夷中的《早发邺北经古城》中感叹道：“微月东南明，双牛耕古城。但耕古城地，不知古城名。当昔置此城，岂料今日耕。蔓草已离披，狐兔何纵横。”③

唐宋时期曾在安阳设置相州，宋代抗金英雄岳飞就出生在相州汤阴县永和乡孝悌里，即今河南省安阳市汤阴县菜园镇程岗村。金明昌三年（1192年）升相州为彰德府，元、明、清三代在安阳设置彰德府。明代以后改属河南，新中国成立初属于平原省，平原省撤销后划归河南，至今未变。

---

① 房玄龄等：《晋书》卷一〇五《石勒载记（下）》，中华书局1974年版。

② 《水经注疏》，江苏古籍出版社1989年版。

③ 聂夷中：《早发邺北经古城》，《全唐诗》卷六三六，中华书局1999年版。

三、今日安阳

近代以来，千年古城安阳逐渐复兴。尤其是 1949 年后，安阳逐步建设成为河南省的重要工业基地，初步形成了冶金、电子、化工、电力、机械、纺织、医药、烟草等工业体系。安阳拥有着丰富的自然资源，铁、煤、天然气产量居全省前列。安阳是重要的粮食生产基地，被称为“豫北粮仓”。今天的安阳大力实施东引西进和开放带动战略，形成了多层次、宽领域、全方位的对外开放格局。

1986 年安阳被公布为历史文化名城，如今的安阳还是国家级园林城市、中国优秀旅游城市。安阳正以崭新的面貌迎接新的发展高潮。

第三节　“土中”：洛邑

号称“天下之中”的古都洛阳，在《尚书》中被称为“土中”，意为大地的中心。著名地理学著作《禹贡》就是以洛阳为中心展开对天下地理的叙述的。在我国所有的古都之中，洛阳建都时间最早，建都时间最长，建都王朝最多。过去说洛阳是九朝古都，如今的洛阳以十三朝古都自居，还有人曾经数出过二十二朝，1932 年国民政府还曾迁都洛阳一年。洛阳不仅是政治都城，而且是一座文化圣城，且不说遥远的“河图洛书”，就今日中国文化之中的儒、道、佛，都可以溯源到洛阳。同时，洛阳还有一张特殊的名片，就是牡丹，至少在北宋时期洛阳牡丹就有了“甲天下”之称。牡丹为洛阳这座世界文化名城增添了许多浪漫和灵动。

一、五都汇洛

在洛阳盆地，洛河两岸，几十公里范围内，汇聚了五座都城遗址，分别是夏都斟鄩二里头遗址、商都西亳偃师商城遗址、西周王城遗址、汉魏故城遗址、隋唐洛阳城遗址，人们称之为“五都汇洛”。战国时期的成周城遗址，目前尚未被发现。如果加上战国时期的成周城的话，那就是“六都汇洛”了。

（一）三代所居

司马迁曾经说过："昔三代之居，皆在河洛之间。"① 中华民族不仅在中原地区创造了辉煌的史前文化，而且在中原地区完成了对文明门槛的跨越。夏、商、周三代都曾经定都于洛阳地区。

关于夏王朝，安阳殷墟发现以后就有学者提出从考古学探索夏史的主张。当时徐中舒等人认为仰韶文化就是夏文化，而范文澜等人认为龙山文化是夏文化。但由于考古发现很少，所以讨论没有继续下去。1949 年以后，考古调查和发掘取得越来越多的资料，夏文化的探讨随之展开。1952 年登封玉村遗址的发现揭开了新中国成立后夏文化探讨的序幕。1956 年在郑州发掘了洛达庙遗址，出土了较多的文物，时代早于二里岗文化，因而学者将它作为夏代的文化，并命名为洛达庙文化。1959 年发现的二里头遗址比洛达庙的规模要大得多，人们放弃了洛达庙的命名，将这类文化命名为二里头文化。偃师二里头遗址就是夏代中晚期的遗址。夏朝的存在已经在考古学上得到了确证，学者研究认为，二里头遗址应该是文献记载中的夏都斟鄩。②

二里头遗址的内容十分丰富，发现了迄今为止我国最早的宫殿遗址。其中一号宫殿坐北朝南，由夯土台基、殿堂、廊庑、庭院、殿门组成。殿堂南部为一片广阔的庭院，正南是一座牌坊式的大门。整套建筑工程量很大。二号宫殿也是坐北朝南，有地下水道的陶水管。二号宫殿的结构和一号宫殿类似，但格局更加严谨。宏大的宫殿基址应是夏代建立国家的象征，体现了统治者的威严。正如詹子庆所言："二里头三期 1、2 号宫殿基址的发现，使学者们更加坚信，这里无疑具有王都气象。"③

偃师二里头遗址除发现大型的宫殿遗址外，1975 年在宫殿基址北边，还发现了大型的墓葬。出土了大量的青铜器、玉器以及绿松石装饰器。宫殿基址周围，还发现相当数量的房基、窖穴、灰坑、水井、窑址、陶范、坩埚碎片、铜渣、石料、骨料，表明遗址可能分布有制铜、制陶、制骨等手工业作坊。酒器、乐器、

---

① 司马迁：《史记》卷二十八《封禅书》，中华书局 1982 年版。

② 郑祥杰：《夏史初探》，中州古籍出版社 1986 年版。

③ 詹子庆：《夏史与夏代文明》，上海科学技术出版社 2012 年版。

兵器，是二里头文化中的典型器物。

二里头遗址出土了大量的石器、玉器、陶器、骨器、蚌器等。石器以生产工具为主，如石斧、石铲等。陶器的种类最为繁多，二里头类型墓葬中出土许多陶器，以酒器为最多，其次是炊具、食器。计有鼎、豆、角、爵、盉、盆、盘、罐、簋、瓮、鬶、杯等。酒器的大量出现是二里头文化的一个显著特点。二里头墓葬中以觚、爵、盉等酒器随葬，表明酿酒业的发达。酒器的大量出现反映了粮食产量的增多及农业生产水平的提高。所有的陶器中，瓦足皿最具有特色。①

石磬是二里头墓葬中形体最大的器物，是我国目前所见的最早的石磬，是音乐史上的重要实物资料。

偃师商城遗址在河南省偃师市西塔庄村。1983 年发现并开始发掘。1988 年被国务院公布为全国重点文物保护单位。城平面呈长方形，南北长约 1700 米，东西宽约 1200 米。城墙为夯筑，已找到城门 7 座。城内有多处宫殿区，1 号宫殿区长、宽均在 200 米左右，有围墙环绕，内有数座建筑基址。其中 4 号基址包括正殿、廊庑和主门、侧门。还发现用石板围砌的排水道，长 800 余米。②

目前学术界比较倾向偃师商城就是文献记载的商朝早期的都城西亳。依据文献有关汤都西亳的记载，其位置与偃师商城相符合。而且偃师一带是夏王朝的腹心地区，商初出于政治上的考虑，为了巩固政权，为了镇抚夏王朝的残余势力，成汤将都城定在这里是完全有必要的。③

洛阳城的诞生，最早要追溯到西周初年。西周初年周武王灭商以后，相对于新取得的东方的土地，周人的首都镐京显得过于偏远，于是周人需要在东方建立新的据点。不过武王并没有来得及完成这一工作就去世了，营建新都邑的重任落到了周公的身上。周公经过占卜，最终决定在洛邑建城。周公之所以选择处于洛阳盆地之中郏鄏一带的洛邑，除洛邑地处天地之中的地理优势以外，洛邑还“左据成皋，右阻黾池，前乡崧高，后介大河，建荥阳，扶河东，南北千里以为关”④，地理形势险要，土壤肥沃，伊、洛、瀍、涧四水提供了充足的水源。洛邑

① 孙森：《夏商史稿》，文物出版社 1987 年版。

② 王学荣、谷飞：《偃师商城宫城布局与变迁研究》，《中国历史文物》2006 年第 6 期。

③ 李久昌：《论偃师商城的都城性质及其变化》，《河南师范大学学报》2007 年第 3 期。

④ 班固：《汉书》卷七十五《眭两夏侯京翼李传》，中华书局 1965 年版。

建成后，周公等人还将象征着政权的九鼎迁移到洛阳。传世文献《尚书》《逸周书》等，详细记载了周公营洛的经过。

周公所建的洛邑位于涧河以东，瀍河以西。1954 年考古工作者发现了西周王城遗迹，大体在今西工区一带，发现了大量的墓葬和文物。尤其是 2002 年 10 月，在西工区进行广场建设的过程中发现了天子驾六车马坑。这是迄今为止全国范围内所发现的唯一一座天子驾六车马坑，它不仅向人们展示其主人的不凡身份，而且也验证了传世文献中关于天子车制记载的可靠性。①

周公在瀍涧之间修建王城的同时，还在今白马寺的东边修建了一座城。周公将殷商残余势力中抵抗最顽强的人迁到这里居住，是为了就近加以控制。有的文献称这座城为“成周城”。洛邑相对于西边的镐京，故被称为成周。

洛邑建成后，周成王来到洛邑，根据文献记载周成王以洛邑为都。不过周康王以后，周王又回到了宗周镐京，以洛邑为陪都，派“成八师”长期在洛阳驻守。西周末年“犬戎之乱”后，宗周残破，周平王被迫东迁洛邑。东迁之后的周王朝地位一落千丈，不过周王室依然享有无可替代的地位。楚国势力最强盛的时候楚庄王曾在洛阳周围炫耀武力，甚至询问过九鼎的轻重，但是他也只是在留下了“问鼎中原”的典故后知难而退了。

春秋末年周王室发生了长达十多年的内乱，最后周天子被迫从王城迁往成周。进入战国以后，周天子的地位更是进一步低落。周王室的最后一任天子周赧王甚至筑了一座躲债台。公元前 256 年周赧王去世后，秦灭周。秦朝在周地设三川郡，并把洛阳作为权臣吕不韦的封地。

（二）汉魏故城

秦朝灭亡后，汉高祖刘邦最初准备定都洛阳，后来经过刘敬和张良的劝说，刘邦认识到当时尚不具备在洛阳定都的条件，最后定都关中。洛阳在西汉虽然不是首都，但依然具有十分重要的地位。汉景帝时吴王刘濞谋反，也把洛阳作为自己的战略目标，他与其他谋反诸王约定：“齐诸王与赵王定河间、河内，或入临晋关，或与寡人会雒阳。”② 汉武帝时齐王刘闳母亲受宠，曾经向汉武帝建议封刘

---

① 俞凉亘：《洛阳的“天子驾六”车马坑》，《文史知识》2010 年第 6 期。

② 司马迁：《史记》卷一〇六《吴王濞列传》，中华书局 1982 年版。

闳于洛阳，“洛阳有武库、敖仓，当关口，天下咽喉。自先帝以来，传不为置王。然关东国莫大于齐，可以为齐王”①。说明了洛阳地位的重要性，洛阳不是人臣可居之地。西汉为了防范宗室不测，规定“宗室不宜典三河”②。王莽代汉后曾表示要定都洛阳，王莽还曾“遣太傅平晏、大司空王邑之雒阳，营相宅兆，图起宗庙、社稷、郊兆”③。等到关东反莽起义呈烽火燎原之势时，王莽又以洛阳为镇压反叛的根据地。公元23年，洛阳城破，王莽政权随之而亡。

25年，刘秀建立东汉，当年就宣布定都洛阳。洛阳迎来了城市发展史上的第一个高峰。汉魏洛阳故城位于今洛阳城东15公里的白马寺东边。汉魏故城背靠邙山，南临洛水，坐落于西周洛邑成周城基址之上。元代《河南府志》称：“光武因周敬王都而广大之。”④

目前汉魏故城东、西、北三面城墙基本保存完好。遗址东垣残长3895米，宽25—30米；西垣残长4290米，宽约20米；北垣残长3700米，宽约14米，南垣为洛水冲决。残垣一般高于地面1—2米，北垣东段高出地面5—7米。城墙均用夯土版筑而成。勘查者根据现存东西城垣之间的距离，推测南垣长应为2460米。全城平面呈不规则长方形，周边约14公里，与文献记载基本相符。⑤

东汉时洛阳非常繁华，班固在《两都赋》中称“百姓涤瑕荡秽而镜至清，形神寂漠，耳目弗营，嗜欲之源灭，廉耻之心生，莫不优游而自得，玉润而金声。是以四海之内，学校如林，庠序盈门，献酬交错，俎豆莘莘，下舞上歌，蹈德咏仁。登降饫宴之礼既毕，因相与嗟叹玄德，谠言弘说，咸含和而吐气，颂曰：‘盛哉乎斯世！’”⑥ 东汉定都洛阳之后不久，很快就突破了城墙的限制，很多重要的建筑都在城墙之外，比如灵台、辟雍等都建在城垣之南。⑦

东汉末年，董卓之乱使洛阳城遭到空前的破坏，洛阳城的繁盛随着董卓的一把大火成了历史的陈迹。一直到建安后期，洛阳城才逐渐得以恢复生机。220年，

---

① 司马迁：《史记》卷一百二十六《滑稽列传》，中华书局1982年版。

② 班固：《汉书》卷三十六《刘歆传》，中华书局1962年版。

③ 班固：《汉书》卷九十九《王莽传》，中华书局1962年版。

④ 徐松辑，高敏点校：《元河南志》卷二《成周城阙宫殿古迹》，中华书局1994年版。

⑤ 赵化成等：《秦汉考古》，文物出版社2002年版。

⑥ 范晔：《后汉书》卷七十《班彪列传》，中华书局1965年版。

⑦ 中国社会科学院考古研究所：《汉魏洛阳故城南郊礼制建筑遗址——1962—1992年考古发掘报告》，文物出版社2010年版。

曹丕在许昌建立曹魏政权，接着他就开始巡视，并于当年的12月来到洛阳，就此正式建都洛阳。曹魏建都后，洛阳城逐渐恢复了旧日的繁华。魏晋之际虽然发生了激烈的政治斗争，不过并没有对社会生活造成破坏，因而西晋建立后，洛阳的繁盛仍在继续。

魏明帝在洛阳城的西北角修了金墉城，此后就成了退位君主或被废皇后的冷宫。不过西晋末年刘曜攻破洛阳以后，洛阳再次受到摧残。一直到北魏孝文帝，洛阳再度成为都城。北魏时期的洛阳城在东汉洛阳城的基础上又有所扩大，据说外城规模东西百余里。《洛阳伽蓝记》记载了洛阳曾经的辉煌。534年北魏分裂后，洛阳城再度沉寂，甚至洛阳宫殿都被拆毁用来修建邺城，“暨永熙多难，皇舆迁邺……重览洛阳。城郭崩毁，宫室倾覆，寺观灰烬，庙塔丘墟，城被蒿艾，巷罗荆棘。野兽穴于荒阶，山鸟巢于庭树。游儿牧竖，踯躅于九逵；农夫耕老，蓺黍于双阙”①。一座数百年的帝都，终成荒野。

（三）隋唐盛况

隋炀帝即位后，巡视洛阳，登北邙以望伊阙，不禁感慨，回头对群臣说：“此龙门耶，自古何为不建都于此？”仆射苏威答：“自古非不知，以俟陛下！”②隋炀帝大悦，随即下令由将作大匠宇文恺营建新的洛阳城。

新的洛阳城位于汉魏洛阳城西9公里，规模远大于汉魏故城，新城“周回六十九里二百一十步”，合今27公里多。③ 新的洛阳城建成后，隋炀帝经常住在洛阳。隋大业六年（610年），隋炀帝在洛阳接受周边各族首领的朝见，于是从各地征召了近两万名艺人来洛阳演出，声闻数十里。隋炀帝曾有诗描写洛阳灯火的辉煌：“法轮天上转，梵语天上来。灯树千光照，花焰七枝开。月影凝流水，春风含夜梅。幡动黄金地，钟发琉璃台。”④

隋炀帝开凿了沟通南北的大运河，大运河以洛阳为中心。2014年6月22日，中国大运河在第38届世界遗产大会上获准列入世界文化遗产名录。洛阳的含嘉仓

---

① 杨炫之撰，杨勇校注：《洛阳伽蓝记校笺·州郡部二·序》，中华书局2006年版。

② 李昉等：《太平御览》卷一百五十六《州郡部二·序》，中华书局2011年影印版。

③ 刘昫等：《旧唐书》卷三十八《地理志一》，中华书局1975年版。

④ 隋炀帝：《正月十五日于通衢建灯夜升南楼》，收《汉魏六朝百三家集》卷一百一十四。

遗址和巩义的兴洛仓遗址名列其中。1972 年文物部门对含嘉仓进行第二次发掘时发现 50 多万斤已经炭化的谷物。这些都见证了隋唐时期洛阳城的繁盛。

唐朝建立后仍以洛阳为东都，唐太宗在洛阳接见了从印度取经归来的玄奘大师。唐高宗即位后，尤其是武则天封后之后，更是经常来到洛阳。民间传说武则天在长安曾经残害过王皇后和萧淑妃，所以经常做噩梦，到洛阳后始得安寝。武则天称帝后，干脆以洛阳为首都，改洛阳为神都。洛阳达到其古代建城史上的顶峰。

隋唐洛阳城营建于隋大业元年（605 年），规模仅次于都城大兴城（即长安城），唐代略有增建。隋、唐及五代后唐都曾以此为都。城址在今河南省洛阳市区及近郊，南望龙门，北依邙山，东逾瀍水，西至涧河，洛水横贯其间。隋唐洛阳城包括宫城、皇城、圆壁城、曜仪城、东城、含嘉仓城和外郭城。

南宽北窄，略近方形。城墙全部用夯土筑成，基址宽约 15—20 米。南墙长约 7290 米，东墙长约 7312 米，北墙长约 6138 米，西墙南端长约 6776 米。稍呈弧形，周长 27500 米。① 东西两墙下面发现有石板砌的下水道。

外郭城有 8 个城门，西墙无门。南墙 3 门，自东向西为长夏门、定鼎门（隋名建国门）、厚载门（隋名白虎门）。东墙 3 门，自南向北为永通门、建春门（隋名建阳门）、上东门（隋名上春门）。北墙 2 门，东为安喜门（隋名喜宁门），西为徽安门。南墙 3 门和建春门等都是一门三道。②

城内街道纵横相交，形成棋盘式的布局。在洛河以南探出南北竖街 12 条，东西横街 6 条；洛河以北探出南北竖街 4 条，东西横街 3 条。其中最著名的是定鼎门大街，又称天门街、天津街或天街，是南北主干道，现存长约 3 公里，宽 90—121 米，路土厚达 0. 6米。③

城内街道组成里坊，据《唐六典》及《旧唐书》等文献记载并结合考古钻探

---

① 中国科学院考古研究所洛阳发掘队：《〈隋唐东都城址的勘查和发掘〉》，《考古》1963 年第 3 期。中国社会科学院考古研究所洛阳工作队：《〈隋唐东都城址的勘查和发掘〉续记》，《考古》1978 年第 6 期。

② 陈良伟等：《定鼎门遗址发掘报告》，《考古学报》2004 年第 1 期。

③ 中国科学院考古研究所洛阳发掘队：《隋唐东都城址的勘查和发掘》，《考古》1963 年第 3 期。中国社会科学院考古研究所洛阳工作队：《〈隋唐东都城址的勘查和发掘〉续记》，《考古》1978 年第 6 期。

的实际情况可知，总数为109坊3市，即洛河南81坊2市（西市、南市），洛河北28坊1市（北市）。已勘查出洛河南的55个坊和洛河以北的9个坊，其余各坊市为今城所压或被洛河冲毁。①

洛阳城中最辉煌的建筑就是明堂、天堂。武则天于垂拱四年（688年）命薛怀义毁乾元殿，造明堂。明堂高294尺（约73.5米），周长300尺（约75米），上下三层，中有巨木十围，上下贯通，号万象神宫。

明堂相当壮观华丽，在圆形屋顶上，有展翅欲飞、饰以黄金的凤凰雕塑，中层的圆盖盘有九龙。在明堂的北面，武则天又命薛怀义造了一座天堂。天堂主要用来安放一尊大佛。史料记载，天堂共五层，比明堂高得多，在第三层可以俯视明堂全景。天堂、明堂构成了洛阳城辉煌壮丽的景观，象征着无与伦比的财富和至高无上的权力，代表了唐朝建筑技术的杰出成就。

20世纪80年代经考古发掘，在现今定鼎路与中州路交叉口东北角发现了明堂和天堂的中心柱础。如今作为隋唐城大遗址保护工程的组成部分，在天堂、明堂遗址之上，建起了大型保护罩，并对游人开放。②

武则天末年，唐中宗复辟，国都又迁到长安，此后洛阳保持了陪都的地位。不过唐玄宗以后，皇帝很少再来洛阳。安史之乱中洛阳遭受洗劫，先是安禄山攻占洛阳称帝建立大燕国，后安禄山在洛阳被儿子杀死，洛阳经历了叛军与唐军的反复争夺。尤其是唐朝借助回鹘军队收复洛阳，回鹘军队对洛阳进行了洗劫，洛阳从此一蹶不振。

唐朝末年朱温为了控制朝廷，将国都迁到洛阳，并下令拆毁了长安城。迁都洛阳不久，朱温就废唐自立，建立了后梁。后梁的正式国都虽说在开封，但朱温长期生活在洛阳，最终在洛阳被自己的儿子杀死。继后梁之后，后唐也以洛阳为首都。

后晋定都洛阳不久就迁都开封，此后后汉、后周都以洛阳为陪都。北宋建立后，宋太祖一度萌生迁都洛阳的念头，因为朝廷对漕运的依赖越来越深，在大臣

---

① 中国科学院考古研究所洛阳发掘队：《隋唐东都城址的勘查和发掘》，《考古》1963年第3期。中国社会科学院考古研究所洛阳工作队：《〈隋唐东都城址的勘查和发掘〉续记》，《考古》1978年第6期。

② 中国科学院考古研究所洛阳唐城队：《唐东都武则天明堂遗址发掘简报》，《考古》1988年第3期。

的劝阻下赵匡胤放弃了迁都的念头，不过仍以洛阳为西京。

宋代的洛阳虽说再次被降到了陪都的地位，不过相对于东京开封而言，洛阳少了许多政治的纷争，多了一些文化的色彩。许多不愿卷入政治旋涡的人都来到洛阳，因而洛阳成为北宋的又一个文化中心。北宋灭亡后，洛阳逐渐沉寂，金朝一度以洛阳为陪都，不过时间不长。

元朝建立后，洛阳甚至丧失了在河南省的中心地位，省会一直在开封。近代以来，洛阳才逐渐开始了复苏，北洋时期吴佩孚长期盘踞洛阳，试图将洛阳打造成自己的根据地。新中国成立后，洛阳被建设成重工业基地，洛阳拖拉机厂、洛阳轴承厂、洛阳矿山机械厂等一批重点工程落户洛阳。改革开放以来，尤其是进入 21 世纪，随着洛阳新区建设步伐的加快，洛阳再次开始了新的腾飞历程。

二、文化圣城

作为世界历史文化名城的洛阳，其重要性不仅在于长期是诸多王朝建都的首选，上演了一幕幕政治的悲喜剧，更重要的，洛阳还是一座文化圣城。一部中国文化史无法躲开洛阳，对于今天的中华民族而言，洛阳承载了太多的文化记忆。

早在上古时期，洛阳在人们心目中就已经具有了一定的神圣性，“河图洛书”的传说深入人心。孔子曾说：“河不出图，洛不出书，吾已矣夫!”① 《周易》中也说：“河出图，洛出书，圣人则之。”② 虽然我们今天无法考证清楚“河出图，洛出书”的真相到底如何，但有一点是可以肯定的：在古人的心目中，“河出图，洛出书”是上天对中华民族的启迪，此后开启了中华民族文明的历程。

就思想文化而言，此后无论是儒学、道家，还是佛教，它们的起源都与洛阳有着密切的关系。儒学的源头可以追溯到周公的制礼作乐，道家的源头可以追溯到在周王室担任史官的老子，佛教则最先落脚于洛阳。它们的发展也与洛阳关系密切。东汉时期的太学，创造了儒家经学发展史上的一个高峰，二程所开创的“洛学”成为理学的正源。魏晋玄学引领了数百年的潮流。龙门石窟见证了洛阳佛教的繁盛。

---

① 《论语·子罕》，阮元校刻《十三经注疏》，中华书局 1980 年版。

② 《周易·系辞上》，阮元校刻《十三经注疏》，中华书局 1980 年版。

就古典文学艺术而言，早在《诗经》中就有洛阳民歌《王风》。在两汉时期的皇皇大赋之中，洛阳往往成为人们歌咏的对象。魏晋时期，三曹父子在洛阳的文学创作，昭示了文学自觉时代的到来。隋唐时期，洛阳再次成为文学中心，李白和杜甫第一次见面就在洛阳，白居易和刘禹锡在洛阳的唱和，在文学史上书写了浓墨重彩的一章。进入宋代以后，洛阳成为文人聚集之地。

古代史学，也与洛阳关系密切。首先，司马谈就是在洛阳嘱托司马迁一定要完成自己修史的遗愿。其次，班固在洛阳完成的《汉书》，开创了中国古代正史书写的规范题材：纪传体断代史。中国历史上第一部史学理论著作，刘知幾的《史通》也完成于洛阳。中国古代影响最大的一部编年体通史——《资治通鉴》就是在洛阳完成的。司马光在编写《资治通鉴》的同时，还留下了“若问古今兴废事，请君只看洛阳城”的诗句。[①]

洛阳和西安是中国古都当中建都时间最长的两个。对比洛阳和西安，给人一种明显的感觉，即洛阳的政治色彩较淡，更突出了文化和自然的特色。比如西汉定都长安，东汉定都洛阳，西汉的长安更多体现了政治上的建构，东汉的洛阳更多体现了文化的繁兴。从建筑上，提及长安，人们更多想到的是未央宫、长乐宫；提及洛阳，使人更多想到了太学、辟雍。从人物上，与长安相联系的是卫青、霍去病、张骞、苏武等人的英武，由洛阳让人想起更多的是班固、张衡、蔡邕等人的儒雅。再比如隋唐两代，洛阳作为东都更多地体现的是远离政治旋涡的文化气息，无论是李杜的初次相逢，还是白居易、裴度等人的归隐，无不是在洛阳。在宋代作为西京的洛阳，显然不同于作为东京的开封。西京洛阳在很长一段时间是一个文化中心，尤其是一群政治上不得势的士大夫把洛阳作为他们退隐的归宿。于是我们看到，二程、邵雍、司马光等人纷纷来到洛阳，洛阳迎来了它文化发展史上的又一个高峰。

三、牡丹花城

富贵高洁的牡丹给洛阳增添了些许浪漫的色彩。牡丹尽管以其根皮为药物，

① 司马光：《传家集》卷六，文渊阁《四库全书》本。

早在东汉就被医家所利用，但作为观赏花卉被社会普遍认识，是唐代的事。牡丹的种植，最早可能是在今山西东南部一带。唐代两京当中，首先种植牡丹的是长安。不过牡丹却最终在洛阳绽放出最绚烂的风姿。

关于牡丹与洛阳的结缘，还有一个浪漫的故事。据说武则天登基之时，恰逢冬季，武则天下令百花齐放，百花慑于武则天的淫威竞相开放，唯独牡丹保持了自己的傲骨，无动于衷。武则天大怒，将牡丹贬往东都洛阳，结果牡丹来到洛阳以后迎风绽放。这个故事显然不是历史的真实。首先武则天登基地点在洛阳。其次武则天的时代洛阳为神都，地位高过长安，如果将牡丹从长安搬到洛阳，也不是“贬”而是“擢”。再说，武则天登基是秋天，并非冬日。

虽然这个故事是虚构的，但洛阳在唐朝已经与牡丹结缘则是事实。洛阳人喜欢花是有传统的，李白《洛阳陌》诗曰：“白玉谁家郎，回车渡天津。看花东陌上，惊动洛阳人。”① 中唐诗人李贺的《牡丹种曲》云：“莲枝未长秦蘅老，走马驮金劚春草。水灌香泥却月盆，一夜绿房迎白晓。美人醉语园中烟，晚花已散蝶又阑。梁王老去罗衣在，拂袖风吹蜀国弦。归霞帔拖蜀帐昏，嫣红落粉罢承恩。檀郎谢女眠何处，楼台月明燕夜语。”② 李贺的诗说：秦蘅已经枯萎，荷花尚未长出枝条，富人家驱赶马匹驮着钱币去购买牡丹花苗。香土培根，清水浇灌，移植在月牙形的花盆中。牡丹为在凌晨开放，一夜里锁闭着花苞。赏花人园子中说说笑笑，酒意半酣。到傍晚花瓣松弛，彩蝶纷纷飞迁。只有那绿叶不倦，随着南风摇曳，像歌妓应着乐曲的节奏舞袖翩翩。暮色中帐幕昏暗，妇人拖曳披肩离去。花谢香消，不再有谁垂恩怜恤。不知那些俊男靓女今宵在哪里安眠，楼台中只剩下燕子对着月光窃窃呢喃。李贺是河南府福昌（今河南宜阳）县人，只活了 27 岁，曾去长安短暂出任奉礼郎，其余时间基本上在家乡一带度过。他的这首诗描写人们移植牡丹和观赏牡丹的狂热情形，极有可能说的就是洛阳地区的事。

唐代关于洛阳牡丹有几处明确的记载：刘禹锡《思黯南墅赏牡丹》诗云：“偶然相遇人间世，合在增城阿姥家。有此倾城好颜色，天教晚发赛诸花。”③ 思黯是牛僧孺的字。牛僧孺任东都留守时，在洛阳归仁里修造宅第，“南墅”是他

① 李白：《洛阳陌》，《全唐诗》卷一百六十四，中华书局 1999 年版。

② 李贺：《牡丹种曲》，《全唐诗》卷三百九十二，中华书局 1999 年版。

③ 刘禹锡：《思黯南墅赏牡丹》，《全唐诗》卷三百六十五，中华书局 1999 年版。

在洛阳城南伊河旁的园林。刘禹锡《和思黯忆南庄见示》云："丞相新家伊水头。"① 洛阳尊贤坊田弘正宅，"中门内有紫牡丹成树，花发千朵"②。田弘正在唐宪宗时为魏博节度使，兄弟子侄住在长安、洛阳者数十人之多。洛阳宅中牡丹成树，可见栽培有些年头了。洛阳宣风坊安国寺，也以种植牡丹而闻名。③ 可见牡丹栽培的时间不算短，只是价格昂贵，分布未能普遍，所以牡丹花开才会引起那么大的轰动。大诗人白居易形容当时牡丹花开的盛况："花开花落二十日，一城之人皆若狂。"④ 因此，到了唐末，牡丹依然很珍贵。权臣朱全忠洛阳宅牡丹开谢，都要登记数目。新及第进士睢阳人许昼醉酒，私摘十来朵，还辱骂朱全忠。朱全忠"命械昼而献"，许昼吓得"亡命河北，莫知所止"。⑤

关于唐代洛阳如何培育牡丹，一则资料说："洛人宋单父，字仲儒。善吟诗，亦能种艺术。凡牡丹变异千种，红白斗色，人亦不能知其术。上皇召至骊山，树花万本，色样各不同，赐金千余两。内人皆呼为'花师'。"⑥ 这则说法出自题为唐人柳宗元撰写的《龙城录》"宋单父种牡丹"条。但自宋代起，人们多认为《龙城录》是假托柳宗元的伪作，出自宋人王铚或刘无言之手，其文笔与柳宗元的峭拔矫健似乎有所不同。但是，这条材料多少也可以透露出唐代洛阳牡丹的种植情况。⑦

宋朝以后，花卉种植更加普遍，宋代花卉品种之繁多当首推洛阳，周师厚《洛阳花木记》中记载牡丹 109 种、芍药 41 种、杂花 82 种、各类果子花 147 种，还有草木、水花、蔓花芋百余种。牡丹已经成为洛阳最知名的花卉，欧阳修在《洛阳牡丹记》中说："出洛阳者，今为天下第一。"⑧ 而且来到洛阳的文人们脱离了政治上的钩心斗角，完全可以把他们的心灵解放出来追求生活的品位。于是我们看到，一座座园林纷纷出现在洛河两岸。李格非的《洛阳名园记》记述了当

---

① 刘禹锡：《和思黯忆南庄见示》，《全唐诗》卷三百六十一，中华书局 1999 年版。
② 段成式：《酉阳杂俎》续集卷二，文渊阁《四库全书》本。
③ 徐松：《唐两京城坊考》卷五，三秦出版社 2006 年。
④ 白居易：《牡丹芳》，《全唐诗》卷四百二十七，中华书局 1999 年版。
⑤ 王定保：《唐摭言》卷三《慈恩寺题名游赏赋咏杂纪》，上海古籍出版社 1978 年版。
⑥ 陶宗仪：《说郛》卷二十六上，上海古籍出版社 2012 年版。
⑦ 关于洛阳牡丹部分内容参考了郭绍林教授有关研究成果。
⑧ 陶宗仪：《说郛》卷一〇四上，上海古籍出版社 2012 年版。

时的盛况。这些花卉和园林，无疑为洛阳的历史添加了一抹亮色。

牡丹之于洛阳城，不仅仅是一种花卉而已，在很大程度上牡丹已经成为洛阳城的名片和象征。南宋陆游曾经在四川为官，有一年四川彭州牡丹盛开，当地人请陆游前去赏花。赏花之后，陆游挥毫写下了《天彭牡丹谱》一文。在《天彭牡丹谱》中，陆游先是逐一罗列了自己所看到的牡丹品种，讲述了这些牡丹娇艳的姿态，最后，陆游道："嗟乎！天彭之花，要不可望洛中，而其盛已如此！使异时复两京，王公将相筑园第以相夸尚，予幸得与观焉。其动荡心目，又宜何如也！"①

牡丹早已与洛阳融为一体，城因花而浪漫，花因城而富贵，城与花交相辉映，相得益彰！

① 陶宗仪：《说郛》卷一〇四上，上海古籍出版社2012年版。

第四节　古都开封

早在5000多年前开封周围就发现有居民点的存在，春秋时期郑庄公命郑邴在开封一带筑城，作为储存粮食的所在地。取其开启封疆的意思，命名为启封。汉代因避汉景帝刘启名讳，启封改为开封。开封城的真正建成则要从战国时期的魏国说起。

一、大梁城的建立

开封的腾飞，要归功于魏惠王。战国前期的魏国，已经是当时一流的大国，为了向中原地区发展，同时避开秦国的锋芒。魏惠王九年（前361年）魏国将国都从安邑迁往大梁，从此拉开了开封作为古都历史的序幕。

魏国大梁城大约在今开封城西北郊一带。大梁城有12座城门，目前约略可以确定的是夷门，在铁塔公园一带，还有高门，在今城西东陈庄一带。两门东西相距约10里。

从魏惠王开始，魏襄王、魏昭王、魏安釐王、魏景湣王、魏王假六代国君，前后130多年，魏国的都城一直在大梁城。在大梁上演了中国文化史上一幕幕精彩的华章。首先，孟子在这里见到梁惠王，提出“制民之产”的主张；孙膑在这里成功逃脱了同门庞涓的陷害；庄子在这里开始了与惠施的论辩。还是在大梁，信陵君派人上演了窃符救赵的精彩一幕。

大梁城从建立之日起，就和水有着密切的关系。大梁城周围水网密集，给大梁城带来便利的同时也对大梁城构成了威胁，所以从梁惠王迁都大梁城之初就开始了水利建设。梁惠王十年（前360年）魏国开始挖掘鸿沟，鸿沟水系的开挖，不仅对魏国政治、经济、军事的发展起了重要作用，而且也使得大梁城成为中原水运网的中心。大梁城迅速成长为中原地区的经济、文化中心。

魏国迁都大梁城后一度获得了巨大的发展，成为战国早期头号强国。不过，大梁城地处平原，无险可守，处于四战之地，很容易成为别人攻击的目标。在梁惠王迁都之后不久，就先后发生了围魏救赵、围魏救韩的桂陵之战和马陵之战，魏国受到重创，迅速从头号交椅上跌落下来。

战国末年，秦王政开始了横扫六国的征程。大将王贲率领的秦军对大梁城久攻不下，于是王贲就引浚仪渠水灌大梁城，结果城毁魏灭。这是历史上大梁城第一次由于军事的原因而被淹没。大梁城自此被深深地埋在地下。开封在此后的数百年间一蹶不振。秦汉时期，曾在开封周围设有浚仪、开封等县。南北朝后期，开始在开封设汴州。

入唐以后，开封的地位逐渐上升。后来，宣武军节度使驻守汴州，使得开封成为一座军事重镇。唐朝后期朱温在镇压农民起义过程中逐渐发迹，中和三年（883年）朱温被任命为宣武军节度使，他以开封为根据地不断扩张，雄霸一方。天复元年（901年）朱温被封为梁王，并逐渐控制了朝政。907年，朱温废唐自立，国号梁，定都开封。五代时期，除后唐以外，都定都开封。开封城也超越长安、洛阳成为全国的政治、经济中心。

五代政权更迭频繁，所以对开封城并没有大规模的建设，基本和唐朝时期的汴州城差不多。“自朱梁建都，以汴州为东京，皆因藩镇旧制，但改名额。”① 一直到周世宗柴荣即位后情况才有所改变。周世宗即位后，后周政治清明，经济发展，作为国都的开封却相对狭小。956年正月，周世宗下令征召滑州、郑州、曹州等地10余万人修筑开封外郭城。由于开封周围土壤碱性大，不适于修城，于是从郑州虎牢关运土至开封筑城。一年多后，修成外城“周回四十八里二百二十三步”，这座城又被称为“罗城”“新城”。②

周世宗还对城内的街道进行了改造，主要街道宽度达到30步，当时1步相当

---

① 李濂：《汴京遗迹志》卷一，中华书局1999年版。

② 赵令畤：《侯鲭录》卷三，中华书局2002年版。

于今 1.536 米。开封的皇宫也在周世宗时期获得了大规模的修建。

同时，周世宗还对以开封为中心的水道系统加以维护，江南的漕运可以直达开封。这些都为北宋开封的进一步发展奠定了基础。

二、北宋东京的繁盛

周世宗去世后，年仅 7 岁的儿子柴宗训即位，后周大将殿前都点检、领宋州归德军节度使赵匡胤于显德七年（960 年）出兵抵御北汉入侵的时候，在陈桥驿发动兵变，黄袍加身，推翻后周，建立了北宋王朝。

从赵匡胤黄袍加身登基，到靖康二年（1127 年）徽、钦二帝被金人掳走，北宋先后有 9 代帝王 168 年的时间，在开封定都。北宋除了以开封为东京，还有南京应天府、西京河南府、北京大名府，其中东京开封府为正式的首都，其他为陪都。

开封之所以能成为北宋的首都，很大程度上得益于发达的水运网络。北宋初年，赵匡胤曾动过迁都的念头，不过由于朝廷对漕运的依赖，最终未能成行。开封是当时水陆交通的中心枢纽，且不说城外纵横交错的运河体系，仅就城内而言，就有四条河穿城而过，它们分别是惠民河、汴河、五丈河和金水河。

惠民河又称蔡河，是开封城南的一条重要水运动脉，每年的漕运量在 60 万石左右。五丈河，又名广济渠，每年从东北方向向开封运送漕粮也达 60 万石左右。金水河，又名天源河，位于开封城的西部，是皇宫及京城民众的生活水源。

汴河是开封水系中最重要的一条河流，每年源源不断地将东南地区超过 500 万石的漕粮运送到东京。同时，汴河也是一条重要的商贸通道，汴河上公私船舶云集，各种商品通过汴河向开封汇聚。张择端的《清明上河图》所描绘的就是汴河上的繁忙景象。因为这些河流都是穿城而过，所以在开封城内架设了多达数十座桥梁，这些桥梁为开封城增添了水乡的风韵。这四条河流是维系开封城的重要生命线。[①]

北宋东京开封府城由外城、内城和皇城组成。开封的外城延续了后周时期的

---

① 陈桥驿：《中国七大古都》，青年出版社 2005 年版。

规模，宋神宗时期略有扩张。外城略呈长方形，主要功能是军事防御，因而城墙坚固雄伟，设有“马面”“女头”等防御设施。在外城的外面还有一道宽10多丈的护城河。外城遗址在清道光二十一年（1841年）黄河发水时被淹没于地下。里城为唐代修建，长约20里155步，设有10座城门。皇城又称紫禁城，在里城中央略偏西的位置，是北宋皇宫的所在。皇城设有6座城门。

开封城内的街道纵横交错，如同蜘蛛网一般，四通八达。最主要的街道称为御路，御路有四条。这些街道将城市划分为一个个街区。汉唐时期，中国的城市实行的是里坊制度。由街道将城市划分为不同的坊，每个坊都有围墙，在坊里的民居不能向大街开门。坊一般有4座门，按时开关。所以汉唐时期的城市都是每天宵禁的。所有的商业活动，必须在特定的区域内进行，这些地方就是市。比如隋唐洛阳城就有三座市。到了北宋，城市中坊市之间的界线被彻底打破，整个城市就是一座大的市场。开封城中临街的房屋很多都有商业用途，甚至出现一些街道也被商铺挤占的情况。

宵禁政策不再执行，北宋时期的开封城已经是一座不夜城，很多饭店酒楼几乎通宵营业，“夜市直至三更尽，才五更又复开张”①。因而北宋开封城的商业高度发达，《清明上河图》就生动地展示了北宋开封城的繁华。图中商铺林立，货物山积，人头攒动，车水马龙，一片繁盛富丽景象。图中的一首诗云：“歌楼酒肆满烟花，溢郭阗城百万家……两桥五日绝江舡，十里笙歌邑屋连。”北宋开封城，人口超过百万，不仅是当时中国最大的都市，也是世界最大的都会。②

北宋开封城不仅商业繁盛，而且景色秀美。在皇城中及四郊，有众多的苑囿。由于开封城地势平坦，缺少自然山川，所以这些苑囿都是经过人工打造而成，最著名的当属宋徽宗的艮岳。艮岳位于皇城东北，是一座人工堆砌而成的假山，高90步，上有亭台楼阁，下有池沼河湖，种植了大量的奇花异草，还豢养了许多的珍禽异兽。

为了修建艮岳，宋徽宗从江南各地搜罗大量花草奇石，用船运到开封，称为花石纲。结果天怒人怨，艮岳的修造也断送了北宋的江山。宋徽宗从江南运来的石头，在北宋末年金军攻城时被用来当作守城的炮石。不过，它们也没有能够改

---

① 孟元老著，邓之诚注：《东京梦华录注》卷三，中华书局1982年版。

② 周宝珠：《清明上河图与清明上河学》，河南大学出版社1997年版。

变开封城的命运，靖康元年（1126年），开封城陷落。靖康二年（1127年），徽、钦二帝被掳往北方。随同他们一起远去的，包括东京汴梁城繁华的背影。如今在北京北海公园、中南海等地还可以看到部分当年艮岳的山石。南宋初年，范成大出使金朝，经过汴梁城时，看到“新城内大抵皆墟，至有犁为田处。旧城内粗有市肆，皆苟活而已。四望时见楼阁峥嵘，皆旧宫观寺宇，无不颓毁”①。此后的开封一蹶不振，繁华不再。

金海陵王贞元元年（1153年），海陵王完颜亮迁都到中都大兴府，改汴京为“南京开封府”，为金国陪都。正隆六年（1161年）初，完颜亮南下侵宋，一度以“南京开封府”为统治中心。海陵王被杀后，首都迁往中都。贞祐二年（1214年），金宣宗为避蒙古军锋，迁都“南京开封府”。天兴二年（1233年），金哀宗在开封被蒙古军围困的情况下，逃出开封，迁都归德府。

此后开封一直都是河南的政治中心。元末红巾军起义曾以开封为根据地。明太祖朱元璋1368年称帝后也曾想过在中原定都以标榜王朝的正统性，以开封为北京。一直到10多年后才放弃。后来，朱元璋把儿子朱橚分封到开封，朱橚就是周定王。明朝末年，李自成义军攻打开封，挖开黄河水淹开封，开封居民36万人中仅3万人逃生。

1981年，在龙亭东湖清淤时，人们意外地挖出了明代周王府遗址。继续往下挖，在8米深处看到了北宋皇宫的遗址：庞大的灰砖房基，空旷的殿壁走廊以及残垣断壁。经考证，正是赵匡胤当皇帝时上朝的大庆殿。经过进一步的发掘，考古发现令世界震惊：在开封地下3—12米处，上下叠罗汉似的摞着6座城池——3座国都、2座省城、1座中原重镇。自下而上，依次是战国魏大梁城、唐汴州城、北宋东京城、金汴京城、明开封城和清开封城。② 除大梁城位于今开封城略偏西北外，其余几座城池，其城墙、中轴线几乎没有变化，从而形成开封独有的“城摞城”“墙摞墙”“路摞路”“门摞门”“马道摞马道”的奇观。有人总结道：“开封城，城摞城；地上城一座，地下城几层。”自战国魏之后，历经唐、宋、明、清，六座地下城不仅立体地展现了开封自建城以来2000多年的城市变迁史，更镌刻着开封曾有的辉煌、悲壮与失落。

---

① 陶宗仪：《说郛》卷六十五上，上海古籍出版社2012年版。

② 丘刚：《开封城下城摞城现象探析》，《中国历史文物》2004年第4期。

三、开封的再次腾飞

元、明、清三代，开封都是河南的政治中心。民国时期，除抗战期间外，河南省的省会也在开封。新中国成立后，综合各方面考虑，1954 年 10 月，河南省省会由开封迁往郑州。

如今的开封先后被评定为中国最具投资潜力城市、河南省中原城市群的核心城市、中原经济区中心城市、国家级文化产业示范园区、全省文化产业发展和文化体制改革试点城市、旅游景区管理体制改革试点城市、服务业综合改革试点城市、文化改革发展试验区。开封，还是中国书画之乡、戏曲之乡、木版年画艺术之乡、盘鼓艺术之乡和菊花之乡。

全市现有全国重点文物保护单位 13 处，国家 5A、4A 级旅游景区 8 家。尤其是位于龙亭湖西侧的清明上河园，不仅是我国最早建设的宋代文化主题公园，同时也是国家 5A 级风景名胜区和中国非物质文化遗产展演基地。它不仅展示了北宋的市井风情，也再现了世界闻名的古都汴京千年繁华的胜景。市区水域面积占老城区面积的 1/4，素有“一城宋韵半城水”的美誉，古城水系和新区水系工程的加快推进，使这座“北方水城”越发富有魅力。

开封的工农业生产也迅猛发展。日产汽车、河南煤化、香港爪哇等 12 家世界 500 强企业和奇瑞汽车、晋煤集团、北京汇源等 14 家国内 500 强企业入驻开封，新区开发建设如火如荼。开封地势平坦，土壤多为黏土、壤土和沙土，适宜农作物种植，是河南省重要的农业种植区，主要有粮食作物、经济作物、蔬菜、瓜果及落叶乔木等，是全国著名的小麦、棉花、花生、大蒜、西瓜及泡桐生产和出口基地。

当前，随着国家经济的腾飞，中部崛起指日可待。对于古都开封而言，正处在一个难得的发展机遇期。如今的开封，社会经济各项事业都取得显著的进步，随着郑汴一体化、中原经济区建设的全面展开，一个充满生机、充满活力、充满希望的开封正在中原大地快速崛起。

第四章

千年儒脉：儒家文化在中原的发展

儒家文化是中国传统文化中最为核心的内容，儒家文化在中原文化中同样居于核心地位。儒家文化不仅起源于中原，而且在其漫长的历史发展进程中，在中原地区不断达到一个又一个高峰。

第一节 “元圣”周公：儒家的源头

说到儒家的起源，很多人都因孔子出生于山东而将儒家的起源地归于山东。其实，山东只能说是儒家文化的近源。若说起儒家文化的远源，一定要追溯到中原地区。

今天人们往往把儒家之道称为孔孟之道，不过在历史上，儒家之道也曾被称为周孔之道。这里的“周”指的就是周公。周公的地位一度还在孔子之上，比如在唐朝初年一度在国家祀典中，把周公尊为“先圣”，而把孔子尊为“先师”。就连孔子本人也对周公神往不已，甚至发出了这样的感慨：“甚矣吾衰也！久矣吾不复梦见周公！”① 孟子也称周公为“古圣人也”。那么周公何以会如此受到尊崇呢？就是因为周公制礼作乐，开创了中国礼乐文明的传统，为后来儒家的发展奠定了根基。儒家政治思想可以总结为“仁政”和“礼治”这两方面，而这些都可以追溯到周公。

一、周公的政治功绩

周公，西周初年的政治家、思想家，姓姬名旦，周文王的第四子，因采邑在周而被称为周公旦。周武王在消灭殷商不久就因病去世了，即位的周成王尚在少年，觊觎王位的贵族发动了叛乱，殷商残余势力乘机作乱，局势危在旦夕。周公

① 《论语·述而》，阮元校刻《十三经注疏》，中华书局1980年版。

摄政称王，承担起拯救危局的责任。

周公在摄政期间的贡献被《尚书·大传》概括为："一年救乱，二年克殷，三年践奄，四年建侯卫，五年营成周，六年制礼乐，七年致政成王。"①

周公摄政的第一年首先平定了西周贵族的叛乱，叛乱的发动者管叔和蔡叔是周公的同母兄弟，他们借口周公将不利于成王而发动叛乱，周公平定了叛乱，而且大义灭亲杀了管叔，流放了蔡叔。第二年，平定了殷商的残余势力，封微子启为殷人首领，迁居于宋。第三年，讨伐曾经支持叛乱的东夷，周人的势力进一步扩展。著名历史学家张荫麟在《中国史纲》中说："周公东征之后，周人的势力才达到了他们的'远东'。就周人向外发展的步骤而言，周公东征比武王克殷还重要。"②

平定叛乱之后，为了进一步巩固周人的统治，周公在摄政的第四年开始了大规模的分封。对象主要是姬姓子弟和功臣。比较重要的有周公的封国：鲁国；周公弟弟康叔的封国：卫国；姜太公的封国：齐国；召公的封国：燕国；等等。

在平叛的过程中，周公等人认识到，周人的都邑镐京远在陕西关中平原，不利于控制新取得的东方的土地，于是决定在东方营建新的都邑。在当时人们的观念中，洛阳地区被看成是"土中"，即大地的中心，所以周公在摄政的第五年开始营建洛邑，作为他们在东方的都城。周公建造洛阳的过程在《尚书·洛诰》《逸周书·作洛》等文献中有所反映。洛邑建成后，周公就把"殷顽"，也就是殷遗民中反抗最强的顽劣分子，迁到了洛阳，就近加以控制。

二、民本主义传统的确立

洛邑建成后，周公来到洛阳，开始了对历史进行深刻的反思。商周之际的历史巨变，无论是对于失败者的商人而言，还是对于胜利者的周人而言，都形成了巨大的冲击。"小邦周"竟然消灭了庞大的"天邑商"！商人本来宣称自己是获得了至上神的保佑，纣就说自己是"有命在天"③，而且天命是不会改变的。可历史

① 魏征：《隋书》卷四十二《李德林传》，中华书局 1980 年版。

② 张荫麟：《中国史纲》，上海古籍出版社 1999 年版。

③ 《尚书·西伯戡黎》，阮元校刻《十三经注疏》，中华书局 1980 年版。

事实证明了天命的改变，“天命靡常”是不争的事实。那么天命转变的依据是什么呢？“皇天无亲，惟德是辅”[1]，上天只保佑有德行的人。周公等人认为天命改变的依据就是民，“天惟时求民主”[2]，上天时时都在寻求能够为民做主之人。商人灭夏是如此，周人灭商也是如此。

基于以上的历史认识，周公等西周初年的统治者提出了“明德”“慎罚”“保民”的主张。“明德”就是敬德，指明于德治，崇尚德政。“明德”包括两方面的内容：一是要修身正心。《召诰》中说：“节性惟日其迈。王敬作所，不可不敬德。”[3] 要求统治者每天都要有所进步。周公在《无逸》中说：“君子所，其无逸。先知稼穑之艰难……继自今嗣王，则其无淫于观、于逸、于游、于田。”[4] 要求成王不可以贪图享乐，要知道农业生产的不易，不要过分沉溺于游逸田猎之中。二是要教化人民。《召诰》中说：“其惟王位在德元，小民乃惟刑用于天下，越王显。”[5] 就是说王作为国家的元首，应该成为人民效法的榜样，这样才能使王业发扬光大。

“慎罚”就是慎重对待刑罚，使之合情合理。主要见于《尚书·康诰》。周公认为周之所以能够克殷的原因在于“明德”和“慎罚”。“慎罚”首先是要以犯罪的动机来断罪，而且要结合是否有悔罪的表现来断罪。同时要对罪犯有同情心，看待臣民犯罪就如同自己生病一样，不要急于做出决定，要考虑充分。当然他也主张对破坏统治秩序的罪犯严惩不贷，对各级贵族的犯罪行为也要惩处。

“保民”含有保有百姓、恤民、爱民、安民、惠民之义。在《无逸》中周公告诫成王要效法前代贤王和文王，“知小人之依，能保惠于庶民”“保怀小民，惠鲜鳏寡”[6]。他们认为上天通过人民来了解世间的情况，“天视自我民视，天听自我民听”[7]。重要的是他们认识到了人民的力量，只有人民才是推动历史车轮前进的动力，“民之所欲，天必从之”[8]。

---

① 《尚书·蔡仲之命》，阮元校刻《十三经注疏》，中华书局 1980 年版。
② 《尚书·多方》，阮元校刻《十三经注疏》，中华书局 1980 年版。
③ 《尚书·召诰》，阮元校刻《十三经注疏》，中华书局 1980 年版。
④ 《尚书·无逸》，阮元校刻《十三经注疏》，中华书局 1980 年版。
⑤ 《尚书·召诰》，阮元校刻《十三经注疏》，中华书局 1980 年版。
⑥ 《尚书·无逸》，阮元校刻《十三经注疏》，中华书局 1980 年版。
⑦ 《尚书·泰誓》，阮元校刻《十三经注疏》，中华书局 1980 年版。
⑧ 《尚书·泰誓》，阮元校刻《十三经注疏》，中华书局 1980 年版。

这种民意决定天命的思想，是周初以周公为代表的统治者对远古以来的天命神学观创造性的人文主义的转换，直接启迪了春秋战国时代的民本主义思潮，也确立了中国古代政治思想的民本主义传统。民本主义是儒家基本的政治理念，后世孔孟等人的政治思想都是在民本主义的基础上发展而来的。

周公在西周初期的历史反思，对中华文明的历史走向产生了非常深刻的影响。对比周人的信仰“天”和甲骨文中殷人的至上神“帝”，我们发现“天”充满了理性的色彩。周人对“天”的信仰，其实是高度彰显了人的价值。天命的最根本依据还是人心，人心即天心，天心即人心。从此以后，确立了中国传统文化现实主义的根本发展方向。可以说，周公把中华民族从鬼神那里解放出来。时至今日，中国社会生活一切角落没有被宗教所笼罩，与周公的历史反思有莫大关系。

三、礼乐文明的开创

周公摄政的第六年，完成了制礼作乐的工作。

周公摄政期间在洛阳的制礼作乐开创了中华文明的礼乐传统，对中国传统文化的发展方向产生了非常重要的影响。王国维在《殷周制度论》一文中说：“中国政治与文化之变革，莫剧于殷、周之际。”① 王国维认为周人的文化创举在于宗法制、宗庙制和婚姻制度。虽然王国维的用词不无夸张，但是周公制礼作乐的价值和意义不容否定。孔子曾多次表达过他对周公所开创的礼乐文明的服膺，曾多次表示过自己要继承礼乐文明传统的决心：“周监于二代，郁郁乎文哉，吾从周。”② “如有用我者，吾其为东周乎！”③ 儒家思想流派的出现，正是建立在周公所开创的礼乐文明基础之上的。

我们常说中国是礼仪之邦，其实所谓的“礼”不是指仪式性规定，而是一整套制度，涵盖了社会生活的众多方面。所以，周公的制礼作乐，无论是宗法制度的确立，还是吉、凶、军、宾、嘉的五礼，体现的都是制度理性。西周和殷商相

① 王国维：《观堂集林》，河北教育出版社 2001 年版。

② 《论语·八佾》，阮元校刻《十三经注疏》，中华书局 1980 年版。

③ 《论语·阳货》，阮元校刻《十三经注疏》，中华书局 1980 年版。

比，最大的进步就是体现在制度的完善上。周公开启了礼乐文明的传统，成为儒家“以礼治国”思想的源头。

周公所制定的一套周礼，具体规定如何，后世儒生一直纠缠不清，打开任何一本关于三礼的著作，里面烦琐的考证让人昏昏欲睡。其实，周公所制定的具体的礼并不重要，重要的是这些具体的礼的背后所体现出来的精神实质。人类社会聚集在一起，需要一定的社会规则来对人们的行为进行规范，礼的实质就是人们的行为规范。礼把人们的行为纳入一定的社会规则之中，使得每个人的权利与义务更加清晰。

周公所开创的宗法制度，更是对中国古代的社会结构产生了深远的影响。即便是在春秋战国以后，政治上分封制度解体，建立了大一统的王朝，但在社会结构上，宗族的力量依然强大。宗族成为政府的有效补充，成为民间社会整合的中坚力量。在传统的政权不下乡的制度下，无论是政府赋税的征收，徭役的征发，农田水利设施的修建，道路桥梁、救灾赈济、子弟教育等公益事业，往往都是由宗族来组织实施的。而维系宗族的力量，就是由周公所开创的宗法观念。

四、儒家经典的形成

作为一个思想学术流派，儒家的传承依赖于一整套的经典著作，也就是大家所熟知的“五经”：《诗》《书》《礼》《易》《春秋》。抛开具体作者的纷争，儒家这些经典的产生与中原大地有着密切的联系，和周公有着或多或少的关系。在中国经学史上有两个主要的流派：今文经学派和古文经学派。其中古文经学派认为《仪礼》《周礼》是周公的作品，《尔雅》也被认为是周公所作。即便是《春秋》，也是孔子根据周公制定的凡例来编纂的。抛开这些不讲，儒家经典源于中原，这是一个不争的事实。

《诗经》作为我国第一部诗歌总集，其文化价值之高不言而喻。其中价值最高的是《国风》，在十五国风中，邶风、鄘风、卫风、王风、郑风、陈风、郐风均为河南民歌，唐风、曹风、魏风也在今天中原的范围内，也就是说一多半出于中原。《诗经》的最后定型与东周的王官之学也有着密切的关系。

《尚书》所构建的上古三代的历史主要发生于中原大地，《禹贡》中更是把洛阳说成是“土中”，也就是大地的中心。而且《尚书》中最为可靠的部分就是周初各诰，它们可以被看成中国传统政治思想中民本主义的源头，周初各诰多数产生于河南。

儒家关于礼的文献是由《仪礼》《周礼》《礼记》构成的，时至今日关于“三礼”的成书并无明确的结论。儒家都把“礼”的源头归结到周公的制礼作乐，虽说周公制礼作乐的具体内容我们今天已经很难考察了，但周公制礼作乐对后世礼乐制度的影响无疑是很大的。周公的制礼作乐都是在洛阳完成的。

关于《周易》，无论是传说中的伏羲画卦，还是文王演卦、周公重卦，其发生地都在河南。

至于《春秋》则是现存中国第一部编年体史书，历代认为是孔子所作，而关于孔子修《春秋》，古本《孔子家语·观周》中记载：“孔子将修《春秋》，与左丘明乘如周，观书于周史，归而修《春秋》之经，丘明为之传。”① 说孔子为了修《春秋》而和左丘明一起到周王室查阅史料，回到鲁国后，孔子修了《春秋》，左丘明写了《左传》。类似的记载也见于徐彦的《公羊传疏》中引《春秋说》称：“昔孔子受端门之命，制《春秋》之义，使子夏等十四人求周史记，得百二十国宝书。”② 说孔子为了修《春秋》派子夏等人前往洛阳寻找史料，获得了一百二十国的“宝书”。按照后世《左传》学者的理解，孔子是按照周公所留下来的体例修了《春秋》。

周公在摄政的第七年，就归政于成王。不过周公并没有离开成王，而是继续辅佐成王。周公的封地在鲁国，他派自己的长子伯禽前往鲁国，在临走之前告诫伯禽，说：我是文王的儿子，武王的弟弟，成王的叔父，我的地位不算是卑贱了，可是我依然不敢骄傲待人，经常是没吃完饭，没洗沐完毕，就出来接见客人，“一沐三捉发，一饭三吐哺”③。后来曹操曾在诗中说：“周公吐哺，天下归心。”周公在临终前，对成王说希望能葬在洛阳，在死后能继续辅佐成王。不过周公去世后，成王说自己绝对不敢拿周公当臣子来看，所以就把周公葬回了陕西周人祖茔之中。

---

① 杜预：《左传序》，孔颖达疏，阮元校刻《十三经注疏》，中华书局 1980 年版。

② 《春秋公羊传注疏》卷一，阮元校刻《十三经注疏》，中华书局 1980 年版。

③ 司马迁：《史记》卷三十三《周鲁公世家》，中华书局 1982 年版。

第二节 孔孟在河南的足迹

儒家的创始人孔子出生于山东曲阜，但其祖先则是来自宋国，孔子是宋国王族，《孔子家语》记载了孔子的世袭："孔子之先，宋之后也……熙生弗父何及厉公方祀。方祀以下，世为宋卿。弗父何生宋父周，周生世子胜，胜生正考甫，考甫生孔父嘉。五世亲尽，别为公族，故后以孔为氏焉。……孔父生子木金父，金父生睪夷，睪夷生防叔，避华氏之祸而奔鲁。"① 这且不说，单说儒家得以产生的文化源头，胡适早在其名文《说儒》中就揭示了儒家文化与殷商文化之间的渊源关系。他认为儒就是殷民族的教士，所以孔子这个殷人之后开创了儒家并非偶然。当然，仅明了这一点并不够。在一定程度上可以说孔子之前，"儒"只是一种职业，孔子之后的儒家则是一个思想流派。更为重要的是，孔子思想体系的形成与中原有关。

一、孔子入周问礼

春秋末年，周天子虽然威权不再，但周王室依然是当时天下的文化中心。对于少年的孔子而言，洛阳是他心目中的文化圣城。他一直向往着能到洛阳来学习，但是对于出身贫寒的孔子来说，这是非常困难的。后来他招收了两名贵族学生，在贵族学生南宫敬叔的帮忙下，孔子才到了周王室的所在地洛阳。在那里他

---

① 司马迁：《史记》卷四十七《孔子世家》，张守节《史记正义》引《孔子家语》，中华书局1982年版。

见到了老子，并向老子问礼。孔子在洛阳还向苌弘学习音乐，瞻仰了周室先王宗庙，《孔子家语》记载孔子曾经“历郊社之所，考明堂之则，察庙朝之度”，即考察了周王室的宗庙制度。孔子“观乎明堂，睹四门墉，有尧舜之容、桀纣之象，而各有善恶之状，兴废之诫焉”，从历史的废兴中总结经验教训。他还瞻仰了“周公相成王，抱之负斧扆南面以朝诸侯之图焉”，孔子徘徊望之，谓从者曰：“吾今乃知周公之圣与周之所以王也。”[①] 再次表达了对周公的景仰和向往之情。这些对于孔子思想体系的形成无疑都是非常重要的。时至今日，洛阳东关还有一通碑，上书“孔子入周问礼乐至此”九个大字。

孔子在洛阳还学习了其他的文化知识，获益匪浅。比如“雅言”，就是当时的普通话，对于后来以教师为职业的孔子来说，会说雅言无疑是一项非常重要的技能，《论语》中说“夫子《诗》、《书》、执礼，皆雅言也”[②]，也就是说孔子在给学生讲《诗经》《尚书》和各种礼的时候，使用的都是雅言。公元前770年，周平王迁都洛邑以后，洛邑的语言成为整个东周时期雅言的基础。孔子的雅言，应当就是在入周问礼的时候学会的。

二、孔子在河南的周游

对于孔子的思想体系的形成来说，入周问礼奠定了其思想体系的根基，而周游列国则促使其思想体系的成熟。孔子在56岁到68岁十多年的时间中，先后周游了卫国、宋国、郑国、晋国、陈国、蔡国、楚国等地。大致路线为曲阜—濮阳—长垣—商丘—夏邑—新郑—淮阳—周口—上蔡—叶县—罗山，然后原路返回。很多地方孔子去了不止一次，比如卫国至少去了三次，陈国至少去了两次。孔子周游列国大体不出今河南省行政区范围。

孔子在河南的周游，不仅留下了“招摇过市”“丧家之犬”等成语以及“子见南子”等故事，而且孔子的思想也在周游的过程中逐渐走向成熟。比如，在进入卫国的旅途中，孔子提出了“富而后教”的主张，提出治国首先要有足够的人口，让人民过上富足的生活，然后再发展文化事业。“子适卫，冉有仆。子曰：

---

① 张涛：《孔子家语译注》“观周”，三秦出版社1998年版。

② 《论语·述而》，阮元校刻《十三经注疏》，中华书局1980年版。

‘庶矣哉！’冉有曰：‘既庶矣，又何加焉？’曰：‘富之。’曰：‘既富矣，又何加焉？’曰：‘教之。’”① 孔子在卫国期间，子路曾经问孔子，如果有机会执政，打算怎么办？孔子提出了“正名”的主张，说：“名不正，则言不顺；言不顺，则事不成；事不成，则礼乐不兴；礼乐不兴，则刑罚不中；刑罚不中，则民无所措手足。故君子名之必可言也，言之必可行也。”② 就是说，名分不正，说话就不能顺理成章；说话不能顺理成章，做事就很难成功；事情做不成功，礼乐就不能兴盛；礼乐无法兴盛，就会导致刑罚不恰当；刑罚不恰当，百姓就会不知所措。所以君子纠正了名分就可以说得顺理成章，说得顺理成章则一定可以行得通。孔子在叶县的时候，叶公曾经问孔子如何为政。孔子的回答是能够使周围的人亲附你，远方的人愿意投奔你就可以了。孔子还提出“父为子隐，子为父隐”③ 的伦理原则。这里孔子不是说包庇犯罪，而是说要想办法弥补父亲的过失。

孔子在河南的周游并非一帆风顺，而是四处碰壁，这也造就了孔子坚忍不拔、乐观豁达的性格。孔子评价自己学习永远没有满足，教诲学生永远不感觉到疲倦，发愤起来饮食都会忘记，时常会快乐得忘记了忧愁，根本没感觉到岁月的流逝，“发愤忘食，乐以忘忧，不知老之将至”④。孔子自我评价中没有评价自己的学问、能力、人品，而是评价自己的人生态度，即积极的、向上的、入世的、奋斗的人生态度。

孔子在河南的周游留下了众多的古迹，比如罗山县的子路问津处、淮阳的孔子绝粮处、洛阳的孔子问礼处等。

三、孔子“仁”的思想观念

虽说我们不能肯定《论语》中究竟有哪些话是孔子在河南所说的，但是，可以肯定的是，孔子所开创的儒家已经成为中原文化的重要组成部分。孔子思想体系已经成为整个中华民族，乃至全人类的共同精神财富。

---

① 《论语·子路》，阮元校刻《十三经注疏》，中华书局 1980 年版。
② 《论语·子路》，阮元校刻《十三经注疏》，中华书局 1980 年版。
③ 《论语·子路》，阮元校刻《十三经注疏》，中华书局 1980 年版。
④ 《论语·述而》，阮元校刻《十三经注疏》，中华书局 1980 年版。

孔子思想体系对中原文化的影响体现在很多方面，其中最为重要的就是“仁”的观念。孔子所提出的“仁”，既是对自己的要求，又是对他人的要求，以一个普遍性的准则要求所有的人。《说文解字》里说：“仁，从人，从二。”从文字的构成来说，“仁”应该是个会意字，即一个人的时候没有仁的概念，当有两个人的时候就有仁的概念存在，即“仁”的内涵体现在人与人的关系之中。当只有一个人时，“仁”没有表现的对象。设想一个人在荒岛上，即便是他想作恶，也没有可以伤害的对象。他想行善，也没有可以帮助的人。只有在现实社会中，在人际交往中，“仁”才有价值。

在孔子思想体系中，仁是一个价值判断的标准，孔子认为符合“仁”就是好人，否则就是坏人。“仁”有了价值判断的功能。作为价值判断的“仁”必须有确定的内涵，但孔子对“仁”的解释是不确定的，不同的地方有不同的说法。孔子在《论语·颜渊》中说：“克己复礼为仁。”① 在《论语·雍也》中说：“仁者先难而后获。”② 在《论语·阳货》中说：“能行恭、宽、信、惠、敏五者于天下，可以为仁矣。”③ 孔子对“仁”的内涵最简单最深刻的回答是当樊迟问仁，孔子答：“爱人。”④ “仁者爱人”最直接地揭示了孔子的理想和追求，最简洁地界定了“仁”的内涵。孔子认为人都以仁爱之心对人，天下就会是一个安定和谐的社会。所以孔子人生追求的最高境界，就是“仁”。

孔子身体力行实践着对“仁”的追求。孔子的爱人有一定内涵，从爱惜人的生命的角度看，孔子是很爱人的。同时孔子也认为“仁”是一个很不容易达到的目标，在《论语》中我们看不到孔子称赞某人做到了“仁”的境界。但又认为每个人都能成为仁人，强调了追求“仁”的主观愿望，他说：“仁远乎哉？我欲仁，斯仁至矣。”⑤ 所谓“为仁由己”⑥。怎样为仁？孔子提出了“忠恕”。忠恕的消极定义是：“己所不欲，勿施于人。”⑦ 积极的说法是“己欲立而立人，己欲达而达

---

① 《论语·颜渊》，阮元校刻《十三经注疏》，中华书局1980年版。
② 《论语·雍也》，阮元校刻《十三经注疏》，中华书局1980年版。
③ 《论语·阳货》，阮元校刻《十三经注疏》，中华书局1980年版。
④ 《论语·颜渊》，阮元校刻《十三经注疏》，中华书局1980年版。
⑤ 《论语·述而》，阮元校刻《十三经注疏》，中华书局1980年版。
⑥ 《论语·颜渊》，阮元校刻《十三经注疏》，中华书局1980年版。
⑦ 《论语·卫灵公》，阮元校刻《十三经注疏》，中华书局1980年版。

人"①。这两者实际上就是"推己及人"。孔子"仁者爱人"的根基是建立在推己及人的基础上的，推己及人的基础与人的人性是一致的，与人的愿望是一致的。这就是仁者爱人的落脚点。孔子也在实践着"仁"，在这个过程中，"仁者爱人"的命题不仅局限于人类社会，也表现在动物界，即处理人与人和人与自然的关系的准则是相同的。"子钓而不纲，弋不射宿"②，即只钓鱼而不用网捕鱼，从来不射正在睡觉的鸟，表示孔子的仁泽已经及于鸟兽。

当然，孔子思想体系的其他范畴也对中原文化产生了重要影响，在此就不再赘述。

四、孟子在河南的游说

孔子之后，对儒家的发展做出重要贡献的是孟子。孟子名轲，出生于山东地区的邹国。孟子曾出仕为官，但未能实现自己的主张，后来也开始了在列国间的周游。孟子周游的范围似乎比孔子要小，根据《孟子》一书的记录，他大概只去过齐国、梁国（魏国）、宋国、邹国、滕国。梁国和宋国在今河南境内。

孟子在见到梁惠王的时候，首先提出了先义后利的主张。他说，如果一个国家上下只是注重利益，这个国家就危险了，应该把仁义放在首位。在与梁惠王出游的过程中，孟子提出了要与民同乐的主张，认为只有与民同乐，才能真正做到长久的快乐。孟子还对当时的统治者提出了强烈的批评，认为梁惠王与那些统治者的区别只是五十步笑百步而已，都是一群"率兽食人"之徒。

孟子还向梁惠王详细阐述了自己的仁政主张，主张要不违背农时，不竭泽而渔，不要乱砍滥伐，认为这是实行王道的开端。他还详细阐述了发展小农经济的主张："五亩之宅，树之以桑，五十者可以衣帛矣。鸡豚狗彘之畜，无失其时，七十者可以食肉矣。百亩之田，勿夺其时，数口之家可以无饥矣。谨庠序之教，申以孝悌之义，颁白者不负戴于道路矣。七十者衣帛食肉，黎民不饥不寒，然而不王者，未之有也。"③ 他指出，在战火纷扰的局面下，决定战争胜负的不是别的

---

① 《论语·雍也》，阮元校刻《十三经注疏》，中华书局1980年版。

② 《论语·述而》，阮元校刻《十三经注疏》，中华书局1980年版。

③ 《孟子·梁惠王（上）》，阮元校刻《十三经注疏》，中华书局1980年版。

谋略，而是“仁者无敌”①。

孟子曾在宋国住过两年，在此期间曾向还是世子的滕文公讲述了人性之善以及为政的原则。在宋国，他曾和人讨论过辩论的技巧，说：“说大人，则藐之，勿视其巍巍然。”② 意思是和那些大人物说话，一定要藐视他们，不要被他们的气势所震慑。看来孟子在宋国也没有受到重用，所以在孟子的言语中，宋国就成了揶揄的对象，“揠苗助长”说的就是宋人。

此后孟子还与齐威王、齐宣王等国君有过交往，但都没有机会能够实施自己的政治主张，最后回到故乡讲学而终。孟子在魏、齐等地的游历，对于孟子思想体系的最终形成起到了非常重要的推动作用。

五、孟子的“圣人理想”

战国时期孟子虽然四处碰壁，但后来他的地位却不断上升，宋代以后，孟子由“贤”上升到了“圣”，《孟子》一书也由一般的子书上升为经书。在中原文化中，也可以看到孟子的影响。在孟子思想体系中，民本主义、仁政主张、王道的理想等都对后世产生了深远的影响。今天看来，孟子思想中最为闪光的是“圣人”理想。孟子认为人生的最高境界就是成为圣人。孟子说：“圣人，人伦之至也。”③

孟子的人生理想是建立在人性论基础之上的，他用“性善说”作为圣人理想的内在依据。孟子认为所有的人性都是善的。他的“性善说”证明了本然之我与理想之我的一致性。他认为每个人身上都具有先天的善的潜质，这种潜质是与生俱来的，他说：“无恻隐之心，非人也；无羞恶之心，非人也；无辞让之心，非人也；无是非之心，非人也。恻隐之心，仁之端也；羞恶之心，义之端也；辞让之心，礼之端也；是非之心，智之端也。人之有是四端也，犹其有四体也。”④ 仁、义、礼、智的善端是圣人和一般人都具备的，如同我们的四肢一样，是可以

---

① 《孟子·梁惠王（上）》，阮元校刻《十三经注疏》，中华书局 1980 年版。
② 《孟子·尽心（下）》，阮元校刻《十三经注疏》，中华书局 1980 年版。
③ 《孟子·离娄（上）》，阮元校刻《十三经注疏》，中华书局 1980 年版。
④ 《孟子·公孙丑（下）》，阮元校刻《十三经注疏》，中华书局 1980 年版。

“不学而能”的“良能”，“不虑而知”的“良知”。

正是这种先天的善端为圣人人格的发展提供了源泉，圣人和凡人的区别就在于是否能主动地去扩充这些善端，“凡有四端于我者，知皆扩而充之矣，若火之始然，泉之始达。苟能充之，足以保四海；苟不充之，不足以事父母”①。能主动地扩充这些善端的人就可以成为圣人，否则就是小人。

所有的圣人并非天生就与凡人两样，他们都经历了从凡到圣的过程，所谓：“舜发于畎亩之中，傅说举于版筑之间，胶鬲举于鱼盐之中，管夷吾举于士，孙叔敖举于海，百里奚举于市。”② 圣人也是一个平常人，并没有什么过人之处，孟子常说：“尧、舜与人同耳。”③ “圣人与我同类者。”④ 在孟子看来成圣不是外在灌输的过程而是本性的内在要求，从而证明了“人皆可以为尧、舜”⑤。既然如此，那么“舜，人也；我，亦人也。舜为法于天下，可传于后世，我由未免为乡人也”⑥，这是一件令人忧虑的事情。

虽然每个人都具有成为圣人的潜质，但并不是每个人天生都是圣人，还需要后天的努力。孟子把从善端发展成圣人比作五谷从种子到成熟的过程，他说：“五谷者，种之美者也。苟为不熟，不如荑稗。夫仁，亦在乎熟之而已矣。”⑦ 这些先天的善端容易受到后天环境蒙蔽，也会因环境而改变，“富岁子弟多赖，凶岁子弟多暴。非天之降才尔殊也，其所以陷溺其心者然也”⑧。这样孟子不仅论证了“性善说”下“恶”的来源，而且论证了加强后天努力恢复其本性的必要性。

孔子认为“为仁由己”，孟子同样认为求圣之路就是“反求诸己”的过程，其实质是一个加强自身修养的过程。成圣的过程有两个阶段，即养气和养心。养气是养心的初级阶段。养气也有初级阶段，就是注意保存其“夜气”。夜气可以理解为与外物接触前心理平静的状态，保持这种平静的心理状态是对人的

---

① 《孟子·公孙丑（下）》，阮元校刻《十三经注疏》，中华书局 1980 年版。
② 《孟子·告子（下）》，阮元校刻《十三经注疏》，中华书局 1980 年版。
③ 《孟子·离娄（下）》，阮元校刻《十三经注疏》，中华书局 1980 年版。
④ 《孟子·告子（上）》，阮元校刻《十三经注疏》，中华书局 1980 年版。
⑤ 《孟子·告子（下）》，阮元校刻《十三经注疏》，中华书局 1980 年版。
⑥ 《孟子·离娄（下）》，阮元校刻《十三经注疏》，中华书局 1980 年版。
⑦ 《孟子·告子（上）》，阮元校刻《十三经注疏》，中华书局 1980 年版。
⑧ 《孟子·告子（上）》，阮元校刻《十三经注疏》，中华书局 1980 年版。

基本要求，孟子说："夜气不足以存，则其违禽兽不远矣。"①

养气的高级阶段是"浩然之气"。关于"浩然之气"，孟子有一段著名的描述："难言也。其为气也，至大至刚，以直养而无害，则塞于天地之间。其为气也，配义与道；无是，馁也。是集义所生者，非义袭而取之也。行有不慊于心，则馁矣。"② 关于"浩然之气"历来争论最多，孟子本人也说"难言也"。其实"浩然之气"是出于对道义的自信而产生的一种心理感受，是道义所积聚的一种力量，是一种坚强的道德意志，是一种生机勃发的内在精神。培养"浩然之气"需要一个渐进的过程，不是偶然的一两次的正义举动所能产生的，需要长期持之以恒的积累，不能"一日暴之，十日寒之"，要"专心致志"。③ 一旦有了非义的行为，所积累的气也就散了。

养心是养气的高级阶段。《孟子》中的心有两种含义：一是指人的思维器官，所谓"心之官则思"④；二是指先天存在于人性之中的善，所谓"仁，人心也"⑤。这两种含义有着内在的联系，因为作为思维器官的心所思的对象就是人性中的善，也就是排除耳目的干扰，去认识人的本心中的仁义，要充分发挥心的思维功能，也就是"尽心"，来认识先天的这些"善端"，并不断涪养扩充这些"善端"，从而恢复到先天的本性之善，达到与仁义的合一境界。与仁义的合一也就是天人合一，"万物皆备于我矣"⑥，突破了小我，实现了大我。

那么这个过程是否充满艰辛呢？孟子的回答是否定的，这个过程并不是十分的困难，而是一个充满快乐的过程，"反身而诚，乐莫大焉"⑦。这种快乐是修养进入更高境界之后所产生的一种心理愉悦，它是不会随着外在环境的改变而改变的。孟子说："君子有三乐，而王天下不与存焉。父母俱存，兄弟无故，一乐也。仰不愧于天，俯不怍于人，二乐也。得天下英才而教育之，三乐也。君子有三

---

① 《孟子·告子（上）》，阮元校刻《十三经注疏》，中华书局 1980 年版。
② 《孟子·公孙丑（上）》，阮元校刻《十三经注疏》，中华书局 1980 年版。
③ 《孟子·告子（上）》，阮元校刻《十三经注疏》，中华书局 1980 年版。
④ 《孟子·告子（上）》，阮元校刻《十三经注疏》，中华书局 1980 年版。
⑤ 《孟子·告子（上）》，阮元校刻《十三经注疏》，中华书局 1980 年版。
⑥ 《孟子·尽心（上）》，阮元校刻《十三经注疏》，中华书局 1980 年版。
⑦ 《孟子·尽心（上）》，阮元校刻《十三经注疏》，中华书局 1980 年版。

乐，而王天下不与存焉。”[1] 其中第二乐只有圣人才能感受到，其快乐超过了帝王的快乐。

同样，求圣的过程是没有止境的，在这个过程中不仅要经得起欲望的诱惑，还要经得起困难的考验，要有决心克服可能出现的困难。孟子说：“故天将降大任于是人也，必先苦其心志，劳其筋骨，饿其体肤，空乏其身，行拂乱其所为，所以动心忍性，增益其所不能。”[2] 孟子在这里强调了个人意志力在成圣过程中的作用，其中彰显出一种大丈夫的人格魅力。

圣人主要是一种人生的修养境界，圣人的境界又称为大丈夫，“富贵不能淫，贫贱不能移，威武不能屈。此之谓大丈夫”[3]。大丈夫是“浩然之气”的人格化，这样的大丈夫已经具备了“行天下之大道”的资格，虽然大丈夫并不必然具有那样的机会，但这并不妨碍大丈夫成为大丈夫，“得志，与民由之；不得志，独行其道”[4]。大丈夫的人格理想充分肯定了人的尊严，体现出一种阳刚、强健之美。

孟子的圣人理想及他本人的实践对后世产生了极其深远的影响，对圣人理想的自觉追求已经成为民族精神的一个重要组成部分。姜建设在《周秦时代理想国探索》一书中称孟子的大丈夫人格“为中华民族的人格追求树起了一座崇高的灯塔”[5]。鲁迅在《中国人失掉自信力了吗?》一文中称：“我们从古以来，就有埋头苦干的人，有拼命硬干的人，有为民请命的人，有舍身求法的人……”

六、儒家在中原地区的早期发展

儒家思想在起源上与中原有着密切的联系，而且中原也是儒家早期发展的重要地区。

首先，孔子的主要弟子中很多都是河南人。根据司马迁《史记·仲尼弟子列传》《孔子家语》以及郑玄、孔安国、张守节等人的记载，籍贯为卫国的有：子

---

① 《孟子·尽心（上）》，阮元校刻《十三经注疏》，中华书局1980年版。
② 《孟子·告子（下）》，阮元校刻《十三经注疏》，中华书局1980年版。
③ 《孟子·滕文公（上）》，阮元校刻《十三经注疏》，中华书局1980年版。
④ 《孟子·滕文公（上）》，阮元校刻《十三经注疏》，中华书局1980年版。
⑤ 姜建设：《周秦时代理想国探索》，中州古籍出版社1998年版。

贡、子羔、奚容箴、勾井疆、廉絜。子张和公良孺是陈国人。子夏的籍贯，根据《孔子家语》的记载是卫国人，郑玄则说是温人，总之都在今新乡、焦作一带。司马耕，根据孔安国的说法，是宋国人。在孔子去世后，他的弟子更是散居各方，促进了孔子思想的传播。

其次，孔子的孙子子思曾长期在卫国生活。当敌寇到来的时候，有人劝子思逃走，子思则说，如果我逃走了，还有谁和国君一起守城呢？根据《史记》记载，他曾在宋国生活过。

最后，早期的儒家支派也发展于河南。儒家在早期分化过程中，产生了八个流派，其中的“子张氏之儒”就是由陈国人子张所开创的。战国末期，荀子的弟子韩非、李斯都是河南人，虽然他们后来都变成了法家，但在学习初期，他们是向荀子学习的，也说明了儒家学派在中原地区的影响力之大。

第三节　两汉时期中原地区经学的兴盛

先秦时期儒家获得了巨大的发展，成为当时最显赫的学派之一，韩非子曾说过："世之显学，儒墨也。"① 秦朝，秦始皇先焚书，后坑儒，儒家学派遭受空前的打击。西汉建立以后，儒家学派虽说逐渐有所恢复，但仍处于民间学派的地位。一直到汉武帝以后，情况才有所改变。

一、由显学上升为官学

秦始皇建立空前统一的大一统帝国后，面临着如何治理国家，如何确定指导思想的问题。不过被空前胜利冲昏了头的秦始皇，并没有能够进行有效的思想文化建设。"焚书坑儒"使得儒家学派遭受到空前的打击。

西汉王朝建立后，刘邦、吕后以及汉文帝、汉景帝，都把医治战争的创伤、恢复社会经济当作第一要务。汉武帝即位以后，思想文化建设已经是一项非常急迫的任务了。早在即位之初，汉武帝就曾有过扶持儒家的举措，但被他的祖母窦太后所阻止。等窦太后去世后，汉武帝接受了董仲舒"罢黜百家"的建议，把儒家经典抬到了非常崇高的地位，使其成为最高的指导思想和理论依据。儒学终于从显学上升为官学。②

---

① 陈其猷：《韩非子集释》卷十九《显学》，上海人民出版社 1974 年版。

② 朱维铮：《儒术独尊的转折过程》，《中国经学史十讲》，复旦大学出版社 2002 年版。

我们通常把汉武帝的举措总结为“独尊儒术”，可以看出，汉武帝尊的是“儒术”，而非“儒学”。那么从“儒学”到“儒术”，有什么区别呢？其实主要是体现了政治对于学术的取舍。表面上看，儒家被尊到了无以复加的高位，其实不过是为汉武帝的内外政策提供了装饰而已。所以汉武帝以后，儒学就发展出了新的学术形式：经学，即政治化的儒学。从此以后，经学就成为整个中国古代最为核心的学问，《诗》《书》《礼》《易》《春秋》构成了中国古代知识分子基本的知识体系。

西汉时期是经学迅猛发展的时期，中原地区出现了不少经学大师。西汉初年贾谊以儒家思想体系为基础对先秦诸子的思想进行了整合。在儒家经典的传授过程中，先后涌现出《易》学者周王孙、丁宽、彭宣，《尚书》学者假仓、桑钦，《诗经》学者褚少孙、满仓，《礼》学者戴德、戴胜，《春秋》学者吕步舒、冷丰、堂溪惠等。他们为儒家经典的普及和儒学的进一步经典化做出了重要的贡献，为后世经学的发展奠定了基础。

二、东汉太学的兴盛

西汉的帝王，多数只是用经学来装点门面，实质上对经学并不热心，汉宣帝曾说：“汉家自有制度，本以霸王道杂之。”① 东汉从开国皇帝刘秀开始，就极力扶持经学。在统治者的大力扶持下，以太学的兴盛为标志，研究儒家经典的经学达到了空前的兴盛，可以说创造了一个后人难以企及的高峰，因此东汉也被后世学者称为“经学极盛时代”。②

刘秀年轻的时候曾在长安的太学里学习，当皇帝以后，于建武五年（29 年）十月在洛阳开阳门外兴建了太学，距皇宫仅八里之遥。刘秀曾多次亲临太学，勉励学生努力学习。公务之余，刘秀还经常与学者们一起讨论经义。刘秀之子汉明帝不仅大规模兴建太学建筑，而且还亲自到太学为学生授课。汉顺帝时，太学的房屋达一千八百多间，其中大讲堂，“长十丈，广二丈”③。汉桓帝时，太学生的人数一度

---

① 班固：《汉书》卷九《元帝纪》，中华书局 1962 年版。

② 皮锡瑞著，周予同注：《经学历史》，中华书局 2004 年版。

③ 马端临：《文献通考》卷四十《学校考一》，中华书局 1986 年版。

达到三万人。太学成为各地学子求学的首选目标，清人赵翼在《陔余丛考》中指出："汉时，凡受学者皆赴京师。"① 甚至匈奴也派子弟来洛阳学习。

太学中的教师被称为五经博士，都是硕学鸿儒。当时洛阳太学中的学生，都是来自全国各地的青年才俊，王充、张衡等人都曾在太学中学习。太学生多数是平民出身，极大地促进了儒家思想的普及。

太学生在太学里所学习的是儒家经典，而儒家经典有多个版本，比如今文经学和古文经学两大学派所传的经典文本就有所不同，甚至同为今文经学，各分支学派之间也有分歧。太学对太学生的考核，需要有标准答案，这个标准答案就是皇家所藏的兰台漆书。为了能在考试中占据优势，甚至有人行贿以求能修改兰台漆书。在这种情况之下，中常侍吕强，五官中郎将堂溪典，光禄大夫杨赐，谏议大夫马日磾，议郎张驯、韩说，太史令单扬等人向汉灵帝提出建议，正式刊布五经的标准文本，并将它刻于石碑上。于是，熹平四年（175 年），朝廷正式下令："诏诸儒正五经文字，刻石立于太学门外。"② 这些刻着儒家经典的石碑，就是著名的"熹平石经"。③

《后汉书·儒林列传》章怀太子李贤注引谢承《后汉书》记载："碑立太学门外，瓦屋覆之，四面栏樟，开门于南，河南郡设吏卒视之。"其遗址就在今河南省偃师市佃庄镇太学村附近。李贤还引用了杨龙骧的《洛阳记》载朱超石与兄书云："石经文都似碑，高一丈许，广四尺，骈罗相接。"④

熹平石经所刻儒家经典，根据《隋书·经籍志》的记载，共七部儒家经典：《周易》《尚书》《鲁诗》《仪礼》《春秋》《公羊传》《论语》。熹平石经共 46 块。根据杨龙骧《洛阳记》的记载，熹平石经的排列顺序是：西边所立的是《尚书》《周易》和《公羊传》，共 28 块；南边 15 块是《礼记》；东边 3 块为《论语》。《洛阳记》中并没有说明《鲁诗》在哪里。按照六经的顺序，似乎应该在西边。杨龙骧还提到，在《礼记》的碑上还有谏议大夫马日磾和议郎蔡邕的姓名。不过，由于汉代《礼记》仅仅被看成是"传"，尚未上升为"经"，"熹平石经"中

---

① 赵翼：《陔余丛考》十六，河北人民出版社 1990 年。

② 范晔《后汉书》卷八《灵帝纪》，中华书局 1965 年版。

③ 马衡在《汉石经集存》中认为熹平石经的完成时间应该是在汉灵帝光和六年（183 年），上海书店出版社 2014 年版。

④ 范晔《后汉书》卷七十九《儒列林传》，中华书局 1965 年版。

的“礼”所刻应该是《仪礼》。《隋书·经籍志》记载熹平石经中所刻《诗经》为今文经学派的《鲁诗》。

根据《后汉书·儒林列传》的记载，在校订经典文本的过程中，充分参考了古文、篆书和隶书的文本①，并没有单独依照某一派所传的文本，所以熹平石经成为历代学者所珍视的权威文本。石经的文本由蔡邕亲自书写，由于蔡邕是个知名的书法家，所以石经也具有很高的艺术价值。② 石经在落成以后，“其观视及摹写者，车乘日千余辆，填塞街陌”③。

熹平石经在历史上产生了深远影响，这是中国历史上第一次对儒家经典进行大规模的整理并正式刊布。儒家经典的形成，经历了一个漫长的历史过程。在这个过程中，产生了很多文字歧义。西汉末年，在刘向、刘歆父子的主持下，政府曾经对经典文本有过一次整理，不过那次整理规模远不及东汉末年的这次整理，而且，也并未正式向社会刊布。在经历了这次整理以后，儒家经典的文本大体定型。唐朝初年，朝廷又一次大规模整理经典文本，将隶书全部转写成楷书。唐朝初年的整理，是在东汉末年整理的基础之上进行的。其次，熹平石经也是第一次将儒家经典刻于石头上，开启了后世刊刻石经的传统。熹平石经取得了很好的社会效果，后世历代君王出于统一意识形态、装点盛世门面的考虑，都会将儒家经典刊刻于石碑之上，而后世的石经都是在刻意效法熹平石经。最后，熹平石经的刊刻，对于印刷术的发明也起到了一定的启发意义。熹平石经刊刻以后，引起了很多人的传抄，在纸张使用普及以后出现了捶拓石经的风气，这种捶拓可以被看成是印刷术的雏形。

太学生们在太学中除学习儒家经典外，也继承了先秦儒家以天下为己任的传统，积极参与政治。太学成了当时一个社交中心、舆论中心。这些热血青年，挥

---

① 马衡在《汉石经集存》中引用郦道元的说法，认为范晔《后汉书》的记录是错误的。他认为正始石经才是三体石经，而熹平石经是一体石经。熹平石经的确是一体石经，这已经为出土文物所证实。但是，我们细细揣摩《后汉书·儒林列传》的文意，范晔只是说在刻碑的过程中“三体书法以相参检”，并没有说熹平石经是用三种不同的字体书写而成。太学中所传授的虽然是今文经学，但在东汉末年今古文已经呈现出融合之势。熹平石经刊刻之时，参考古文经学派所传经典，也是很正常的事情。

② 出土石经上也有别人的名字，证明书丹者可能不是蔡邕一人，但是主要的执笔者是蔡邕，这是没有问题的。

③ 范晔：《后汉书》卷六十《蔡邕列传》，中华书局1965年版。

斥方遒、激昂文字，对当时的政局产生了重要的影响。最后虽然在黑恶势力的镇压下，出现了“党锢之祸”，但是东汉太学生可歌可泣的抗争依然为后世树立了光辉的典范。太学生对儒家理念的全面实践极大地改善了东汉的社会风气，以至千年之后顾炎武还在感慨东汉士风之淳。

三、经学大师不断涌现

东汉时期，中原地区是当之无愧的学术中心。这不仅体现在当时的最高学府——太学——就在洛阳，各地优秀学者云集洛阳，而且在中原涌现出众多的经学大师。其中代表人物就有郑兴、郑众父子，许慎，服虔等。

郑兴，河南开封人，东汉初著名的《春秋》学者，在艰难困苦的条件下依然不放弃对儒家经典的研读。入朝为官后，他经常依据《春秋》等经典对朝政提出看法，多被刘秀所采纳。当时刘秀特别迷信谶纬，郑兴委婉地提出了反对意见。其子郑众，自幼随父学习《左传》等儒家经典。郑众官至大司农，为官以清廉正直而闻名，在建初八年（83 年）去世。郑众在学术造诣上超越其父，对古文经学的发展做出了重要的贡献。郑众著述较丰，对《费氏易》《左氏春秋》《周官》《毛诗》《孝经》等众多经典都有所研究。尤其是《周官》一书，更是得益于郑众才被广泛传播。

见于记载，郑兴、郑众父子的著作主要有：《周礼郑大夫解诂》一卷、《春秋左传条例章句传诂》、《春秋难记条例》、《春秋删》十九篇、《春秋左氏传条例》九卷、《毛诗传》、《孝经注》、《春秋左氏传条例章句》九卷、《牒例章句》九卷、《春秋牒例章句》一卷、《周礼郑司农解诂》六卷、《周易郑司农注》、《郑氏易说》、《毛诗郑司农义》一卷、《郑氏婚礼》一卷、《国语章句》一卷、《国语解诂》一卷。这些著作今天都已经散佚，清代学者有辑佚本传世。

许慎，字叔重，河南漯河召陵区人，东汉著名经学家、文字学家。许慎学问渊博，对儒家经典多有研究，著有《五经异义》一书，影响很大，被人称为“五经无双许叔重”[①]。许慎无意于仕途，曾任太尉南阁祭酒等职。许慎将自己全部的

---

① 范晔：《后汉书》卷七十九《儒林列传》，中华书局 1965 年版。

精力都投入学术研究当中，其代表作《说文解字》从永元十二年（100年）开始动手，历时21年，到建光元年（121年）才得以完成，最后由他的儿子献给朝廷。

《说文解字》保存了大部分先秦字体以及汉代和以前的文字训诂，反映了上古汉语词语的面貌，比较系统地提出分析文字的理论，不仅是我国语言文字学史上第一部以六书理论系统分析字形、解说字义、辨识声读的字典，而且也是千百年来唯一一本研究汉字的经典著作，是我们今天研究古文字和古汉语必不可少的材料。

《说文解字·序》说："此十四篇，五百四十部，九千三百五十三文，重一千一百六十三，解说凡十三万三千四百四十一字。"[①] 全书分为14篇，另加序1篇，共15篇。篇下开列部首，如第一篇有部首14个，14篇共计540个部首。由部首统摄字，有单字9353个。字之下加解说，包括字义、字音等，解说时又附以古文、籀文、俗字、奇字等异体字，称重文，合计1163个。把这些字分为540部，也就是按部首来排列。我们知道现在的汉字字典一般都有部首排列法，这一排列方法就是许慎所开创的。当然他的划分也不尽合理，也有不当的地方，但开创之功不可埋没。因而许慎也被人称为"字圣"。

服虔，字子慎，东汉著名的经学家，河南荥阳人。服虔的经学造诣，在当时已经受到人们的推崇，对后世的影响更是十分深远。清代乾嘉汉学兴起以后，人们甚至说"宁谓孔孟误，讳言服郑非"，"服"即服虔，"郑"指郑玄。清代著名学者惠栋在其书房有一则楹联，上书："六经尊服郑，百行法程朱。"服虔还是著名的文学家。

东汉时期，河南还涌现出《易》学者洼丹、张兴、戴凭，《尚书》学者陈弇、尹敏、周防，《诗经》学者薛汉，《春秋》学者钟兴、楼望、张玄，还出现了颍川荀氏家族这样的学术世家。

东汉的学者，多数能学通数经，比如许慎、服虔、郑玄等人，表现出融会贯通的特点。而且东汉的学风，扎实稳健，注重考证，较少空泛的议论，确立了实事求是的学术传统。清朝乾嘉考据之学兴起后，学者们无不以东汉学者为榜样。

---

① 《说文解字·序》，中华书局1963年版。

第四节　伊洛渊源：理学的兴起及发展

汉代太学的辉煌在董卓的一把大火之后衰落了。曹魏虽然在定都洛阳以后，也尝试恢复太学，西晋建立后对太学也高度重视，晋武帝曾亲临太学视察，但和东汉时期相比，已经盛况不再。魏晋时期，玄学流行，儒学进入一个相对衰落的时期。十六国和北朝时期，中原地区战乱频仍，文化遭到空前的摧残。隋唐统一时期，相对和平的环境为文化的发展提供了契机。先是官府对儒家经典文本进行校对，指派颜师古整理了五经文字。后来又由孔颖达负责，统一了对儒家经典的解释，编修了《五经正义》。这些都为儒学的进一步发展奠定了基础。不过，在唐朝儒学并未能够独占鳌头，在思想文化领域，它受到了佛教强烈的冲击。因而反佛的声音未曾中断，韩愈就是其中最典型的代表。

一、韩愈对道统的提倡

韩愈（768—824），字退之，河南孟州人，唐代中期著名文学家、思想家。韩愈对当时佛教的盛行进行了强烈的抨击，在他那篇气势磅礴的《谏迎佛骨表》中，痛斥佛之不可信。当时唐宪宗准备将佛骨舍利迎入宫中供奉，韩愈听说以后上书皇帝，要求将佛骨“投诸水火，永绝根本，断天下之疑，绝后代之惑”。而且韩愈还说："佛如有灵，能做祸祟，凡有殃咎，宜加臣身。"① 唐宪宗看过之后，怒不可遏，要将韩愈处以极刑。幸宰相裴度及朝中大臣极力说情，韩愈才免得一死，被贬为潮州刺史。虽说"一封朝奏九重天，夕贬潮阳路八千"，但韩愈依然表达了"欲为圣明除弊事，肯将衰朽惜残年"的强烈意愿。②

后来，韩愈在《原道》一文中引证今古，从历史发展、社会生活等方面，层层剖析，驳斥佛老之非，论述儒学之是，归结到恢复古道、尊崇儒学的宗旨。在文中，首先解释了什么是仁义道德，他说："博爱之谓仁，行而宜之之谓义，由是而之焉之谓道，足乎己而无待于外之谓德。"③ 他认为，博爱就是仁，行为合宜就是义，由仁义出发就是道，仁义在内心的充盈就是德。

韩愈还说，儒家的道才是真正的大道，佛道所说的道都不是真正的道。儒家的道存在于儒家经典之中，存在于社会生活之中，存在于人伦日用之中。他说儒家的道是非常简明的，是非常易于实行的，用于自己就会吉祥，以之对人就会公正仁爱，以之为心就会和平安宁，以之治理国家就会无往不利。

在《原道》中，韩愈还提出了道统的观念，他说："尧以是传之舜，舜以是传之禹，禹以是传之汤，汤以是传之文、武、周公，文、武、周公传之孔子，孔子传之孟轲，轲之死，不得其传焉。"④ 从而表明了自己要继承尧舜到孔孟的道统，承担起振兴儒学重任的决心。

韩愈还极力推崇《大学》和《中庸》，为后来四书的形成奠定了基础。韩愈对人性的探讨也在一定程度上启发了宋儒的思考。所以，近代以来学者在讨论宋代理学的时候，都将源头追溯到韩愈。

二、邵雍

儒学发展到宋代，进入了一个新的阶段，理学成为宋代儒学的标志。南宋时

---

① 韩愈撰，刘真伦、岳珍校注：《韩愈文集汇校笺注》卷二十九《谏迎佛骨表》，中华书局 2010 年版。

② 韩愈：《左迁至蓝关示侄孙湘》，曹寅《全唐诗》卷三百四十四，上海古籍出版社 1986 年影印扬州诗局。

③ 韩愈撰，刘真伦、岳珍校注：《韩愈文集汇校笺注》卷一《原道》，中华书局 2010 年版。

④ 韩愈撰，刘真伦、岳珍校注：《韩愈文集汇校笺注》卷一《原道》，中华书局 2010 年版。

期，朱熹在梳理理学渊源时所著的《伊洛渊源录》中，将理学的发生追溯到了“北宋五子”。所谓的“北宋五子”指的是：周敦颐、邵雍、张载、程颢、程颐。其中邵雍、程颢、程颐都是中原人。

邵雍（1011—1077），北宋哲学家、易学家，字尧夫，谥号康节，自号安乐先生、伊川翁，后人称百源先生。其先是范阳（今河北涿州市）人，自幼随父迁至共城（今河南辉县市）。38 岁时，邵雍迁居洛阳，以教授生徒为生。

嘉祐七年（1062 年），西京留守王拱辰集合了一群士大夫，在洛阳天宫寺西天津桥南五代节度使安审琦故宅的基础上建屋 30 间，作为邵雍新居，邵雍自己取名为“安乐窝”，因此自号“安乐先生”。

仁宗嘉祐及神宗熙宁初，邵雍曾两度被推荐到朝中为官，但他称病不去，最后以布衣终老一生。当时的洛阳，不同于作为政治中心的首都开封，更多的是一座文化中心，很多在政治斗争中失意的大臣都退居洛阳，比如富弼、司马光、吕公著、程颢、程颐、张载等，邵雍与他们交游密切。邵雍的学术，主要见于《先天图》《皇极经世书》等著作中。

就学术渊源而言，邵雍的师承关系中有道教的成分，他是陈抟的后学。他的学术主要见于《先天图》。他认为“万化万事生于心”，以心为太极本体，表面上看，好像是有点唯心的味道，其实是高度肯定了人的价值，肯定了人的道德能动。他认为人是万物之中最为通灵的，因而能够“心代天意，口代天言，手代天功，身代天事”。①

而且，邵雍还在《皇极经世书》中以易学为基础，构建了一套天地宇宙的系统，成为理学家理解世界的基本框架，为理学的发展奠定了宏大的根基。

三、二程的洛学

二程指的是程颢、程颐兄弟。程颢（1032—1085），字伯淳，又称明道先生；程颐（1033—1107），字正叔，又称伊川先生。原籍河南伊川，理学奠基者，著名教育家。因为他们常年在洛阳讲学，所以其所开创的学派被人称为洛学。

---

① 邵雍：《皇极经世书》卷十一，文渊阁《四库全书》本。

程颢，嘉祐年间进士及第后，先后在鄠县、上元县、晋城等地任职，政绩卓著。后来，官至太子中允、监察御史等。曾参与王安石变法，后因反对新法，被贬至洛阳任京西路提点刑狱。与被贬至洛阳的文彦博、吕公著、司马光等相互联系，继续反对新法。宋哲宗即位后，司马光执政，推荐程颢为宗正寺丞，程颢未到任即病逝。南宋嘉定十三年（1220 年），赐谥纯公。

程颢对理学的最大贡献是他提出了“天者，理也”的命题。[①] 他说：“吾学虽有所受，‘天理’二字却是自家体贴出来。”[②]

程颢把理作为宇宙的本原。就天道的内容来说，程颢形容它是“生”，谓世界生生不已，充满生意，提出“天只是以生为道”[③]，故“天地之大德曰生”。他认为生是天道，是天地之心，于是称天道为仁。按程颢的说法，在生生不已的天道之下，通过阴阳二气的氤氲化生，产生天地万物，人只不过是得天地中正之气。故“人与天地一物也”[④]。程颢对人的价值给予了高度的肯定，将人抬高到与天地同等重要的地位。因此对于人来说，要学道，首先要认识天地万物本来就与我一体的道理。人能明白这个道理，达到这种精神境界，即为“仁者”。故说“仁者浑然与万物同体”[⑤]。所以，朱熹用“超迈”来形容程颢的境界。

程颢并不重视观察外物，认为人心自有“明觉”，具有良知、良能，故自己可以凭直觉去体会真理，达到“物我合一”。程颢的“识仁”“定性”等主张，对后来的理学，尤其对陆王心学影响很大。

程颢的哲学专门著作不多，主要哲学代表作有他的学生吕大临所记关于“识仁”的一段语录，后人称为《识仁篇》；他与张载讨论“定性”问题的《答横渠先生书》，后人称为《定性书》。他的哲学思想多散见于语录、诗文中。明末徐必达将他与程颐的著作汇编为《二程全书》。今中华书局编为《二程集》出版。

程颐，十四五岁时，与兄长程颢同学于周敦颐。后来程颐在开封太学学习时，曾作《颜子所好何学论》，深受当时主管太学的著名学者胡瑗赏识。王安石当政，程颐未被重用，与兄程颢在洛阳讲学。司马光执政期间，被荐为崇政殿说

---

① 程颢、程颐：《二程集》卷十一《遗书》，中华书局 2004 年版。

② 程颢、程颐：《二程集》卷十二《外书》，中华书局 2004 年版。

③ 程颢、程颐：《二程集》卷二上《遗书》，中华书局 2004 年版。

④ 程颢、程颐：《二程集》卷二上《遗书》，中华书局 2004 年版。

⑤ 程颢、程颐：《二程集》卷十一《遗书》，中华书局 2004 年版。

书，参与编修国子监条规，为哲宗侍讲。在为哲宗上课期间，敢以天下为己任，议论褒贬，无所顾忌。他曾强烈要求在给皇帝上课的时候坐着讲，在他看来，到底是站着上课还是坐着上课，不是一件小事，所体现出的是师道尊严。程颐对小皇帝要求极为严格，据说春天小皇帝曾经出去折了一根柳枝而遭到了程颐的严斥。后来声名渐高，门徒日益增加。其后，在激烈的政治斗争中，程颐被认为是元祐党人而不断受到贬斥，被遣送至四川涪州，交地方管制。程颐在被贬期间，完成著作《程氏易传》。徽宗即位后，得以赦免放归，但不久又受排斥，遂隐居龙门，遣散门徒，最终病死于家中。到南宋，追谥正公。

在学术上，程颐与程颢一样以“理”为最高范畴，以“理”为世界本原。程颐认为，“理”是创造万事万物的根源，它在事物之中，又在事物之上。他认为，道即理，是形而上，阴阳之气则是形而下。离开阴阳就无道，但道不等于阴阳，而是阴阳之所以然，“所以阴阳者，是道也。阴阳，气也。气是形而下者，道是形而上者”①。明确区分了形而上与形而下，以形而上之理为形而下之器存在的根据。

程颐又从体用关系论证了理和事物的关系，认为理是“体”，事物是“用”。程颐承认事事物物都有其规律，天之所以高，地之所以深，万事万物之所以然，都有其理。天地万物之用的依据是天地万物之理，而天地万物之理也都在天地万物之用中得以显现。他进一步认为，“一物之理即万物之理”②，万事万物的理是相通的，每个事物的理加在一起构成了天地之间的理。每个事物的理与天地万物之理，并不是整体与部分的关系，在每个事物之中都蕴含着整体的万物之理。天地间只有一个理，理是永恒长存的。

程颐承认每一事物发展到一定限度，即向反面转化。他说：“物极必反，其理须如此。有生便有死，有始便有终。”③ 他还提出物皆有对的思想，说：“天地之间皆有对，有阴则有阳，有善则有恶。”④ 反映了他的辩证法观点。

关于人性问题，早在先秦时期就争论不休，孟子主张人性善，荀子主张人性

---

① 程颢、程颐：《二程集》卷十五《遗书》，中华书局 2004 年版。

② 程颢、程颐：《二程集》卷二《遗书》，中华书局 2004 年版。

③ 程颢、程颐：《二程集》卷十五，《遗书》中华书局 2001 年版。

④ 程颢、程颐：《二程集》卷十五《遗书》，中华书局 2004 年版。

恶。程颐以为人的本性，就是人所禀受的理，于是提出“性即理也”的命题。[①]他认为，从天理的角度来看，性无不善，人之所以有善与不善，是由于才的不同。才是由气而来的，气有清浊不同，故有善与不善之分。也就是说，从道理上讲，人的本性是善的，但是由于每个人的构成材料不同，因而具体的人是有差异的，表现为善恶之分。只讲本能的善性，不能说明人何以有恶；只讲气禀之性，不能说明人性本善。因而，人们的修养，也就是逐渐克服气禀之性中的恶，恢复到天理之性的至善。

程颐讨论为学的方法时提出“格物致知说”。他认为格物即是穷理，即穷究事物之理，最终达到所谓豁然贯通，就可以直接体悟天理。他说：“格，至也。穷理而至于物，则物理尽。”[②] 他所讲的穷理方法主要是读书、论古今人物、应事接物等。关于知、行关系，程颐主张以知为本，先知后行，能知即能行，行是知的结果。

程颐的哲学，提出一些新的概念、命题，对宋明哲学产生了很大影响。虽然二程都以理作为哲学的最高范畴，但他们还是有所区别的：程颢是以心解理，开了陆王心学一派。程颐是把理与气相对来论述的，开了朱学一派。程颐的主要哲学著作有《程氏易传》，还有《遗书》《文集》《经说》等。

二程不仅是著名的思想家，还是著名的教育家，他们培养了很多优秀的弟子，“程门立雪”说的就是程颐和他的两个学生游酢和杨时的故事。有一年冬天，程颐假寐小憩，游、杨二人侍立身后，程颐醒来，门外雪已盈尺。

四、儒学对中原文化的影响

儒学发端于中原大地，在相当长的历史时期内，儒学的主流也一直在中原地区发展。因而，儒学对中原文化产生了重要的影响，成为中原文化的重要组成部分。

首先，儒学影响了中原人的基本价值取向。尽管儒学在不同的历史时期有着

---

① 程颢、程颐：《二程集》卷十八《遗书》，中华书局2004年版。

② 程颢、程颐：《二程集》卷二《遗书》，中华书局2004年版。

不同的表现，但是儒学的核心内容就是关于人的学问。在儒家看来，人之所以为人，就是因为人是社会的人，用荀子的话讲就是人“能群”。人生活在一起，如果尽由其自然本性去发展，必然会产生无休止的纷争。因而，必须依靠礼来对人们的行为进行规范。因而，在儒家思想的影响下，中原人的基本价值取向中，集体处于优先的地位。在中原人的观念中，没有规矩不成方圆，表现为对社会规范的尊重。

其次，儒学塑造了中原人的基本道德规范。不同的时代有着不同的道德规范，儒家所倡导的道德规范有许多沉寂于历史长河中。不过，儒家所倡导的基本道德规范，依然在指导着今天中原人的日常生活。比如，儒家对仁义的强调，尽管仁义的内涵有所变迁，但仁义的基本规范并没有改变，仁爱为本，重义轻利，还是质朴中原人的一个重要特色。其他，比如礼义廉耻等四维八端，依然是今天中原人的基本道德信条。

再次，儒学构建了中原人的基本伦理观念。传统儒家认为国是家的放大，家国同构，因而将伦理上升到治国的高度加以强调。在所有的伦理之中，特别重视孝，“百善孝为先”，注重亲情。儒家讲仁爱，和基督教的仁爱是不同的。儒家并不是说要无差别地去爱一切人，孔子讲仁者爱人，首先你要从自己身边的人爱起，首先要爱自己的父母，然后再逐次向外扩展。要认识到，你爱自己的父母，别人也爱自己的父母，你爱自己的父母就不能剥夺别人爱自己父母的权利。在今天的中原文化之中，个人对于家庭、对于社会的责任，依然是被高度强调的。

最后，儒学对中原民俗也产生了重要的影响。不同时代，儒家对礼的规定，变化是比较大的，所谓“礼时为大”。但是，在变化之中也蕴含着不变。比如婚礼，今天的婚礼和古人的婚礼已经有了很大不同，但是今天的婚礼之中还有古礼的一些遗留。儒家认为婚礼需要有六个程序：纳采、问名、纳吉、纳征、请期、亲迎。这些程序如今在河南农村地区还基本被遵从着。即便是在城市，至少还保留着亲迎这个程序。再比如丧礼，虽然三年丧的具体内容已经变化了，但是三年丧的观念还被人们保留着，比如三年之内不婚嫁、三年之内不贴红春联等。

很多学者在研究中国文化的时候，往往套用西方的理论，认为存在着截然两分的精英文化和大众文化。事实上，中国古代并不存在截然两分的文化圈。中国古代很多思想家都是教育家，都非常注重儒家理念的普及，比如朱熹就曾编过家礼，据说南宋时期著名学者王应麟还曾编过童蒙读物《三字经》。同时在各地的乡约制定中，明显可以看到儒家的影响，也是儒家理念普及的重要媒介。通过这些手段，儒家的伦理道德观念已经深入民间。今天的中原文化之中，儒家思想观念的影响无处不在，不管人们是否读过《论语》《孟子》，不管人们是否听说过邵雍、二程，在人们的身上依然可以看到儒家文化的影子，在某种意义上可以说儒家文化已经内化到人们灵魂深处了。

第五章

道家文化在中原地区的发展

道家文化在中国传统文化中处于非常重要的地位，在很大程度上与儒家文化实现了互补。道家文化产生、发展于中原大地，对今天的中原文化产生了重要的影响，成为中原文化的重要组成部分。

第一节　道家文化的源头：老子

道家作为一个思想学术流派，渊源非常古老。通常，大家都把道家的源头追溯到春秋后期的老子。老子，一个充满了神秘色彩的人物，就连孔子都发出了“老子，其犹龙邪”的感慨。

一、老子的生平简介

司马迁在《史记》中曾经给老子写过一篇简略的传记，在这篇传记中，司马迁给我们留下了许多的谜团。首先说老子的籍贯。司马迁说老子是：“楚苦县厉乡曲仁里人也。”① 仿佛说得很详细，县乡村都说到了。不过对于这个苦县在什么地方，他并没有说。于是后世就有了众多的纷争。目前至少有两个地方宣称自己是老子故里，一个是河南鹿邑，一个是安徽涡阳。两个地方相比，河南鹿邑说更靠谱一些，安徽涡阳说毫无历史根据。②

对于老子的姓名，《史记》记载：“姓李氏，名耳，字伯阳，谥曰聃。”③ 既然老子姓李名耳，那么他为什么不被称为“李子”而被称为“老子”呢？再说谥号，一般都是有一定地位的贵族才会有谥号。老子只是一个小官而已，怎么可能

---

① 司马迁：《史记》卷六十三《老子韩非列传》，中华书局 1982 年版。

② 杨丙安主编：《老学新论——老子与华夏文明》，《老子里籍考》，中州古籍出版社 1994 年版。

③ 司马迁：《史记》卷六十三《老子韩非列传》，中华书局 1982 年版。

有谥号呢?

至于老子的职业,《史记》的记载也稍有出入,在《史记·老子韩非列传》中称老子为“周守藏室之史也”,而在《史记·张丞相列传》中称老子为“柱下史”,总之老子是一个史官,其工作的地点就在洛阳,对此人们并无异议。这个职业能够使老子接触到众多典籍文献,对于老子思想体系的形成具有十分重要的意义。

春秋末年,周王室发生了因争夺王位而导致持续十多年的混乱,老子也丢了官职,不得已离开洛阳。“居周久之,见周之衰,乃遂去。至关,关令尹喜曰:‘子将隐矣,强为我著书。’于是老子乃著书上下篇,言道德之意五千余言而去,莫知其所终。”① 离开洛阳的老子首先要通过一个关隘,这个关是什么关,司马迁并没有明说。东汉学者李尤认为,这个关就是函谷关,位于今河南灵宝境内。北魏时期的崔浩认为是散关,不过散关位于宝鸡南郊,老子从洛阳出发,首先遇到的关隘,应该是函谷关才对。根据《列仙传》的记载,老子出关之前,负责守关的关令尹喜看到一团紫气从东面飘浮过来,紧接着就看到老子骑着一头青牛来到关前。关令尹喜对老子说,先生将要隐居了,勉强为我们写下点什么吧。于是,老子就在关前写下了《道德经》上下篇,五千余言。

老子出关以后,不知所终。后来道教兴起以后,神化了老子,他们说老子在出关之后到了印度,点化了佛陀,引起佛教徒的强烈不满,所以唐朝的道宣和尚说老子死于陕西扶风,这恐怕也是附会。

司马迁在写完这些以后,又继续写道:“或曰:老莱子亦楚人也,著书十五篇,言道家之用,与孔子同时云。盖老子百有六十余岁,或言二百余岁,以其修道而养寿也。自孔子死之后百二十九年,而史记周太史儋见秦献公……或曰儋即老子,或曰非也,世莫知其然否。”② 最后,司马迁也无从判断,他本着“信以传信,疑以传疑”的原则把自己所知道的都记载下来,具体的真伪,就由后人来判断吧。

总之,老子就是这样一位神龙见首不见尾的人物。

---

① 司马迁:《史记》卷六十三《老子韩非列传》,中华书局 1982 年版。

② 司马迁《史记》卷六十三《老子韩非列传》,中华书局 1982 年版。

二、老子与《老子》

其实，不仅老子的生平是一个谜团，就连《道德经》的著作权，也充满了争议。过去一般都将《道德经》看成是老子的著作，所以《道德经》也被称为《老子》。近代以来，随着研究的深入，对《老子》一书的作者及成书时代产生了争议。吕思勉在《先秦诸子概论》中认为，《老子》一书是上古时期流传下来的古籍，到了春秋后期由老子整理成书。梁启超认为《老子》应该是战国人所作，因为从思想体系上说，感觉老子的话太自由了，太激烈了。比如“上将军”“取天下”“侯王”等这些词，不可能出现在春秋时期。冯友兰在《中国哲学史》中也持近似的观点。清代学者崔述在《洙泗考信录》中认为，《老子》一书应是战国时期杨朱一派托伪的作品。钱穆《庄老通论》一书则认为，《老子》一书应该是庄子后学所托伪的作品。郭沫若认为《老子》是战国时齐国稷下黄老学派环渊所作，在《十批判书·稷下黄老学派的批判》一文中说：“《道德经》晚出是不成问题的，在我认为就是环渊所著上下篇。”① 罗根泽在《诸子考索》中有两篇文章谈论到了老子及《老子》一书的问题，他认为老子即太史澹。20 世纪 90 年代《郭店楚墓竹简》发现后，又有一些人对《老子》提出了新的看法。众说纷纭，莫衷一是。

结合传世文献的记载，以及近代以来的考古发现，我们发现，《老子》一书，并非是一时一地由一人单独完成的。先秦时期出土文献所呈现出的《老子》与传世本之间有很大的差异，而到了《帛书老子》依然与今本不同。这说明《老子》的成书经历了一个漫长的过程，它的起源可能是春秋后期的那个老思想家，大体定型则要到战国晚期，最终定型则要到西汉前期。虽说《老子》一书的文本定型要到西汉，但是从先秦时期出土的文献来看，在先秦时期《老子》一书的思想和传世本之间是一脉相承的。因此，正如任继愈《中国哲学史》中所说的，我们还是可以基本根据《老子》一书来解说老子的思想的。

---

① 郭沫若：《十批判书》，《中国古代社会研究》下册，河北教育出版社 2000 年版。

三、老子的思想体系

（一）“道”

老子最基本的观念就是“道”。对于“道”是什么，老子却没有清晰地告诉大家，在《老子》第一章中说：“道可道，非常道。名可名，非常名。”① 说明“道”是只可意会不可言传的。但是，老子又必须向别人解释自己说的是什么，所以他只能勉强地说：“有物浑成，先天地生，寂兮寥兮，独立而不改，周行而不殆，可以为天地母。吾不知其名，字之曰道，强名之曰大……”② 对于这样的道，是不可能用感官来把握的。“道之为物，帷恍帷惚。惚兮恍兮，其中有象；恍兮惚兮，其中有物。窈兮冥兮，其中有精；其精甚真，其中有信。”③

老子认为道是天地万物的本原，“道生一，一生二，二生三，三生万物”。④ 就道的性质而言，道是无，所以“天下万物生于有，有生于无”。⑤ 的确，我们知道这个世界并不是从来就有的，在有之前必然是无。老子并没有说明无如何生出有，倒是给大家留下了一个成语：“无中生有”。

老子还谈论到有和无的关系。《老子》第十一章说：“埏埴以为器，当其无，有器之用。凿户牖以为室，当其无，有室之用。是故有之以为利，无之以为用。”⑥

（二）无为而治

老子的政治观点是无为而治。“道”是宇宙间无处不在的规律，“道”的特点就是宁静无为，自然而然。人类社会也应该遵循“道”的规律：“人法地，地法

---

① 《老子》第一章，收《诸子集成》（三），中华书局 1954 年版。
② 《老子》第二十五章，收《诸子集成》（三），中华书局 1954 年版。
③ 《老子》第二十一章，收《诸子集成》（三），中华书局 1954 年版。
④ 《老子》第四十二章，收《诸子集成》（三），中华书局 1954 年版。
⑤ 《老子》第四十章，收《诸子集成》（三），中华书局 1954 年版。
⑥ 《老子》第十一章，收《诸子集成》（三），中华书局 1954 年版。

天，天法道，道法自然”[①]。在老子看来，“道常无为而无不为”[②]，所以要徇“道”无为。老子认为通过法律等手段，并不能达到治理天下的目的，他说：“人多利器，国家滋昏；人多伎巧，奇物滋起；法令滋彰，盗贼多有。”[③] 一个社会法律的发达程度和这个社会里的罪恶数量是成正比的，而且法律是永远落后于犯罪行为的。不断有新的罪恶出现，也就不断有新的法律出台。

老子认为无为而治是治理天下最好的途径。老子主张：“我无为，而民自化；我好静，而民自正；我无事，而民自富；我无欲，而民自朴。”[④] 老子认为最理想的社会就是：“小国寡民，使民有什伯之器而不用，使民重死而不远徙。虽有舟舆，无所乘之；虽有甲兵，无所陈之。使民复结绳而用之，甘其食，美其服，安其居，乐其俗。邻国相望，鸡犬之声相闻，民至老死不相往来。”[⑤] 回到田园牧歌式的宁静状态中去。

无为而治的具体内容是：一是不生事，不扰民，使百姓感受不到自己的存在。“太上，不知有之；其次，亲而誉之；其次，畏之；其次，侮之。”[⑥] 尤其要保持政策的连续性和稳定性，他说：“治大国若烹小鲜。”[⑦] 二是统治阶级要节俭，必须无私。他说：“治人事天，莫若啬。”[⑧] 一定要“少私寡欲”。[⑨] 另外他还要求统治者要仁慈。他说：“故飘风不终朝，骤雨不终日。孰为此者？天地。天地尚不能久，而况于人乎？故从事于道者，道者同于道；德者同于德；失者同于失。同于道者，道亦乐得之；同于德者，德亦乐得之；同于失者，失亦乐得之。”[⑩] 就是说连天地所为的暴风骤雨都不能长久，由人所做出的暴政也是不可能长久的。同于道和德，天就会帮助他，以残暴压迫人民是不能长久的。依靠暴力是不可能

---

① 《老子》第二十五章，收《诸子集成》（三），中华书局 1954 年版。
② 《老子》第三十七章，收《诸子集成》（三），中华书局 1954 年版。
③ 《老子》第五十七章，收《诸子集成》（三），中华书局 1954 年版。
④ 《老子》第五十七章，收《诸子集成》（三），中华书局 1954 年版。
⑤ 《老子》第八十一章，收《诸子集成》（三），中华书局 1954 年版。
⑥ 《老子》第十七章，收《诸子集成》（三），中华书局 1954 年版。
⑦ 《老子》第六十章，收《诸子集成》（三），中华书局 1954 年版。
⑧ 《老子》第五十九章，收《诸子集成》（三），中华书局 1954 年版。
⑨ 《老子》第十九章，收《诸子集成》（三），中华书局 1954 年版。
⑩ 《老子》第二十三章，收《诸子集成》（三），中华书局 1954 年版。

获得安定的，他说："民不畏死，奈何以死惧之？"① 现实生活中，造成冲突混乱的，就是统治者的残暴剥削，"民之饥，以其上食税之多，是以饥。民之难治，以其上之有为，是以难治。民之轻死，以其上求生之厚，是以轻死"。②

毋庸讳言，老子思想中也存在着愚民的主张，他说："不尚贤，使民不争；不贵难得之货，使民不为盗；不见可欲，使民心不乱。是以圣人之治，虚其心，实其腹，弱其志，强其骨。常使民无知无欲，使夫智者不敢为也。为无为，则无不治。"③ "古之善为道者，非以明民，将以愚之。民之难治，以其智多。是以智治国，国之贼；不以智治国，国之福。"④ 把人类文化的进步看成人类社会混乱的根源。

一般人认为人类文明的发展是人类进步的标志，老子从维护人类社会的稳定和谐、道德纯洁、高尚精神出发反对人类文明的进步，认为每一个进步是人类文明的倒退，他说："六亲不合有孝慈，国家混乱有忠臣。"⑤ 所以老子反对追求文明，"绝圣弃智，民利百倍；绝仁弃义，民复孝慈；绝巧弃利，盗贼无有"。⑥ 文明的进步伴随着民智的开发，导致社会思想的混乱、欲望的膨胀、人类社会的混乱。唯物史观认为这是人类历史发展必不可少的阶段，不过我们不能因此而否定老子对文明批判的价值。

老子处于春秋战国的战乱时期，极力反对战争。他说："以道佐人主者，不以兵强天下，其事好还。师之所处，荆棘生焉；大军过后，必有凶年。"⑦ 当然，老子也不是一味地反对战争，认为只有在不得已的情况下才能使用战争的手段来解决纷争，他说："兵者不祥之器，非君子之器，不得已而用之。"⑧

（三）老子的辩证法

辩证法是老子思想的闪光点。他认识到很多事物都是相对的，"有无相生，

---

① 《老子》第七十四章，收《诸子集成》（三），中华书局 1954 年版。
② 《老子》第七十五章，收《诸子集成》（三），中华书局 1954 年版。
③ 《老子》第三章，收《诸子集成》（三），中华书局 1954 年版。
④ 《老子》第六十五章，收《诸子集成》（三），中华书局 1954 年版。
⑤ 《老子》第十八章，收《诸子集成》（三），中华书局 1954 年版。
⑥ 《老子》第十九章，收《诸子集成》（三），中华书局 1954 年版。
⑦ 《老子》第三十章，收《诸子集成》（三），中华书局 1954 年版。
⑧ 《老子》第三十一章，收《诸子集成》（三），中华书局 1954 年版。

难易相成，长短相形，高下相盈，音声相和，前后相随，恒也”。[①] 他认识到不能被事物表面现象所迷惑，“大成若缺，其用不弊；大盈若冲，其用不穷。大直若屈，大巧若拙，大辩若讷”。[②]

老子认识到事物的发展要经历一个由小到大的过程，“合抱之木，生于毫末；九层之台，起于累土；千里之行，始于足下”。[③] 事物的发展一旦超越了顶峰，就开始下降，“物壮则老，是谓不道，不道早已”。[④] 当事物还处于萌芽阶段的时候，纵然是弱小的，却是有生命力的。当事物发展达到了顶峰，纵然是强大的，却已接近于消亡。“人之生也柔弱，其死也坚强。万物草木之生也柔脆，其死也枯槁。故坚强者死之徒，柔弱者生之徒。是以兵强则灭，木强则折。强大处下，柔弱处上。”[⑤] 由此他得出了“柔弱胜刚强”的结论。

他也看到事物有向其对立面转化的可能性，说：“反者，道之动；弱者，道之用。”[⑥] 生活中的福祸也是可以相互转化的：“祸兮，福之所倚；福兮，祸之所伏。孰知其极？其无正。正复为奇，善复为妖。人之迷，其日固久。”[⑦]

老子也将辩证法运用到人际关系中。他指出在现实生活中处处争先并不一定能实现目的，说：“企者不立，跨者不行；自见者不明，自是者不彰。自伐者无功，自矜者不长。”[⑧] 所以要“将欲弱之，必固强之；将欲废之，必固兴之；将欲夺之，必固与之”。[⑨] 他主张在处理人际关系时应少私寡欲，说：“罪莫大于可欲，祸莫大于不知足，咎莫大于欲得，故知足之足，恒足矣。”[⑩] 他认识到事物发展过了顶峰后将会出现衰落，因而主张功成身退，说：“持而盈之，不如其已。揣而锐之，不可长保。金玉满堂，莫之能守。富贵而骄，自遗其咎。功遂身退，天之

---

① 《老子》第二章，收《诸子集成》（三），中华书局 1954 年版。

② 《老子》第四十五章，收《诸子集成》（三），中华书局 1954 年版。

③ 《老子》第六十四章，收《诸子集成》（三），中华书局 1954 年版。

④ 《老子》第五十五章，收《诸子集成》（三），中华书局 1954 年版。

⑤ 《老子》第七十六章，收《诸子集成》（三），中华书局 1954 年版。

⑥ 《老子》第四十章，收《诸子集成》（三），中华书局 1954 年版。

⑦ 《老子》第五十八章，收《诸子集成》（三），中华书局 1954 年版。

⑧ 《老子》第二十四章，收《诸子集成》（三），中华书局 1954 年版。

⑨ 《老子》第三十六章，收《诸子集成》（三），中华书局 1954 年版。

⑩ 《老子》第五十八章，收《诸子集成》（三），中华书局 1954 年版。

道也。”①

四、老子对中原文化的影响

老子思想体系的形成得益于中原深厚的文化积淀，同样老子的思想也对中原文化的发展产生了巨大的影响。今天的中原文化中，依然有老子思想的元素存在。

首先，老子所提出的“道”，在相当长的历史时期内，成为中原人理解世界的根基。世界由道发生而来，成为人们普遍的观念。无论是道家还是儒家，他们的世界发生模式，都是从老子的“道生一，一生二，二生三，三生万物”发展而来的。比如周敦颐的《太极图说》中就有很明显的道家思想的成分。

其次，老子对道的描绘方式，影响了中原人认识事物的方式，中原人总是习惯于对事物进行整体的宏观把握，而不喜欢，或者不习惯对实物进行细致的分析。有人将这种思维模式称为模糊性的直觉思维，是感性和理性、具体和抽象辩证统一的思维方式，是一种心智直接觉悟的思维活动。所以，中原人在认识事物的时候，心智活动不是明显地依靠概念、判断和逻辑推理，而是靠灵感、顿悟直接把握事物的本质特征和规律。

最后，尤其重要的是，老子无为而治、知足守成的思想，对中原人的生活产生了重要的影响。在“无为”思想的影响下，造就了中原人恬淡自然的生活模式。在老子“知足不辱”思想的影响下，造就了中原人知足常乐的乐观豁达性格。老子“治人事天，莫若啬”的思想，造就了中原人勤俭节约的生活习惯。在人际关系上，中原人谦恭退让的处世态度，也可以看到老子思想的影响。而且，在传统的农耕生产方式下，传统的乡村生活，也的确有“小国寡民”自然闲适的感觉，在“日出而作，日暮而息”的规律中，中原人民过着与世无争的幸福生活。

---

① 《老子》第四十六章，收《诸子集成》（三），中华书局1954年版。

第二节　逍遥与无待：庄子思想体系简介

道家思想开创于老子，光大于庄子。庄子不仅对道家思想的发展做出了重要的贡献，而且也给中原文化带来了清新和灵动。

一、庄子生平

庄子的生平资料很少，只有司马迁在《史记》中的235个字的传记。庄子，名周，宋国蒙人，即今天河南商丘人。安徽蒙城认为庄子是他们那里的人。庄子的生卒年不可考，大约比孟子靠后，约活动于齐宣王、梁惠王时期。①

庄子早年曾经当过管理漆树园的小官，后来辞官归隐。他的生活很贫苦，主要靠打草鞋和捕鱼为生。甚至一度连饭都吃不上，还要向别人借粮食。当然他也收了一群弟子，这大概也是他一个重要的收入来源。庄子是一个才华横溢的人，有人打算请他做官，结果被他拒绝。

他一生的活动范围也不大，交游也不是很广。最要好的朋友和辩论对手就是惠施。他活动的区域也很有限，最多就是在今天河南商丘、开封等地。我们不知道他后人的情况，只知道庄子去世的时候，只有他的学生陪伴其身旁。

庄子的思想保留在《庄子》一书中。根据《汉书》的记载，《庄子》原有52

---

① 钱穆：《庄子生卒考》，收《先秦诸子系年》，河北教育出版社2002年版。

篇，后来西晋郭象注《庄子》时，把认为不是庄子的作品删掉，所以我们今天看到的《庄子》是33篇。从宋代起，人们对这33篇的作者也产生了怀疑。人们普遍认为《庄子》内7篇可能是庄子的作品，而外篇和杂篇则可能是庄子后学所作。不过外篇、杂篇中，除个别文章是伪作外，大体还是反映了庄子的思想的。

二、庄子的理想体系

在过去相当长的一个历史时期内，我们把庄子看成是腐朽没落的奴隶主阶级的代表，庄子的思想也被看成是消极颓废的。事实果真如此吗？

（一）庄子对时代和生活的批判

庄子所处的战国时代，通常认为是一个社会取得巨大进步的时代。按说社会的进步应该导致人类的自由度的增加，人们的生活应该更幸福。实际上社会的进步增加了人类的自由度，但人类的自由度和个体的自由并不是同步的，社会的前进并没有使所有的人从中受益，甚至没有让大多数人受益。社会丑陋的一面并不一定随着社会的进步而减少。庄子对这一进步进行了道德上的重新评价。庄子首先把批判的目光投向了文明产生之初。他发现整个文明的产生和发展都是以人的自由的丧失为代价的，文明的发展表现为对人性的桎梏，对此庄子在《马蹄》篇中有一段生动的描绘：

马，蹄可以践霜雪，毛可以御风寒，龁草饮水，翘足而陆，此马之真性也。虽有义台路寝，无所用之。及至伯乐，曰："我善治马。"烧之，剔之，刻之，雒之，连之以羁馽，编之以皁栈，马之死者十二三矣。饥之，渴之，驰之，骤之，整之，齐之，前有橛饰之患，而后有鞭筴之威，而马之死者已过半矣。①

作为一种自然物种，马本来自由自在地生活在大自然中，但人类文明的出现，使马成为人奴役的对象。同样，人存在的意义不在于被别人剥削，但文明的进步使人和马都变成了工具。在文明进步过程中，过去田园牧歌式的平静生活一

① 王先谦：《庄子集解·马蹄》，《诸子集成》（三），中华书局1954年版。

去不复返，仇杀取代了和平，功利取代了高尚。

庄子对这个文明社会中的准则——仁义，以及倡导仁义的儒墨展开了批判。首先，他看到了仁义对人性的破坏，在《庄子·骈拇》中说：“屈折礼乐，呴俞仁义，以慰天下之心者，此失其常然也。”① 所谓仁义礼乐都是对人常态的破坏。其次，他看到所谓的仁义成了统治者装点门面的工具，“窃钩者诛，窃国者为诸侯。诸侯之门而仁义存焉”。② 仁义之行都是做给别人看的，“君虽为仁义，几且伪哉”。③ 所谓儒者却是口颂诗书，行如犬彘，他们口中的诗书仁义只是其奔走于权贵之门谋求衣食的本钱。在儒墨为仁义而奔走呼号的时候，庄子却看清了仁义的本质，他的这些批判不仅反映当时的一些情况，而且在以后的几千年里都一直存在着。

追求人的尊严和自由的庄子是不容于社会的，混乱动荡的社会更是不容庄子。庄子对充满阴险奸诈的社会采取了极端鄙视的态度。他的愤世嫉俗绝不是因为个人仕途受阻，而是对人类道德沦丧的悲哀。在这种悲哀和孤独中庄子开始了对人生社会冷静的审视。

（二）庄子对人生和物欲的批判

庄子把批判的矛头指向芸芸众生，处于乱世中的众生不断地互相残杀，“凡人心险于山川，难于知天”。④ 他用“螳螂捕蝉，黄雀在后”的故事来说明生活在乱世中的人们都在费尽心机地算计别人，同时自己也是别人算计的对象。人生是十分短暂的，“若白驹之过隙，忽然而已”⑤，就如同一匹白马从缝隙前面跑过那样迅速，把短暂的人生全部花费在彼此之间的争斗上真是一件悲哀的事情。生活在这样环境中的人真是“开口而笑者，一月之中不过四五日而已”。⑥ 庄子常说“不知说生不知恶死”⑦ 这是因为从他的眼中看不到生命应有的尊严、乐趣和希

① 王先谦：《庄子集解·骈拇》，《诸子集成》（三），中华书局 1954 年版。
② 王先谦：《庄子集解·胠箧》，《诸子集成》（三），中华书局 1954 年版。
③ 王先谦：《庄子集解·徐无鬼》，《诸子集成》（三），中华书局 1954 年版。
④ 王先谦：《庄子集解·列御寇》，《诸子集成》（三），中华书局 1954 年版。
⑤ 王先谦：《庄子集解·知北游》，《诸子集成》（三），中华书局 1954 年版。
⑥ 王先谦：《庄子集解·盗跖》，《诸子集成》（三），中华书局 1954 年版。
⑦ 王先谦：《庄子集解·大宗师》，《诸子集成》（三），中华书局 1954 年版。

望，或迫于生计，或迫于物欲，生命成为一种负担，人成了被役使的工具——或被别人，或被自己。

追求利益是人的本能，它是人类社会进步的推动力量，是人类文明产生的源头，也是人类全部罪恶的根源。庄子看到对名利的追求是造成社会混乱的最终原因，"富、贵、显、严、名、利六者，勃志也；容、动、色、理、气、意六者，谬心也；恶、欲、喜、怒、哀、乐六者，累德也；去、就、取、与、知、能六者，塞道也"。① 正是各种各样名利的诱惑，使人们成了"失性于俗"的"倒悬之民"。

庄子多次强调人们疯狂追求的物欲享受并非永恒，而是转瞬即逝的过眼云烟。他曾讲了一个故事，豕虱在猪的腿股之间找到一处所在，自以为是广宫大厦，然而它不知道旁边的屠夫已经在烧水准备杀猪了。"濡需者，豕虱是也。择疏鬣长毛，自以为广宫大囿，奎蹄曲隈，乳间股脚，自以为安室利处，不知屠者之一旦鼓臂布草操烟火，而己与豕俱焦也。"② 人们所追求的广居安室也都是极容易失去的东西，并不值得人们去苦苦追求。庄子一再说人生如梦，所谓梦就是虚幻的，意在告诉人们，你们所追求的东西也是虚幻的，都是梦境而已，比如梦中饮酒的人，白天可能会哭泣，梦中哭泣的人，白天可能在愉快地田猎。不过当他在梦中的时候，并不知道自己是在做梦，等到醒了以后才知道是梦，"梦饮酒者，旦而哭泣；梦哭泣者，旦而田猎。方其梦也，不知其梦也。梦之中又占其梦焉，觉而后知其梦也"。③ 现实中的人们大多是这样的梦中人，所以庄子一再用自己的惊世骇俗之言来唤醒睡梦中的人们。

（三）庄子对真理的批判

在诸子百家都自以为掌握了解放全人类的手段而奔走呼号的年代里，庄子以异常冷静的态度指出了人们认识的不可靠性，他全面论述了人类认识的局限性和相对性，这使人不得不佩服庄子的众人皆醉我独醒的思想境界。

庄子首先指出观察者的角度不同所得到的认识也就不同，"以差观之，因其

---

① 王先谦：《庄子集解·庚桑楚》，《诸子集成》（三），中华书局1954年版。
② 王先谦：《庄子集解·徐无鬼》，《诸子集成》（三），中华书局1954年版。
③ 王先谦：《庄子集解·齐物论》，《诸子集成》（三），中华书局1954年版。

所大而大之，则万物莫不大；因其所小而小之，则万物莫不小”。[①] 如果把自然看成一体而融入其中，“天地与我并生，而万物与我为一”。[②] 那么还有什么差别呢？接着庄子又指出，认识的标准也是不固定的。按照人的标准，刍豢是美味，毛嫱丽姬是美色，按照猿猴、麋鹿的标准也是这样的吗？

战国时代名辩之风盛行一时，认识可以靠辩论澄清吗？庄子在《齐物论》中有一段精彩的陈述：

> 即使我与若辩矣，若胜我，我不胜若，若果是也，我果非也邪？我胜若，若不吾胜，我果是也，而果非也邪？其或是也，其或非也邪？其俱是也，其俱非也邪？我与若不能相知也，则人固受其黮暗，吾谁使正之？使同乎若者正之？既与若同矣，恶能正之！使同乎我者正之？既同乎我矣，恶能正之！使异乎我与若者正之？既异乎我与若矣，恶能正之！使同乎我与若者正之？既同乎我与若矣，恶能正之！然则我与若与人，俱不能相知也，而待彼也邪？[③]

真正的“大辩”是不言的，道也不可以靠争辩来认识。当时的儒墨之徒偶有小得就自以为掌握了全部的真理，一定要以自己的所得来辩倒别人，他们的境界和庄子比起来简直就如同《秋水》中的河神之于海若。如果我辩胜了，我一定对吗？如果你辩胜了，我一定错吗？有谁可以评判呢？如果找一个和我观点一致的人，因为他和我的观点一致，所以他不能做出客观的评价。如果找一个和你观点一致的人，因为他和你的观点一致，所以他不能做出客观的评价。如果找一个和我们观点都不一致的人，因为他的观点和我们都不一致，所以他也不能做出客观的评价。如果找一个和我们的观点都有相似之处的人，因为他的观点和我们都有相似之处，所以他也是不能做出客观的评价的。

（四）庄子的人生理想

在进行了激烈的批判以后，庄子提出了自己的人生理想，就是无条件的逍遥。在《庄子·逍遥游》中，庄子指出无论是大鹏还是燕雀，都受条件限制，都

---

① 王先谦：《庄子集解·秋水》，《诸子集成》（三），中华书局 1954 年版。
② 王先谦：《庄子集解·齐物论》，《诸子集成》（三），中华书局 1954 年版。
③ 王先谦：《庄子集解·齐物论》，《诸子集成》（三），中华书局 1954 年版。

不是自由的。真正的自由是："乘天地之正，而御六气之辩，以游无穷者。"[①] 在这个境界中人已经突破了自我的限制。庄子要人们放弃"小我"，追求与道合一的"大我"的逍遥。实现了逍遥的人也就是"真人"。"真人"是绝对自由的，"无待"的，超越了常人的境界，所以又被称为"神人"。庄子在《大宗师》中详细论述了"真人"的境界。"真人"具有三个主要的特点：首先是超越了对物欲的追求，其次是超越了生死，最后是认识到了大道并实现了与道的合一。

如何才能实现逍遥呢？首先要有正确的生活态度。庄子认为正确对待生活的态度就是在《养生主》和《大宗师》等篇中所说的"安时而处顺"。[②] 对于这个超过个人能力之外的东西，庄子称为"命"，这个命在庄子看来具有必然性和偶然性的特点。"得者，时也；失者，顺也。"[③] 接下来的步骤是"心斋"："无听之以耳，而听之以心，无听之以心，而听之以气。听止于耳，心止于符。气也者，虚而待物者也。唯道集虚，虚者心斋也。"[④] 这样的心斋是一个心灵净化的过程。"心斋"就是对心灵的放大和扩充，直至实现与道的合一。然后就是"坐忘"："堕肢体，黜聪明，离形去知，同与大通。"[⑤] "坐忘"的过程，就是通过"忘"，心灵逐渐被提升，达到忘己，而成为天人，也就是"真人"，"忘乎物，忘乎天，其名为忘己。忘己之人，是之谓入于天"。[⑥] 而且要忘记时间的差别，因为时间与永恒是对立的，是生命有限性的主要原因，所以一旦与永恒的道结合之后，时间的观念就消失了，使"有涯之生"变成无涯，"先天地生而不为久，长于上古而不为老"。[⑦] 通过这样一系列的"忘"之后，表面看好像回到了最初的不知，但它并不是不知，这是因为忘是对知这一阶段的超越，是心灵的升华。[⑧]

---

① 王先谦：《庄子集解·逍遥游》，《诸子集成》（三），中华书局 1954 年版。
② 王先谦：《庄子集解·养生主》，《诸子集成》（三），中华书局 1954 年版。
③ 王先谦：《庄子集解·大宗师》，《诸子集成》（三），中华书局 1954 年版。
④ 王先谦：《庄子集解·人间世》，《诸子集成》（三），中华书局 1954 年版。
⑤ 王先谦：《庄子集解·大宗师》，《诸子集成》（三），中华书局 1954 年版。
⑥ 王先谦：《庄子集解·天地》，《诸子集成》（三），中华书局 1954 年版。
⑦ 王先谦：《庄子集解·大宗师》，《诸子集成》（三），中华书局 1954 年版。
⑧ 参看拙文《真人与无待——庄子的救世之路》，《华北水利水电学院学报》2008 年第 12 期。

三、庄子对中原文化的影响

庄子思想对于中国文化的意义如颜世安在《回归自然——庄子的人生观》中所说："告诉生活在绝望中的人们，如何可以在内心深处守护最后的不可剥夺的尊严。"① 庄子曾经借孔子之口说正确的处世方法是："内直而外曲。"过去我们过多地关注于庄子的"外曲"而或多或少忽略了他的"内直"。庄子的重点在"内直"，不在"外曲"。庄子的思想激励着人们对生命尊严的守护，鼓舞着人们对生命自由的追求。

我们可以说庄子的梦想是不可能实现的，但是庄子却告诉人们做梦的权力和对梦境的执着是不可剥夺的。后世凡是"不为五斗米折腰"的精神贵族，从贾谊到嵇康，再到陶渊明、李白，再到《红楼梦》中的贾宝玉，都在一定程度上受到庄子的影响，表现出对权威的蔑视，对主流社会的叛逆抗拒。对于这些精神贵族，过去我们往往评价为消极的不合作，其实这样的不合作在当时的历史条件下是需要大智慧和大勇气的，必须有坚定的信念作为支撑。可以说庄子的"真人"理想是中国传统知识分子没有全部成为官方御用文人的一个重要原因。另一方面，庄子的真人理想也为后世对社会现实的批判提供了思想武器。过去不少人把逍遥游理解为对生活的否定，其实它不但不是对生活的否定，而是更多表现出一种超越的高尚的生活情趣，庄子真人理想对后世中国艺术创作所产生的影响是深远的。

在而今的现代社会里逍遥的"真人"理想是否已经完全没有意义了呢？完全不是这样的。从整个人类来讲，庄子指导我们尊重自然与自然和谐相处。在现代社会里人的生活压力越来越大，人的心灵桎梏越来越重，人的异化程度越来越高。人不再是人本身，而是劳动力。对别人而言劳动力是挣钱的工具，对自己而言是谋生的工具，人被社会这张大网控制得越来越牢。在这样的社会里庄子所描绘的逍遥使我们看到还有另一种生活方式，看待事物采取一种超然的态度，让人们摆脱得失的困扰去寻求生活的乐趣，发现生命的真谛。尽管你可以说这是虚无的，可是一旦你明白逍遥游的道理，你就会进入另外一种境界去感受生命的意义，就会对生命有一种全新的理解。

---

① 此文收入《庄子十日谈》，安徽文艺出版社 1994 年版。

第三节　魏晋玄学：从正始玄风到竹林七贤

进入汉代以后，道家一度和法家结合，形成了黄老之学，在西汉前期成为意识形态的核心，无为而治成为西汉前期政治的特色。汉武帝“罢黜百家”以后，道家的地位有所下降，逐渐从政治领域转向人们的精神世界。东汉末年的战乱，摧毁了儒家经学的权威，进入曹魏以后，玄学逐渐成为士人青睐的重点，开始在玄学之中寻找精神寄托。

一、玄学的兴盛

所谓玄学，是对道家思想特定发展阶段的称谓。是道家和儒家融合的一种文化思潮，也可以说是道家之学的一种新的表现方式，故又有新道家之称。玄学主要研究的经典是《周易》《老子》《庄子》，它们也被称为“三玄”。

玄学的兴起，一般认为是在曹魏正始年间，因而早期玄学的发展也被称为“正始玄风”。玄学的早期代表性人物是王弼和何晏。王弼（226—249），字辅嗣，是个天才的哲学少年，去世时年仅24岁，真可谓是天妒英才！王弼出身名门，祖上曾出过两位三公，他的继祖父就是建安七子之一的王粲，嫡亲祖父王凯是刘表的女婿。

王弼虽说籍贯是山阳郡，但自幼生活在洛阳。《三国志·魏志·钟会传》裴注引何劭《王弼传》记载“幼而察慧，年十余，好老氏，通辩能言”。何晏曾称赞他："仲尼称后生可畏，若斯人者，可与言天人之际乎！"① 正始年间，王弼曾出任尚书郎，正始十年（249年），高平陵之变后，司马氏专权，何晏等被杀，王弼受牵连丢职。同年秋天，遭疠疾亡，年仅24岁。

王弼在他短短的人生之中，著述不辍，流传到今天的还有《老子注》和《周易注》，这些都是后人所公认的研究《老子》和《周易》的权威注本。

林尹在《中国学术思想大纲》一书中说："王弼《周易》注，尤能校正汉儒符瑞灾异之弊，发挥天地间自然之理。"② 王弼在《周易注》中，一改两汉时期儒生以象数解易的传统，开创了《周易》研究的哲理派。《周易》本是一本算卦的书，战国时期，儒生把它改造成一本讲人生伦理的书，比如《象传》就从乾卦的卦象中阐发出"天行健，君子自强不息"的人生道理来。但是，汉代无论是今文经学还是古文经学，看重的是《周易》的占卜功能。到了王弼时代，王弼的《周易注》成功地阐发了《周易》中所蕴含的形而上的哲理。

在《老子注》中，王弼全面阐发了老子"以无为本"的思想。王弼以老子"有生于无""道"是宇宙根本的思想作为自己思辨的起点，极力发挥改造《老子》。他认为"无"就是老子所谓的"道"，"道"是"无"的名称，这还不是宇宙的本体，宇宙的本体是"无"。王弼认为宇宙之本体是无形的，没法定名，老子名之曰"道"，"强为之名曰'大'"是勉强的，不准确的。就是说，"道"和"大"不是宇宙的本体，只是宇宙本体的一个特性。无形的宇宙本体，虽不能为其定名，但是可以从不同的角度称呼它为"道""玄""深""大""微""远"等。王弼把宇宙的本体从老子的"道"，改造成了"无"。"无"处于王弼哲学的最高范畴，"道""玄"等则是对"无"从不同角度的称谓。"无"并不是没有，所谓"无中生有"，其实"无"是"有"之前更为根本的状态。

王弼不仅讲"以无为本"，而且还把孔子当成自己理论的来源。裴松之注引何劭《王弼传》曰："时裴徽为吏部郎，弼未弱冠，往造焉。徽一见而异之，问弼曰：'夫无者，诚万物之所资也，然圣人莫肯致言，而老子申之无已者何？'弼曰：'圣人体无，无又不可以训，故不说也。老子是有者也，故恒言无，所不

① 陈寿：《三国志・魏志・钟会传》，中华书局1959年版。
② 林尹：《中国学术思想大纲》，华东师范大学出版社2006年版。

足。’”① 孔子虽然不说“以无为本”，其实他所认可的正是“以无为本”。因为孔子境界高，所以不需要说。

何晏曾经提出了圣人无情之论，他以为“圣人无喜怒哀乐”，很多名士都被他的言论所折服。但是王弼则说：“圣人茂于人者，神明也。同于人者，五情也。神明茂，故能体冲和以通无。五情同，故不能无哀乐以应物。然则圣人之情，应物而无累于物者也。今以其无累，便谓不复应物，失之多矣”②。这就是所谓的“圣人有情而无累”，圣人也有着和普通人一样的情感，不过他们并不会被这样的情感所牵累。

王弼还对“本与末”“一与多”“动与静”“意与象”等哲学范畴进行了论述。王弼所进行的这些研究，在很大程度上引领了此后几百年学术研究的方向。

何晏（？—249），字平叔，南阳宛（今河南南阳）人。何晏出身名门，他是东汉末年大将军何进之孙。③ 何晏之父早逝，其母尹氏被曹操纳为妾室，何晏因而被曹操收养，深受曹操宠爱，后来曹操又把金乡公主嫁给他。正始年间（240—248）宗室曹爽秉政，何晏党附曹爽，因而不断升官，不仅官至吏部尚书，主管选官事务，而且还被封以侯爵。高平陵之变后，他因党附曹爽而被司马懿所杀。

何晏是出了名的美男子，有“傅粉郎”之称。据说他肤色很白，在男子擦粉成风的魏晋时期，很多人都以为他擦了粉，就连魏明帝也怀疑他擦了粉，后来皇帝就让他大夏天吃热汤面，他大汗淋漓，一边擦汗一边吃面，结果反而越擦越白。④

何晏是当时的文坛领袖，著述颇丰，现存著述有《论语集解》以及一些文章的片段。其中《论语集解》是现存最早的关于《论语》的注本，被收入《十三经注疏》中，成为历代士人学习的权威版本。

何晏非常赏识王弼，加上王弼的社会地位，在他们的影响下，清谈逐渐成为

---

① 陈寿：《三国志·魏志·钟会传》，中华书局 1959 年版。

② 陈寿：《三国志·魏志·钟会传》，中华书局 1959 年版。

③ 裴松之《三国志》注引《魏略》，认为何晏有可能是何进弟何苗之孙。

④ 刘义庆著，徐震堮校笺：《世说新语校笺》卷下之上《容止》：“何平叔美姿仪，面至白。魏明帝疑其傅粉。正夏月，与热汤饼。既啖，大汗出，以朱衣自拭，色转皎然。”中华书局 1984 年版。

一种风气，“以无为本”成为那个时代人们普遍接受的观念。他曾说：“无也者，开物成务，无往不存者也。”① 他认为“道”或“无”能够创造一切，“无”是最根本的，“有”靠“无”才能存在，由此建立起“以无为本”、“贵无”而“贱有”的思想体系。他还认为圣人无喜怒哀乐，圣人无累于物，也不复应物，因此主张“圣人无情”说，即认为圣人可完全不受外物影响，而是以“无为”为体。在思想上重“自然”而轻“名教”。

由于何晏后来未能善终，所以由司马氏所主导的历史记录中，何晏基本上以负面形象出现。但是，何晏对于玄学发展所做出的贡献则是无人可以否定的。

二、魏晋风度

何晏、王弼、夏侯玄等正始名士被杀以后，玄学并没有中断，竹林七贤又继承了正始玄风，成为魏晋风度的代表。过去有人认为竹林七贤之所以被冠以“竹林”二字，是因为他们隐居在竹林，就是今天新乡辉县、修武一带。不过根据《三国志》和《晋书》等典籍的记载来看，他们主要活动于洛阳。所以，陈寅恪考证认为，“竹林”二字，很可能是取自于佛教典籍，当年佛陀在世的时候曾经在竹林精舍讲经。竹林七贤身处魏晋之际的激烈政治斗争之中，对于统治者所提倡的虚伪的礼教采取了蔑视的态度，拒绝与统治者合作。嵇康和阮籍就是他们之中最为突出的两位。

嵇康（223—262），字叔夜，祖上为浙江会稽人，后来因为避仇而迁居谯郡。嵇康早年丧父，家境贫困，但仍励志勤学，文学、玄学、音乐等无不博通。他娶了曹操的曾孙女长乐亭主为妻。嵇康也是当时有名的美男子，《晋书》中说他“身长七尺八寸，美词气，有风仪，而土木形骸，不自藻饰，人以为龙章凤姿，天质自然”。②《世说新语·容止》中也说：“嵇康身长七尺八寸，风姿特秀。见者叹曰：‘萧萧肃肃，爽朗清举。’或云：‘肃肃如松下风，高而徐引。’山公曰：‘嵇叔夜之为人也，岩岩若孤松之独立；其醉也，傀俄若玉山之将崩。’”③

① 房玄龄等：《晋书》卷四十三《王戎列传》，中华书局1974年版。

② 《晋书》卷四十九《嵇康传》，中华书局1974年版。

③ 刘义庆著、徐震堮校笺：《世说新语校笺》卷下之上《容止》，中华书局1984年版。

当时司马昭正在酝酿取代曹魏建立新的朝代，嵇康则公开表达了对司马氏不合作的态度，竹林七贤之一的山涛接受司马氏的任命而出仕，嵇康写了《与山巨源绝交书》来表达自己的抗议。嵇康的友人吕安被其兄诬以不孝，嵇康出面为吕安辩护，钟会即劝司马昭乘机除掉嵇康，最后嵇康以不孝的罪名被杀。临刑之际，嵇康神色自若，奏《广陵散》一曲，曲毕，说："昔袁孝尼尝从吾学《广陵散》，吾每靳固之，《广陵散》于今绝矣！"① 说完从容赴死。

嵇康的著作被后人编为《嵇中散集》。嵇康继承了老庄的养生思想，其《养生论》是中国养生学史上第一篇较全面、较系统的养生专论。他在《管蔡论》《声无哀乐论》《难自然好学论》等文章中，对名教自然之辩进行了论述，他的观点在《与山巨源绝交书》中总结为："越名教而任自然，非汤武而薄周孔。"② 这在当时，无疑是离经叛道的大胆言论。

阮籍（210—263），字嗣宗，其父是建安七子之一的阮瑀，陈留尉氏（河南开封）人。因为阮籍曾任步兵校尉，所以被人称为"阮步兵"。其文章被后人编为《阮步兵集》。

阮籍三岁丧父，家境清苦，勤学而成才。阮籍在政治上本有济世之志，曾登广武城，观楚、汉古战场，慨叹"时无英雄，使竖子成名"③。在魏晋禅代之际，阮籍对司马氏采取了不合作的态度。不过相比于嵇康，阮籍更善于保护自己，他将自己沉溺于酒中，据记载司马昭曾想和他联姻，结果他连续大醉六十多天，司马昭根本没有机会，最终作罢。在激烈的政治斗争中，他或者闭门读书，或者登山临水，或者酣醉不醒，或者缄口不言。被迫要发言的时候，也总是发言玄远，口不臧否人物。

阮籍对统治者所提倡的虚伪礼教极度蔑视，根据记载他能为"青白眼"，见到所谓的"礼俗之士"就用白眼相向，成语"遭白眼"就是源自阮籍。阮籍完全不遵守当时的礼法，他曾说："礼岂为我设邪！"阮籍母亲临终之时，他正与人下棋，对方要求立即停止，他却坚持将棋下完，然后饮酒二斗，恸哭到吐血数升。至母亲下葬时，他又"食一蒸肫，饮二斗酒"，然后临葬之际，又是"举声一号，

---

① 《晋书》卷四十九《嵇康传》，中华书局 1974 年版。

② 严可均：《全上古三代秦汉三国六朝文》，中华书局 1958 年版。

③ 《晋书》卷四十九《阮籍传》，中华书局 1974 年版。

因又吐血数升”[①]，几乎丧命。在当时，丧礼期间饮酒食肉都是礼法所不允许的。

山涛（205—283），字巨源，河内怀县（今河南武陟西）人。曾和阮籍等人一起隐居，后来被迫出仕，这或许与其家庭出身有关。其父与司马师、司马昭兄弟是姑表亲。山涛和竹林七贤中其他人在性情上也有着明显的不同，山涛虽然年轻时崇尚老庄思想加入了竹林七贤之列，但本质上他不是一个浪漫的文学家或忘情的哲学家，而是一个拘守世俗礼法的彬彬君子。所以当他出仕的时候，嵇康写了《与山巨源绝交书》以示抗议。不过嵇康在临刑之际，却对自己的子女说，有困难就去找山涛，而山涛也在嵇康死后承担起照顾其子女的责任。可见他们之间纷争是次要的，友谊是真挚的。

向秀（约227—272），字子期，河内怀人。魏晋竹林七贤之一，官至黄门侍郎、散骑常侍。向秀曾经注释《庄子》，“于旧注外为解义，妙析奇致，大畅玄风”[②]，仅剩下《秋水》《至乐》两篇的注释还没有完成就去世了。据说后来他的手稿被河南洛阳人郭象得到，郭象完成了《秋水》《至乐》两篇，又替换了《马蹄》一篇，其他各篇也略有修订，这就是今天所能见到的最早的《庄子》注。今天的《庄子》注可以被看成是向秀和郭象共同的作品。他们重在调和名教与自然之间的冲突，主张“名教”与“自然”统一，合儒、道为一。认为万物自生自化，各任其性，即是“逍遥”，但“君臣上下”亦皆出于“天理自然”，故不能因要求“逍遥”而违反“名教”。比如做臣子的，尽到了臣子的本分，就是逍遥。

刘伶，字伯伦，沛国（今安徽淮北市）人。刘伶以擅长喝酒和品酒而闻名。他反对司马氏的黑暗统治和虚伪礼教。为避免政治迫害，遂嗜酒佯狂，任性放浪。一次有客来访，他不穿衣服。客责问他，他说：“我以天地为宅舍，以屋室为衣裤，你们为何入我裤中？”他这种放荡不羁的行为表现出其对名教礼法的否定。刘伶传世的著作有《酒德颂》一篇。《晋书》本传记载，他经常“乘鹿车，携一壶酒，使人荷锸而随之，谓曰：‘死便埋我。’”[③] 他嗜酒如命，放浪形骸由此可见一斑。有一次，他喝醉了酒跟镇上的人吵架，对方生气地卷起袖子，挥拳就要打他，刘伶镇定从容地说：“像我这鸡肋般细瘦的身体，哪有地方可以安放

---

① 《晋书》卷四十九《阮籍传》，中华书局1974年版。

② 刘义庆著，徐震堮校笺《世说新语校笺》卷上《文学》，中华书局1984年版。

③ 《晋书》卷四十九《刘伶传》，中华书局1974年版。

老兄你的拳头。”对方听后笑了，终于把拳头放了下来。

阮咸是阮籍的侄子，字仲容。他和阮籍被人们并称为“大小阮”。阮咸历官散骑侍郎，补始平太守。为人狂放，不拘礼法。善弹直颈琵琶，直颈琵琶后改称阮咸，简称阮。阮咸不仅擅长演奏，而且精于作曲，唐代流行的琴曲《三峡流泉》据说就是由他所作。1950 年南京西善桥南朝墓出土持阮弹奏的阮咸画像，神情专注。阮咸和阮籍一样，生平鄙视礼法。一方面固然是由于他们崇尚老庄之说，鄙视种种所谓的繁文缛节；另一方面，也是对当时权贵们的一种实际抗议。阮咸酒量惊人，和宗族一起饮酒都不用杯子，直接用酒瓮。有一次他们正喝着酒，来了一群猪，结果他就和这些猪一起喝了起来。

王戎（234—305），字濬冲，琅琊临沂人。王戎出身名门，自幼聪颖，神采秀彻。在七贤当中，王戎的年纪最小，比山涛小 29 岁，比阮籍小 24 岁，比嵇康小 11 岁。王戎 9 岁的时候便认识嵇康，与其交往甚密。王戎认识阮籍是在 15 岁的时候，他的父亲王浑，官任尚书郎，与阮籍是同事并至交。王戎跟着父亲住在尚书郎的官舍中，阮籍每一次来拜访王浑，谈不到几句话，就转到王戎的房间，这对忘年之交，一谈就是大半天。王戎后来官至司徒，不过在西晋乱世之中，他并没有什么突出的表现。

鲁迅在他著名的《魏晋风度及文章与药及酒之关系》演讲中对竹林七贤，尤其是对嵇康、阮籍有过深入的分析。鲁迅指出，他们实质上是信仰礼教的，不过因为看不惯别人利用礼教的虚假表演才采取了激烈的反对，表现出对礼法的蔑视。别人不明白他们的良苦用心，反而效仿他们的举止，实在有点东施效颦的感觉。

第四节　白日飞升：由道家而道教

在当今中国流传的宗教中，唯一出自本土的宗教就是道教。道教具有非常鲜明的民族性，无论是它的教义、修炼方式，还是其宗教仪式无不彰显着民族特色。道教产生、发展于中原地区，给中原文化带来深刻的影响。

一、道教的起源

关于道教的起源，道教徒宣称早在轩辕黄帝时就已经有了道教。这当然是经不起考证的。后来他们又宣称其创始教主为春秋末期的思想家老子。不过，我们在先秦典籍中也找不到老子创立道教的任何证据。

虽说道教的历史相对于中华五千年文明的悠久历史来说并不算很长，但道教的渊源却可上溯至先秦，或者更远。大体而言，道教的思想渊源包括了以下几个方面：

第一，远古的多神崇拜。研究显示，在世界各个民族的历史中，都经历过一个万物有灵的多神崇拜阶段。远古的洪荒时代，当还处于幼年的人类刚刚走出山林的时候，面对着自然的挑战显得那样的脆弱和无助，人们不得不乞求神灵的护佑。于是，就有了以巫术为特征的原始宗教的产生。近代考古学和民族学的研究也都证实了这一点。在仰韶文化、龙山文化中发现了大量祭祀活动的遗迹。进入文明时代以后，这些原始的宗教信仰并没有消失，而是被不断地整理得越来越系统化。由殷墟卜辞来看，殷商时期的宗教活动还有着一定的无序性。到了西周，周公等人开始有意识地对原始祭祀进行整理，把它们纳入礼制体系之中。“神道设教”是统治者宗教政策的初衷。后来的道教就是在民间多神崇拜的基础上发展而来的，它结合儒家的祭祀理论，对民间信仰进行整理，形成了自己的一套神仙谱系。正如金正耀所说：“道教的万神殿是既拥挤，又杂乱。”①

第二，春秋战国道家学派的思想体系。道家学派把“道”作为宇宙的本体来论证“无为而治”的政治主张。后世的道教把道家的“道”人格化为创世主神，并把庄子精神层面的“真人”直接改造为“神仙”，与“道”的结合可以直接实现肉体的长生。道家学派的创始人老子也被道教神化为创始教主，庄子也被封为南华真人。

第三，战国神仙思想。战国燕齐一带的海市蜃楼直接给了方术之士想象的翅膀，在一些古老传说的基础上，他们提出了长生不老的浪漫神话。后世帝王，无论是秦始皇，还是汉武帝，对这些神话都心醉不已！道教兴起后，神仙信仰被道教徒全盘接收并进一步发展，成为其基本信仰之一。

第四，阴阳五行学说。阴阳五行学说的源头可以追溯到很远，大体在战国时期成为人们理解世界的基本理论框架，其中有着合理的成分。西汉以后阴阳五行学说进一步发展，提出了天人感应、灾异学说等。儒学也在很大程度上受到了阴阳五行学说的影响，发展出了阴阳五行化的神化儒学——谶纬。东汉后期谶纬与道家思想的结合促进了道教的产生。

当然，道教的产生还吸收了其他的文化资源。

道教的直接起源是在东汉末年。道教之所以诞生在东汉末年，有着深刻的历史背景。东汉政局从汉章帝去世以后就陷入外戚与宦官轮流坐庄的争斗中，其间各种腐朽势力不断发展，深处水深火热之中的民众看不到希望所在。作为意识形态的儒学此时已经不能给人们指引光明，逐渐兴起的玄学也非普通民众所可以理解，于是道教就应运而生。

道教的直接源头有两个，一为巴蜀地区的五斗米道，一为中原地区的太平道。它们大约同时出现。

一般认为五斗米道的创始人是张陵。张陵又叫张道陵，有关他的事迹在《后

① 金正耀：《中国的道教》，商务印书馆 1996 年版。

汉书》《三国志》中有简略记载。《三国志·张鲁传》记载："祖父陵，客蜀，学道鹤鸣山中，造作道书，以惑百姓，从受道者出五斗米，故世称'米贼'。陵死，子衡行其道。衡死，鲁复行之。"① 后来道教发展起来以后，对这样简略的记载非常不满，于是就展开了想象的翅膀，开始为张陵设计生平。甚至说他活了一百五十多岁。这些当然是无稽之谈。同时，还有材料显示，五斗米道的创始人为张修，后来张修被张鲁所杀。极有可能张修是五斗米道的实际创始人，张鲁在杀了张修夺取五斗米道的领导权以后，宣称五斗米道是其祖父张陵所创。

在东汉末年的战乱中，五斗米道首领张鲁占据汉中二十多年，建立了一个政教合一的割据政权。张鲁自称"师君"，初入道者称"鬼卒"，更高级的称"祭酒"。张鲁将信众划分为二十四个"治"，也就是二十四个教区。后来为了与二十八宿相应而扩展为二十八治。《云笈七签》中记载了这些"治"的所在地。其中在洛阳有邙山治。五斗米道虽然起源于巴蜀地区，但是与中原有着密切的联系。比如他们对老子的神化。

据传张道陵曾著有《老子想尔注》一书，其全称为《老君道德经想尔训》，早已散佚。清末在敦煌发现了六朝写本的残卷，被斯坦因等人盗走，现藏于大不列颠博物馆。这部书认为努力修炼就可以成仙而长生，甚至为了宣扬长生而改动《老子》原文，比如"道大，天大，地大，王大，域中有四大，而王处一"几句中的"王"，全改为"生"，以强调长生。《老子想尔注》对老子的神化，也使得道教与道家结下了不解之缘。在道教和一般民众心目中，老子并非一个哲人，而是一个具有无尚神通与权威的至高神，后来虽非至高神，仍是核心领导层的神。

曹操南征汉中，张鲁投降，曹操把他迁往洛阳，不久去世，其信众也被迁移到关中。但五斗米道的传播并没有终止，张鲁来到洛阳后，促进了道教在上流社会的传播。后来五斗米道成了道教公认的正源。张鲁的后人世代相传自居天师，不知何时前往江西龙虎山成为道教正一派的领袖。1949 年后第 63 代天师张恩溥离开龙虎山到台湾并于 1969 年羽化，其族侄张源先代理掌教。张源先 2009 年羽化后，目前台湾确认第 64 代天师为张道祯。不过，这位当代天师并没有获得普遍的承认。

---

① 《三国志·张鲁传》，中华书局 1959 年版。

道教的另一起源为太平道，太平道的经书首先出现在洛阳。《后汉书》记载：东汉后期，一再有人向皇帝献上于吉所获得的神书。这本神书，后人一般认为就是《太平经》，原书170卷，今已残。残本尚余57卷，著名学者王明曾有《太平经合校》。《太平经》应该不是由一个人独立完成的，从文献记载看，它的形成应该是一个较长的历史过程，其中不排除于吉可能发挥了一定的作用。

《太平经》着力宣扬太平世道的理想，反映了身处苦难中的民众对太平的向往。作为一部宗教典籍，它还宣扬人人都具有成仙的可能性，如果精气神具足就可长生，由此提出了"守一""食气""胎息"等修炼方法。它还提出了道德伦理中的"承负说"来解释现实生活中的因果报应。后来此书为张角所得，成为张角创建宗教的主要理论依据。

《后汉书·皇甫嵩列传》记载：张角"自称'大贤良师'，奉事黄老道，畜养弟子，跪拜首过。符水咒说以疗病，病者颇愈，百姓信向之"。张角的影响力远在张鲁之上，"十余年间数十万，连结郡国，自青、徐、幽、冀、荆、扬、兖、豫八州之人莫不毕应"。中原地区，是太平道传播最为广泛的地区。在中国古代，宗教往往成为组织民众和进行宣传的重要手段，张角看来深谙此道。他们宣称："苍天已死，黄天当立。岁在甲子，天下大吉。"① 准备在184年3月起事，因人告密而提前起事，他们头裹黄巾因而被称为黄巾军。斗争持续了半年多的时间，张角病死，其弟张梁、张宝被杀。腐朽的东汉王朝也在经历了这次沉重打击后走向覆灭。

二、道教在中原地区的发展

魏晋南北朝时期，道教获得了巨大发展，成功地由草棖走上殿堂，进入贵族的生活之中。在中国古代专制体制下，如果不能获得统治者的认可，任何宗教都不能获得长足的发展。道教在魏晋南北朝时期的发展也与统治者的扶持分不开。而道教能获得统治者的青睐，首先是经过了必要的改造，使之成为统治者维持统治的得力工具。

在中原地区成功对道教进行改造的有寇谦之。寇谦之（365—448），字辅真，

① 《后汉书》卷七十一《皇甫嵩列传》，中华书局1965年版。

冯翊万年（今陕西）人。曹魏以后，北方流行的道教还有着一定的原始巫术的成分，凭借道教徒预言太上老君将化身李弘降临世界解救民众而发动的起义也几乎没有中断过。寇谦之对道教的改造，首要在于使信徒不要犯上作乱。寇谦之在嵩山修道期间精心思虑出一套改革天师道的方案，重点是整顿、重组教团。他宣称自己得到了太上老君的真传，决定“清整道教，除去三张伪法”。[①] 他在北魏太武帝和司徒崔浩的大力支持下，坚持“以礼度为首”的原则来改造道教。他主张只要做忠臣孝子，同时虔诚礼拜就能感动上仙，得到神仙的接引而成仙。在崔浩的帮助下，他还成功地得到了北魏太武皇帝的信任，假托太上老君，授太武帝“太平真君”之号和冠服、符箓。太武帝心领神会，欣然接受，当即改元，年号为太平真君。不到两年，太武帝干脆登坛受箓，当了道徒，于是“道业大行”。

隋文帝崇尚佛教，但对道教也并未放弃，甚至开皇年号也与道教信仰有关。在唐朝，统治者对释道儒采取的是兼容并包的策略。但随着政治的需要，三教的地位不断升降变换。唐初，李渊、李世民父子认老子为同宗，于是极力推崇老子以抬高自身的地位。武德八年（615 年）唐高祖下诏以道教居三教之首，贞观十一年（637 年）唐太宗确定道士、女冠地位在僧尼之上。唐高宗时甚至规定道士隶属于宗正寺，班次在诸王之下。武则天时代，道教地位略有下降。等到唐玄宗李隆基即位后极力扶持道教，道教的发展达到一个顶峰。他设置崇玄学，制定了道举制度，以《道德经》《庄子》《列子》《文子》《庚桑子》开科取士。在唐代，道教的影响更加广泛，上自皇帝，下至平民，无不对神仙向往不已。

唐朝时中原地区也是道教发展的中心区域之一。早在唐初，河南陕县人成玄英先后为《老子注》和《庄子注》做了疏，致力于文理的注疏，继承和发挥了“重玄”思想，使重玄之道成为唐朝初年道教哲学思想的一大主流。同时，也吸取了佛教的三业六根说以及双遣执法，使道教哲理及道教修炼思想更加升华。唐代著名道士李筌常年隐居在嵩山少室山，据说他曾在嵩山得到《黄帝阴符经》一书，还说是当年寇谦之所藏，实际上是李筌自己所作。在这部书中，他基本上以先秦道家、前人道教学说为核心，很好地融合了法家、兵家的思想，构造出自己的思想体系。中原地区也是炼丹之风盛行的地区，著名诗人李白就曾在嵩山和一

① 《魏书》卷一百一十四《释老志》，中华书局 1974 年版。

群道士炼丹。韩愈在一篇文章中曾批评过当时服食丹药的风气。

北宋的建立者赵匡胤曾和道士有过来往，道士陈抟曾为赵匡胤的即位制造舆论。陈抟（871—989），字图南，号扶摇子，赐号希夷先生。亳州真源县（今河南鹿邑县太清宫镇陈竹园村）人。陈抟继承汉代以来的象数学传统，并把黄老清静无为思想、道教修炼方术和儒家修养、佛教禅观融会贯通，对宋代理学有较大影响，后人称其为“陈抟老祖”、“睡仙”、希夷祖师等。据说五代时期，陈抟经常长睡不醒。但是听说赵匡胤黄袍加身后，陈抟大笑坠驴曰：“天下这回定叠也!”① 宋太宗曾两次召见陈抟。

赵匡胤即位后极力扶持道教，下令雕版印刷了道藏，这就是《开宝藏》。宋太宗为解决皇位继承的合法性，也曾依靠道士的帮助。宋真宗即位以后，道教开始迅猛发展。宋真宗不仅未能收回燕云十六州，反而被迫与辽人签订“澶渊之盟”。“澶渊之盟”实际上是城下之盟。以皇帝之尊与敌国签订城下之盟，极大地影响了皇帝的权威，不得已他开始乞求上苍的帮助，而这正是道教徒们的特长所在，于是双方一拍即合。接下来就是天书屡降，宋真宗亲自去迎接天书，年号都被改成了“大中祥符”：“大中祥符元年春正月乙丑，有黄帛曳左承天门南鸱尾上，守门卒涂荣告，有司以闻。上召群臣拜迎于朝元殿，启封，号称天书。丁卯，紫云见，如龙凤覆宫殿。戊辰，大赦，改元，群臣加恩赐，京师酺。”② 宋徽宗时，内忧外患，社会矛盾相当尖锐。他也效仿前人制造了天神降临的闹剧。一个叫林灵素的道士甚至说宋徽宗本人就是玉皇大帝长子神宵玉清王下凡，宋徽宗本人也以道君皇帝自居。最后这位道君皇帝客死他乡。

宋室南迁以后，金人入主中原，民族矛盾激烈，民众需要宗教的慰藉。同时，从学术思想的发展来看，三教融合的趋势越来越明显，天师道的中心又远在南方，这又为新教派的诞生提供了空间。于是以提倡三教融合为主旨的一些新教派应运而生。其中最为重要的就是全真道。

王重阳（1112—1170），全真教的创始人，本名喆，字知明，号重阳子，出身陕西咸阳一豪门之家。幼年业儒，金初曾应过科举，当过小吏。后辞官修道。在家乡一带传道效果不佳，便沿途乞化，来到山东，结果大获成功，正式开创了

---

① 魏泰：《东轩笔录》卷一，中华书局 1983 年版。

② 脱脱：《宋史》卷七《真宗本纪》，中华书局 1963 年版。

全真教。全真教以三教圆融为指导思想，规定以《道德经》《般若心经》《孝经》为经典，认为三教都统一于道德性命，这样才能“全其本真”。而且仿效佛教建立了道教宫观的清规戒律，要求道士必须出家。强调性命双修，先修性（心性，即道德修养），后修命（养生、长生）。王重阳在传教过程中收了七个弟子，分别是：马钰、谭处端、刘处玄、丘处机、王处一、郝大通、孙不二，号称全真七子。1170年，王重阳从山东回陕西老家的途中，在开封仙逝。此后，全真教大行于北方。元以后，道教便形成北全真、南正一的两大派，直至今日，格局基本未变。全真道和正一道的一个重要区别就是全真道的道士不结婚，其生活中所遵守的戒律有明显的佛教色彩，比如戒色、戒杀、戒酒肉等。

明朝建立后，统治者继续利用道教为其服务。明代的道教，无论是理论还是组织，并没有什么创新之处，值得一提的也就是《正统道藏》的编修。《正统道藏》加上《续道藏》共收书1500多部，5000多卷。保存了大量的古代典籍，比如《墨子》就靠《道藏》得以保存。清兵入关以后，道教一度受到礼遇。但好景不长，统治者就开始有意扶持佛教而贬抑道教。

近代以来，道教进一步衰落。新中国成立后，1957年成立了道教协会。改革开放以后，道教在一定程度上有所恢复。创办了出版物，并且有了专门培养道教人才的中国道教学院。今天作为一种宗教信仰，道教的吸引力在下降，但作为一种文化现象，道教依然有着很重要的影响。

三、道教对中原文化的影响

道教的发展得益于中原地区深厚的文化积淀。同样，道教也对中原文化产生了重要的影响。

首先，作为三大精神支柱之一，道教对中国古代思想文化产生了非常重要的影响。道教不仅直接丰富了人们的精神世界，而且对儒学和佛教的发展也产生了重要影响。比如司马承祯的“主静说”就在一定程度上启发了李翱的“复性说”，而邵雍受道教的影响就更为明显了。流行于中原地区的各种民间宗教更是与道教有着千丝万缕的联系，尤其在普通百姓心中，老天爷和如来佛并行不悖，有人曾经开玩笑地说，在中国人的思想观念中天庭是如来领导下的玉帝负责制。

道教在很大程度上也对中国传统文学产生了重要的影响。在道教中保留了大量的神话故事和民间传说，这本身就是文学的重要内容，有人将道教神话看成中国四大神话之一。这些神话又进一步启发、激励了后来的神话创作，成为中国古代文学中浪漫主义的主要载体之一。道教也对文人的创作产生了重要的影响，李白、白居易等人的诗作中都可以找到道教的影子。尤其是李白，在嵩山脚下所写的《将进酒》中就提到了他炼丹的朋友“岑夫子、丹丘生”。李长之所著关于李白的书干脆就叫《道教徒诗人李白极其痛苦》。中原地区有大量与道教有关的民间传说。

道教对中原文化最大的影响体现在民俗领域。道教的大部分神仙都是起源于民间，正如卿希泰在《道教常识问答》中所说：“道教把民间俗神集中到自己的信仰中来，成为道教神仙体系的一个组成部分；反过来，道教又利用自己的优势使这些道教化的神仙又返回民间，更深、更广地影响着民间的神灵祭祀活动。”①民间的各种祈福活动中，往往能见到道教徒的身影。道教的宗教节日往往成为民间盛大的节庆活动，比如活跃在各地的庙会。在众多传统节日之中，受道教影响最为明显的就是春节，传统中原人过春节很多习俗都与道教有关。比如在祭灶这天吃灶糖，据说是为了让灶神在上天多言美事。除夕中午的那挂鞭炮，是为了请老天爷下凡过年，与民同乐。初五中午的鞭炮则是为了欢送老天爷上天。初一早上，一定要上香、烧纸，在正屋摆放贡品。传统中原人民过年，有一定的宗教情结在里面，他们很注意呵护自己过节期间的心情。最近，很多人感慨年味没了，其实就是因为没了过年时的神圣感，只是变成了亲人们的团圆聚会。春节已经明显娱乐化了。

道教对中原地区传统音乐、绘画、雕塑等也都产生了重要的影响。

四、中原地区的著名道观

道教徒很早就开始修建道观，五斗米道的“治”就是后世道观的雏形。后世道教宫观的修建更为普遍，1949 年前后，统计资料显示国内尚有一万余座道教宫

① 卿希泰：《道教常识问答》，江苏古籍出版社 1990 年版。

观。如今这些道观不仅是道教徒进行宗教生活的场所，而且也成为人们观光游览的胜地。目前道观分为子孙庙和十方丛林两种，其中正一道主要采取子孙庙制度，而全真道则采取十方丛林制度。中原地区的道观基本上都采取十方丛林制度。

中原地区最重要的道观是老子故里的太清宫。太清宫据说始建于东汉桓帝延熹八年（165 年），唐朝时期开始兴盛。在武则天时，其规模一度达到占地面积 872 亩。北宋时，宋真宗还曾亲临太清宫祭祀老子。全盛时，太清宫有前宫和后宫之分，前宫住道士，后宫住道姑。后世屡经兵燹，规模已大不如前。现存建筑多为仿古建筑，不过里面保存的唐宋碑刻还是很有价值的。20 世纪 80 年代以来，开始重修，如今规模宏大，大体恢复到全盛时期的盛况。

中原地区保存最完整的道观是登封中岳庙，它位于河南登封嵩山东麓。中岳庙的历史可以追溯到西汉，本为历代祭祀中岳嵩山的所在地，后来成为道教宫观。唐、宋曾大规模重建，但后世屡遭兵燹。现存建筑为清代乾隆年间重修，共十一进院落，是五岳中现存规模最大的古建筑群，也是中国北方地区保存规模最大的道观。中岳庙内保存了大量的珍贵文物，尤其是神库四角的四个宋代大铁人，是我们今天了解宋代冶铁技术、铸造技术不可多得的珍品。2010 年作为“天地之中”项目的组成部分，中岳庙被列为世界文化遗产。

洛阳的上清宫相传为太上老君炼丹青城山上清宫之处，位于洛阳市老城西北 4 公里，坐落在邙山翠云峰上，为洛阳北郊的制高点。山虽不高但地势险峻，山上树木郁郁葱葱，苍翠若云，故称“翠云峰”。唐朝追尊老子为玄元皇帝，开元二十九年（741 年）唐玄宗下诏令两京诸州置庙祭祀，因而上清宫又叫玄元皇帝庙、老君庙。诗人杜甫于 749 年登上玄元皇帝庙，一览洛阳的山河形势，写出“山河扶绣户，日月近雕梁”的名句。① 吴道子在此绘了《五圣千官像》，宋代的苏轼也曾于此刻石题句。洛阳上清宫，金元已废，以后多次重修，民国时亦曾整修。抗日战争期间惨遭日军炸弹破坏，仅有翠云洞和洞上平台、三间五脊歇山顶老君殿幸存。在上清宫南边和邙山岭下，有玉清、下清二宫。下清宫规模较小，但十分紧凑幽静。如今下清宫经过重修，初具规模。

---

① 杜甫：《冬日洛城北谒玄元皇帝庙》，收《全唐诗》卷二二四，中华书局 1999 年版。

开封延庆观，原名重阳观，是为纪念全真教创始人王喆而兴建的。据说王重阳在此羽化成仙。元太宗五年（1233年），全真教教徒受丘处机遗命，重修重阳观，历时近三十年，规模宏伟，殿宇壮丽，元帝赐名“大朝元万寿宫”，元末毁于兵火，仅存斋堂一座。明洪武六年（1373年），更名延庆观。延庆观内最重要的建筑为玉皇阁。玉皇阁系观内原存斋堂，因屡遭水患，基部埋藏地下三米多深，经挖掘整修，现恢复了原貌。建筑共三层，通高18.25米，全用青砖，琉璃构件仿木建造，不设梁架，颇似一座蒙古包，可谓匠心独运，巧夺天工。玉皇阁内供明代真武铜像一尊，体现了明朝道教崇信真武之风。延庆观现为国家级文物保护单位。①

① 对中原道观的介绍，部分参考了杨作龙主编《中原文化景观》的相关章节，中国三峡出版社2000年版。

第六章

慈悲与普度：　中原佛教文化

作为世界三大宗教之一的佛教起源于印度，但在印度佛教早已消亡，相反佛教已经成为中国传统文化的一个重要组成部分，在个别时候甚至风头还在儒家之上。佛教不仅首先落脚于中原大地，进而开始了在整个中国范围内的传播，而且也是在中原地区最早开始了中国化的进程。今天中原佛教在中国佛教界仍具有举足轻重的地位。同时，佛教文化也是中原文化的重要组成部分。

第一节　佛教的东来

起源于印度的佛教东传中国后，经过不断的汉化、融合，已经成为中国传统文化的一个重要组成部分，而佛教与中国的结缘则是在洛阳城开始的。

一、佛教的创立

佛教的创立者为乔达摩·悉达多，出生于古印度的迦毗罗卫城（约在今印度、尼泊尔边境地区），释迦族人，在成佛以后被尊称为“释迦牟尼”，也就是释迦族的尊者或者圣人。所谓的“成佛”就是获得了觉悟的意思，释迦牟尼在觉悟后被尊称为佛陀，也就是觉悟者。释迦牟尼生活在公元前566—前486年，相当于中国的春秋后期，与孔子大体同时。他出身于刹帝利种姓，是迦毗罗卫国净饭王的太子，其母摩耶夫人早逝，由姨母抚养长大。少年时代接受上层社会的贵族教育，16岁的时候与觉善王的女儿耶输陀罗结婚并生有一子。但他并没有满足于这种富足美满的生活，而是经常沉思，探索解脱世界苦难的道路。29岁出家，加入苦行者的行列。

经过长达6年的苦修，他并没有找到解脱之路，这使他意识到苦修是无益的。于是到尼连禅河沐浴，接受了牧女供养的牛奶，一个人来到伽耶（今菩提伽耶），坐在毕钵罗树（后称菩提树）下，沉思默想。经过七天七夜，终于悟出了“四谛”的真理。标志他真正觉悟成道，从此以后他就成了佛。他在鹿野苑找到自己过去的五名侍者，向他们传播了佛法，被称为“初转法轮”。自此后佛、法、僧三宝具足，佛教也正式创立。

从此一直到去世，他都在从事着传教的活动。佛的弟子中，出家的男弟子叫比丘，女弟子叫比丘尼；在家的男弟子称邬波索伽，女弟子称邬波斯伽，合称四众弟子。佛经常往来于摩揭陀国王舍城外的竹林精舍和拘萨罗国舍卫城的祇园精舍之间，王舍城南的灵鹫山也是佛经常与弟子说法的地方。佛最后在传教途中逝世于拘尸那伽。佛逝世后被火化，所遗留舍利子被分送给各地供奉。汉传佛教以农历四月初八为佛诞日，十二月初八为佛成道日，二月十五日为佛涅槃日。

在佛去世后，他的弟子以摩诃迦叶为首的五百人在王舍城外的七叶窟将佛一生所说的言教结集。由阿难陀诵出经部，由优婆离诵出律部，由摩诃迦叶诵出论部。同时还有另外一批人结集出不同的经典。后来在佛灭 110 年、235 年和大约 400 年后，又先后有过三次结集。近代以来缅甸政府又组织过两次佛经的结集。

二、佛教的传入和落脚

佛教在创立一百多年后，发生了分裂，从而进入“部派佛教时期”。先是因为对教义和戒律理解的不同而分裂为“上座部”和“大众部”两派，后来又演化出众多的部派。1 世纪左右，大乘佛教兴起。大乘佛教在印度有两个大的派别，分别为龙树及其弟子提婆开创的中观学派和无著、世亲兄弟所开创的瑜伽行派。

从公元前 3 世纪的阿育王时代开始，经过伽腻色迦王，印度佛教开始向外传播，成为一个世界性的宗教。其中，传入中国汉族地区和朝鲜、越南、日本等国的佛教以大乘佛教为主，称为北传佛教，或汉传佛教。传入东南亚各国的佛教以小乘佛教为主，称为南传佛教。而传入中国西藏、蒙古地区的佛教被称为藏传佛教。而在印度国内，佛教从 7 世纪就开始衰落，10 世纪后期开始受到伊斯兰教的侵扰，13 世纪初，超岩寺被焚毁标志着印度佛教的消亡。近代印度佛教的复兴是在 19 世纪末从斯里兰卡传回的。

如今，诞生于印度的佛教，已经成为中国传统文化的一个重要组成部分。而佛教与中国文化的结缘就是在秦汉时期完成的，汉明帝时期的白马驮经可以被看成是佛教传入中国的标志性事件。

关于佛教的传入，学术界有很多种说法。有人认为秦始皇时佛教就已经传入中国。有人认为佛教是在秦汉之际就完成了的。有人认为佛教是西汉末年传入的。其中，认为佛教是西汉后期传入中国的说法，获得了一些文献的支持。《三国志·魏书·乌丸鲜卑东夷传第三十》裴松之注引鱼豢《魏略·西戎传》，提到汉哀帝时曾有西域人将佛教传入中国："哀帝元寿元年，博士弟子秦景庐受大月氏王使伊存口授浮屠经，中土闻之，未之信也。"① 看来那只是一次不成功的传入。

也有人认为佛教的传入除了传统的丝绸之路，还存在着其他的一些途径。有人认为佛教最早传入中国是从海上丝绸之路。也有人认为佛教的传入，是先经过缅甸，再到达中国的西南地区。

以上所有说法，都有一定的道理。佛教的传入应该不是在某一个具体的时间、某一个具体的地点上一次性完成的。相对于这些说法，传统的"白马驮经"之说，被更广泛地接受，可以被看成佛教传入中国的标志性事件。

关于"白马驮经"最早的文献记录是东晋袁宏的《后汉纪》，白马驮经源于汉明帝的一个梦："初，帝梦见金人长大，项有日月光，以问群臣。或曰：'西方有神，其名曰佛，其形长大。陛下所梦，得无是乎？'于是遣使天竺，乃问其道术，遂于中国而图其形像焉。"②

《魏书·释老志》中有更详细的记载："后孝明帝夜梦金人，顶有白光，飞行殿庭，乃访群臣。傅毅始以佛对。帝遣郎中蔡愔、博士弟子秦景等使于天竺，写浮屠遗范。愔仍与沙门摄摩腾、竺法兰东还洛阳。中国有沙门及跪拜之法，自此始也。愔又得佛经《四十二章》及释迦立像。明帝令画工图佛像置清凉台及显节陵上，经缄于兰台石室。愔之还也，以白马负经而至，汉因立白马寺于洛城雍关西。摩腾、法兰咸卒于此寺。"③

汉明帝的使者到了西域，遇到两位天竺高僧，就把他们请到了洛阳。伴随着两位高僧一同来到洛阳的，还有用白马驮回的佛教经卷《四十二章经》。为了安顿两位高僧，放置这些佛教经卷，在洛阳城西修建了第一座官办寺庙，这座寺庙被命名为白马寺。

---

① 陈寿：《三国志》卷三十，中华书局1959年版。

② 袁宏：《后汉纪》卷十，中华书局2002年版。

③ 魏收：《魏书》卷一一四《释老志》，中华书局1974年版。

相对于其他的说法，这种说法被广泛接受为佛教传入中国的起点。之所以如此，就是因为其他的说法不是没有道理，比如汉明帝的大臣能够对汉明帝说到佛，就证明他此前听说过佛教，而是那些事件并没有引起广泛关注。东汉洛阳城作为政治中心，白马驮经必然引起广泛关注。而且，这次佛教的东来，有最高统治者参与的因素，汉明帝的梦虽然有点儿神奇，有点儿机缘巧合的感觉，但是只有引起最高统治者的注意，才会有进一步的传播和扩散的机会。

此后，佛教才真正得以在中国扎下根来。因而，白马寺才会在中国佛教界占据如此重要的地位，被看成“释源”，被尊为“祖庭”。

在今天的白马寺中，还有摄摩腾和竺法兰的墓。佛经《四十二章》也完整地保留到了今天。根据梁启超的考证，《四十二章经》并不是照着原典翻译而成，而是各种佛经的一个节译和汇编。阐述了佛教的基本教义和解脱之道。

佛教在东汉前期正式进入中国，到东汉末年已经在中国完成了落脚扎根的过程。

佛教在进入中国之初首先在王公贵族当中传播，这是很自然的事情。佛教传到中国首先进入的是东汉王朝的首都，最早的佛教寺庙又是在皇帝的安排下修建的。上有所好，下必甚焉。王公贵族自然而然成为最早接触到佛教的一群人。

见于记载，东汉楚王刘英成为最先礼佛的人。《后汉书》记载，刘英“晚节，更喜黄老学，为浮屠斋戒祭祀”。永平八年（65 年），汉明帝下诏，天下的死囚可以交纳缣帛赎罪。楚王刘英就派人至国相交纳了黄缣白纨三十匹，为自己所犯的过错赎罪：“托在蕃辅，过恶累积，欢喜大恩，奉送缣帛，以赎愆罪。”汉明帝知道以后，下诏表彰了刘英礼佛的行为并且送还了刘英的缣帛，让刘英用来供养僧尼：“楚王诵黄老之微言，尚浮屠之仁祠，洁斋三月，与神为誓，何嫌何疑？当有悔吝！其还赎，以助伊蒲塞、桑门之盛馔。”①

东汉后期，汉桓帝成为见于记载的第一个礼佛的皇帝。《后汉书》记载，汉桓帝于“宫中立黄老浮屠之祠”。当时一个叫襄楷的大臣上书对汉桓帝提出批评，他认为穷奢极欲的汉桓帝没有资格祭祀浮屠，他说道：“此道清虚，贵尚无为，好生恶杀，省欲去奢。今陛下嗜欲不去，杀罚过理，既乖其道，岂获其祚哉？或

① 范晔：《后汉书》卷四十二《光武十王列传》，中华书局 1965 年版。

言老子入夷狄为浮屠。浮屠不三宿桑下，不欲久生恩爱，精之至也。天神遗以好女，浮屠曰：'此但革囊盛血。'遂不眄之。其守一如此，乃能成道。今陛下淫女艳妇，极天下之丽，甘肥饮美，单天下之味，奈何欲如黄老乎？"①

通过以上两例可以知道，佛教在东汉已经开始流行，上自帝王，下至王公，都有信奉者。而且在汉明帝的诏书中，已经非常熟练地使用佛教语词，优婆塞指的是尼姑，桑门指的是和尚。这也说明，汉明帝时中国已经有了僧人。襄楷在给汉桓帝的上书中，可以看出襄楷对佛教的教义已经有了一定的认识，好生恶杀、省欲去奢等佛教的基本观念，已经被人们广泛接受。有关佛陀的一些故事也开始流传。

不过同时我们也注意到，当时人们对佛教的认识相对比较肤浅，往往黄老、浮屠并称，把佛教作为一种方术来看待。这也很好理解，当一种外来宗教进入人们的视野时，人们首先是从本土的文化资源中去寻找可以理解、认识它的途径。魏晋时期，人们对佛教理论的接受，最初也是大量借用了玄学的语词，后世称之为“格义”。

到了汉灵帝的时候，有人开始研究佛教理论，出现了第一部佛教理论著作《牟子理惑论》。关于牟子是谁，学界有争议，有人说是太尉牟融，也有人说是苍梧太守牟子博，还有人认为牟子其人无可详考。从书中记录可知，牟子本人长期活动在洛阳一带。

在《牟子理惑论》中，牟子解释了人们对佛教的怀疑和攻击，他指出：“佛乃道德之元祖，神明之宗绪。”② 在书中，牟子采取问答体的形式，对佛教的理论进行了解说。他不仅指出了佛教和神仙方术的不同，而且也明确说明了佛教和儒家的不同，甚至明言儒亦不如佛。《牟子理惑论》反映了当时人们对佛教的初步理解，是了解佛教初传中国的情况，研究中国佛教形成和发展的一部重要文献。

东汉后期，佛教经卷的翻译事业得以逐次展开。早在汉明帝时，高僧摄摩腾和竺法兰来华后，带来了佛教的经卷，并且进行了翻译，这就是《四十二章经》。《四十二章经》是第一部汉文佛教经卷。它是由四十二段话组成，阐述了早期佛教的基本教义。文字相对来说比较浅显，道理也并不是十分深奥。从总体上看，

① 范晔：《后汉书》卷三十下《郎顗襄楷列传》，中华书局 1965 年版。

② 僧祐：《弘明集》卷一，中华书局 2011 年版。

其教义应属于小乘佛教。不过，在印度人们并没有找到梵文版的《四十二章经》，于是有人怀疑这是一部伪经。梁启超认为，这并不是一部伪经，它不过是印度佛经的摘录而已。

汉桓帝时又有安世高及支娄迦谶先后来到洛阳，他们翻译了大量佛经，为后世佛教的发展奠定了坚实的文献基础。据说，安世高本为安息国王子，其父死后，他让位于叔父，趁机出家。汉桓帝时，来到洛阳，留居中国20年。他先后翻译了《四谛经》《八正道经》等39部小乘佛典。安世高不仅翻译佛教经典数量众多，而且文笔优美，语言流畅，开创了佛经翻译中“意译”的传统。

支娄迦谶，简称支谶，大月氏人。根据《出三藏记集》的记载，支娄迦谶也是在汉桓帝时来到洛阳的。支娄迦谶学识渊博，聪颖异常。来到洛阳后，他很快就掌握了汉语，不仅能说，而且很快掌握了汉语的书面表达。他先后翻译了《道行般若经》等13部大乘经典，其翻译采取“直译”的方法，文字质朴。支娄迦谶的到来，使得大乘佛教为世人所知。大批佛教经卷被翻译为汉文以后，人们更进一步了解了佛教的本质教义，为后来魏晋时期佛教的迅猛发展奠定了基础。

佛教传入中国以后，最初只有洛阳修建了白马寺。后来，各地的佛教寺庙如雨后春笋般兴建起来。比如汉献帝时，笮融拦截了广陵、下邳、彭城三郡的赋税，在徐州一带“大起浮屠寺，上累金盘，下为重楼。又堂阁周回，可容三千许人。作黄金涂像，衣以锦彩”。他还经常举行佛教法会，“辄浴佛，辄多设饮饭，布席于路。其有就食及观者，且万余人”。①徐州离洛阳千里之遥，尚且有如此规模的佛教寺庙，由此其他地方可见一斑。

东汉时期，佛教之所以能在中国立足，并且有进一步的发展，其原因在于以下几个方面：

第一，佛教传入之初，成功地借助于黄老道家的发展，无论是宗教形式还是教理教义，都与两汉时期的原始道教有着密切的联系。如前所说，佛教传入之初，人们往往把浮屠与黄老并列。在这个过程中，不仅减少了人们对于外来宗教的疑虑和抵触，而且也使得佛教更迅速地为人们所接受。

第二，在教义上迎合中国儒家思想。经过两汉400年的发展，儒学成为中国

---

① 范晔：《后汉书》卷七十三《刘虞公孙瓒陶谦列传》，中华书局1965年版。

传统文化意识形态的核心。佛教传入之初，并没有试图去挑战儒家的地位。相反，他们还试图用儒家的一些观念来阐释部分佛理。

第三，有利于统治者维护统治。在中国古代长达两千多年的专制集权社会之中，文化的发展无不仰仗政治的庇护。因而，一切不能为统治阶级服务的，不能作为统治阶级维护其统治工具的文化，都在被打击之列。相反，凡是有利于统治阶级维护其统治的文化，都在被扶持、鼓励之列。佛教传入中国以后，与儒家之间形成了很强烈的互补。尤其是佛教三生、地狱等观念，成为维持儒家所提倡的纲常伦理的约束性保证。

第四，政治黑暗中的广大民众也需要佛教的精神安慰。佛教传入中国后不久，东汉王朝就陷入外戚与宦官交替专权的黑暗之中，尤其是到了东汉后期，政治黑暗到了极点。政治的黑暗和腐败，是宗教产生的温床。因为人们看不到希望，按理说好人有好报，可现实却是"直如弦，死道边；曲如钩，反封侯"。① 当现实不能用正常的人世间的道理来进行解释的时候，只能用虚无缥缈的天国来解释。佛教传入中国以后，不仅三生的观念解释了现实生活中为什么人与人是不平等的，而且佛教极乐世界的观念，也使得生活于水深火热之中的人们看到了希望，使得他们看到了自己获得解脱的可能。虽然这种解脱是在遥远的极乐世界，但总可以使得他们在黑暗中获得活下去的理由。对于不同阶层的人们而言，宗教的作用是不同的。

第五，教义仪式也适合中国的国情。从先秦开始，中国社会就存在着多神崇拜的传统。进入两汉以后，多神崇拜进一步发展，有些还被官府纳入国家祭祀体系之中。佛教的教理教义体现出一定程度上多神崇拜的特点，不仅极乐世界有着众多的神佛、菩萨、罗汉，就连释迦牟尼本身，也经历了一个由人到神的过程。这一点与先秦以来中国人神佛信仰的特点相吻合。

第六，相对而言，东汉时期还存在着一定的传教自由。东汉时期文化专制制度虽然已经形成，但相对于后世尚未能实现彻底的文化专制，这就为佛教的传入提供了空间。后世，官府对于宗教往往设有专门的机构来进行管理，任何宗教的传播都在政府的严密监控之下。相反，佛教传入后，东汉官府并未过多地干涉。

---

① 司马彪：《续汉书》志第十三《五行一》，中华书局1965年版。

从总体上说，东汉时期是佛教在中国落脚生根的发展阶段，在这个阶段，洛阳地区是佛教发展的核心区域。东汉时期佛教在洛阳地区的发展，为后世佛教的进一步普及和发展奠定了坚实的基础。

三、魏晋南北朝时期佛教在中原地区的发展

据传，汉明帝时就已经有人出家了。但还缺乏足够的材料证明，而且那时所谓的出家仅为从师修行，剃度而已。中国真正有僧人则是在三国时期，250 年昙柯迦罗在洛阳白马寺正式建立戒坛传戒，才开始有了如法的比丘。严格意义上第一个汉地僧侣是颍川人朱士行。

魏晋南北朝时期是中原佛教迅猛发展的时期，从《洛阳伽蓝记》中可以看到北魏佛教的盛况，当时洛阳城中竟然有 1367 座寺庙，其中永宁寺最为辉煌。永宁寺塔建于熙平元年（516 年），杨衒之《洛阳伽蓝记》追述，永宁寺塔为木结构，高九层，100 里外都可看见。据其他记载，塔高四十九丈或四十余丈，合 136.71 米，加上塔刹通高约为 147 米，是我国古代最著名的佛塔之一。永宁寺塔后来毁于一场天火，现在永宁寺塔的塔基已经被考古部门发现，就在今白马寺东南不远处。

不仅如此，各种佛教活动也都盛况空前。比如洛阳城中的“行象”。传说佛教创始者释迦牟尼诞生于四月八日，《法显行传》及《南海寄归传》记：佛于四月八日夜从母右胁而生，释迦去世后，后人恨未能亲睹真容，故于每年此日立佛降生相，或太子巡城像，载以车辇，周行城市内外，受众人瞻仰礼拜，称为“行象”，用以表达对佛的景慕虔诚之意。

北魏时亦有这一风俗，据《洛阳伽蓝记》记载，行象之前，京师诸像都要汇集景明寺，共有一千余躯。伴随着行象出行，要举行盛大的宗教庆祝活动。《洛阳伽蓝记》卷一“长秋寺”条记，寺有一六牙白象负释迦像，像出之时“吞刀吐火，腾骧一面；彩幢上索，诡谲不常；奇伎异服，冠于都市。像停之处，观者如堵，迭相践跃，常有死人”。[①] 卷二“宗圣寺”条记，寺有像一躯，举高三丈八

---

① 杨衒之著、杨勇校笺：《洛阳伽蓝记校笺》卷一，中华书局 2006 年版。

尺，“此像一出，市井皆空，炎光腾辉，赫赫独绝世表。妙伎杂乐，亚于刘腾。城东士女，多来此寺观看也”。[①] 行象之日，千余躯像依次进入宣阳门，来到皇宫前，皇帝在门楼之上散花礼敬。

北魏时期中原地区佛教之所以能够有如此巨大的发展，其原因有如下两点：

首先，大量信众的加入。南北朝时期，中原地区是战乱最为集中的地区，民众生活在水深火热之中，看不到希望，只能到佛教之中寻求解脱。正是大量民众的皈依，才使得佛教的发展有了坚实的基础。相对于南朝佛教理论的不断创新，中原地区的佛教更注重实践。江南地区的佛教有着明显的贵族色彩，中原地区的佛教则有着非常明显的民众性。相对来说，江南地区的佛教表现在走向上层，中原地区的佛教则是普及于民众。

其次，佛教的兴盛当然和统治者的提倡及扶持是分不开的。统治者认识到佛教对于维护其统治秩序有着重要作用，开始将佛教改造为重要的统治工具，官府直接赋予佛教“巡民教化”、“敷导民俗”、安抚民众的任务。一些重要的佛教徒往往参与到政治生活中。与此同时，官府也加强了对佛教的控制，设置僧官来管理佛教事务，扶持佛教发展。孝文帝承明元年（476 年）八月，在永宁寺“度良家男女为僧尼者百有余人，帝为剃发，施以僧服，令修道戒”。太和十六年（492 年）又令“四月八日、七月十五日，听大州度一百人为僧尼，中州五十人，下州二十人，以为常准，著于令”。出家人的剃度也在官府的管理下，太和十年（486 年），就曾经因“愚民侥幸，假称入道，以避输课”[②]，命令严加清检，罢遣无籍僧尼，并命令各地寺主、维那进行审核，凡是不合条件的一律取消僧籍。熙平二年（517 年），朝廷再次重申控制度僧。北魏时，官府曾先后数次制定“僧禁”。太和十七年（493 年），孝文帝亲自命令沙门统僧显修立僧制四十七条。

与此同时，佛教也主动向统治者靠拢。印度佛教习俗，沙门出家，不礼世俗之人，无论是帝王还是父母，一概不拜。因此，僧徒礼拜王者显然不合佛教教义。北魏时首任最高僧官的法果为了调和这一矛盾，提出魏道武帝“即是当今如来，沙门宜应尽礼”的说法，他还对人解释：“我非拜天子，乃是礼

① 杨衒之著、杨勇校笺：《洛阳伽蓝记校笺》卷二，中华书局 2006 年版。
② 魏收：《魏书》卷一一四《释老志》，中华书局 1974 年版。

佛耳！”①

经历了魏晋南北朝的迅猛发展以后，佛教终于在唐朝迎来了发展的顶峰。洛阳作为隋唐时期政治经济中心之一，也是佛教繁盛之地。尤其是武则天时期，更是如此，她还是皇后的时候就曾经捐出了个人的脂粉钱修了卢舍那大佛。在登基称帝的过程中，佛教更是为她提供了理论的支持，武则天大力扶持佛教就成了顺理成章的事情。她在洛阳曾经修建宏伟的天堂，作为礼佛的场所。也就是在这样的历史背景下，隋唐时期出现了中国化的佛教宗派。

① 魏收：《魏书》卷一一四《释老志》，中华书局1974年版。

第二节　禅宗与少林

历史上传到中国的外来宗教很多，但是很多宗教就如同划过天际的流星，逐渐消逝在历史的长河之中，没有能够生存下来。佛教不仅在中国生根，而且在中国发扬光大。对于佛教在中国的普及，荷兰学者许理和曾经写过一本书，名为《佛教征服中国》。实际上，不是佛教征服了中国，而是中国征服了佛教。佛教之所以能够在中国生存，一个重要的原因就是佛教实现了中国化。佛教中国化的标志就是出现了一些中国化的佛教宗派，这些佛教宗派酝酿于南北朝后期，大盛于隋唐时期。禅宗就是其中最典型的代表。

一、禅定

禅定是一种修行成佛的方法。“禅”为印度梵语“禅那”的简称，梵语的音译。也有译为“弃恶”或“功德丛林”者。其意为“思维修”或“静虑”，是佛教的一种修持方法，其中有祖师禅与佛祖禅的区别。“思维修”是依因立名，意指一心思维研修为因，得以定心，故谓之思维修。“静虑”是依体立名。其禅那之体，寂静而具审虑之用者，故谓之静虑。静即定，虑即慧，定慧均等之妙体就是“禅那”。

“禅”是外不着相，不执着一切境界相是为禅；“定”是内不动心。佛教徒认为由“凡人”到“成佛”的整个过程中，禅定起着关键性的作用，如果它没有发挥积极作用，“凡人”是无法达到“成佛”的境界的。

南北朝后期开始有些佛教宗派主张禅定，强调要定慧双修。

二、达摩与少林寺

提到禅宗的起源，禅宗自己说可以直接追溯到佛陀本人。根据《大梵王问佛决疑经》的记载，一次佛在灵山说法，他并没有说一个字，而是手持一枝金色的菠萝花，摩诃迦叶心领神会破颜而笑。于是佛宣布："吾有正法眼藏，涅槃妙心，实相无相，微妙法门，不立文字，教外别传，付嘱摩诃迦叶。"① 禅宗在印度一直是教外别传，一直到第二十八代祖师菩提达摩的出现。

据说菩提达摩生于南天竺，是南天竺香至王的第三子。他于萧梁普通七年(526年)来到中国南方，次年来到南京，见到了梁武帝萧衍。但达摩与梁武帝的主张并不相合，他并不赞同梁武帝大修功德的主张。于是"一苇渡江"来到了北方，即顺手折了一枝芦苇踩着它就渡过了长江，并在当年的冬天落脚于少林寺。因而少林寺也被称为禅宗祖庭。据说达摩在少林寺面壁9年，民国年间军阀石友三火烧少林寺，该石也被焚毁。据传达摩在150多岁时圆寂，当然这些故事有太多传说的成分。达摩所传禅法，注重"以壁观教人安心"。达摩就是中土禅宗的初祖，后来葬在陕县的空相寺。

据说达摩在少林寺面壁，一开始并没有引起普通僧众的注意。后来一个叫神光的和尚来到了少林寺，向达摩求教禅法。不过达摩并没有理会他，而是一味地继续独自面壁，一直到冬天下着大雪，神光在达摩的屋外站了一夜，雪都没过了膝盖，达摩这才开始和他说话，告诉他只有行难行之事，忍难忍之情才能成佛。于是神光就悄悄地砍掉了自己的左臂，达摩收他为徒，改名为慧可，他就是禅宗二祖。少林寺内的立雪亭据说就是为了纪念二祖慧可而建。

三、禅宗的进一步发展

在中国历史上，禅宗发展可分为四个时期。由达摩入中国至六祖慧能为禅宗

① 普济：《五灯会元》卷一。

的起始期，称为早期禅宗。由六祖慧能门下发展为五宗七派，为禅宗的发展期，时间为晚唐至南宋初。自南宋初临济宗宗杲倡看话禅，曹洞宗宏智正觉倡导默照禅，至于明朝中晚期，此为禅宗的成熟期，又可称为中期禅宗。明朝中叶净土宗兴起，禅宗逐渐不被社会重视，为禅宗的衰落期，又称为晚期禅宗。近代以来，又有慧云和尚极力倡导复兴禅宗。

潘桂明在《中国的佛教》中说："印度佛教只有禅法而没有禅宗，禅宗纯粹是中国佛教的产物。它的真正创始人是慧能。"① 由于从达摩经历了慧可、僧璨、道信、弘忍才传到慧能，所以慧能被称为禅宗六祖。据说弘忍欲传法嗣，让寺中僧众发表自己的见解。上座弟子神秀作偈一首说："身如菩提树，心如明镜台。时时勤拂拭，莫使惹尘埃。"但是并不识字的慧能却当仁不让地请别人帮助自己写了一首偈："菩提本无树，明镜亦无台。本来无一物，何处惹尘埃？"② 这首偈深受弘忍的赞赏，于是就传以衣钵，并让他连夜逃往南方。后来慧能将禅宗传往南方，并在广州正式出家。慧能主张顿悟，后人总结为"放下屠刀，立地成佛"。他的主张被人记录下来，即《六祖坛经》。慧能的主张更容易被人们所接受，所以被尊为禅宗正统。

禅宗后来发生了分化，由南岳怀让一系分化出沩仰宗、临济宗。青原行思一系分化出曹洞宗、云门宗、法眼宗。后来临济宗又分化出黄龙、杨岐两派。所以他们被称为五家七派。

禅宗主张不立文字，直指人心，见性成佛。所以禅宗并不主张念佛，也无须研修佛法，甚至无须出家。后来发展出的狂禅甚至到了呵佛骂祖的地步。《景德传灯录》记载宣鉴禅师，"一日上堂说：'我这里，佛也无，法也无，达摩是个老臊胡，十地菩萨是担粪汉，等妙二觉是破戒凡夫，菩提涅槃是系驴橛，十二分教是点鬼簿，拭疮纸，佛是老胡屎撅。'"禅宗提供了更为廉价、直接的通往天国的门票，自然就大受欢迎。如同李泽厚所总结的，中国文化的特色之一可以总结

① 潘桂明：《中国的佛教》，商务印书馆 1997 年版。

② 郭绍林：《中国的古代宗教》一书指出，慧能的偈语本为两首："菩提本无树，明镜亦非台。佛法常清净，何处惹尘埃"和"身是菩提树，心是明镜台。明镜本清净，何处惹尘埃"。宋代以后被人们改成了现在的模样。安徽师范大学出版社 2012 年版。

为“乐感文化”。所以，苦修并不符合中国人的口味。中国人也不喜欢过于抽象的思维，比较喜欢具象的形象思维。所以禅宗所提出的公案、斗机锋等，比较适合士大夫的口味。因而禅宗得以广泛传播，尤其是在唐武宗灭佛后，其他各派一蹶不振，禅宗则是一枝独秀。

第三节　玄奘大师的求法之路

佛教是一个外来宗教，一开始佛教的传播都依靠天竺僧人。后来中国僧人不满天竺僧人的转相传授，开始主动前往天竺求取真经。玄奘大师就是其中一个典型代表。①

一、释门千里驹

玄奘，俗姓陈，名祎，法号玄奘。生于开皇二十年（600年），一说生于仁寿二年（602年）。洛州缑氏（今河南偃师缑氏镇）人。

曾祖陈钦，官至北魏上党（今山西长治）太守；祖父陈康，官至北齐国子博士；父陈惠，隋时曾任江陵（今属湖北）县令，后回到故乡，过着晴耕雨读生活。陈惠对于儒家经典颇有研究，是一名虔诚的佛教徒。他有四个儿子，玄奘最小。当时佛教盛行，玄奘的二哥陈素在洛阳净土寺出家，法号长捷。受兄长影响，幼年的陈祎常去寺内，对佛学产生强烈兴趣，11岁时就已经能背诵《维摩诘经》《法华经》等佛教经典。13岁在洛阳出家。他天资聪颖，专心致志研究佛学，很快就掌握了《涅槃论》等佛教基本经典。

隋末天下大乱，僧众纷纷西游，玄奘随二哥入川受学，数载钻研，学业大进。为追求更高的目标，他不顾兄长的劝阻，毅然顺长江东下，先后在荆州、赵

① 本节参考了白寿彝总主编《中国通史》第六卷《中古时代》丁编第十一章第一节，上海人民出版社1997年版。

州、相州等地遍访名师，广涉佛经。贞观元年（627 年），移住长安大寺院庄严寺，从道岳学《俱舍论》，又从法常、僧辩“二大德”学习。28 岁时，由于玄奘超群的智力和刻苦的求学精神达到一定的水平，受到两位高僧的称赞，被誉为“释门千里之驹”驰名长安。①

玄奘在苦心钻研佛学的过程中，发现当时国内佛教经论的体系杂乱，各家说法众说纷纭，部分经典的翻译也存在着较多的差错。玄奘虽然在国内遍访名师，学习了前辈大家的诸多说法，但是依然感觉到“莫知适从”。贞观元年（627 年）十二月，印度学者颇蜜多罗来到长安，他十分推崇《瑜伽师地论》。玄奘听说天竺（古印度）有很多佛经，于是决心西游，“以问所惑，并取《十七地论》，以释众疑”。②《十七地论》即《瑜伽师地论》，这是一部大乘瑜伽学的要典。为了学习《瑜伽师地论》，玄奘决定西游。玄奘深知西行的艰难，除了积极学习梵文，又经受各种痛苦的磨炼，为西行创造条件。

二、西去求法

唐朝初年，西突厥势力很大，西北边塞局势不稳，官府不允许人们出塞。玄奘邀集西行的僧侣虽一再申请西行，都未被批准。同行者纷纷退出了西行行列，但玄奘依然不改初衷。

贞观三年（629 年）三月，长安闹饥荒，朝廷允许长安城中的人们外出求食，于是玄奘借机离开了长安，私自跟随一些商人向西进发，来到边塞重镇凉州。凉州都督李大亮为执行朝廷禁止私自出塞的规定，下令玄奘返回长安。但是玄奘并没有听从他的命令，在当地高僧慧远的帮助下，他昼伏夜行，经过张掖抵达瓜州。这时，朝廷的访牒，即通缉令也到了瓜州，逼令玄奘返回长安。恰巧瓜州州吏李昌也是一个虔诚的佛教徒，他为玄奘这种立志求经、勇往直前的精神所感动，毅然放行，当着玄奘的面把访牒撕毁。

途中玄奘碰到一位熟悉西行地理情况的老翁。老翁告诉他：“西路险恶，沙

① 慧立、彦悰：《玄奘传》，中国社会科学出版社 2003 年版。

② 慧立、彦悰：《玄奘传》，中国社会科学出版社 2003 年版。

河阻远，鬼魅热风，遇无免者。”① 玄奘则表示不到天竺不东返，就是死在路上也决不后悔。老人深为所动，便将一匹往返伊吾（哈密）国十五次的老马送给他。

唐初，丝绸之路在出了玉门关之后分为南北二路，北路由天山南麓过葱岭，南路由昆仑山北麓向西过葱岭，玄奘选择了北路。他与向导乘夜出发，不久向导借故离他而去，玄奘独自一人继续赶路。茫茫荒野上，玄奘靠着一堆堆驼马粪和骸骨的痕迹前进。

出了边境以后，便踏上了莫贺延碛（意为大戈壁，即今安西至哈密一段沙漠）。碛长八百余里，上无飞鸟，下无走兽，险途莫测。入沙漠后，玄奘迷失了方向，找不到野马泉，匆忙中又弄翻了水袋，沙漠中没有水，就等于没有生命，玄奘打算返回取水，走了十余里，想起自己的誓言，宁可西行而死，决不东归而生，便又重新西进。四五天后，昏倒在黄沙之中。半夜昏迷中的玄奘被凉风吹醒，他又振作精神，继续前进。幸而老马识途，终于在附近找到了泉水，玄奘因此得救。

出了大沙漠，经伊吾（今哈密）来到高昌国（今吐鲁番）。高昌国国王麴文泰笃信佛教，久闻玄奘大名，热情挽留，竟给玄奘造成了意外的困难。在西行的路上，玄奘遇到的并不是女妖精，而是许多虔诚的佛教徒。因玄奘拒绝留居高昌，高昌国国王采取强硬措施，坚决不许玄奘离开高昌。玄奘怎么解释也无济于事，最后以绝食表示其决心。到第四天，高昌国国王终于同意放行。因为作为虔诚的佛教徒，如果逼死了一位有德高僧，那真是罪孽深重。不过他也提出了条件，就是要玄奘为高昌臣民讲经一个月，取经回来先在高昌讲经三年。玄奘答应了这些条件。在讲经的时候，玄奘享受到了非常高的礼遇，国王亲自趴在地上给玄奘当梯子，让玄奘踩着他的背登上讲坛。在玄奘临走的时候，麴文泰还是有些放心不下，决定与玄奘结为异姓兄弟。《西游记》里玄奘被女儿国的国王称为御弟哥哥，那并不是唐太宗的御弟，而是麴文泰的御弟。有了国王哥哥的支持，玄奘往前走的路就不用再担心食宿等问题了。

玄奘这一路上遇到了不少的困难，而且也遇到了不少奇怪的事情。比如他进入突厥管辖的地区后遇到了一伙强盗。强盗有两千多人，玄奘就那么几个人，于

---

① 慧立、彦悰：《玄奘传》，中国社会科学出版社 2003 年版。

是玄奘等人只好坐以待毙。这群强盗没把他们当回事儿，开始商量如何分赃的问题。这群人为如何分赃打了起来，越打越厉害，也不管玄奘他们，而且越打越远，就这么自己打散了。玄奘等人一看强盗跑了，就收拾行李继续上路。

不久进入凌山（一名冰达板，今天山山脉的腾格里山穆素尔岭）。凌山高入云天，山顶冰雪终年不化，登攀极为不易，特别是食宿困难，只能“悬釜而饮，席冰而寝”。[①] 玄奘转道中亚地区，再翻过艰难程度超过凌山的大雪山（即阿富汗的兴都库什山），越过黑岭（兴都库什山南面的大岭），终于在夏末进入北印度。玄奘从高昌国到这里，经过了大小二十多个国家，从离开长安那天到此时，跋涉了将近一年。

三、天竺的求学与讲学

当时的天竺分为五部。玄奘进入北印度后，即瞻仰佛教圣迹并随处求学，足迹遍及北印度、中印度的四十余国。

贞观五年（631 年），玄奘到达中印度伽耶城（今印度比哈尔邦加雅城），前往著名的那烂陀寺（一名施无庆寺）学习。那烂陀寺已有七百余年的历史，是当时印度最大、最壮观的佛教寺院和文化中心。该寺除讲习佛经外，对因明（逻辑学）、声明（音韵学）、婆罗门经典乃至医术等都有研究，寺中僧众人数常在万人以上。寺院的经费由政府负责供给，并支持该寺的各种活动，所以那烂陀寺久盛不衰。寺内学徒勤学苦练，学风严谨，学术思想自由活跃，经常举办各种讲学、辩论活动。

当时那烂陀寺的主持法师戒贤已年逾百岁，学问、道德为人所景仰，大家尊称他为“正法藏”。戒贤之外，还有不少精通佛学的高僧。戒贤在问明玄奘西行的目的后十分感动，表示欢迎，并在生活上给玄奘以上宾的待遇。那烂陀寺内达到上宾待遇的，包括玄奘在内只有 10 人。戒贤法师因年事已高，多年不讲学了，这次破例主讲大乘佛教“瑜伽”学派主要经典《瑜伽论》等，从听者达千余人。至此玄奘求学《瑜伽师地论》的目的经过几年的努力终于实现了。玄奘还听了戒

---

① 慧立、彦悰：《玄奘传》，中国社会科学出版社 2003 年版。

贤主讲的《顺正理论》《显扬》以及因明、声明、集量、中、百等学问。他不时提出学习经典时所存在的疑问。其间玄奘的梵文、婆罗门文的水平有很大提高。

在那烂陀寺刻苦学习5年后，玄奘又到南印度等地考察学习。6年后再次返回那烂陀寺。这时玄奘的学术已达到极高的水平。戒贤对玄奘也极为钦佩，安排玄奘以留学生身份主持讲席，为全体僧众讲授《摄大乘论》《唯识抉择论》等。这两论属于那烂陀寺以外的体系，戒贤让玄奘主讲，足见该寺学术氛围的活跃。

寺内有位戒贤的高徒师子光，专讲"中观"法门中的主要经典《中观论》《百论》，而对"瑜伽"学说颇有非难之词。这是他心存偏见，不能融会贯通所致。玄奘为了团结他，消除彼此误会，就以梵文著《会宗论》三千颂，说明大乘佛教中"瑜伽"和"中观"两大派并不相悖的道理，戒贤及寺中僧众看了交口称赞，并刊布流通。

师子光愤然离去，从东印度请来高僧旃陀罗僧诃，怂恿他前去辩论，想借此机会驳倒玄奘。谁料该僧来到后听了玄奘讲论的佛经，心悦诚服，不敢再出面辩论。这样一来，玄奘的名声益发远扬。

玄奘刻苦钻研印度各种佛教经典的成就，受到了印度各界的尊重和重视。在印度大、小乘纷争无法统一的情况下，各国国王都把统一的希望寄托在玄奘身上。东印度的迦摩缕波国国王鸠摩罗遣使邀请玄奘赴该国讲授大乘教义。戒贤本已同意殷切思归的玄奘返回唐朝，因而尽管使者往返说明，戒贤还是拒绝了鸠摩罗的请求。没想到鸠摩罗邀请玄奘心切，见被拒绝便以武力相胁，如果不答应，"必当整理象军，云萃于彼，踏那烂陀寺，使碎如尘"①，戒贤只好同意玄奘前往讲学。北印度羯若鞠阇国雄主戒日王听说玄奘在鸠摩罗讲学，便遣使请鸠摩罗急送玄奘来该国。两王为此发生纷争，差一点动武。最后双方协商，决定在曲女城召开学术辩论大会，请玄奘主讲。

曲女城在羯若鞠阇国的首府，即今印度北方邦坎诺吉城。贞观十六年（642年），参加这次大会的有印度的18个国家的国王，通晓大、小乘的僧人两千余人，婆罗门等两千余人，那烂陀寺也去了千余人。前来观礼的更是人山人海。曲女城大会成了印度历史上空前的学术盛会。

---

① 慧立、彦悰：《玄奘传》，中国社会科学出版社2003年版。

会议开始，戒日王、玄奘先入宝座，后依次是18国国王、各国名僧及婆罗门等，其余道俗僧尼在会场门外。玄奘以主持的身份宣讲自己所著的《会宗论》和《制恶见论》，阐发大乘精义。玄奘宣讲后，由明坚法师宣读全文，并抄写一份悬于会场门口，征求辩论。在场数千僧众，仅少数偶尔提出疑问，一经解释又深表折服，此后再无人提出问题。这样18天过去了，无人能难倒玄奘。大会结束后，戒日王按印度传统请玄奘坐在饰有锦幢的大象背上，由高贵的大臣陪同巡游。他们掀着玄奘的袈裟，向周围观众宣扬："支那国法师立大乘义，破诸异见。自十八日来无敢论者，普宜知之！"① 当时万众欢呼，群情悦服。从此，玄奘博学名声，传遍印度。

四、伟大的翻译家

玄奘在印度赢得了极高的声誉，但并未改变他学成归国的初衷。贞观十七年（643年）春，玄奘带上多年搜集的佛经、佛像，离开印度返回大唐。戒日王的赠赐十分丰厚，玄奘仅留下路上所需，其余婉言谢绝。他改走葱岭南端，越过大山，经于阗回国。沿途由于有戒日王的文书，所以顺利地到达于阗。在得到唐太宗的诏书后，继续向长安进发。

贞观十九年（645年）正月，玄奘终于回到了长安。不久，到洛阳朝见准备东征高丽的唐太宗。玄奘当初偷渡出国，回国后却受到隆重的欢迎。

玄奘前往天竺最重要的原因就是求取包括《瑜伽师地论》在内的佛教经典。此次从印度带回的佛经有560夹、657部。归国三个月后，玄奘谢绝唐太宗的召用，全神贯注从事译经。不过，此时的玄奘已经是一个著名的高僧，获得了很高的社会声望，因而各种应酬不断，从而影响了他的译经事业。后来玄奘向唐太宗请求到环境相对幽静的少林寺，唐太宗则让玄奘到西京弘福寺，并派兵把守。弘福寺是唐太宗为母亲修建的皇家寺庙，希望玄奘译经的功德首先由皇家分享。

除弘福寺外，慈恩寺、西明寺、玉华宫等处先后成为翻译场所。19年间，玄奘孜孜不倦地译出梵文经典74部，共1335卷。比我国早期著名高僧鸠摩罗什、

---

① 慧立、彦悰：《玄奘传》，中国社会科学出版社2003年版。

真谛、不空三人翻译的总和还多600多卷。玄奘译著数量惊人，质量很高。之前的鸠摩罗什等人，虽然精通梵文，但对汉语却不熟悉。他们翻译时先由鸠摩罗什口译，然后再由助手笔录润色，所以常出现词不达意或错译的情况。而一些精通汉文的中国僧人，却对梵文缺乏了解，译出的作品也是“终隔圆通”。玄奘兼通汉语、梵语，水平极高。在去印度之前，即“广求诸蕃，遍学书语”，到印度后又集中精力学习婆罗门《声明记论》，了解其音韵变化，达到了能以梵文著书立说的熟练程度。《续高僧传》记载玄奘在印度各地“百有余国，君臣谒敬，言议接对，不待译人，披析幽旨，华戎胥悦”。因此在翻译时达到了出口成章、下笔即是的程度。

同时，玄奘认识到，一个人的力量毕竟是有限的。后来在他主持下，建立了效率很高的翻译机构。译场由译主、证义、证文、书手、笔受、缀文、参译、刊定、润文、梵呗等十个环节组成，彼此分工协作，各司其职。玄奘选拔了像灵润、法祥、辩机、道宣等一流学者二十余人，因此助译的水平也是很高的。后又有文学大臣参加。因此玄奘等人翻译的佛经，不仅意思准确，而且文笔流畅，今天我们所看到的很多佛经都是由玄奘等人翻译的。王铁钧说：“中国译经史上，最为杰出者当推鸠摩罗什与玄奘。鸠摩罗什可谓‘继往’，玄奘可谓‘开来’。然若论语言造诣，玄奘实为鸠摩罗什所不及。玄奘译经被视为自有佛经汉译以来最佳之作，盖其译笔已臻化境欤？可谓是意译直译尽随其心，亦尽得其妙！”①

为了保证译著的质量，玄奘审选版本，往往选取多个梵文的版本，反复琢磨之后才下笔著文，遇到疑义，便校多本以定。如《大般若经》即是通过三个版本翻译的。在具体翻译过程中，玄奘突破了鸠摩罗什以来的意译局限，不拘泥于直译或意译的框架，以直译配合意译，坚持既不违原意，又便于中国读者阅读的原则，达到了文从字顺和文义切合。例如印度一词的翻译，《大唐西域记》记载：“详夫天竺之称，异议纠纷，旧云身毒，或曰贤豆，今从正音，宜云印度。”② 这个准确称呼就是玄奘时定下来的。玄奘的译文，语言精练，切合原著，形成了鲜明、精严、凝重的翻译文体。

除了将梵文译成汉文，玄奘还将汉文译成梵文，如老子《道德经》《大乘起

---

① 王铁钧：《中国佛典翻译史稿》，中央编译出版社2009年版。

② 玄奘、辩机撰，范祥雍汇校：《大唐西域记汇校》，上海古籍出版社2011年版。

信论》等。玄奘的翻译事业为促进中印文化交流起到了积极作用。

玄奘的贡献不仅在于翻译了佛经，而且也开创了佛教的唯识宗，又称法相宗、慈恩宗，在中国佛教史上产生过重要的影响。尤其是近代，佛教的复兴在很大程度上可以被看成是法相宗的再度复兴。

同时，玄奘曾和弟子辩机合作，把西去的所见所闻整理为《大唐西域记》一书，弟子慧立、彦悰据玄奘事迹撰成《大慈恩寺三藏法师传》。这两部书从不同角度记述玄奘西行途中的经历。其中包括玄奘亲身经历的110国以及传闻听说的28国的详细情况。《大唐西域记》以行程为经、地理为纬，“推表山川，考采境壤，详国俗之刚柔，系水土之风气”①，诸凡地理环境、山川走向、气候物产、城市关防、交通道路、种族人口、风土民情、宗教信仰、衣食住行、政治文化等。这些记载成为研究这些国家古代历史以及当时中西交通的宝贵资料。对其他地区的介绍也是方位准确，距离清楚。如阿旃陀石窟和那烂陀寺在印度佛教衰落以后就荒废了，后人根据《大唐西域记》提供的线索，才得以找到它们的基址。今天对《大唐西域记》的研究已成为一门国际性的学问。

玄奘大师对增进中印友谊，促进双方文化交流做出了杰出贡献。因而玄奘大师是中印友好的一个象征。

玄奘本人才华横溢，精通所有经、律、论三藏的典籍，因而被称为三藏法师。有人评价玄奘“松风水月，未足比其清华；仙露明珠，讵能方其朗润”。②

麟德元年（664年）唐高宗得到玄奘病危的消息，即派多名御医救治。玄奘逝世后，高宗哀恸伤感，为之罢朝三日，反复叨念：“朕失国宝矣。”

玄奘圆寂后，建塔于樊川北原。黄巢起事，有人奉大师灵骨在南京建塔供奉。太平天国时期，塔毁。抗日战争期间，1942年日本人在南京掘得玄奘大师灵骨后，分为三份藏于南京、东京和北京。南京那份分藏在灵谷寺和玄奘寺。日本那份现藏东京增芝上寺和奈良三藏院，台湾日月潭玄奘寺、新竹玄奘大学以及西安慈恩寺。北京那份分别藏于天津大悲院、北海观音阁、成都文殊院、广州六榕寺。其中两份毁于“文革”，一份转送印度。如今玄奘舍利，在全世界各个地方供奉。

---

① 玄奘、辩机撰，范祥雍汇校：《大唐西域记汇校·跋》，上海古籍出版社2011年版。

② 释道宣：《广弘明集》卷二十二，文渊阁《四库全书》本。

第四节　中原名刹及佛教对中原文化的影响

佛教首先落脚于中原地区，中原地区也是佛教发展的中心区域。在中原地区留下了众多的佛教胜迹，它们不仅是众多佛教徒心中的圣地，也是其他民众旅游的主要目的地。

一、四大中原名刹

（一）白马寺

白马寺位于河南省洛阳老城以东 12 公里处，创建于东汉永平十一年（68 年），是佛教传入中国后兴建的第一座寺院，有中国佛教“祖庭”和“释源”之称。1961 年，白马寺被国务院公布为第一批全国重点文物保护单位。相传汉明帝刘庄梦到了金光闪闪的神人，后来问大臣，有人说皇帝所梦到的可能是西方的佛。于是汉明帝派出使者前往西方了解什么是佛。汉明帝的使者在西域遇到了两位天竺高僧摄摩腾和竺法兰，于是将两位高僧迎接到洛阳。两位高僧于永平十年（67 年）来到洛阳，伴随他们一同到来的还有用白马驮回的佛教经卷。为了安顿两位高僧和放置这些佛教经卷，朝廷在洛阳城外清凉台修建了第一座官办寺庙，为了纪念白马驮经，这座寺庙被命名为“白马寺”。

白马寺建成距今近两千年，在两千年当中，白马寺屡经兴废，起起落落。如在安史之乱中，洛阳两度沦陷。宝应元年（762 年）唐军联合回纥军队收复洛阳，回纥军队进入洛阳后大肆劫掠。洛阳城中许多人躲进白马寺避难，结果回纥兵纵火烧了白马寺，仅躲在清凉台楼上的无辜百姓就逾千人，据记载“伤死者万计，累旬火焰不止”。现在的唐朝建筑遗迹只有几个石础而已，其他建筑多为元、明、清三代所留。

白马寺坐北朝南，总面积二百余亩，主体建筑有：天王殿、大佛殿、大雄宝殿、接引殿、毗卢阁及中国第一释迦舍利塔。大佛殿内悬挂的一口重 5000 斤的明代大铁钟，声音洪亮。它与洛阳东门城楼上的大钟频率一致，只要白马寺钟声一响，城楼大钟便产生共鸣，故有“白马钟声，洛阳西应”之说。

白马寺寺内保存了大量元代夹纻干漆造像，如三世佛、二天将、十八罗汉等，弥足珍贵。寺院最北面的清凉台，相传是汉明帝避暑和读书之所在，后来改为高僧的住所和翻译佛经的处所。寺院东侧的齐云塔是一座四方形密檐式砖塔，共 13 层，高 25 米。它造型别致，在古塔中独具特色，不可多得。齐云塔前身为白马寺的释迦如来舍利塔，现在的齐云塔为金大定十五年（1175 年）重建，为洛阳现存最早的古建筑。

近年来，在白马寺的西边，又修建了具有世界各国特色的佛教建筑。如今的白马寺，传统与现代融为一体，俨然一座世界级的佛教历史文化博物馆。

（二）少林寺

少林寺位于河南省登封西北 13 公里的中岳嵩山南麓，因在竹林茂密的少室山五乳峰下，故名“少林”。少林寺素有“禅宗祖庭，天下第一名刹”之誉。少林寺始建于 495 年，据说北魏孝文帝为了安置他所敬仰的印度高僧跋陀罗尊者，在嵩山少室山北麓敕建少林寺。527 年，据说菩提达摩到少林寺传授禅法。因达摩被称为佛教禅宗的初祖，所以少林寺也被称为禅宗的祖庭。

此后，寺院逐渐扩大，僧徒日益增多，少林寺声名鹊起。唐朝初年，据说又因十三棍僧救秦王李世民而受到皇帝的封赏。① 少林寺在唐初扬名海内，唐高宗及武则天经常驾临该寺，封赏优厚。唐会昌灭佛后，迄唐末五代，寺渐衰颓。宋

① 这个故事，有众多疑点，不能当成史实，只能看成是传说。

代略有修葺，至元代僧众近两千。元末虽遭到一定破坏，但在明朝又有所恢复，据说有八位皇室成员在此出家。清朝，传说康熙皇帝书写了少林寺的匾额。1928年军阀混战，军阀石友三烧毁了少林寺，少林寺被毁坏殆尽。

少林寺现存建筑多为改革开放以来逐渐恢复的。少林寺景区是国家旅游局批准的首批 5A 级旅游风景区，2010 年 8 月被联合国教科文组织列入世界文化遗产名录，2013 年 5 月被国务院公布为第七批全国重点文物保护单位。

少林武术是少林文化的重要组成部分。少林寺千佛殿内供有毗卢铜佛像，因此该殿亦叫毗卢殿。殿内砖地上还保存着 20 多个直径约 4. 5厘米的洼坑，是历代少林僧人练拳习武时的脚坑遗迹。脚坑的分布大体呈线状，正是少林拳“拳打一条线”特点的反映。千佛殿东侧的白衣殿，殿内三面墙上绘有少林拳谱壁画，壁画长约 20 米，据武术专业人士介绍，壁画上所表现的就是正宗的少林功夫。

少林塔林是安放历代高僧灵骨的地方。少林塔林占地面积近 2 万平方米，位于少林寺常住院西南 300 米的山坡上，南临少溪河，依山面水，庄严肃穆。少林塔林数百座古塔姿态各异，形制千差万别，如参天古木，因而有“塔林”之名。当地流传着一个故事，说乾隆皇帝曾经游历少林，为了数清楚到底有多少座古塔，派数百兵丁进入塔林，也没能数清楚。少林寺塔林现存有唐、五代、宋、金、元、明、清古塔 228 座，现代塔 2 座。加上 2 座宋塔，二祖庵附近 3 座唐、元、明砖塔，三祖庵 1 座金代砖塔以及塔林周围 10 座砖石塔，共计 246 座墓塔或佛塔，构成了蔚为壮观的少林寺砖石塔建筑群。少林寺的这一古塔建筑群，无论是规模、数量，还是塔体建筑本身及其体现的文物价值和艺术价值，在全国同类建筑中都是首屈一指的。

（三）相国寺

相国寺，又称大相国寺，位于开封市闹市区。相传这里原为战国四公子之一信陵君的故宅。相国寺始建于北齐天宝六年（555 年），后毁于战火。711 年重建，次年唐睿宗为纪念他以安国相王的身份继承皇位而赐名为相国寺，并亲笔题写“大相国寺”的匾额。明朝末年黄河再次淹没了开封城，相国寺也未能幸免。清乾隆三十一年（1766 年）重建相国寺，清朝重建的相国寺规模远逊于唐宋。现存建筑基本上都是清朝建筑，在一条中轴线上，由南至北，依次建有碑楼、二殿

（天王殿）、正殿（大雄宝殿）、八宝琉璃殿（罗汉殿）、藏经殿。寺前院东侧建有钟楼。罗汉殿中心耸立的八角亭中，供奉有一尊四面千手千眼观音菩萨像，这尊像系一株完整的银杏树雕刻而成，是乾隆年间一名民间艺人用58年心血完成的艺术杰作。像高3米多，重约2000公斤，四面造型相同，每面各有六只大手及三至四层扇状小手，每只手掌中均刻有一眼，共计1048只眼，民间俗称“千眼千手佛”，为观音菩萨三十二变相之一。这尊千眼观音菩萨像是大相国寺的镇寺之宝。

（四）风穴寺

风穴寺位于河南省汝州市东北9公里处少室山南面的丘陵坡地上。据传该寺始建于东汉初平元年，毁于董卓之乱，重建于北魏，距今有1800余年的历史，是中国最古老的佛寺之一。因当时满山野花，芳香郁积，故名香积寺。相传北魏重建寺院时，寺院地点定在白马石沟中的银洞山下。当时物料齐备，正要破土动工时，一阵狂风把砖石木料刮到现在寺址，风点穴位，故名“风穴寺”。又据《风穴寺志略》载：“寺东龙山阳坡有大小风穴两个，山因名风穴山，寺因山名。又因寺北山峰林立，峥嵘奇秀，故名‘千峰寺’。”

风穴寺在明代万历年间香火最为鼎盛，曾有僧众1000余人，房舍300多间，土地2000余亩。中国的寺庙一般都是坐北朝南、左右对称，但风穴寺却是依山而建，寺院与山林融为一体，别具一格。周围景观星罗棋布，素有八大景、七十二小景、三十六福地之称。

风穴寺现存从唐至清历代建筑140余间。其中，唐开元二十六年所建的“七祖塔”为全国现存7座唐代高塔之一；宋代悬钟阁内悬挂一口宋宣和七年铁铸大钟，重9999斤，被誉为“中原第一钟”；中佛殿为金代建筑，为单檐歇山式，梁架结构科学严谨；涟漪亭是河南仅有的明代双层六角亭；西面山坡上的上、下塔林是中国第三大塔林。

寺内现存有明代汉白玉石佛和缅甸送的佛像及明代嘉靖年间石佛30余尊、木雕佛像7尊。寺内碑碣林立，其内容有记事、有题咏，楷、草、隶、篆诸体兼备，具有很高的史料价值和艺术价值。寺内还存有唐代的尼陀罗咒、宋代的经幢、元代的塔铭。

由于风穴寺地理位置相对偏僻，所以它更有一番荒山古寺的野趣。

二、其他佛教名胜

塔这种建筑形式缘于古代印度，称作窣堵坡，是佛教高僧去世后安葬骨灰的建筑。佛教传入中国以后，窣堵坡这种建筑形式也随之传到东方。后来，它结合中国传统建筑艺术而发展出了塔这种极具东方特色的传统建筑形式。

塔在进入中国以后，逐步形成了楼阁式塔、密檐式塔、亭阁式塔、覆钵式塔、金刚宝座式塔、宝箧印式塔、五轮塔、多宝塔、无缝式塔等多种形态、结构各异的塔系，建筑平面从早期的正方形逐渐演变成六边形、八边形乃至圆形。其间塔的建筑技术也在不断进步，结构日趋合理，所使用的材质也从传统的夯土、木材扩展到了砖石、陶瓷、琉璃、金属等材料。14 世纪以后，塔逐渐从宗教走向世俗。

除了上述四大名刹之中的佛塔，中原地区著名的佛塔还有以下几座：

嵩岳寺塔位于登封市西北约 5 公里的嵩山南麓，建于北魏永平二年（509 年），是中国现存最早的一座砖塔。嵩岳寺原为一座皇家离宫，北魏孝明帝正光元年（520 年）改为佛寺，名闲居寺。隋仁寿二年（602 年）更名为嵩岳寺。北魏时期寺院规模较大，隋唐在北魏的基础上进行了扩建。此后寺院逐渐衰落，现存寺院规模已大为缩小，除寺内巍然屹立的塔为北魏所建外，其余多为清代建筑。山门前《佛顶尊胜陀罗尼经》石幢 1 座，院内有石狮子 1 对，石函 1 具，均为唐代遗物。

嵩岳寺塔为密檐式砖塔，高 41 米左右，平面轮廓为正十二边形，中央塔室平面为正六边形，塔室宽 7. 6米，底层塔高 2. 45 米，塔的底层开有东、西、南、北四个门。这种十二边形的塔在中国现存的数百座砖塔中绝无仅有。这座 40 多米的高塔坐落在不足 1 米的低矮砖砌基座上，塔身部分占全塔的三分之一，其余三分之二则为 15 层密檐和塔刹，在每层塔檐之间有一段短壁，上砌火焰券小拱门和破子棂窗，在 15 层檐之间密集着 492 个门窗，其中只有七层矮壁上开了 7 个真正的窗户。15 层密檐层层向上紧缩，形成抛物线外形轮廓。在密檐的顶部为仰覆莲基座的相轮宝珠。在每面的转角处均有砖砌六角形依柱，柱头做成束莲。柱间布置有门窗，下层的 4 个门窗冲破腰檐直通上层。

嵩岳寺塔采用砖壁空心筒体结构，当初估计有楼板，今楼板已看不到了。这座古塔经历了 1400 多年的风雨，仍然安然无恙，在中国建筑史上写下了辉煌的一页。如今嵩岳寺塔被作为“天地之中”历史建筑群的组成部分列入世界文化遗产名录。

铁塔，原名开宝寺塔，又称灵感塔、上文寺塔，始建于北宋仁宗皇祐元年（1049 年），因外壁镶嵌褐色琉璃砖，远看似铁色，俗称“铁塔”。铁塔建成 900 多年，历经战火、水患、地震等灾害，至今仍巍然屹立，有“天下第一塔”的美称。

铁塔平面呈等边八角形，13 层实心塔，高 55.88 米。塔身遍砌花纹砖，上有飞天、麒麟、菩萨、乐伎、狮子等花纹图案 50 余种，造型优美，神态生动，堪称宋代砖雕艺术杰作。铁塔以卓绝的建筑艺术闻名中外，设计精巧，结构坚固，虽经地震、河患、狂风暴雨和人为的破坏，仍巍然屹立。

平顶山香山寺被看成汉化观音文化的源头，因而有观音之乡的美誉。香山寺中央的观音大士塔为八角九层楼阁式砖石塔，高 33 米。据说，香山寺原有一个四方形的阁楼式塔，建于东汉末年，后损毁。今塔为宋神宗熙宁元年（1068 年）敕建。根据传世文献记载，塔下有地宫，存放有舍利法物。塔的轮廓呈抛物线，细腻纤细，灵动秀美。塔各层多设仿木构楼阁式门，现存两扇。第一、二层为仿木构塔檐结构，均以青砖叠涩出檐 5~9 层，以青砖雕饰各种花纹图形，精美绝伦。塔的第二、三层外壁设壁龛五排，共 304 个佛龛，内置坐佛，其中千手千眼观音菩萨像计 35 尊，姿态各异，雕刻精美，堪称宝塔一绝，为寺院重宝。塔刹由铁制九重相轮和仰月组成。

除了佛塔，还有文峰塔，其意义在于祈求文运昌盛。中原地区很多地方都建有文峰塔，最著名的要数安阳市文峰区的文峰塔。该塔位于安阳市古城内西北隅，高 38.65 米，周长 40 米，壁厚 2.5米，塔身为五层楼阁密檐式建筑，从下至上逐层增大，呈伞状。因塔建于天宁寺内，原名天宁寺塔；又因位于旧彰德府文庙东北方，作为代表当地“文风”的象征，故又称文峰塔。文峰塔建于五代后周广顺二年（952 年），距今已有一千余年的历史。

三、佛教对中原文化的影响

佛教虽然是外来宗教，但经过了近两千年的消化、吸收，已经成功实现了转变，成为中国传统文化的一个重要组成部分。中原地区是佛教发展的重要地区，在中原文化之中也留下了很多佛教的印记。佛教对中原文化的影响主要体现在以下几个方面：

（一）佛教对思想文化的影响

作为印度文化的代表，佛教具有很强的思辨色彩。以儒家为代表的中国古代思想文化传统则是不太注重思辨的精密和逻辑的严谨。孔孟提出了儒家的伦理主张，但他们并没有去论证它。汉代，以董仲舒为代表的汉儒开始试图将天作为儒家伦理的根基，随着谶纬神学的没落，这一尝试也没有能够取得完全的成功。佛教的到来，弥补了这一空缺。虽说面对佛教的迅猛发展，很多儒家学者慷慨激昂表示反对，其实他们都或多或少地受到了佛教的影响，都从佛教中吸收了一些有益成分。后来理学的产生和发展，在很大程度上就是得益于佛教的传入。比如华严宗对程朱理学产生了巨大的影响，而陆王心学带有明显的禅宗色彩。

至于佛教对道教的影响，那就更全面了。无论是宗教理论、教团组织、宗教仪式，还是清规戒律、宗教建筑等，佛教都对道教产生了巨大的影响。

当然，佛教吸收了儒学和道教的内容，实现了由外来宗教到本土宗教的转变，最后形成了释、道、儒紧密结合的思想文化体系。

（二）佛教对传统政治的影响

在中国古代社会，政治的影响无处不在。任何思想学说和宗教的发展都会受到政治的左右。同样，这些思想学说和宗教，也在一定程度上影响着传统政治的运作。

佛教传入中国之后不久，就开始走上层路线，早期的佛教徒包括东汉楚王刘英和后来的汉桓帝。而中国的统治者们，也看到了佛教对维护其统治的价值，其目的就是希望通过提倡佛教来实现将反抗消弭于无形的目的。佛教在中国的发展中，除经历过极少数的几次挫折，也就是人们常说的“三武一宗”法难外，基本上都受到统治者的扶持。历代统治者都将佛教看成维护统治秩序的重要工具，甚至从佛教中寻找有利于其政治统治的理论依据。同时，佛教也受到统治者的管制，统治者始终希望能够将佛教纳入有利于其统治的轨道之中。所以，统治者从来没有放弃过对佛教的改造。

（三）佛教对传统艺术的影响

佛教对中国传统艺术的影响是非常广泛的。首先就文学而言，佛教的影响无处不在。与佛教有关的诗歌、戏曲、小说有很多。不仅是内容，就文学的发展来说，佛教的影响也是巨大的。如律诗的出现首先是因为音韵学的发展，而中国音韵学的发展又与古印度声名学有着密切的关系。宋元话本小说的出现，与佛教的俗讲之间也有着很深的渊源。

佛教徒认为音乐可以诵佛，能起到供养的作用。如今佛教音乐也是中国传统音乐的一个重要组成部分。佛教来华之处，梵呗流行。后来经历了一个“改梵为秦”的过程，有记载说最早从事这一工作的是曹植，当然有附会的成分。但到南北朝时期，佛教音乐已经十分流行了。佛教音乐的影响不仅及于民间，而且还及于宫廷。唐朝的宫廷音乐中就有许多和佛教有关的内容。目前中原地区的佛教音乐，可以分为庙堂法事音乐和民间佛曲两大类别。很多佛教音乐都被列入国家非物质文化遗产保护的名录中。

佛教对中国绘画艺术的影响也是十分巨大的。佛教把绘画作为一种重要的宣传手段来加以强调，在佛教传播的过程中留下了许多著名的壁画。佛教进入中国后出现了许多绘画大师，如河南人吴道子就创作了大量的佛教壁画。中国人物画的发展也充分吸收借鉴了佛教的绘画艺术，如曹衣出水、吴带当风等。佛教绘画无论是从内容还是意境上都对中国的文人画有所影响。

佛教雕塑对中国传统雕塑的影响也是世人所熟知的。佛教传入后就有人“以铜为人，黄金涂身，衣以彩锦”。[①] 现藏美国旧金山市博物馆的后赵建武四年（338 年）金铜坐佛像是我国目前所知最早有明确纪年的佛像。除了单身造像，后

---

① 陈寿：《三国志 · 吴志 · 刘繇传》，中华书局 1959 年版。

来还大兴凿窟造像之风。洛阳龙门石窟为世界文化遗产，龙门石窟达到了中国古代石窟造像艺术的顶峰，卢舍那大佛更是成为今天洛阳城的文化名片。其他还有安阳万佛沟、巩义石窟寺、洛阳水泉石窟等也都是国家级文物保护单位。

（四）佛教对民间信仰的影响

作为一种宗教，如果仅停留在文化精英阶层是远远不够的，真正深入民间才是佛教得以长盛不衰的重要原因。自唐以后，佛教的理论创新基本停歇，但佛教依然还在发展，主要原因就是来自于民间信仰者的支持，佛教对民间信仰产生了重要影响。

第一，佛教神灵已经成为民间信仰、供奉的对象，甚至走入家庭。很多人家都将佛、菩萨等请进家门进行供奉。尤其是观音像更为普及。

第二，佛教神灵成为民众祷告的首要对象，一旦遇到困难、灾祸，无不将“菩萨保佑”挂在嘴边，中国本土所产生的神灵反而受到了冷落。

第三，三生、地狱等观念深入民间，成为人们的基本信仰，甚至在很大程度上成了儒家忠孝伦理观念在民间得以维系的一个重要约束性保证。孔孟一直倡导道德自觉，但是普通百姓显然不具备道德自觉的水准。因而，地狱、轮回、因果报应等成了促使普通百姓遵从忠孝伦理的保障。

第四，佛教的一些清规戒律为很多民众所接受，并在生活中自觉遵守。

第五，佛教还对民俗产生了重要影响，如腊八粥就广为人们所接受，七月十五盂兰盆会在很多地方很流行。

第六，佛教深入民间后，形成了很多民间秘密宗教，这些民间宗教在中国历史上往往被一些人利用来作为反抗官府的工具，所以它们历来是官府打击控制的重点。如清朝后期在河南地区流行的天理教就是白莲教的一个分支，他们曾在河南滑县和北京紫禁城起事，一度占领滑县县城，在北京的行动也曾经攻进皇宫。

第七章

文学史上的中原

中国古典文学不仅是中国传统文化的重要组成部分，而且在世界文学之林也占据十分重要的地位。中国古典文学发源于中原地区，而中原地区是其发展的核心区域。

第一节　古典文学的源头

对于文学的起源，学者有不同的解说。就中国古典文学而言，有的学者将其源头追溯到商代，认为自从有了相对成熟的文字，就为文学的书面表达奠定了基础。不过相对来说，甲骨卜辞还不能被看作是有意的创作，最多只是具有档案的性质。其中，或许会有一些文学的萌芽，但毕竟还过于原始。也有人将文学的源头追溯到《周易》的卦爻辞，其实卦爻辞与甲骨卜辞性质相同。也有人将文学的源头追溯到《尚书》，且不说《尚书》中有很多篇章是战国时期的作品，就其比较真实可靠的篇章来说，它们的性质属于官府的文告，一般也不能直接纳入文学的范畴之内。还有人将文学的源头追溯到神话。的确，神话相对于卜辞和《尚书》具有更多的文学成分，不过很多神话都是由后人整理记录的，已经不再是它的原始面貌了，所以我们无法考察其最初是起源于何时，最初的面貌是什么样子。因而，讲中国古典文学的源头，一般人们都会追溯到《诗经》。

一、《诗经》

《诗经》是我国第一部诗歌总集，是西周到春秋时期诗歌的汇编，总共有 305 篇，因而也被称为《诗三百》。其作者大多已经不可考，而且是谁编的，也已经搞不清楚。相传原来有三千多首诗，孔子把它删节成 305 篇。这是不可信的，因为从《左传》中可知在孔子少年时期，《诗经》就已经大体完备了。它的最后定型可能是在战国末期。孔子可能对《诗经》有过整理，孔子曾说："吾自卫反鲁，然后乐正，《雅》《颂》各得其所。”① 也就是说，孔子在晚年回到鲁国后，曾经整理过《诗经》之中的《雅》和《颂》。孔子用《诗经》作教材来教育弟子的情况在《论语》中多有记载。

西汉初年在朝廷的官学里传授的有三家《诗经》，分别被称为齐诗、鲁诗和韩诗，即今文诗。还有一派毛诗，在民间传授，毛诗是古文诗。三国以后，三家今文诗先后失传，流传到今天的只有毛诗。毛诗和三家今文诗之间在许多方面有所不同。三家今文诗有 305 篇，毛诗则有六篇有目无诗的所谓笙诗。重要的还是对诗歌有不同的理解。

《诗经》分为三部分：《风》《雅》《颂》。《雅》分为《大雅》《小雅》，是贵族宴会中演唱的乐歌。《颂》分为《周颂》《鲁颂》和《商颂》，是贵族在宗庙祭祀时演奏的乐歌。这些内容文学价值相对不是太高。

《风》包括：《周南》《召南》《邶风》《鄘风》《卫风》《王风》《郑风》《齐风》《魏风》《唐风》《秦风》《陈风》《桧风》《曹风》《豳风》，合称十五国风。这部分主要是民歌，是《诗经》中文学价值最高的部分。就地域而言，《周南》《召南》目前学术界尚没有统一的认识。其他 13 部分，《邶风》《鄘风》《卫风》《王风》《郑风》《陈风》《桧风》七部分是河南民歌。《魏风》《唐风》《曹风》也都在今天广义的中原范围之内。

《国风》的内容十分广泛，体现了当时社会生活的诸多方面。

首先是歌唱爱情、婚姻、家庭的诗歌。在中国古代，经学家们要么是把这些爱情诗歌扯到政治上去，要么是直接斥之为“淫诗”。其实，爱情是诗歌永恒的主题，在《诗经》中有三分之一是爱情诗歌。

《诗经》中的爱情诗歌有些表达了对爱情自由的向往，如《邶风》的《柏舟》：“泛彼柏舟，在彼中河。髧彼两髦，实维我仪。之死矢靡它，母也天只，不谅人只！”程俊英译为：“柏木小船漂荡荡，一漂漂到河中央。额前垂发少年郎，使我追求好对象，誓死不会变心肠。叫声天呀叫声娘，为何对我不体谅！”② 再如《郑风》的《将仲子》：“将仲子兮，无逾我园，无折我树檀。岂敢爱之？畏人之多言。仲可怀也，人之多言，亦可畏也。”杨天宇译为：“仲子啊我求求你，不要

① 《论语·子罕》，阮元校刻《十三经注疏》，中华书局 1980 年版。
② 程俊英：《诗经译注》，上海古籍出版社 1985 年版。

越过我家的园，不要攀折我种的檀。难道我敢吝惜它？就怕别人来多言。仲子呀可惦记，别人多言，也真让人畏惧。”①

有些诗歌描述了恋爱中的两情相悦，如《邶风》中的《静女》：“静女其姝，俟我于墙隅。爱而不见，搔首踟蹰。”程俊英译为：“善良姑娘真美丽，等我城门角落里。故意藏着不露面，来回着急抓头皮。”② 再如《卫风》中的《木瓜》：“投我以木桃，报之以琼瑶。匪报也，永以为好也。”程俊英译为：“送我一只大木桃，我拿美玉来还报。不是仅仅为还报，表示和她永远好。”③

婚后感情的忠贞也是《诗经》爱情诗歌表现的内容。如《出其东门》：“出其东门，有女如云。虽则如云，匪我思存。缟衣綦巾，聊乐我员。”程俊英译为：“出了东城门，女子多如云。虽则多如云，不是心上人。白衣绿裙妻，喜欢又相亲。”④

有一些是讲述家庭生活的幸福的。如《郑风》的《女曰鸡鸣》。当然婚姻家庭的失败在《诗经》中也有所体现,如以《氓》为代表的弃妇诗。

其次是对劳动人民生活的反映。所谓“饥者歌其食，劳者歌其事”⑤。有的控诉了所受到的沉重剥削，有的描写了民众对统治者的反抗。春秋时期，民众最主要的反抗就是逃亡。如《邶风》的《北风》就描写了民众不满卫国国君的统治而结伴逃亡，“北风其凉，雨雪其雱。惠而好我，携手同行。其虚其邪，既亟只且”。程俊英译为：“北风刮来冰冰凉，漫天雪花纷纷扬。赞成我的好伙伴，同路携手齐逃荒。岂能犹豫慢慢走，事已紧急国将亡。”⑥ 民众的反抗，也包括了对丑陋统治者的诅咒。如《鄘风》的《相鼠》：“相鼠有皮，人而无仪。人而无仪，不死何为？”杨天宇译为：“看那老鼠还有皮，做人反而没礼仪。做人反而没礼仪，不死还做什么呢？”⑦

有的则是在远方服役的人对故乡亲人的思念。如《王风》中的《君子于役》：

① 杨天宇：《诗经：朴素的歌声》，上海古籍出版社 1997 年版。
② 程俊英：《诗经译注》，上海古籍出版社 1985 年版。
③ 程俊英：《诗经译注》，上海古籍出版社 1985 年版。
④ 程俊英：《诗经译注》，上海古籍出版社 1985 年版。
⑤ 《春秋公羊传·宣公十六年》，阮元校刻《十三经注疏》，中华书局 1980 年版。
⑥ 程俊英：《诗经译注》，上海古籍出版社 1985 年版。
⑦ 杨天宇：《诗经：朴素的歌声》，上海古籍出版社 1997 年版。

“君子于役，不知其期。曷至哉？鸡栖于埘。话日之夕矣，羊牛下来。君子于役，如之何勿思！君子于役，不日不月。曷其有佸？鸡栖于桀。日之夕矣，羊牛下括。君子于役，苟无饥渴？”程俊英译为：“丈夫服役在远方，没年没月心忧伤。不知何时回家乡？鸡儿纷纷回巢来，西天暮霭遮夕阳，牛羊下坡进栏忙。丈夫服役在远方，叫我怎不把他想！丈夫服役在远方，没日没月离别长。几时团圆聚一堂？鸡儿纷纷上木桩，西天暮霭遮夕阳，牛羊下坡进栏忙。丈夫服役在远方，会否忍饥饿肚肠？”①

有远方服役的人对家乡亲人的思念，如《邶风》中的《击鼓》：“击鼓其镗，踊跃用兵。土国城漕，我独南行。从孙子仲，平陈与宋。不我以归，忧心有忡。爰居爰处？爰丧其马？于以求之？于林之下。死生契阔，与子成说。执子之手，与子偕老。于嗟阔兮，不我活兮。于嗟洵兮，不我信兮！”程俊英译为：“战鼓擂得噹噹响，官兵踊跃练刀枪。别人修路筑城墙，我独从军到南方。跟随将军孙仲子，调停纠纷陈与宋。常驻边地不能归，留守南方真苦痛。住哪儿啊歇何方？马儿丢失何处藏？到哪儿啊找我马？丛林深处大树旁。‘生死永远不分离’，对你誓言记心里。我曾紧紧握你手，和你到老在一起。可叹相隔太遥远，不让我们重相见。可叹离别太长久，不让我们守誓言。”②

再次，春秋时代是一个剧烈动荡的时代，国破家亡的事情经常发生，有一些诗歌就表达这样的故国之思。如《王风》中的《黍离》：“彼黍离离，彼稷之苗。行迈靡靡，中心摇摇。知我者，谓我心忧；不知我者，谓我何求。悠悠苍天，此何人哉！”程俊英译为：“看那小米满田畴，高粱抽苗绿油油。远行在即难迈步，无尽幽思闷心头。知心人说我心烦忧，局外人当我啥要求。高高在上的老天爷，是谁害我离家走！”③

国风中还有大量批判揭露统治者丑行的。如《鄘风·鹑之奔奔》：“鹊之彊彊，鹑之奔奔。人之无良，我以为君。”讽刺了卫国国君的乱伦和荒淫。程俊英译为：“喜鹊尚知对对配，鹌鹑也知双双飞。这人鸟鹊都不如，反而占着国

① 程俊英：《诗经译注》，上海古籍出版社 1985 年版。

② 程俊英：《诗经译注》，上海古籍出版社 1985 年版。

③ 程俊英：《诗经译注》，上海古籍出版社 1985 年版。

君位。”①

当然《国风》中也有一些对贤人的歌颂。如《卫风》中的《淇奥》：“瞻彼淇奥，绿竹猗猗。有匪君子，如切如磋，如琢如磨。瑟兮僩兮，赫兮咺兮。有匪君子，终不可谖兮！”程俊英译为：“河湾头淇水流过，看绿竹多么婀娜。美君子文采风流，似象牙经过切磋，似美玉经过琢磨。你看他庄严威武，你看他光明磊落。美君子文采风流，常记住永不泯没。”② 还有《郑风》中的《羔裘》：“羔裘如濡，洵直且侯。彼其之子，舍命不渝。”程俊英译为：“身穿柔滑羊皮袄，为人正直又美好。他是这样一个人，肯舍生命保节操。”③

《诗经》的艺术表现手法是：“赋”“比”“兴”。“赋”是通过对客观事物的直接描绘与叙述以表达主观思想情感的一种方法。“比”，就是比喻，是借客观景物作比况，使要说明的事物和要表达的思想情感更具体形象。“兴”是用眼前景物作比喻和象征，把它作为诗的开头，然后引出要歌颂的事。

儒家从孔子开始就十分重视《诗经》，孔子说：“小子！何莫学夫《诗》？《诗》，可以兴，可以观，可以群，可以怨。迩之事父，远之事君。多识于鸟兽草木之名。”④《诗经》不仅是道德典范，而且也是培养博物君子的教材。在儒家看来学习《诗经》是培养温柔敦厚的君子风范的重要手段。“子曰”“《诗》云”成了儒家言论的一个重要特征。《诗经》发挥了很重要的教化作用，成了后世士人的必读书。

《诗经》是中国诗歌的源头，是中国现实主义文学的光辉起点。其内容、思想和艺术上的成就，在中国乃至世界文化史上都占有重要地位。它开创了中国诗歌的优秀传统，对后世文学产生了不可磨灭的影响。

二、先秦诸子散文

战国是中国历史上一个文化迅猛发展的时代，百家争鸣成了那个时代的标

---

① 程俊英：《诗经译注》，上海古籍出版社 1985 年版。
② 程俊英：《诗经译注》，上海古籍出版社 1985 年版。
③ 程俊英：《诗经译注》，上海古籍出版社 1985 年版。
④ 《论语·阳货》，阮元校刻《十三经注疏》，中华书局 1980 年版。

签。争鸣中的诸子，不仅是思想的巨匠，而且往往也是文采飞扬。孔子曾经说过，“言之无文，行而不远”。[①] 也就是说没有文采的话，很难获得广泛的传播。先秦诸子为了能在论辩中占据优势，非常注重表达的技巧。因而，诸子散文在中国文学史上占据了非常重要的地位。

在某种意义上能够被称为散文的，首先要说墨子的文章。关于墨子的籍贯，学术界有不同的说法。抛开这些不说，墨子是“宋之大夫”，长期活动在宋国。墨子的文章已经突破了语录体的限制，开始朝着专论的方向发展。《墨子》的文章质朴无华，逻辑性很强，如《公输》等篇，给人以深刻的印象。《墨子》在说理时也常使用比喻、类比等修辞方法。

其次是庄子。今天我们所看到的《庄子》虽不全是庄子本人的作品，但大体体现了庄子的思想。尤其是《庄子》的内篇，一般认为是庄子本人的作品，它们构成了一个完整的体系。《庄子》是诸子散文中艺术成就最高的，鲁迅说：“晚周诸子之作，莫能先也。”[②]《庄子》最大的特点就是运用大量寓言，庄子说：“寓言十九。”[③]《庄子》中吸收了神话创作的精神，大量采用并虚构寓言故事作为论证的依据，构成非常奇特、富于浪漫主义色彩的独特风格。比如鲲鹏展翅、扶摇直上、东施效颦、相濡以沫、《庖丁解牛》中的游刃有余、颜回的亦步亦趋和捉襟见肘、河伯的望洋兴叹等。庄子的想象力十分丰富，如：

> 戴晋人曰：“有所谓蜗者，君知之乎?”曰：“然。”“有国于蜗之左角者曰触氏，有国于蜗之右角者曰蛮氏。时相与争地而战，伏尸数万，逐北旬有五日而后反。”君曰：“噫！其虚言与?”曰：“臣请为君实之。君以意在四方上下有穷乎?”君曰：“无穷。”曰：“知游心于无穷，而反在通达之国，若存若忘乎?”君曰：“然。”曰：“通达之中有魏，于魏中有梁，于梁中有王。王与蛮氏，有辩乎?”君曰：“无辩。”客出而君惝然若有亡也。[④]

庄文被鲁迅称为“汪洋辟阖，仪态万方”。[⑤] 庄子的文章，辞藻丰富，说理畅达，如《逍遥游》等已经成为千古名篇。《庄子》中还有非常精彩的辩论，如：

---

① 《春秋左氏传·襄公二十五年》，阮元校刻《十三经注疏》，中华书局 1980 年版。
② 鲁迅：《汉文学史纲要》，上海古籍出版社 2005 年版。
③ 王先谦：《庄子集解·寓言》，《诸子集成》（第 3 册），中华书局 1954 年版。
④ 王先谦：《庄子集解·则阳》，《诸子集成》（第 3 册），中华书局 1954 年版。
⑤ 鲁迅：《汉文学史纲要》，上海古籍出版社 2005 年版。

> 庄子与惠子游于濠梁之上，庄子曰："儵鱼出游从容，是鱼之乐也。"惠子曰："子非鱼，安知鱼之乐？"庄子曰："子非我，安知我不知鱼之乐？"惠子曰："我非子，固不知子矣；子固非鱼也，子之不知鱼之乐全矣！"庄子曰："请循其本。子曰：'汝安知鱼乐'云者，既已知吾知之而问我。我知之濠上也。"①

这里庄子玩起了狡辩。

韩非子是韩国的贵族，虽出身高贵，但并不受重用。而且韩非子口吃，不善言辞，但下笔千言，洋洋洒洒。他的《说难》《孤愤》等篇章流传到秦国，当时的秦王嬴政，也就是后来的秦始皇，读过这些文章以后，大为欣赏。嬴政当时尚不知这些文章的作者是谁，以至于发出了"得见此人与之游，死不恨矣"的感慨。② 后来，当秦始皇发动一场战争把韩非子"请"到秦国后，韩非子却被秦始皇的宠臣姚贾和李斯陷害致死。韩非子文笔犀利，分析透彻，鞭辟入里，风格峻峭。韩非子非常善于运用寓言，如自相矛盾、滥竽充数等。其文体丰富多样，表现出论说散文已趋于成熟。

以墨子、庄子、韩非子等人为代表的诸子散文，开启了中国古代论说散文的先河，对后世散文的发展影响深远。

三、汉魏乐府民歌

"乐府"最初指的是负责音乐事务的政府机构，在汉代由乐府负责征集民间歌曲并加以适当的编排，使之适合于宗庙、殿堂、宴会或其他场合演唱。这些诗歌，在当时被称为"歌诗"。魏晋以后被称为"乐府"，后来魏晋六朝一些文人用乐府旧题所创作的诗，不管是否合乐，也都被称为"乐府"。③

汉代的乐府诗歌，有一些是文人创作，不过更多的是来自民歌。这些民歌被称为"俗乐"，不过上层社会中也有"俗乐"流行。它们代表了两汉时期诗歌创作的最高成就，成为继《诗经》之后中原地区诗歌创作的又一个高峰。宋代郭茂

---

① 王先谦：《庄子集解·秋水》，《诸子集成》（第 3 册），中华书局 1954 年版。
② 司马迁：《史记·老子韩非列传》，中华书局 1982 年版。
③ 可参见萧涤非《关于"乐府"》，收《萧涤非说"乐府"》，上海古籍出版社 2002 年版。

倩在编《乐府诗集》的时候，将乐府诗歌划分为12类：郊庙歌辞、燕射歌辞、鼓吹曲辞、横吹曲辞、相和歌辞、清商曲辞、舞曲歌辞、琴曲歌辞、杂曲歌辞、近代曲辞、杂歌谣辞和新乐府辞，汉代的乐府诗歌主要保留在郊庙歌辞、相和歌辞、杂曲歌辞和鼓吹曲辞中。其中相和歌辞主要是民歌。

汉魏六朝乐府民歌所反映的社会生活内容十分丰富。

首先，反映了民众的爱国热情。中原民众自古就有以天下为己任的传统，最具有代表性的就是《木兰辞》。据说花木兰是河南商丘虞城县人，《木兰辞》记载了她女扮男装、替父从军的故事。

其次，爱情、婚姻是诗歌永恒的主题，乐府诗歌中也留下了大量的爱情诗歌。最著名的就是《孔雀东南飞》，该诗描写了刘兰芝和焦仲卿之间忠贞的爱情以及他们对爱情的矢志不渝，千年以后读之仍使人动容。一些表现爱情的短诗，也充满了激情，如《上邪》："上邪，我欲与君相知，长命无绝衰。山无陵，江水为竭。冬雷震震，夏雨雪。天地合，乃敢与君绝！"①

更多的乐府诗歌则是劳动人民生活的反映，这些诗歌如实地描写了民生疾苦，真实地揭露了统治者的荒淫腐朽以及种种社会矛盾。如《十五从军行》描写了一个少年从军、耄耋之年才回归家乡的老人面对垒垒荒冢时悲愤的心情。《病妇行》描绘了劳动人民在统治者残酷的剥削压迫下，挣扎于死亡边缘的生活惨景。

在这种情况下，劳动人民只有奋死反抗这一条道路可走，《东门行》就描写了人民决定奋死一搏的决心："出东门，不顾归；来入门，怅欲悲。盎中无斗米储，还视架上无悬衣。拔剑东门去，舍中儿母牵衣啼：'他家但愿富贵，贱妾与君共哺糜。上用仓浪天故，下当用此黄口儿，今非！''咄！行！吾去为迟！白发时下难久居。'"②

继承了《诗经》现实主义传统的汉魏六朝乐府民歌，无论是在思想内容的深度上，还是在艺术表现手段上，都达到了一个高峰。邵毅平说："汉乐府民歌具有浓厚的生活气息，尤其是第一次具体而深入地反映了下层民众日常生活的艰难和困苦。"③ 这些乐府诗歌往往成为后世文人创作时重要的模仿对象。

---

① 郭茂倩：《乐府诗集》卷十六《上邪》，中华书局1979年版。

② 郭茂倩：《乐府诗集》卷十六《东门行》，中华书局1979年版。

③ 章培恒、骆玉明主编：《中国文学史》，复旦大学出版社1997年版。

第二节　汉魏时期文学的自觉

无论是《诗经》，还是汉魏乐府诗歌，大多为民间质朴的歌声，并非文人主动的创作。先秦诸子，虽说文采飞扬，但他们的目的是为了宣扬自己的主张而非单纯进行的文学创作。进入两汉时期，开始出现了一些文人主动的文学创作，这为魏晋时期文学的自觉奠定了基础。①

一、两汉大赋

作为一种文体，赋的起源比较早。《诗经》中就有了赋的表现手法。汉赋在一定程度上继承了《楚辞》的浪漫主义传统，在汉代积极进取的社会风气影响下，汉赋表现出飞扬雄浑的艺术特色。

根据目前我们所能看到的材料，两汉时期最早进行赋的创作者要说是洛阳才子贾谊。他的赋作以《吊屈原赋》和《鹏鸟赋》最为知名。在这些作品中贾谊抒发了自己怀才不遇的心情，人鸟对话的独特想象也开汉赋主客问答体式之先河。此赋语言凝练精警，形式上以整齐的四言句为主，也有散文化的倾向，体现出向汉大赋的过渡。

---

① 杨树增《汉代文化特色及其形成》一书认为中国文学的“自觉”发生在汉代，参看其第二编《“自觉”创新的文学》第一章《汉代文学特色总述》第一节《文学的“自觉”始于汉》，人民出版社 2008 年版。对此，笔者不能苟同。杨先生混淆了文学的发生和文学的自觉两个不同的概念，以杨先生的论证方法，我们完全可以证明文学的“自觉”始于先秦。假如我们还承认有所谓“自觉”，那么这样的“自觉”，只能发生在魏晋时期。

真正的汉代散体大赋的写作，要从梁园文人集团开始。汉文帝封自己的少子刘武为梁王，即梁孝王。梁孝王在睢阳东南平台一带大兴土木，建造了规模宏大、富丽堂皇的梁园。梁孝王雅好文章，因而在他的周围聚集起一群文人学士，被人称为“梁园文人集团”。邹阳、严忌、枚乘、司马相如、公孙诡、羊胜等人，开启了两汉散体大赋写作的华美篇章。司马相如在梁园写下了《子虚赋》，汉武帝不知道是谁的作品，读完以后感慨道：“朕独不得与此人同时哉？”①《子虚赋》成为汉代文学正式确立的标志。再如邹阳的《狱中上梁王书》，情真意切，后人称为“断而不断，一气呵成”。②

进入东汉以后，洛阳成为汉赋创作的中心。东汉的赋作逐渐改变了西汉铺陈夸张、劝百讽一的特点，现实主义的传统开始有所回归。虽说少了西汉大赋的恢宏，但也少了晦涩。如东汉班固的赋作，就表现出非常明显的人文情怀。班固的《两都赋》，超越了西汉大赋的浪漫想象，开始关注对现实的描写，体现出非常明显的儒家伦理色彩。在对东都洛阳和西都长安的对比中，刻意强调了东都洛阳的文风儒雅。就文体形式而言，从班固开始改变了西汉时期散体大赋的散文化方向，开始大量使用骈偶对仗的形式，注重内容的典雅和实证，平实坦荡，娓娓道来，说理充分，读之亲切自然。

班固之后有南阳人张衡再度将汉赋的写作推向了高峰。早期，张衡的赋作多模拟前人的作品，可以说是“借他人之酒杯，浇自己胸中之块垒”。后期的赋作，以《二京赋》《归田赋》等为代表，逐渐走向成熟。其中，《二京赋》以其严谨的结构而被称为“汉赋中的精品”。《二京赋》的写作前后经历了十年的打磨，逐句琢磨，逐节锻炼，洋洋洒洒，淋漓尽致。尤其是对东汉洛阳的描绘，宛如一幅丹青长卷，生动形象，栩栩如生。东汉末年祢衡的《吊张衡文》中称赞张衡：“下笔绣辞，扬手文飞。”③《归田赋》实现了汉赋从鸿篇巨制向短小精悍的转变，开启了抒情小赋的创作时代。

从汉代文人的文学创作中，我们能够非常明显地感觉到，他们对于文学自身价值的主动追求，通过他们的创作，文学逐渐从附庸发展而为大国，开启了文学

---

① 司马迁：《史记》卷一百一十七《司马相如列传》，中华书局 1982 年版。

② 吴调侯、吴楚材编注：《古文观止》，中华书局 1959 年版。

③ 严可均：《全上古三代秦汉三国六朝文》，中华书局 1958 年版。

自觉时代的先声。

二、文学自觉的到来

清代著名学者赵翼曾说："国家不幸诗家幸，赋到沧桑句便工。"东汉末年，空前的战乱促进了建安文学走向顶峰。建安文学的代表就是建安七子和三曹父子。

建安七子指的是孔融、陈琳、王粲、徐幹、阮瑀、应玚、刘桢。建安七子主要活动于邺城和许昌，他们在一定程度上引领了那个时代的文学创作。

建安七子的诗作标志着五言诗体裁的成熟，无论是写景状物，还是抒发胸臆，都运用自如。代表作有徐幹的《室思》《饮马长城窟行》等。他们的抒情小赋相对于东汉后期，取材范围进一步扩大，抒情色彩更为浓厚，而且他们的作品对于现实的反映也更为深切，所以后人提到建安文学，往往以"风骨"二字相标榜。建安七子的散文写作独树一帜，如孔融的《难曹公表制酒禁书》，极尽挖苦讽刺之能事；陈琳的《讨曹檄文》，气势磅礴，酣畅淋漓。同时，在他们的散文中，形式上有逐步骈化的趋向，尤以孔融、陈琳为著。他们的一些作品对偶整饬，多用典故，成为从汉末到西晋散文骈化过程中一个不能忽略的环节。建安七子的诗文创作，并非是无病呻吟，而是乱世苦魂的真实写照。

三曹父子的文学创作相对于建安七子，取得的成就更大。曹操的诗作以四言诗为主，雄浑大气，主要反映了汉末动乱的现实、一统天下的理想和顽强的进取精神，以及抒发忧思难忘、忧国忧民的救世情怀。如面对东汉末年空前的社会动荡，曹操在《蒿里行》中发出了"白骨露于野，千里无鸡鸣；生民百遗一，念之断人肠"的感慨①，《短歌行》中"周公吐哺，天下归心"表达了曹操一统天下的雄心壮志②，《龟虽寿》中"老骥伏枥，志在千里"言己虽至晚年仍不弃雄心壮志。③ 曹操很少使用华丽的辞藻，如《观沧海》："秋风萧瑟，洪波涌起。日月

---

① 曹操：《曹操集》，中华书局 1959 年版。
② 曹操：《曹操集》，中华书局 1959 年版。
③ 曹操：《曹操集》，中华书局 1959 年版。

之行，若出其中。星汉灿烂，若出其里。”① 寥寥数笔就将大海的波澜壮阔表现得淋漓尽致。曹操的文章以《让县自明本志令》《唯才是举令》等为代表，鲁迅曾评价：“在曹操本身，也是一个改造文章的祖师，可惜他的文章传得很少。他胆子很大，文章从通脱得力不少，做文章时又没有顾忌，想写的便写出来。”② 尤其是《让县自明本志令》中说：“设使国家无有孤，不知当几人称帝，几人称王!”让人清晰地感受到曹操的英雄霸气。③

曹丕自幼雅好文辞，《燕歌行》是其代表作，据考写于建安十二年曹操北征乌桓期间，采用乐府体裁，开创性地以句句用韵的七言诗形式写作，被认为是现存最早、最完整的严格意义上的七言诗。《燕歌行》反映了东汉末年战乱流离的现状，表达被迫分离的男女内心的怨愤和惆怅。全诗用词不加雕琢，音节和婉，修辞精美，情致流转，情感细腻，感人至深。曹丕是邺下文人集团的实际领袖，对建安文学精神风貌的形成起到关键作用，由此形成的“建安风骨”对后世文学产生了深远影响。王夫之对曹丕给予了高度的评价，他说：“曹子建铺排整饰，立阶级以赚人升堂，用此致诸趋赴之客，容易成名。伸纸挥毫，雷同一律。子桓精思逸韵，以绝人攀跻，故人不乐从，反为所掩。子建以是压倒阿兄，夺其名誉。实则子桓天才骏发，岂子建所能压倒耶?”④

在三曹父子中，曹植的文学成就最高。曹植自幼就被称为“绣虎”，天资聪颖，才思敏捷，一度获得曹操的宠信，几乎被立为太子。曹丕称帝后，曹植备受打击。政治上的悲剧客观上促成了他在诗歌创作上的卓越成就。南朝诗人谢灵运曾称赞：“天下才有一石，曹子建独占八斗，我得一斗，天下共分一斗。”成语“才高八斗”便由此得来。⑤ 后期的曹植写了大量表达自己怀才不遇悲愤心情的诗歌，情感充沛，个性鲜明。曹植的代表作是《洛神赋》。此赋以幻觉形式，叙写人神相恋，终因人神道殊，含情痛别。有人以为此赋表达了曹植对嫂子甄氏的暗恋之情，也有人以为曹植是假托洛神，寄心曹丕，抒发自己苦闷的心情以期能打

---

① 曹操：《曹操集》，中华书局 1959 年版。

② 鲁迅：《魏晋风度与文章及药与酒之关系》，收吴中杰导读《魏晋风度及其他》，上海古籍出版社 2000 年版。

③ 曹操：《曹操集》，中华书局 1959 年版。

④ 王夫之著、舒芜点校：《姜斋诗话》，人民文学出版社 1961 年版。

⑤ 陶宗仪：《说郛》卷十二下，《说郛三种》，上海古籍出版社 2012 年版。

动曹丕。全赋多方着墨，极力描绘洛神之美，生动传神。格调凄艳哀伤，辞采华茂，被人们千古传诵。

在中国古代文学史上，“文学自觉”指的是文学及文学创作主体意识到文学的独立性和价值性，自觉地对文学本质和发展规律等进行探讨和认识，促进文学按其自身的规律向前发展。文学自觉的表现在于，首先文学独立的价值被充分肯定，其次各种文体逐渐完备，再次对文学的审美特性有了自觉的追求，文学理论开始走向成熟。[①] 魏晋时期，是中国文学史上“文学自觉”全面到来的时代。曹丕的《典论·论文》是中国最早的文学理论和文学批评著作。在《典论·论文》中，曹丕高度肯定了文学的价值和意义，他将文章称为：“经国之大业，不朽之盛事。”[②] 鲁迅在《魏晋风度与文章及药与酒之关系》中称：“他（曹丕）说诗赋不必寓教训，反对当时那些寓教训于诗赋的见解，用近代的文学眼光来看，曹丕的一个时代可说是‘文学的自觉时代’，或如近代所说是为艺术而艺术的一派。”[③]

在这样一个文学自觉的时代，洛阳城中才子云集。左思来到洛阳写下了《三都赋》，城中纷纷传抄，以至于洛阳纸价为之上涨，留下了“洛阳纸贵”的典故。还有一位才子潘岳，字安仁，不仅文采飞扬，而且其人非常潇洒帅气，是中国历史上标志性的美男子。据说潘岳每次外出的时候，车上都会被扔满了鲜花和水果，从而留下了“掷果盈车”的美谈。

三、古文运动的兴起

永嘉之乱打破了魏晋时期洛阳城文学创作的繁盛。东晋以后，文坛上骈体文一枝独秀，引领了此后数百年的文坛创作。骈体文讲究对仗和用典，辞藻华丽，在一定程度上将文章的形式美发挥到了极致。但是对于形式的过分追求，也影响了对内容的表达，形式僵化，内容苍白。入唐以后，开始有人提出改革文风的主

---

① 参看袁行霈主编：《中国文学史》第 2 卷，高等教育出版社 2006 年版。

② 严可均：《全上古三代秦汉三国六朝文》，中华书局 1958 年版。

③ 鲁迅：《魏晋风度与文章及药与酒之关系》，收吴中杰导读《魏晋风度及其他》，上海古籍出版社 2000 年版。

张。唐初陈子昂主张“复古”，其后萧颖士、李华等主张“师法三代”。不过古文运动的真正到来则是韩愈提倡和推动的结果。

韩愈，字退之，河南孟州人，因其郡望为昌黎而被人称为韩昌黎。韩愈不仅生在中原，而且长期活动于中原，在其仕宦生涯中，洛阳是重要的一站。韩愈在洛阳的文学活动，推动着古文运动不断走向高潮。

韩愈被苏轼称为“文起八代之衰”，不过个性刚强的他却并非以文学之士而自期。他看到当时佛道流行，出于捍卫儒家道统的需要，提倡改变文体，从而提升宣传效果。他认为相对于“道”而言，文不过是形式和载体，文以载道，文是道的承载工具，因而形式要服从于内容，形式要和内容实现统一。

韩愈提倡学习先秦两汉古文，博取屈原、司马迁、司马相如、扬雄等诸家作品之长，“宜师古圣贤人”。[①] 同时，他还主张在继承的基础上创新，坚持“词必己出”[②]“惟陈言之务去”。[③] 韩愈认为作家的道德修养是其文学作品的灵魂，因而提出了养气论。他说：“气，水也；言，浮物也。水大而物之浮者，大小毕浮。气之与言犹是也。气盛，则言之短长与声之高下者皆宜。”[④] 也就是有了灵魂之后，具体的形式已经不重要了，无论篇幅的长短和声调的高下都是适宜的。韩愈提出“不平则鸣”的主张，认为文学作品应该是现实的反映，是作者情绪的自然流露。在具体的写作技巧上，韩愈强调文章要“奇”，以奇诡为善。

韩愈的代表作有《原道》《师说》《马说》《谏迎佛骨表》等，在这些文章中，可以明显地感觉到韩愈因对道义的强烈自信而表现出的磅礴气势，带有非常浓烈的情感色彩。苏洵就说韩愈之文“如长江大河，浑浩流转”。[⑤] 后人也将韩愈尊为唐宋八大家之首。

可以说，韩愈很好地践履了自己的文学主张。当然，韩愈的文章并非仅仅依靠声调的高昂取胜，其论说文，观点鲜明，言辞犀利，说理透彻，有着非常强烈

---

① 《答刘正夫书》，韩愈著，刘真伦、岳珍校注《韩愈文集汇校笺注》，中华书局 2010 年版。

② 《南阳樊绍述墓志铭》，韩愈著，刘真伦、岳珍校注《韩愈文集汇校笺注》，中华书局 2010 年版。

③ 《答李翊书》，韩愈著，刘真伦、岳珍校注《韩愈文集汇校笺注》，中华书局 2010 年版。

④ 《答李正夫书》，韩愈著，刘真伦、岳珍校注《韩愈文集汇校笺注》，中华书局 2010 年版。

⑤ 《上欧阳内翰书》，苏洵著，曾枣庄、金成礼笺注《嘉祐集笺注》卷十二，上海古籍出版社 1993 年版。

的逻辑性。这一点，尤其体现在他的名篇《原道》中。

韩愈文章的语言凝练生动，用词准确而又鲜明，具有创造性和表现力。韩愈不仅善于向古人学习先秦秦汉时期的典雅语言，而且非常注意结合唐朝当代语言的特点，创造出许多具有鲜明时代特征的语言。韩愈的语言具有很强的生命力，韩愈所创造的很多词语仍然活跃在现代汉语中，如“蝇营狗苟”“摇尾乞怜”“面目可憎”“垂头丧气”“佶屈聱牙”“千里马常有而伯乐不常有”等。

韩愈所倡导的古文运动进入宋代以后，成为一股不可遏制的潮流。尤其是经历了欧阳修、苏洵、苏轼、苏辙、王安石、曾巩等人在中原地区的文学实践，终于使得形式主义的骈体文成为历史的陈迹，平实通畅的现实主义风格成为散文创作的主流。他们都曾在中原地区留下大量脍炙人口的作品，被人们千古传诵。而且他们都对中原这片厚重的土地有着深厚的情感，欧阳修、苏轼、苏辙甚至选择中原作为他们的长眠之地。如今在新郑的欧阳修墓和郏县的三苏坟经常可以看到人们凭吊文豪的身影。

四、市井文学的出现

隋唐以后，随着佛教的普及，为了扩大宣传效果，佛教有了俗讲、经变等多种新的形式。宋以后，随着市民阶层的出现，城市生活日益丰富，娱乐需求日益高涨。在北宋开封城中，勾栏瓦肆热闹非凡。在勾栏瓦肆之中，除唱曲以外，说话、杂剧也是重要的项目。

唐朝后期勾栏瓦肆开始出现。进入宋代以后，随着娱乐需求的增加，勾栏瓦肆在北宋首都开封城中迅猛增加。勾栏，又作勾阑或构栏，是当时城市中的娱乐场所。瓦肆，又名瓦舍、瓦市或瓦子，是娱乐场所聚集的地方。由于战乱等原因，宋代的勾栏瓦肆没有留下任何痕迹，我们只能从文献记载中寻找关于勾栏瓦肆的一点雪泥鸿爪。

根据孟元老的《东京梦华录》记载，当时东京汴梁城有一种太平车，形状和勾栏近似，“东京般载车，大者曰‘太平’，上有箱无盖，箱如构栏而平”。[①] 由

① 孟元老著，邓之诚注：《东京梦华录注》卷五《般载杂卖》，中华书局 1982 年版。

此我们可以知道，勾栏大体和木箱形状很相近。为了宣传，有些勾栏门首会悬挂类似后世招牌一类的装饰品来招徕顾客。勾栏内部设有戏台和观众席。戏台一般高出地面，台口围以栏杆。戏台应该和后世的戏台格局基本相同，前半部为表演区，后半部为演员化妆和休息的区域。东京汴梁城非常繁华，众多的勾栏瓦肆演出几乎从不间断，很多勾栏瓦肆的演出已经固定化。《东京梦华录》说，京瓦伎艺，“不以风雨寒暑，诸棚看人，日日如是”。①

勾栏瓦肆的出现，对中国戏曲的形成具有重要意义。此前，经历了汉代的乐舞百戏和隋唐时期的参军戏之后，中国戏曲的雏形逐渐显现。五代时期，后唐庄宗李存勖在洛阳期间曾极力推动戏曲的发展。进入北宋以后，众多的民间艺人汇聚京师，为他们相互交流、吸收借鉴提供了平台。当时北宋的开封城，出现了一些知名艺人，在艺人与文人的共同努力下，杂剧得以脱颖而出。宋杂剧一般由艳段、正杂、杂扮三部分组成，角色一般为：末泥、引戏、副净、副末、装孤。这已经是一种很成熟的戏曲形式了。宋杂剧是中国戏曲发展史上一个非常重要的阶段，后来的金院本、元杂剧等都是在宋杂剧的基础上发展而来的。

伴随着戏曲同时发展起来的还有话本小说。北宋开封城中，除勾栏以外，还有众多的瓦肆。瓦肆之名大概是取其简易，吴自牧《梦粱录》中说：“瓦舍者，谓其‘来时瓦合，出时瓦解’之义，易聚易散也。”② 在众多的瓦肆中活跃着一群以讲故事、说笑话为生的“说话人”。据说当时的“说话”大体可以分为四家，但是具体记载却有所不同，见于文献的有小说、讲史、说经、合生与商谜五种。其中，小说、讲史最为重要，影响也最大。“说话”在宋人娱乐生活中占据着非常重要的地位，南宋初陆游有《小舟游近村舍舟步归》一诗：“斜阳古柳赵家庄，负鼓盲翁正作场。身后是非谁管得？满村听说蔡中郎。”说的就是宋代“说话”流行的场景。这些“说话人”所依据的底本，被人们称为“话本”。正如鲁迅所言：“说话之事，虽在说话人各运匠心，随时生发，而仍有底本以作凭依，是为‘话本’。”③ 我们今天所说的小说实际上就包括了宋代的小说与讲史两种。

话本小说，不同于此前的传奇小说，它完全是以市井语言来进行创作，是白

---

① 孟元老著，邓之诚注：《东京梦华录注》卷五《般载杂卖》，中华书局 1982 年版。

② 吴自牧：《梦粱录》卷十九《瓦舍》，三秦出版社 2004 年版。

③ 鲁迅：《中国小说史略》，上海古籍出版社 1998 年版。

话文学史上的一个突破。就其内容而言，话本小说大体可以分为四类，即爱情小说、公案小说、豪侠小说、神怪小说。[①] 程毅中言：“话本基本上是人民——主要是市民——的文学。他是民间艺人集体创作的，又是为广大人民服务的，所表现的又主要是人民的生活和思想意识。”[②] 话本小说所表现的内容，与普通百姓的生活息息相关，具有非常浓厚的生活气息，在一定程度上引导了后世通俗小说发展的方向。

① 郭预衡主编：《中国文学史》第3卷，上海古籍出版社1998年版。
② 程毅中：《宋元话本》，中华书局2003年版。

第三节　唐诗与宋词

中国是一个诗歌的国度，中原地区更是诗歌发展的核心区域，有着悠久的诗歌创作传统。如前所述，早在先秦时期，就有《诗经》，汉魏六朝又有乐府诗歌。进入唐朝以后，诗歌的创作达到了顶峰。

一、登峰造极的唐诗

唐代以诗赋取士，极大地推动了唐朝的诗歌创作。唐朝是律诗登峰造极的时代，律诗不仅从形式上走向成熟，而且在艺术水平上也达到后人难以企及的高峰。唐朝的文人几乎无一不是诗人，诗作数量实在惊人，清代曹寅编的《全唐诗》中共收录了2300多人的48900多首诗。

唐朝诗人不断涌现，上自帝王，下至普通官员，都有诗歌流行。如宰执大臣中张说以诗文知名，他的《九日进茱萸山诗》中说："家居洛阳下，举目见嵩山。刻作茱萸节，情生造化间。黄花宜泛酒，青岳好登高。稽首明廷内，心为天下劳……"① 就连宫女上官婉儿也有诗歌传世，如《彩书怨》："叶下洞庭初，思君万里余。露浓香被冷，月落锦屏虚。欲奏江南曲，贪封蓟北书。书中无别意，惟怅久离居。"②《全唐诗》中收录她的诗32首，五言律诗在她的倡导下趋于定型，成为考试体裁、正统格式。

---

① 张说：《九日进茱萸山诗》，曹寅编《全唐诗》卷八十九，中华书局1999年版。

② 上官婉儿：《彩书怨》，曹寅编《全唐诗》卷五，中华书局1999年版。

诗歌不仅在唐朝社会生活中有着重要的作用，而且也是唐朝文化的体现。唐朝并非汉晋的简单延续，而是一个经历了汉魏六朝汉胡互化之后形成的民族共同体，更加生机勃勃，充满活力，从而以气吞日月的磅礴声势，海纳百川的博大胸怀，刻意求新的独创精神，缔造出中华文明史上光彩夺目的高峰。唐诗正是唐朝文化的典型代表。

在我们回顾唐诗的发展历程时，中原地区绝对不能忽视。首先，中原地区是众多诗人的家乡，如杜甫、白居易、韩愈、刘禹锡、元结、元稹、崔颢、李商隐等都是河南人。而且中原也是诗人交往和创作的中心舞台，众多诗人在中原地区留下了脍炙人口的篇章。如李白和杜甫在洛阳初次相遇，贾岛首次在洛阳拜谒韩愈，晚年的白居易更是在洛阳城为后人留下了一千多首诗歌。

唐诗的内容极其丰富，体现了唐人开阔的胸怀，反映了唐人丰富的社会生活。“唐诗几乎深入到唐人生活的每一个领域，举凡朝政得失、国家兴衰、将相忠奸、战事胜负、宫廷歌舞宴乐、民间渔樵耕织、官吏的诛求贪婪、民生的哀怨疾苦、中外的通商聘问、边塞的祭神牧猎、山河景观、田园风光、琴棋技艺、书法画境，各种素材无不入题。从济苍生、安社稷的雄心，致君尧舜、立功边塞的壮志，到隐居山林的闲趣，思恋情人的哀怨；从饯别送行、羁旅思亲的离愁别恨，到累第不举、落魄淹蹇的牢骚怨恨，各种感怀均得抒发。”①

大体而言，唐代中原地区的诗歌创作，内容可概括为如下几个方面：

第一，是表达诗人对田园生活的向往。田园生活总是那么惬意，那么自然，往往是诗人神往而不得的生活方式。如孟浩然《上巳洛中寄王迥十九》：“卜洛成周地，浮杯上巳筵。斗鸡寒食下，走马射堂前。垂柳金堤合，平沙翠幕连。不知王逸少，何处会群贤？”② 这首诗描写了三月上巳日在洛阳斗鸡、走马时的轻松愉悦的心情。

第二，是对自然景色的描绘。祖国大好河山，莺飞草长，激发了诗人创作的热情。如杜甫：“迟日江山丽，春风花草香。泥融飞燕子，沙暖睡鸳鸯。”③ 从诗中可以明显感觉到诗人对江山的热爱。有时作者通过描写自然景色，寄托自己的

① 郭预衡主编：《中国文学史》第3卷，上海古籍出版社1998年版。

② 孟浩然：《上巳洛中寄王迥十九》，曹寅编《全唐诗》卷一百六十，中华书局1999年版。

③ 杜甫：《绝句二首》之一，曹寅编《全唐诗》卷二百二十八，中华书局1999年版。

深意。如白居易的《花非花》："花非花雾非雾，夜半来天明去。来如春梦几多时？去似朝云无觅处。"①

第三，边塞是唐诗的一个重要表现对象。南阳人岑参是边塞诗人的代表。岑参怀着到塞外建功立业的志向，两度出塞，久佐戎幕，前后在边疆军队中生活了6年，因而对鞍马风尘的征战生活、冰天雪地的塞外风光有长期的观察与体会。他充满激情地歌颂了边防将士的战斗精神，如《走马川行奉送出师西征》："君不见，走马川行雪海边，平沙莽莽黄入天。轮台九月风夜吼，一川碎石大如斗，随风满地石乱走。匈奴草黄马正肥，金山西见烟尘飞，汉家大将西出师。将军金甲夜不脱，半夜军行戈相拨，风头如刀面如割。马毛带雪汗气蒸，五花连钱旋作冰，幕中草檄砚水凝。虏骑闻之应胆慑，料知短兵不敢接，车师西门伫献捷。"②用恶劣的自然环境，衬托出将士们高昂的斗志。一些诗人虽然未曾到过边塞，但也受到边塞诗歌的影响，在他们的诗歌创作中也有一些边塞诗的影子。如杜甫的名篇《观公孙大娘弟子舞剑器行》，就是他在河南郾城观看公孙大娘舞剑后的作品，在这首诗歌中可以明显感受到一股豪气。

第四，抒发自己的政治抱负是诗人创作的主要动机。在一个积极进取的朝代里，士人们往往都有建功立业的抱负。杜甫，自幼接受了传统的儒家教育，他的人生理想就是要"致君尧舜上，再使风俗淳"。③ 虽然杜甫一生困顿，在四十几岁的时候才做了小官，但他并没有放弃自己的信念。杜诗最为感人之处在于他坚定的信念，因而杜甫才被后人尊为"诗圣"。

第五，民生疾苦是唐诗的重要表现内容。这类诗歌以杜甫为典型代表，他并没有因为自己的困顿而漠视民众的疾苦。杜甫的佳作多是在乱世中完成的，如著名的"三吏""三别"。这些诗作，是乱世的真实写照，所以杜诗被人们称为"诗史"。在杜甫的诗歌中体现着深厚的人文关怀，如著名的《茅屋为秋风所破歌》："安得广厦千万间，大庇天下寒士俱欢颜，风雨不动安如山！呜呼，何时眼前突兀见此屋，吾庐独破受冻死亦足。"④ 从中可以体现出诗人推己及人的情怀，

---

① 白居易：《花非花》曹寅编《全唐诗》卷八百九十，中华书局1999年版。

② 岑参：《走马川行奉送出师西征》，曹寅编《全唐诗》卷一九九，中华书局1999年版。

③ 杜甫：《奉赠韦左丞丈二十二韵》，曹寅编《全唐诗》卷八十九，中华书局1999年版。

④ 杜甫：《茅屋为秋风所破歌》，曹寅编《全唐诗》卷二百十九，中华书局1999年版。

以诗歌的形式完美地诠释了儒家“仁”的精神理念。儒家美学思想指导下的杜诗以“应须饱经术”[①]为准绳，要求形式服从内容，形式与内容严格统一，为盛唐诗歌创作的规范化、严密化奠定了基础。

第六，唐诗中体现了诗人对张扬个性的追求。唐代是一个开放的朝代，因而唐朝诗人也多有个性鲜明者。他们张扬的个性，往往体现在他们的诗歌中。但张扬的个性，往往难为世俗所接受，对个性的追求，最终的结果是平添内心的苦闷。最典型的莫过于号称“诗仙”的大诗人李白。他在被唐玄宗“赐金放还”后，受元丹丘之邀，来到嵩山，写下了著名的《将进酒》：“君不见，黄河之水天上来，奔流到海不复回。君不见，高堂明镜悲白发，朝如青丝暮成雪。人生得意须尽欢，莫使金樽空对月。天生我材必有用，千金散尽还复来。烹羊宰牛且为乐，会须一饮三百杯。岑夫子，丹丘生，将进酒，杯莫停。与君歌一曲，请君为我倾耳听。钟鼓馔玉不足贵，但愿长醉不复醒。古来圣贤皆寂寞，惟有饮者留其名。陈王昔时宴平乐，斗酒十千恣欢谑。主人何为言少钱，径须沽取对君酌。五花马，千金裘，呼儿将出换美酒，与尔同销万古愁。”[②]虽然诗人自信“天生我材必有用”，但是最终也只能在沉醉中“与尔同销万古愁”。“在李白的眼里，人间是污浊的、黑暗的、不自由的，只有到山林、仙境、梦境中才能得到自由和解放。”[③]

第七，表达怀才不遇的苦闷。在任何时代里都会有怀才不遇的情况，都会有理想与社会现实之间的冲突和矛盾。李商隐，祖籍怀州河内，生于河南荥阳（今郑州荥阳）。19岁因文才深得太平军节度使令狐楚的赏识，引为幕府巡官。25岁进士及第。26岁受聘于泾源节度使王茂元幕，辟为书记。王爱其才，招为婿。他因此遭到牛党的排斥。此后，李商隐在牛李两党争斗的夹缝中求生存，辗转于各藩镇之间当幕僚，郁郁不得志，后潦倒终生。因而在李商隐的诗歌中可以非常明显地感受到他内心的苦闷，最具代表性的是他的《贾生》：“宣室求贤访逐臣，贾生才调更无伦。可怜夜半虚前席，不问苍生问鬼神。”[④]表面上看是在感慨洛阳才

---

① 杜甫：《又示宗武》，曹寅编《全唐诗》卷二百三十一，中华书局1999年版。

② 李白：《将进酒》，曹寅编《全唐诗》卷一百六十二，中华书局1999年版。

③ 于景祥编著：《登峰造极的唐诗》，辽海出版社1998年版。

④ 李商隐：《贾生》，曹寅编《全唐诗》卷五百四十，中华书局1999年版。

子贾谊的不幸遭遇，实则是诗人自况而已，借他人之酒杯，浇胸中之块垒。唐诗中的众多咏史诗，很多都可以看到作者自己的影子。如刘禹锡的《蜀先主庙》："天地英雄气，千秋尚凛然。势分三足鼎，业复五铢钱。得相能开国，生儿不象贤。凄凉蜀故妓，来舞魏宫前。"① 蜀先主因重用诸葛亮而立业，后主不能用贤而亡国，可以感觉到作者怀才不遇的沉闷。

第八，爱情诗歌。爱情是诗歌永恒的主题，唐诗中留下了大量有关爱情的诗篇。李商隐的爱情诗歌可以说是中国古代爱情诗歌的极致，其爱情诗歌的特征是真挚、深沉，他的诗不同于一般的爱情诗歌描写男欢女爱，而是更注重精神的追求，注重感情的升华。如他的几首《无题》诗："相见时难别亦难，东风无力百花残。春蚕到死丝方尽，蜡炬成灰泪始干。晓镜但愁云鬓改，夜吟应觉月光寒。蓬山此去无多路，青鸟殷勤为探看。"② "昨夜星辰昨夜风，画楼西畔桂堂东。身无彩凤双飞翼，心有灵犀一点通。隔座送钩春酒暖，分曹射覆蜡灯红。嗟余听鼓应官去，走马兰台类转蓬。"③ "来是空言去绝踪，月斜楼上五更钟。梦为远别啼难唤，书被催成墨未浓。蜡照半笼金翡翠，麝熏微度绣芙蓉。刘郎已恨蓬山远，更隔蓬山一万重。"④ 再如《锦瑟》，虽有篇题，实则和无题没有区别："锦瑟无端五十弦，一弦一柱思华年。庄生晓梦迷蝴蝶，望帝春心托杜鹃。沧海月明珠有泪，蓝田日暖玉生烟。此情可待成追忆，只是当时已惘然。"⑤

第九，节庆生活。节日生活是民众生活中难得能够放松的时刻，这些节庆也往往是诗歌的重要内容。如苏味道《正月十五夜》："火树银花合，星桥铁锁开。暗尘随马去，明月逐人来。游伎皆秾李，行歌尽《落梅》。金吾不禁夜，玉漏莫相催。"⑥ 描写神龙元年上元夜，官府取消了夜禁，洛河上的天津桥也将铁索打开听任游人往来。月光下游人熙熙攘攘，女伎则边走边唱。晚年的白居易定居洛阳，每逢佳节，必有诗作。有一年过年，白居易前往刘禹锡家中做客，自然少不了觥筹交错，赋诗言志。刘禹锡《元日乐天见过因举酒为贺》："渐入有年数，喜

---

① 刘禹锡：《蜀先主庙》，曹寅编《全唐诗》卷三百五十七，中华书局 1999 年版。
② 李商隐：《无题》，曹寅编《全唐诗》卷五百三十九，中华书局 1999 年版。
③ 李商隐：《无题》，曹寅编《全唐诗》卷五百三十九，中华书局 1999 年版。
④ 李商隐：《无题》，曹寅编《全唐诗》卷五百三十九，中华书局 1999 年版。
⑤ 李商隐：《锦瑟》，曹寅编《全唐诗》卷五百三十九，中华书局 1999 年版。
⑥ 苏味道：《正月十五夜》，曹寅编《全唐诗》卷六十五，中华书局 1999 年版。

逢新岁来。震方天籁动，寅位帝车回。门巷扫残雪，林园惊早梅。与君同甲子，寿酒让先杯。”① 白居易则是回赠了《新岁赠梦得》：“暮齿忽将及，同心私自怜。渐衰宜减食，已喜更加年。紫绶行联袂，篮舆出比肩。与君同甲子，岁酒合谁先？”② 有一年寒食，白居易、刘禹锡、王起等人还留下了《会昌春连燕即事》的组诗。

第十，民众的生产生活在诗歌中也有反映。这类诗歌，尤以白居易为首的“新乐府”诗歌为代表，他提出：“文章合为时而著，歌诗合为事而作。”③ 在白居易的诗歌中经常可以看到普通民众生产生活的身影。如《观刈麦》：“田家少闲月，五月人倍忙。夜来南风起，小麦覆陇黄。妇姑荷箪食，童稚携壶浆。相随饷田去，丁壮在南冈。足蒸暑土气，背灼炎天光。力尽不知热，但惜夏日长。复有贫妇人，抱子在其旁。右手秉遗穗，左臂悬敝筐。听其相顾言，闻者为悲伤。家田输税尽，拾此充饥肠。今我何功德，曾不事农桑。吏禄三百石，岁晏有余粮。念此私自愧，尽日不能忘。”④

二、宋词的辉煌

进入宋代以后，诗歌创作的繁荣依然得到了延续。但宋代的诗歌创作所取得的成就无法与唐朝相提并论。而被称为“诗余”的词，却大放异彩。在宋代，无论是词作的数量，还是所取得的成就，比之唐诗都毫不逊色。上自帝王、下至一般的文人雅士，几乎都有词作传世。在宋代，词无论是从内容还是从形式上都有了重大的突破。北宋时期，定都开封，中原不仅是政治、经济的中心，也是宋词创作的中心区域。

宋词是唐诗之后的又一种诗歌体裁。相对于唐诗，宋词的音乐性更为突出，每首词都需要按照一个词牌，依据该词牌的声调来填写内容，因而相对于诗歌的

① 刘禹锡：《元日乐天见过因举酒为贺》，曹寅编《全唐诗》卷三百五十八，中华书局1999年版。

② 白居易：《新岁赠梦得》，曹寅编《全唐诗》卷四百五十七，中华书局1999年版。

③ 刘昫：《旧唐书》卷一百六十六《白居易列传》，中华书局1975年版。

④ 白居易：《观刈麦》，曹寅编《全唐诗》卷四百二十四，上海古籍出版社1986年影印扬州诗局。

创作，词的创作被称为“填词”。唐诗中，每首诗句子长短基本一致，而宋词则是根据词牌的要求长短不一。因而，宋词也被称为长短句。

关于词的起源，现代学者普遍赞同“民间起源说”，即认为作为诗歌体裁的词，大体起源于民间的“曲子词”。“词最初孕育于唐代繁华城市中罗列的歌楼妓馆，是歌妓们演唱的小曲。”① 最初大约形成于隋唐之际，中晚唐以后开始出现一些文人创作的词。五代后蜀赵崇祚所编的《花间集》中就收了温庭筠、韦庄等18位文人的词作。到五代时期，词的创作开始普及，尤其是南唐中主李璟、南唐后主李煜的创作，极大地推动了这一文学形式的成熟。

南唐后主李煜，早期的词作多是描写宫廷生活和男女之情，但在南唐国破，李煜本人被俘到开封以后，他的词作开始转向深沉，亡国之痛、故国之思溢于言表。如《望江南》：“多少恨，昨夜梦魂中。还似旧时游上苑，车如流水马如龙。花月正春风。多少泪，断脸复横颐。心事莫将和泪说，凤笙休向泪时吹。肠断更无疑。”② 前面追念昔时故国繁盛景象，后面抒发今日亡国凄清境况。《破阵子》：“四十年来家国，三千里地山河。凤阁龙楼连霄汉，玉树琼枝作烟萝，几曾识干戈？一旦归为臣虏，沈腰潘鬓消磨。最是仓皇辞庙日，教坊犹奏别离歌，垂泪对宫娥。”③ 则是抒发了他的亡国之痛。亡命词《虞美人》：“春花秋月何时了？往事知多少？小楼昨夜又东风，故国不堪回首月明中。雕栏玉砌应犹在，只是朱颜改。问君能有几多愁，恰似一江春水向东流。”④ 故国之思毫不掩饰地流露无疑，以至宋太宗读后大怒，派人用“牵机药”将他毒死。作为政治人物的李煜，无疑是失败的。前人曾经指出，他的《破阵子》提到亡国时，陪伴他的只有宫娥而已，这恰是他亡国的原因之一。就其个人而言，作为一个帝王，李煜显然是非常失败的亡国之君。不过，作为一个词人，李煜无疑是非常成功的，恰恰是他的悲剧人生促使他的词作达到了空前的艺术高度，进而对宋词的创作起到了极大的推动和引领作用。

进入北宋中期以后，随着城市的发展，市民娱乐生活渐趋丰富，勾栏瓦肆之

---

① 章培恒主编：《中国文学史》（中），复旦大学出版社1997年版。
② 王仲闻：《南唐二主词校订》，中华书局2007年版。
③ 王仲闻：《南唐二主词校订》，中华书局2007年版。
④ 王仲闻：《南唐二主词校订》，中华书局2007年版。

中除杂剧、说话等娱乐以外，也少不了歌女的身影。而且北宋社会风气相对开放，即便士大夫的雅集也往往会有歌女助兴，这也刺激了文人对词的创作热情。因而早期的宋词，多描写男女之情。此类作品的一大特色就是突破了儒教伦理的限制，表达了人们的真实情感。

北宋文人词作的代表，当推柳永的作品，当时号称“凡有井水饮处，即能歌柳词”①，说明了柳永作品的流行程度。柳永原名三变，字景庄。后改名永，字耆卿。排行第七，因而人称柳七。柳永祖籍山西，后移居福建崇安，他出生在山东任城。不过柳永一生主要活动在首都开封。据说柳永起初也曾参加科举考试，不过因为宋仁宗认为他的词作轻浮而没有被录取，宋仁宗还说了句：“且去浅斟低吟，何要浮名？”② 于是柳永索性宣称自己是“奉旨填词”。

北宋的开封城，是当时世界上最繁华的都市，这也为柳永的词作提供了广阔的市场。柳永虽然科举不顺，但在市井勾栏中找到了属于自己的一片天空。柳永对于词的贡献，可以说是里程碑式的。他在形式上把过去只有几十个字的短令发展到百多字的长调；在内容上把词从宫词中解放出来，大胆引进了市民生活、市民情感。“北宋初期，词人几乎无一例外地只继承文人词的传统而排斥民间词，只有柳永冲破了这一局限，既以文人的身份写词，又有意识地多与民间保持密切联系，使民间词的传统得以继承。”③

柳永的代表作《雨霖铃》就是他离开汴京南下时与恋人惜别之作：“寒蝉凄切。对长亭晚，骤雨初歇。都门帐饮无绪，方留恋处，兰舟催发。执手相看泪眼，竟无语凝噎。念去去、千里烟波，暮霭沉沉楚天阔。多情自古伤离别，更那堪，冷落清秋节。今宵酒醒何处？杨柳岸、晓风残月。此去经年，应是良辰好景虚设。便纵有千种风情，更与何人说？”④ 词中以种种凄凉、冷落的秋天景象衬托和渲染离情别绪。作者仕途失意，不得不离开京都远行，不得不与心爱的人分手，这双重的痛苦交织在一起，使他感到格外难受。他真实地描述了临别时的情景。

柳永在生活上放荡不羁，据南宋罗烨《醉翁谈录》丙集卷二说，“耆卿居京

---

① 叶梦得：《避暑录话》卷上，中华书局 1965 年版。

② 吴曾：《能改斋漫录》卷十六，中华书局 1994 年版。

③ 郭预衡主编：《中国文学史》（第 3 卷），上海古籍出版社 1998 年版。

④ 柳永著，薛瑞生校注：《乐章集校注》卷中，中华书局 1994 年版。

华，暇日遍游妓馆。所至，妓者爱其有词名，能移商换羽，一经品题，声价十倍。妓者多以金、物资给之”。在杨湜的《古今词话》中还提到，甚至柳永死后，一贫如洗，谢玉英、陈师师一班名妓念他的才学和痴情，凑钱替其安葬。出殡时，东京满城名妓都来了，半城缟素，一片哀声。谢玉英为他披麻戴重孝，两月后因痛思柳永而去世。死后亦无亲族祭奠，每年清明节，歌妓相约赴其坟地祭扫，并相沿成习，称之“吊柳七”或“吊柳会”。冯梦龙《喻世明言》中有一篇《众名姬风月吊柳七》的小说，说的就是这段故事。这些故事，从侧面反映了柳永的写词生涯。

相对于柳永词作的婉约，苏轼则开创了豪放派。据说苏东坡在玉堂署任职的时候，恰巧属下有一幕士善歌。于是苏东坡就问：“吾词何如柳七？”幕士答：“柳郎中词，宜十七八女郎，按红牙拍歌，‘杨柳岸，晓风残月’。学士词，须关西大汉，执铁板，唱‘大江东去’。”① 这段记载，虽属戏言，但反映出二人词作迥异的风格。

靖康之难后，民族危机空前加剧，使得豪放派的词作有了更充实的精神内涵。河南汤阴人岳飞，在两宋之际力挽狂澜，建功立业，将自己的一腔热血倾注于词作之中。岳飞的代表作《满江红》：“怒发冲冠，凭栏处，潇潇雨歇。抬望眼，仰天长啸，壮怀激烈。三十功名尘与土，八千里路云和月。莫等闲，白了少年头，空悲切！靖康耻，犹未雪；臣子恨，何时灭？驾长车，踏破贺兰山缺。壮志饥餐胡虏肉，笑谈渴饮匈奴血。待从头、收拾旧山河，朝天阙。”② 该词可以说是气壮山河，成为千古传唱的名篇。可惜面对赵构君臣的懦弱无耻，岳飞也只能在《小重山》中感慨缺少知音了：“昨夜寒蛩不住鸣。惊回千里梦，已三更。起来独自绕阶行。人悄悄，帘外月胧明。白首为功名。旧山松竹老，阻归程。欲将心事付瑶琴。知音少，弦断有谁听？”

---

① 郑方坤：《全闽诗话》卷二引《吹剑录》，文渊阁《四库全书》本。

② 关于岳飞《满江红》的真伪，前人略有争议。有人以为这首词在明朝中期才开始流传，来源不明，很有可能是后人词作，被误认为是岳飞的作品。现在多数学者认为，《满江红》就是岳飞的作品。参见王曾瑜《岳飞〈满江红〉词真伪之争辩及其系年》，《文史知识》2007 年第 1 期。

第八章

中原武术文化

中华民族自古就有尚武之风，中国武术源远流长，中原地区自古就是战乱频仍之地，所以中原地区也是武术高度发达的区域，如今武术已经成为中原文化的一个重要组成部分。

第一节　天下功夫出少林

少林寺不仅是禅宗的祖庭，在佛教界有着极高的地位，而且少林寺很早就以少林功夫闻名天下，成为执武林之牛耳的功夫圣地。

一、少林武术源流

中华民族自古就有尚武之风，作为中华文明起源地的中原地区，也是中华传统武术的诞生地。佛教传入中国以后，很快与中华传统民间武术结缘。少林武术就是在这样一个大的历史背景下诞生的。

少林武术，是中华传统武术的一个重要组成部分，中华传统武术的很多特征都在少林武术上有所体现。同时，少林武术又结合了很多佛教的文化元素，从而使得少林武术形成了独具特色的综合性武术体系。少林武术，既包括少林僧俗弟子们所演练、传承、编创的武术，又包括寺外自称是少林弟子之人所开创的、符合少林武术风格的武术。其博大精深，源远流长。

提起少林武术，当然要从少林寺说起。位于中岳嵩山少室山脚下的少林寺，始建于北魏。太和十八年（494 年），北魏迁都洛阳以后，孝文帝所敬重的跋陀禅师（又称佛陀禅师）随之也来到中原。据《高僧传》记载："佛陀禅师……后随帝南迁，立都伊洛，复设静院，敕以处之。而性爱幽栖，林谷是托，屡往嵩岳，高谢人世。有敕就少室山为之造寺，今之少林是也。”[①] 自此后，少林寺就成为中原地区的佛学重镇，不断有高僧大德来到少林，其中就包括禅宗初祖菩提达摩。

在民间的传说中，菩提达摩不仅是禅宗的开创者，而且也是少林武术的创始人。但是，关于达摩的故事，多有附会，经不起历史学的推敲。很有可能是禅宗达摩一系兴盛以后，僧人们为了光大自己一系而伪造的故事。

从比较可靠的材料来看，少林武术应当与跋陀的弟子惠光、僧稠等人有关。据说跋陀在惠光12岁的时候就将他收入门下，而当时惠光已经能够连续踢五百个毽子。根据《太平广记》的记载，僧稠年少时，因体弱常受人欺辱，“稠禅师，邺人也。初落发为沙弥，时辈甚众，每休暇，常角力、腾趠为戏，而禅师以劣弱见凌”。后来发奋练武强身，竟然能够“入殿中，横蹋壁行，自西至东，凡数百步。又跃首至于梁数四，乃引重千钧。其拳捷骁武，动骇物听”。[②] 他后来成为少林住持。

少林寺地处嵩山深处，山林茂密，人烟稀少，猛兽出没。为了生存，僧人必须有强健的体魄，因而习武健身成了部分僧人必不可少的活动。同时，他们长时间坐禅容易导致肢体麻木，也需要不时起来活动肢体，久而久之开创了一些固定的套路。少林寺建成之后不久，北魏就陷入动荡之中，持续50年之久的战乱，洛阳及其周围成为战祸重灾区，为保护寺中财产，僧人们也需要练武以自保。

少林寺最初以武扬名天下，是从“十三棍僧救唐王”这一故事开始的。隋朝末年，天下大乱，群雄逐鹿，中原地区成为各路人马争夺的首要目标。这也迫使少林僧人拿起武器，保卫寺院。

隋朝末年，各路义军兵锋直指东都洛阳。为救洛阳危局，躲在江都的隋炀帝命令王世充带领两万精兵驰援。王世充来到洛阳以后不久，传来隋炀帝被杀的消息，618年5月王世充拥立越王杨侗为帝，改元皇泰。第二年4月，王世充废黜了皇泰主，自立为帝，国号郑。

早在隋文帝在位之时，就曾将少林西北约25公里柏谷屯（今属偃师）一带的100顷田地赏给少林寺。王世充称帝以后，在柏谷屯设置辗州，并派他的侄子王仁则来此驻守。这样，少林寺的田地就全归了王仁则，僧众失去了斋粮的来

① 转引自无谷、刘志学编《少林寺资料集》，书目文献出版社1982年，第15页。

② 李昉等：《太平广记》卷九十一《异僧五》，中华书局1961年版。

源，更加度日维艰。

与此同时，隋朝太原留守唐国公李渊于617年起兵南下，夺取关中，拥立代王杨侑为帝。次年，李渊废隋自立，建立唐朝，年号武德。关中地区并没有经受大规模的战乱，在隋末割据的各股势力中，李渊集团实力最为强大。不久，李渊集团开始了他们统一天下的征程。李渊集团要想向东争夺天下，地处洛阳的王世充集团就成为他们首先要扫除的障碍。

武德四年（621年），李渊派次子秦王李世民率大军征讨王世充。王仁则所驻守的轘州城是战略要地，易守难攻，且与洛阳相呼应，唐军久攻不下。

此时少林寺寺主志操等审时度势，判断李唐王朝更具有优势，于是与僧众商议，夺取轘州城，投奔唐朝。于是，一群少林僧人潜入城内，联络守城军官赵孝宰共同起事；另一群少林僧人埋伏在城外，伺机而动。最后里应外合，会武术的少林僧昙宗等人抓住了王仁则，赵孝宰等打开了城门，唐军与其他少林僧人一拥而入，夺取了轘州城。

战后，李世民不仅派人送来了嘉奖令，“法师等并能深悟机变，早识妙因，克建嘉猷，同归福地。擒彼凶孽，廓兹净土，奉顺输忠之效，方著阙庭，证果修真之道，更宏像观……故遣上柱国德广郡开国公安远往彼，指宣所怀。可令一二首领立功者来此相见”。① 后来，还赐给少林寺田地40顷，水碾一具，以资鼓励。平定王仁则之战，不仅使少林寺获得了无上的荣耀，也使少林武僧名扬天下。后人曾有诗赞云：“传闻寺僧曾从戎，昔年协擒王世充。太宗因之嘉丕绩，御书宸翰出九重。”②

虽说“十三棍僧救唐王”的故事有传说的色彩，而且少林僧众协助唐军擒拿王仁则也有学者提出过质疑。但有一点是可以肯定的，少林武僧习武之风得到了世人的认可。而且随着大乘佛教中“禁人为恶”主张的流行，僧人习武获得了理论上的支撑。所谓“蛇蝎缠腰应还招，我佛扬善亦惩恶”。

在唐朝，虽然少林僧众以武而闻名，但是少林武术体系尚未形成。少林武术体系真正形成是在明朝。此前，关于赵匡胤、岳飞曾学习少林拳法，以及元朝末年“紧那罗王御红巾”等，都未免夸大其词。

---

① 《全唐文》卷十《告柏谷坞少林寺上座书》，中华书局1983年版。

② 无谷、刘志学编：《少林寺资料集》，书目文献出版社1982年版。

明代不仅是少林武术形成体系的时期，而且也是少林历史上最为光辉的一个时期，少林僧众在抵御倭寇的战争中，建立了不朽功勋，使得少林武术名扬天下。

明代少林武术最先成名的是棍法。嘉靖年间的抗倭名将俞大猷听说少林寺有神传棍法，曾特意拜访少林寺，但发现少林寺棍法已经失传。他从少林僧众中收了两名年少有勇的僧人——宗擎和普从随自己南下，并教授两人棍术。三年后，两人辞俞大猷而去。普从享寿不永，而宗擎回寺以棍术传人，深得其术的有近百人。在这一时期，少林寺僧月空曾率百余名徒众，在松江用铁棒击退了倭寇。根据《云间杂志》记载："按院蔡公可泉，招僧兵百余人，其首号月空，次号自然，傍贼结营。一贼舞双刀而来，月空坐不动，将至，身忽跃起，从贼顶过，以铁棍击碎贼首，于是诸贼气沮。"[①] 这条材料不仅说明了月空棍术的出神入化，而且也说明少林武术更多是从实战中来，具有很高的实用价值。少林拳术，起初并不是十分受重视，因为拳术在战争中应用价值不高。所以，少林拳术在当时只是作为初学入门的基本功。

少林棍法逐渐名扬天下，当时少林棍法的大师是80岁的洪转，洪转传给广按、宗想、宗岱、洪纪等武僧。此外，洪转还教了喇嘛弟子匾囤，匾囤后来自成一派。武术大师程宗猷（字冲斗，山东海阳人）曾于少林习武十余年，并于万历四十四年（1616年）写就《少林棍法阐宗》一书。该书对少林棍术的起源、内容及理论做了比较详尽的记述，是研究少林棍法的珍贵史料。

《宁波府志》还记载了这样一个故事，据说边澄的一名青年想到少林学习武术，怕少林僧众不传授给他，于是就到少林当了一名烧火工。在工作之余，细心观摩少林武僧们的技艺，最后竟然练成绝技。回到宁波以后，他曾经一人挑战近百名社会地痞流氓，还曾成功应对十多名日本浪人的挑战。

少林武术在明代开始向社会大规模传播，到清代，少林武术在社会上的传播规模更大，更广泛，远远超过明代，成为社会上流传最广的武术流派。清褚人获在《坚瓠集》中说："今人谈武艺，辄曰：'从少林寺出来。'"这句话换成今天的话就是"天下功夫出少林"。这充分反映了少林武术在清代社会的影响及传

---

① 无谷、刘志学编：《少林寺资料集》，书目文献出版社1982年版。

播规模。

入清以后，少林寺仍盛行拳法和棍法。至雍正时，由于清廷明令禁止民间习武，故少林武僧的习武活动由公开变为隐蔽，由白天转至夜晚，由室外转入室内，少林寺的千佛殿成了武僧的演武场。由于长期不断地演练，地下的砖被踩出了48个练功脚坑。

清代官员完颜麟庆曾经在其所著《鸿雪因缘图记》一书中记载了他与少林的一则故事。道光八年（1828年），麟庆在访问少林寺时曾要求少林寺僧人为他演武，但少林寺僧谎说不会武术。麟庆说："少林拳勇，自昔有闻，只在谨守清规，保护名山，不必打诳语。"寺主笑着答应，选出强壮的和尚在殿前演武。麟庆看后，赞不绝口。这个故事也被绘于少林寺内的壁画之上。

清代少林武术的整理也有了较大的进展，有关少林武术的书籍、抄本大增，流传甚广。如清乾隆时的《拳经·拳法备要》，此书被认为是明清时期传授拳法的稀有之作。该书收录的是玄机和尚的遗法，他的传人有陈松泉、张鸣鹗、张孔昭、曹焕斗等人，后两者就是该书的作者。在清代，少林武术也逐渐形成了一个完整的体系。仅就拳术而言，就形成了大洪拳、小洪拳、老洪拳、少林虎战拳、少林十字拳、少林脱战拳、少林罗汉拳、少林石头拳等几十种拳术。

在民间，少林武术渐渐被神化，甚至发展为民间教派意识形态和精神支柱的重要组成部分。如山东"在理教"、北方"少林会"、四川"少林青主教"和闽台"天地会"等。流传在少林寺外的少林武术，由于离开了寺院佛教环境，缺乏长期稳定的组织制度保障，修习少林武术的目的和少林武术的文化功能都不可避免地发生了变异。

民国时期虽然少林寺已没落，但少林寺僧仍保持习武的传统。由于社会动荡，少林寺不可避免地受到冲击。1928年，军阀混战殃及少林寺，军阀石友三、苏明启一把火烧了少林寺，大雄宝殿、藏经楼等重要的建筑和典藏毁于一炬，损失惨重。少林寺僧人流散，寺院衰落，少林武术也处于风雨飘摇之中。

这一时期，少林弟子中出了两位将军——许世友和钱钧。许世友，河南新县人。少年时因家贫，8岁就到少林寺当杂役并学习武术，16岁出寺。钱钧，河南光山人。13岁入少林寺学习武术，18岁回归故里。新中国成立后许世友被授予上将军衔，钱钧被授予中将军衔。

中华人民共和国成立之初，少林寺僧人尚有几十名，之后只剩十余名。20 世纪 80 年代初，电影《少林寺》又将少林武术精彩地呈现在中国乃至世界人民的眼前，对少林武术的复兴起到了极大的推动作用。

1979 年香港中原电影公司拍摄《十三和尚救唐王》，开始时香港导演陈文启用河南京剧团的演员进行拍摄，但制片公司对拍出的效果十分不满，于是请出导演张鑫炎来救场。张鑫炎进组之后，决定将以前拍摄过的素材全部推翻，重新挑选演员，并将影片更名为《少林寺》。张鑫炎为了打造一部前所未有的经典影片，决定剧中所有“武戏”演员都要从武术运动员中挑选。当时正好赶上北京国际武术邀请赛，他在这个比赛中找到了李连杰、孙剑魁等十几位武术运动员。由于是真情、真景、真故事、真功夫，1982 年上演的《少林寺》创下了超高的票房，在当时一毛钱一张票的时价下，居然创下 1 亿元人民币的票房。不仅如此，该影片还带来少林习武热。

到 1985 年，登封县的各类武术学校已经发展到 53 所之多，来自全国各地的学员超过 4000 人。如今的登封，武校林立，大多以传授少林武术为主。这些武校极大地促进了少林武术的普及。其中塔沟武校，连续 13 年献艺央视春晚，向世人展示了少林武术的无穷魅力。

同时，一度凋敝的少林寺也枯木逢春，寺院进行修复和建设，成为著名的旅游景区。

二、少林武术的门派和特点

近代流传的少林武术，其分类及组合形式是相当复杂的。少林武术在传播过程中，随着时代的变迁，由于师承和区域不同、流传时间的长短不一，以及习武者本人的爱好、性格、气质、习惯等不同，使原有技术形式、内容都发生了一定程度的变化，从而形成了近代各种各样的类型。按不同的区域，可以分为峨眉少林、福建少林、广东少林、东北少林、河南少林等；按宗教门派，可以分为韦陀门、达摩门、罗汉门、金刚门、秘宗门、自然门等；还有以物取意，重意不重形的独特种类，如梅花拳、炮拳、朝阳拳、大圣拳、七星拳、龙拳、虎拳、豹拳、蛇拳、鹤拳等。

少林武术总的特点是刚劲有力、威武勇猛、朴实无华、攻防严密、变化多端、立足实战。少林武术一个明显的特点就是“拳打一条线”，即练拳时，起、落、进、退、反、侧、收、纵都要在一条线上运动。不仅拳法如此，器械也有这样的特点。少林拳术的手法曲而不曲，直而不直，过曲则欠一寸而击之不中，过直则力量运用较难回旋。拳术出击时要滚出滚入，也就是出击时要产生旋转，使之富有弹性力量。眼法要求起望眼，落望天，以目视目，以审敌势。身法要求起横落顺，掌握重点，不失平衡。步法要求进步低、退步高，抬腿轻如鸿毛，踢腿重如泰山。

少林武术还主张“拳打卧牛之地”，强调贴身肉搏，在前后两三步的小范围内决定胜负。因而少林武术实用性强，很少有花架子，动作朴实，招式多变。力量运用，灵活而有弹性。人们形容少林拳术为“秀如猫、抖如虎、行如龙、动如闪、声如雷”。

少林武术以套路形式为主，基本动作包括手形、手法、步形、步法、腿法及蹿、蹦、跃、跌、扑、滚、翻，结合身法、眼法密切糅合到整个套路中。每个套路含有十几个、几十个，甚至上百个动作环节，结构严谨，演练起来协调一致。

同时，少林武术也包含一套完整的练功方法，这就是所谓的“少林七十二艺”，据《少林七十二练法摘要》记载主要有：1. 一指金刚法；2. 双锁功；3. 足射功；4. 拔钉功；5. 抱树功；6. 四段功；7. 一指禅功；8. 铁头功；9. 铁布衫功；10. 排打功；11. 铁扫帚功；12. 竹叶手；13. 蜈蚣跳；14. 提千斤；15. 仙人掌；16. 刚柔法；17. 朱砂掌；18. 卧虎功；19. 泅水术；20. 千斤闸；21. 金钟罩；22. 锁指功；23. 罗汉功；24. 壁虎游墙术；25. 鞭劲法；26. 琵琶功；27. 流星桩；28. 梅花桩；29. 石锁功；30. 铁臂功；31. 弹子拳；32. 柔骨功；33. 蛤蟆功；34. 穿帘功；35. 鹰爪功；36. 铁牛功；37. 鹰翼功；38. 阳光手；39. 门裆功；40. 铁袋功；41. 揭谛功；42. 龟背功；43. 蹿纵术；44. 轻身术；45. 铁膝功；46. 跳跃法；47. 摩擦术；48. 石柱功；49. 铁砂掌；50. 一线穿；51. 吸阴功；52. 枪刀不入法；53. 飞行功；54. 五毒手；55. 分水功；56. 飞檐走壁法；57. 翻腾术；58. 柏木桩；59. 霸王肘；60. 拈花功；61. 推山掌；62. 马鞍功；63. 玉带功；64. 阴掌功；65. 沙包功；66. 点石功；67. 拔山功；68. 螳螂爪；

69. 布袋功；70. 观音掌；71. 上罐功；72. 合盘掌；[①]

当代少林武术强调禅武合一，实现了少林禅法与少林武术的完美结合。少林武术，并不仅仅是一套套拳术套路而已，它包含了由内而外的修炼过程。妙兴大师曾经把少林武术总结为："出于心灵，发于性能，似刚非刚，似实而虚。"[②] 很好地说明了少林武术和禅宗的关系。

同时，少林武术十分注重武德修养。据说，觉远上人曾经立戒约十条来约束僧徒："（一）习此技术者，以强身健体为要旨，宜朝夕从事，不可随意作辍。（二）宜深体佛门悲悯之怀，纵于技术精娴，只可备以自卫，切戒逞血气之私，有好勇斗狠之举，犯者与违反清规同罪。（三）平日对待师长，宜敬谨将事，勿得有违抗及傲慢之行为。（四）对待侪辈，须和顺温良，诚信勿欺，不得恃强凌弱，任意妄为。（五）于挈锡游行之时，如与俗家相遇，宜以忍辱救世为主旨，不可轻显技术。（六）凡属少林师法，不可逞愤相较；但偶尔遭遇，未知来历，须先以左手作掌，上与眉齐，如系同派，须以右掌，照式答之。则彼此相知，当互为援助，以示同道之谊。（七）饮酒食肉，为佛门之大戒，宜敬谨遵守，不可违犯。盖以酒能夺志，肉可昏神也。（八）女色男风，犯之必遭天谴，亦为佛门之所难容。凡吾禅宗弟子，宜乘为炯戒勿忽。（九）凡俗家子弟，不可轻以技术相授，以免贻害于世，违佛氏之本旨。如深知其人，性情纯良，而又无强悍暴狠之行习者，始可一传衣钵。但饮酒淫欲之戒，须使其人誓为谨守，勿得以一时之兴会，而遽信其毕生。此吾宗之第一要义，幸勿轻视之也。（十）戒恃强争胜之心，及贪得自夸之习。世之以此自丧其身，而兼流毒于人者，不知凡几。盖以技击术之于人，其关系至为紧要，或炫技于一时，或务得于富室，因之生意外之波澜，为禅门之败类，贻羞当世，取祸俄顷，是岂先师创立此术之意也乎？凡在后学，宜切记之。"[③] 少林寺还有一些其他的规约，其宗旨都是强调习武者的个人德行以及民族大义。

---

① 转引自任海《中国古代武术》，商务印书馆 1996 年版。

② 转引自陆草《中国武术与武林气质》，河南人民出版社 1990 年版。

③ 无谷、刘志学编：《少林寺资料集》，书目文献出版社 1982 年版。

三、少林武术在海外的传播

作为中国的优秀传统文化，少林武术不仅在国内广为流传，而且在国外也已生根、开花、结果。少林武术在国外传播历史久远，传播程度最深的当属东瀛日本。

据史料记载，最早将少林武术传到日本应是明末清初的陈元赟。陈元赟，原名珦，字义都，一字士升，号既白山人。万历四十一年（1613 年），27 岁时入少林寺习武术，在老僧人的指导下，他刻苦学习少林拳法及枪、棍、青龙刀、双刀等。翌年下山，回到家乡。

陈元赟喜爱道家及明代袁宏道诗文，常有漂泊天下，访异人于海外之志。万历四十七年（1619 年），陈元赟随日本商舶来到日本长崎。当时他是半为贸易、半为游历，并未有长留的打算。然而贸易事了，却罹患痢疾，无法经历海上风浪，于是滞留长崎养病，并以向日本人讲授书法维持生计，同时兼习日语，这一年他 33 岁，直到死也未回到中国。陈元赟的成就是把以袁宏道为代表的公安派文学传播到日本，对日本思想史和文学史有重大影响。同时，在传播少林武术上他也颇有成就。

柔术是拳术的一种，最早称唐手、手搏，在我国的武术古籍《少林拳术秘诀》中有“柔术之派别习尚甚繁”①，“柔术一端，学之不难，求精为难”的记载。② 在陈元赟去日本之前，日本还没有柔术这个词。柔术在日本产生之后，迅速发展，成为时髦的技艺。著名的柔术流派都标榜自己是中国柔术正宗，引以为荣。在日本东京爱宕山现残存一块日本安永年间（1772—1780 年）的《爱宕山拳法碑》，上刻有“拳法之有传也，自投化明人陈元赟而起”的碑文。

现代将少林武术在日本发扬光大的当属宗道臣。当时作为侵华日军的一员，宗道臣很早就来到中国，流浪各地结交社会各界人士。1933 年拜入少林寺禅师北少林义和门拳名师文太宗门下，潜心习武。由于他善于博采众长，武功迅速提高，深得文太宗喜爱。文太宗认为他的门派中，只有宗道臣最适合继承衣钵。于

---

① 无谷、刘志学编：《少林寺资料集》，书目文献出版社 1982 年版。

② 无谷、刘志学编：《少林寺资料集》，书目文献出版社 1982 年版。

是 1936 年，文太宗带宗道臣赴少林寺，举行传授衣钵的仪式。

抗战胜利后，回到日本的宗道臣只能凭武术谋生。他在香川县的多度津郡开设了少林寺拳法的道场，建立“日本正统北派少林寺拳法会”和“禅林学园”。1951 年 8 月，正式创建“金刚禅总本山少林寺”。在教学过程中，宗道臣把从中国学来的少林武术进行整理、改革，突出击技和医疗功用，并充分运用少林寺禅宗的佛教理论来指导武术。经过二十多年的努力，到 20 世纪 60 年代中期，少林寺拳法在全日本迅速发展起来。在教授少林武术的同时，宗道臣还提出了“拳禅合一，力爱不二”的口号。

随着日本社会的发展变化，日本少林拳法联盟也越来越庞大，在日本拥有 2800 个支部，注册会员 140 万人，并且逐步发展到日本国以外，形成了日本少林拳法世界联盟，目前已有 28 个国家加入该联盟，在国外有 400 个支部，20 万会员。

中日邦交正常化以来，宗道臣曾先后五次率团访华，廖承志曾以“少林豪杰横眉首领，中日友好前程似锦”的条幅相赠。1980 年 4 月，宗道臣再次来到少林寺，举行了归山认宗仪式，同日在少林寺碑林立了《宗道臣归山纪念碑》。

自 1978 年改革开放以后，世界上形成了学习少林武术的高潮。据不完全统计，同时还有二十多个国家和地区的数千名武术爱好者先后到登封研修少林武术。2006 年俄罗斯总统普京来华访问，专程前往少林寺观摩少林武术，蛤蟆功、少林棍等少林绝技博得了普京的阵阵掌声，8 岁小沙弥释小广表演的“童子拜佛”更是引起了普京总统的极大兴趣。待释小广表演完毕，普京抱起他一同留影。

在新加坡、泰国、马来西亚、印度尼西亚、韩国、澳大利亚、美国、加拿大、墨西哥、巴西、法国、荷兰、保加利亚、西班牙、葡萄牙等几十个国家和地区成立了传授和学习少林武术的组织。海外少林弟子也纷纷立碑于祖庭少林寺。新加坡的少众山国术体育会于 1984 年在少林寺立“归山朝圣”碑；同年，美国的华林寺武术社也立了“归宗朝圣”碑；瑞士的少林太极拳协会于 1988 年在少林寺立了“归宗朝圣”碑。

第二节　走向世界的太极拳

如果说少林武术体现了佛教与武术的结缘，那么太极拳则是体现了道家、道教和武术的结合。如今的太极拳已经成为中国武术的一个象征，走出国门，走向世界，成为广受世人喜爱的武术运动项目。

一、太极拳的源流和发展

关于太极拳的起源，民间传说是武当山的道士张三丰所创。实际上，张三丰只是一个传说中的人物，正式的文献记载中，对于张三丰语焉不详。说张三丰开创太极拳，于史无据，不值一驳。至于有些说法认为太极拳起源于宋朝、唐朝，甚至南北朝，就更加离题千里了。就太极拳的文化渊源而言，当然可以追溯到很早的时代，不过太极拳的直接创始人则是河南温县人陈王廷。①

太极拳发源地陈家沟位于河南省温县县城东北 5 公里的青风岭上，原来叫作常阳村。明洪武五年（1372 年），陈家沟陈氏始祖陈卜率领族人由山西洪洞县迁居到此。后来陈氏人丁兴旺，再加上所居住的村中有一条南北走向的大沟，于是人们渐渐将此地称作陈家沟。

---

① 华南师范大学张志勇的《从太极拳技术演变的历史谈太极拳的起源与发展》（《体育学刊》2013 年第 1 期），认为太极拳的起源应当追溯到更早太祖长拳或者戚继光的“戚氏”三十二势长拳。笔者以为，陈王廷并非是凭空开创了太极拳，他肯定是有所传承的。在这个过程中，吸收、借鉴了传统武术的部分内容，是完全可能的。张志勇此文混淆了太极拳的文化渊源和太极拳的创始，这是两个完全不同的概念。

陈氏家族落户温县后，以耕读传家。温县地区自古有习武之风，为了保护家院和子孙的健康，陈卜在村中设立武学社，练武防身。对陈氏太极拳的形成做出巨大贡献的是第九代陈王廷和第十四代陈长兴。

至明末第九代陈王廷（1600—1680）时，其拳术已著名，号称“二关公”。陈王廷于明崇祯十四年（1641 年）任怀庆府温县“乡兵守备”，还曾在山东、河南一带当过保镖。陈王廷不仅武艺高强，并且熟读诸子百家，学识渊博。明朝灭亡后，陈王廷回到家乡，结合祖传拳术，汲取民间武术的精华，对原有拳术进行突破性的改造，创造了陈氏太极拳一百零八势、十三势和陈氏太极器械以及太极拳活步推手方法，终于形成了风格突出、体系完整的陈氏太极拳。

第十四代陈长兴（1771—1853）对祖传的一百零八势太极拳进行重新整理，化繁为简，经过提炼加工，将陈氏太极拳创造性地发展为今天的陈氏太极拳一路、二路（又名炮捶），后世称为陈氏太极拳老架。陈长兴对陈氏太极拳的改造为现代太极拳的发展和传播奠定了坚实的基础。

陈长兴打破门第之规，将太极拳传授给杨露禅。杨露禅学成后回到故乡河北，太极拳也随之走出陈家沟，开始在异地流传。后来，杨氏父子应邀赴北京教拳，使得太极拳由乡村进入城市。杨露禅将难度较大的动作删去，创编成新的太极拳套路，发展形成了杨式太极拳。20 世纪 40 年代又逐渐形成了吴式、武式、孙式太极拳。

新中国成立以后，太极拳开始了由传统向现代的转换进程。伴随着我国体育事业的蓬勃发展，太极拳和其他体育项目一样，日益广泛开展，成为广大人民群众喜爱的一项体育活动。2000 年 4 月，中国武术协会开始着手制定太极拳全球化发展战略——太极拳健康工程。源于近古的太极拳已经融入现代人的生活。2006 年，太极拳被列入首批国家级非物质文化遗产名录。

当代陈氏太极拳传承人陈小旺，自幼习武，在承袭世代家传武学的基础上，继承、发展了陈氏太极拳。1980 年他被调入河南省体委，从事专职武术训练和教学工作。1980—1982 年参加全国太极拳比赛，连续三年获金牌。1985 年代表中国队参加在西安举行的首届国际武术邀请赛获太极拳冠军，曾二十多次获重大比赛冠军，多次代表中国到日本、美国、新加坡等一百多个国家交流、访问。多次以其精妙绝伦的太极功夫战胜和折服了不少前来挑战的武士和力士，为国家赢得了荣誉。多年来他培养出了一大批国内外太极拳冠军和优秀太极拳手，辅导教授学生数万人。

二、太极拳的特点

太极拳作为内家拳的典型代表，“是古代健身术和武术巧妙结合在一起的产物”。① 太极拳强调身体内部的意气和内气的重要作用，用意气运动统领整个身体的运动，在练习时，静心用意，呼吸自然，中正安舒，柔和缓慢，连贯协调。

太极拳在技击方面，以走弧线的动作，不断地画圈，大圈变小圈，小圈变大圈。在这种看起来似乎没有什么攻击力的弧形运动中，运用掤、捋、挤、按、采、挒、肘、靠八种劲法，与脚法、身法相配合，以柔克刚，以静制动，避实击虚。八种劲法中，掤劲是八劲之本，练习太极拳时刻不能离开这种劲法。它是弹簧力，如水载舟；它是知觉力，一切外来之力都靠它来辨别方向、大小。其他七种劲法，不过是方法和做法不同而另有别称。例如，掌心在内向外缠丝成为掤劲，若掌心由外向内缠丝则成为捋劲。

太极拳主要采用后发制人的打击方法，强调“化劲”和“发劲”。化劲是当敌人进攻的时候，不以硬碰硬，而是通过自己手脚身法的变化，以粘、黏、连、随的功夫，逐步诱敌深入，顺着对方用力的方向做圆周运动，将对方攻击的力量沿着圆的切线“化”走，并将对方的身体牵引到身体支撑面的边缘。在“化”的同时，摸清对方的用力点、身体的重心，掌握对方的虚实，顺势爆发出刚劲，将对方抛出或击倒。借力用力，收到“四两拨千斤”的效果。

太极拳根植于中华古老文化之中，太极阴阳的传统朴素辩证法，是太极拳的基本指导原则。太极拳在整个运动中，自始至终都贯穿着“阴阳”和“虚实”，这在太极拳动作上表现为每个拳式都具有“开与合”“圆与方”“卷与放”“虚与实”“刚与柔”“快与慢”，并在动作中有左右、上下、里外、大小和进退等对立统一的独特形式，这是构成太极拳的基本原则。

太极拳不仅外形上是独特的，而且在内功上也有其特殊的要求。练太极拳

---

① 任海：《中国古代的武术》，商务印书馆 1996 年版。

时，首先要用意不用拙力，所以太极拳在内就是意气运动，也就是说既要练意，又要练气，这种意气运动的特点是太极拳的精华所在，并统领着太极拳的其他各种特点。此外，练太极拳时全身放长和顺逆缠丝相互变换之下，动作要求表现出能柔能刚，且富弹性。动作要求，一动全动，节节连贯，一气呵成。太极拳是用意练意的拳，也是行气练气的拳。练拳时，要“以心行气”，一举一动都要用意不用拙力，意先动而后形动，这样才能做到“意到形到”“气到劲到”。正如王宗岳所说：“以心行气，务令沉着，乃能收敛入骨。以气运身，务令顺遂，乃能便利人心。”①

由于太极拳本身是从健身术发展而来的，所以太极拳的健身效果十分显著。太极拳结合了中国古代传统养生法、古典唯物主义的阴阳学说和中国传统医学的经络学说，同时还吸收了现代医学的精髓。“太极拳一方面通过有效的动作来活动全身肌肉（当然也包括神经系统的活动在内），一方面运用深长的呼吸来调节心脏机能活动和血液的流行，同时还要用意识来引导动作，使人排除杂念，专心致志在极其宁静的情绪下进行锻炼，这些都在于促使神经中枢，对整个神经系统发生良好的作用，以自己的本能来治疗疾病，增进健康”。② 太极拳尤其对中老年人，或者有慢性疾病者，有明显的健身功效。

三、走向世界的太极

太极拳在世界上发展得非常迅猛，由于它具有健身功能，所以受到越来越多人的喜爱。太极拳能够有效缓解诸如纤维肌痛等一些慢性肌肉损伤疾病的症状。至 2006 年，美国共有 230 万人练习太极拳。在日本，太极拳普及得更为广泛。1988 年，在北京首都体育馆举办第一届中日太极拳交流大会。当时，参加大会的是两国高水平的太极拳选手，那时两国选手之间的水平已在伯仲之间。1990 年，在北京亚运会开幕式上，中日两国太极拳爱好者表演了大型太极拳团体操。此后，有关太极拳方面的交流活动越来越多。2001 年，在我国三亚举办了第一届世界太极拳健康大会，参赛选手来自芬兰、荷兰、瑞士、瑞典、美国、加拿大、墨

① 王宗岳：《太极拳经》，转引自陆草《中国武术与武林气质》，河南人民出版社 1990 年版。
② 付庆玉：《太极拳与养生》，载《中州体育》2009 年第 7 期。

西哥、古巴、马来西亚、泰国、日本、缅甸、菲律宾、韩国、津巴布韦、澳大利亚等 20 多个国家和中国香港、澳门地区，在国内外太极拳爱好者中引起了强烈反响。

（一）太极拳在日本

2007 年，国务院总理温家宝访问日本，与日本太极拳爱好者共同练习太极拳。此时，太极拳已在日本流行了几十年。以 1956 年黄耐之在日本表演杨氏太极拳为开端，日本人初识太极拳。1959 年，中国武术家李天骥奉周恩来总理之命，教授当时访问中国的日本政治家松村谦三、古井喜实等习太极拳。尤其是古井喜实为促进中日友好的工作，自 1962 年起多次访问北京，在京期间珍惜一切机会向李天骥学习太极拳。1966 年，由古井喜实牵头成立了日本太极拳协会，自任理事长。

从 20 世纪 50 年代末到 80 年代初，在日本的太极拳练习者还是自由、分散型的团体。为了给这些团体营造一个相互交流的机会，一些太极拳爱好者经过多方的努力，于 1984 年在大阪举行了“第一届全日本太极拳·中国武术大会”。比赛期间日本方面邀请了中国武术界的专家做大会裁判，并在闭幕式上进行特别表演。通过比赛交流，尤其是看到中国武术家的表演，日本的太极拳爱好者大开眼界。80 年代后半期，日本各地邀请中国武术专家来日讲学达到高峰，当时的许多爱好者现在都成为推广中国武术的指导者。

现在，太极拳在日本已经发展成多元化的格局：

一是传统型，以追求中国武术的原汁原味为宗旨。这一群体对中国武术中的内家拳、传统拳种有浓厚的兴趣，他们在演练过程中十分注重动作的实际用法。像“全日本柔拳联盟”“全日本中国拳法联盟”等都是形成比较早、比较大并且有一定影响的民间团体。

二是健身型，以追求健康为目的。他们对太极拳水平没有过高的要求，主要是在日本各种文化中心开设的讲座里从事太极拳活动。这一群体以旅日华人杨名时的组织最为庞大，现名为“日本健康太极拳协会”，据介绍有会员 50 万人。

三是“段位资格竞赛型”，以参加竞赛获得段位资格为主要目的。这一群体主要以“日本武术太极拳联盟”为代表。“日本武术太极拳联盟”1987 年成立，

1988年获得文部省认可，从而有整合、管理、规划的权利，对日本太极拳的发展有举足轻重的作用。

随着太极拳在日本的传播，中日太极拳交往也更加频繁。1988年在北京首都体育馆举行了第一届中日太极拳交流大会。日本原太极拳协会后改为日本太极拳交流协会，由日本众议院议员、日本原首相羽田孜担任会长。太极拳在日本如雨后春笋般迅速普及开来，既为日本人民带来了健康，又为中日两国的友好事业做出了贡献。

（二）太极拳在美国

现代生活充满了生存竞争，生活、工作的紧张节奏，令人烦恼的社会治安等，使得人们的神经和肉体都非常紧张，精神压力大。虽然各种球类、游泳、散步、自行车等体育运动项目，可以使人们缓解疲劳，但这些项目都比不上太极拳那样使人身心放松，尤其是大脑的放松。美国政府以及一些科研部门、大专院校，都开始重视太极拳的科研工作。

美国一些体操运动专家，将太极拳与各种体操进行比较研究，他们证明了以下若干观点：第一，太极拳的典型姿势与运动，可以发展腿部力量，特别是使膝盖部分得到锻炼；第二，太极拳行云流水般的柔性运动方式，可以使髋、肩、肘、踝等关节的柔韧性得到很大的提高；第三，太极拳重心不断变化，又要求步型尽可能放低，可使人平衡能力大大加强；第四，太极拳注重意识锻炼，体现东方传统文化的神韵，有健脑作用。

正因为太极拳有这么大的作用，所以学习的人很多，在各大公园、武馆、功夫学院，乃至一些大专院校，都有太极拳传授点，有的大学把太极拳列入教学课程。在20世纪90年代中期，仅陈氏太极拳传授点就有50多个，杨氏、吴氏及其他流派的太极拳也各有传授点。许多本来是专门传授各种功夫的武馆，也把传授太极拳列在武术项目的首位。太极拳的书、刊、音像制品都成为畅销品。在美国还有《太极》杂志。

20世纪70年代，香港李小龙的电影风靡美国，美国人对中国功夫开始有了新的认识，对中国功夫有所重视。80年代初，《少林寺》《武林志》等电影在美国上映，使练习中国功夫的人多了起来。中国改革开放以后，太极拳、气功通过各种渠道传入美国，美国人对既实用又能养生的中国内家功夫有了广泛的接触，研习太极拳、形意、八卦、道家打坐的人大大增加。原来练空手道的有50%转练太极拳，还有的转练气功。他们从中国的内家功法中得到健身、防身、治病、养生的好处。

第九章

中原地区艺术风采

中原大地是一片得天独厚的沃土，中原人民也特别具有艺术的灵性，很早就开始了艺术的创作，在中华艺苑中，无论是瓷器、书法绘画、戏曲，还是雕塑，中原人民都创造了后人难以企及的辉煌，而且今天中原人的艺术创造也在一定程度上引领了艺术发展的潮流。

第一节 釉彩瓷花：中原陶瓷艺术

陶瓷艺术是中国古代艺术的象征，中国陶瓷艺术不仅起源很早，而且始终居于世界的前列，受到世界各国人民的喜爱，中国古代瓷器仍然是各大拍卖会上的宠儿。

一、中原陶瓷器的发展过程

中原地区是中华民族先民们的栖居生活之地，有着悠久的陶瓷制作历史，最早可以追溯到7000年之前。人类进入新石器时代的标志就是陶器的出现。当时，新郑裴李岗一带已经开始制作原始红陶。在裴李岗文化遗址中，人们还发现有陶窑，这说明当时陶器的生产已经初具规模。陶器有杯、碗、盘、钵、壶、罐等器物。

仰韶文化时期，遍布中原各地的遗址发现大量彩陶，其制作技术和造型装饰比原始陶器精良许多。仰韶文化的标志性器物就是彩陶。所谓“彩陶”，主要是用赤铁矿粉和氧化锰为颜料，使用类似毛笔的工具，在陶坯表面上绘制各种图案，入窑火烧后，在橙红的底色上，呈现出黑、红、白等颜色的陶器。所以仰韶文化也被人称为彩陶文化。

后来，中原先民们又创造出了以薄壳黑陶为特征的河南龙山文化。龙山文化晚期的新砦城址内出土的遗物数量众多，做工精美。制作精美的陶器有子母口瓮、簋形豆、双腹豆、猪首形盖钮等。

进入夏代以后，以二里头遗址为代表的夏文化遗址中发现了大量的陶器。陶器是当时人们的基本生活用具，与人们日常生活有着极其密切的关系。这个时期特别是晚期的陶器，烧制火候高，密封技术好，陶质坚硬，叩之清脆有声。陶色单纯，呈浅灰色。制陶技术也有提高，陶胎厚重，造型规整，种类繁多，较之河南龙山文化时期大而实用。文饰以拍印的绳纹为主，辅以附加堆纹和模印花纹，有些陶器上则浅刻有龙、蛇等生动的动物花纹，具有较高的艺术性。

进入商代以后，人们日常生活中主要使用的还是陶器。最能代表商代制陶工艺水准的是白陶。其实白陶已经是一种原始的瓷器。一般认为陶器和瓷器有如下区别：1. 瓷器是用高岭土制成，陶器是用黏土制成。2. 瓷器的烧成温度比较高，一般在1200℃以上；陶器则在850℃~950℃，最高达1000℃，超过这个温度就要软化变形。3. 瓷器不吸水，或吸水性很少，叩之有金石之声；陶器则有吸水性，叩之音浊。4. 瓷器有经高温烧制下的玻璃釉质，陶器一般无釉。在郑州商城、安阳殷墟等地都发现了商代的原始瓷器。现在学术界一般将白陶和带釉陶器作为瓷器的远祖。

进入西周以后，中原地区的陶瓷手工业有了很明显的进步，尤其是出现了瓦，极大地改善了人们的居住环境。到了春秋战国时期，制陶业以生产日用品为主，炊器主要有鬲、釜、甑，食器主要有豆、盂、盘，盛器主要有瓮、盆、罐。陶明器有较大发展，仿青铜的鼎、盘，仿日用的鬲、罐、豆、盂等。造型以平底和三足器物为主，有少量圈足器。人们已能制作精美的建筑用陶制品，例如瓦当、筒瓦等，还有屋檐、屋顶的陶装饰品等。

尤其是瓦当，屋檐最前端的一片瓦为瓦当，瓦面上带有花纹垂挂圆形的挡片。瓦当的图案设计优美，字体行云流水，极富变化，有云头纹、几何形纹、饕餮纹、文字纹、动物纹等，为精致的艺术品。瓦当俗称瓦头，是古建筑的构件，起着保护木制飞檐和美化屋面轮廓的作用。不同历史时期的瓦当，有着不同的特点。秦瓦当纹饰取材广泛，山峰之气、禽鸟鹿獾、鱼龟草虫皆有，图案写实，简明生动。此时的瓦当纹饰以动物形象居多，有鹿、四神、鸿雁、鱼及变化的云纹。画面与写意相融，图案构思巧妙，有将画面一分为二，也有一分为四的，在对称中求变化，均衡自然，富于生气。

东汉时期，洛阳达官显贵云集，他们死后大多安葬于北邙之上。在他们的墓葬中，陪葬了大量的陶明器。近代以来，出土了众多的陶制仓楼、陶井、陶灶、陶院落、陶猪圈等。很多都是施以绿釉。汉代，还出现了很多彩绘陶，图案大多为四神兽、祥云等，线条流畅婉转、生动活泼、色彩绚丽。釉陶的出现说明人们已经对釉质的材料有了十分准确的把握。

原始瓷器在春秋战国时期已经有了非常迅猛的进步。进入汉代，青釉瓷烧制成功，胎质坚密，釉层均匀，造型气魄宏大，火候已达到1300℃以上，全部达到瓷化标准。汉代青瓷，器型多为直颈瓶、罐、铺首壶、虎子等。

魏晋南北朝时期，开始了青白瓷并行发展的时期。青瓷的烧制、造型更加多样化，并运用雕塑、彩绘等技法予以美化装饰，进而创造出造型完美和装饰别致的新工艺品。尤其是北魏迁都洛阳以后，洛阳再度成为天下陶瓷生产的重镇，并开始烧造陶瓷佛像，北魏出土的陶佛手、佛头等，造型优美，雍容华贵。

隋唐瓷业的勃兴，开创了制瓷手工业的新局面，青瓷和白瓷相继发展。尤其是唐三彩，更是在唐代陶瓷艺苑中绽放出夺目的光辉。

至宋代，制瓷工艺达到鼎盛。当时形成了“汝、钧、官、哥、定”五大名瓷系列，河南独占其三，即汝州市的汝瓷、禹州市的钧瓷、开封府的官瓷。一时间，河南境内官窑林立，民窑四起，相互竞争，瓷业生产出现了繁荣昌盛的格局。瓷品质地优良，造型各异，独具匠心，光彩动人。

到了元代，瓷业复苏，仿钧之风盛极一时，遍及中原各地，生产的瓷器品种也日趋丰富，诸如白瓷、黑瓷、黑白釉瓷、天目瓷、绞胎瓷等。青花、黑釉堆刻花等民间陶瓷在明清时也有很大的发展，各种花釉陶瓷小器皿制作一直到近代，还在源源不断地进行。

二、唐三彩

唐三彩代表了唐代陶瓷的最高成就，它造型典雅优美、端庄古朴、形象逼真、线条流畅、色彩瑰丽、富有浓郁的生活气息，是我国陶瓷史上的一枝艺苑奇葩。唐三彩是唐代铅釉陶器的总称，胎质大多为白色黏土，先入窑素烧1000℃左右成型，然后取出施釉挂彩，再入窑烧至900℃而成。

1899年，陇海铁路修到洛阳。在修路的过程中，工人们发掘了一大批古墓葬。在唐代墓葬中发现了许多色彩斑斓、姿态各异的三彩马、骆驼、人物俑等。每一陶器上都施有黄绿白、黄绿蓝或黄绿赭等三种颜色的彩釉。这种陶器有一部分运到北京，引起著名学者罗振玉、王国维等人的重视，将其定名为“唐三彩”。随着出土陶器、陶俑的增多，人们发现，“唐三彩”并不限于三种颜色，单色、双色、三色以上都有，但“唐三彩”之名称却因此而约定俗成。

唐三彩是我国一种独特的陶瓷，既指唐代陶器或陶俑上的彩釉，也指施这种彩釉的唐代陶制品。由于当时日用青瓷和白瓷的生产已经发展起来，而三彩陶器的烧制温度较低，胎质松脆，防水性能差，实用价值远不如瓷器。所以唐三彩除极少部分作日用品与陈设品之外，大部分都用作随葬品。现在所见的完整的唐三彩，大多是从唐墓中出土的。唐三彩主要出土于中原地区，尤其是洛阳、西安附近，其他地方数量有限，可见唐三彩当时流行于中原地区，供两京一带的官僚享用。

唐三彩的胎料是坩土，釉质主要成分是硅酸铅，呈色剂是加入釉料中的各种不同适量的金属氧化物。比如加入氧化铜就会呈现出绿色，加入氧化铁就会呈现出黄色或褐色，加入氧化钴就会呈现出蓝色，这就是唐三彩的基本色调。黄、绿、白、蓝、黑等几种釉色虽然简单，但经过艺人们的精心创作，就会呈现浅黄、赭黄、浅绿、深绿、翠蓝、茄紫等色彩，产生一种斑驳晕缬、雍容华贵的艺术效果。

三彩俑的头部多不施釉，一方面是为了“开相”的需要，便于在上面涂面；另一方面也是为了防止釉质下流变成大花脸。釉质下流是制作三彩的一大障碍，也是一大特点，正是由于釉质自然下流才产生许多复杂奇妙的变化。制陶艺人充分利用铅釉的流动性、烧制时向下流淌的特点，把施釉技巧和装饰手法互相结合，造成色泽斑斓的艺术效果。

唐三彩的种类有俑、器物、建筑和生产工具模型、琉璃瓦和瓦当等。其中俑类又分为人物俑和动物俑。人物俑的形象非常丰富，包括天王、力士、文官、武将、贵妇、男仆、女佣、乐舞俑、胡人俑等。这些人物俑非常生动形象，体现了唐代社会生活的诸多方面。还有介于人兽之间的镇墓兽。镇墓兽，又被称为魌头，战国时期已经出现，隋唐时期达到顶峰，多为人首兽身。动物俑有马、骆驼、驴、牛、羊、狗、狮子、虎、麒麟等。尤其是雄健的骏马和憨厚稳重的骆驼最为出色。三彩马，骨肉匀实，神完气足，洛阳唐墓出土的大黑马是其典型代表。

洛阳是中国八大古都之一，历史上有许多朝代在这里建都。在隋唐时期，洛阳是个国际性的大都市，商品经济空前活跃，唐三彩中形象逼真的胡商俑正是当时商业活动的反映。当时洛阳人才荟萃，工匠云集，为唐三彩的发展提供了技术基础。唐三彩出现于唐高宗时，盛行于开元盛世，天宝以后逐渐衰落，其兴隆的时间虽然不长，但它的造型、装饰、釉色烧制技艺在中国陶瓷发展史上有承前启后之功。后继的宋三彩、辽三彩、清三彩都受其彩釉工艺的影响，尤其是钴的运用，为以后青花瓷的创制奠定了基础。

唐三彩流散到世界各地，造就了其他民族的三彩艺术。日本仿制成了“奈良三彩”、朝鲜仿制成了“新罗三彩”。此外，还有“伊斯兰三彩”“波斯三彩”等。

三、汝瓷

汝瓷是我国宋代五大名瓷之一，因产于临汝（今汝州）而得名。汝瓷约始于宋初，盛于北宋晚期，终于元末。

北宋皇室先用定州白瓷，因为定州瓷是覆扣着烧成的，因而其器物的口缘无釉，到宋徽宗时以“定州白瓷器有芒，不堪用”，而汝瓷精美，遂“弃定用汝”。后因宋室南迁，窑址荒废，工艺失传，窑址成为历史悬案。前人一直搞不清楚汝窑和北宋官窑的关系。如童书业就认为，汝窑就是官窑。[①] 不过，2000 年，河南省文物考古研究所在宝丰县大营镇清凉寺村找到了汝官窑址，接着，该窑址被国务院公布为第五批全国重点文物保护单位。如今学术界普遍认为汝窑与北宋官窑不是一回事儿。

汝瓷具有以下几个特点：

胎色：汝窑瓷器胎体轻薄，胎骨坚硬，有铜骨之称。胎质极细腻，呈香灰色，所以俗称“香灰胎”。由于胎土中含有微量铜元素，所以近光照之，微见浅

① 童书业：《“汝窑”与“官窑”问题》，收《童书业说瓷》，上海古籍出版社 1999 年版。

浅的粉红色，这种特征在后世仿品中很难仿做。

釉色：汝瓷专供宫廷，所以制品不计成本，以玛瑙入釉，周煇《清波杂志》记载："汝窑，宫禁中烧，内有玛瑙末为油（釉）。"① 釉色呈天青、粉青、天蓝色较多，也有豆绿、青绿、月白、橘皮纹等釉色。世称"天青为贵，粉青为尚，天蓝弥足珍贵"。釉面滋润柔和，纯净如玉，有明显酥油感觉。用放大镜观察，可见釉下有寥若晨星的稀疏气泡，所以又称之为"青如天、面如玉、晨星稀"。据传说，有一天宋徽宗做梦，见到了夏天雨后天晴云破的颜色，于是下令工匠烧造他梦中所见到的天青色。最终，工匠们竟然奇迹般地烧造出了这种颜色。

支钉：宋代宫廷用汝瓷一般均采用满釉支烧，为了保持满釉效果，工艺上多是裹足支烧，器底留有细小的支钉痕迹，以单数居多，视器大小，分为三钉或五钉。这种特征也是后世鉴定真假宋代汝瓷的重要依据之一。

器型：汝窑瓷器造型古拙，制作十分考究、规整。由于当时崇古思想极为盛行，所以器物多用商、周、春秋战国时期的青铜器和玉器等式样。产品主要以陈设观赏品为主，兼有少量日用瓷。常见有出戟尊、玉壶春、胆式瓶、三足樽、水仙盆、各式圆碗、盘等。尺寸普遍不大，但制作相当精细。盘、碗、碟、洗的底非常规整，往往微向外卷，这种风格与早期五代越窑青瓷有很多相似之处。另外，在传世的个别器物上还出现有文字。一种是在尊和纸槌瓶的底部刻"奉华"二字，这应是宋奉华殿的供应之物；一种是在碟的底部刻"蔡丙"二字，字均是烧成后再刻制。

开片：汝瓷的开片堪称一绝，即在釉面有极小的纹片，细碎繁密，宛如鱼子纹和蟹爪纹，但不带有官、哥瓷器中常见的"金丝铁线"的特征。开片的形成，开始时是器物于高温焙烧下产生的一种釉表缺陷，行话叫"崩釉"。汝窑的工匠将这种难以控制的、千变万化的釉病，通过人为的操作转换为一种自然美妙的装饰，而且控制得恰到好处，可谓巧夺天工。

北宋末年，金兵南犯，宋室南迁。汝窑被毁，工匠流散，汝瓷从此失传，所以汝窑是五大名窑中烧制瓷器最短的一个瓷窑。早在北宋，市面上就很少见到汝瓷。据周煇《清波杂志》记载："唯供御拣退，方许出卖，近尤艰得。"② 北宋灭

---

① 周煇：《清波杂志》卷五，中华书局1994年版。

② 周煇：《清波杂志》卷五，中华书局1994年版。

亡以后，皇宫所藏几乎毁于兵燹，只有少数流出宫外。

汝瓷一直被历代藏家所珍视，就在距离北宋灭亡不久，宋高宗赵构曾经到大臣张俊府中，张俊献给皇帝的礼物就包括了汝瓷。可见，在南宋时汝瓷已经十分珍贵。赵构将自己所珍爱的汝瓷精品交给宠妃刘贵妃珍藏，并将刘贵妃住所“奉华堂”的“奉华”二字铭刻在汝瓷上。目前汝瓷传世不多，全世界现存60多件，其中北京故宫博物院17件，台北“故宫博物院”23件，上海博物馆8件，其余流落在英国、美国、日本或私人手中。

清代诗人孙灏曾赋诗汝瓷，诗云：“金盘玉碗世称宝，翻从泥土求精好。窑空烟冷其奈何，野煤春生古原草。”这既是对汝瓷的肯定，也是对汝瓷消亡的哀叹。后人一直试图仿制汝瓷，但都没有成功，以至于发出了“仿汝不似汝”的感叹。

近年来，在各级政府的重视下，宝丰县在保护、开发、利用汝瓷方面做了大量的工作，现有汝瓷研究机构和烧制厂家18家，他们生产的汝瓷天青釉、月白釉通过了省部级专家鉴定，具备了汝瓷的独有特征，填补了国内的空白。

四、钧瓷

钧窑是宋代五大官窑之一，因地处钧州（今河南禹州市）而得名。其窑址以禹州市区的钧台和八卦洞为主，其中钧台遗址已进行过科学的考古发掘，目前被列为国家级重点文物保护单位。

钧瓷以其胎质坚固敦实，造型端庄典雅，釉色艳丽绝伦，气韵含蓄凝重而独步天下。钧瓷始于宋初，盛于北宋末。钧瓷传世较少，因而弥足珍贵，故有“黄金有价钧无价”“家有万贯，不如钧瓷一片”之说。

钧窑开创于唐代。宋初民窑烧制的钧瓷，其釉色多以天青、天蓝、葱青、蛋白为基调，以氧化铜为釉色剂，使瓷器面釉出现深浅不同的紫色或红色，或像云彩，或似山峰，如烟如雾，似有还无，妙幻神奇。宋崇宁年间，在古钧台附近设官窑烧制贡瓷，进行较大规模的生产，所烧制的瓷命名为“钧瓷”。①

---

① 《中国陶瓷文化之乡》载河南档案信息网，http：//www. hada. gov. cn/w_ NewsShow. asp? ID =0;7195。

钧瓷虽属北方青瓷系统，但又不是一般的青瓷。我国传统的青瓷釉是以氧化亚铁着色的高温釉，而钧瓷的乳光蓝釉是靠釉中的液滴状分散相对短波蓝光的散射作用而呈色的，这种现象被称为“乳浊现象”。钧瓷突破了单色的范围，巧妙地利用氧化铜的作用，使传统高温色釉由单一的青瓷发展为五色的多彩釉，以朱砂红为贵。

钧瓷以窑变为神，炼制中同施一种釉，一经烧成即呈五光十色，故云“入窑一色，出窑万彩”。千变万化的窑变效果，形成色彩变幻无穷的神奇，红里透紫、紫中藏青、青中寓白、白中泛红，五彩渗化，相映生辉，故又有“钧瓷无对，窑变无双”之说。

早在宋代，“窑变”就已经成为钧窑最大的特色。其方法是多次施釉，或将呈色金属掺入其中，或在表面涂上以铜的氧化物为主的呈色剂，在还原火焰的作用下，钧瓷造型古朴端庄，器型规整，胎壁厚薄均匀。钧瓷以釉厚为本，其色或沉釉底，或悬釉中，或浮釉表，釉厚浑活，釉层乳光莹润，层次繁多，立体感极强。在烧制过程中，因釉层厚和烧制温度等原因，出现多种流纹，进一步增强了釉面装饰的效果，比较常见且为人们欣赏的有蚯蚓走泥纹、冰片纹、兔丝纹等。

钧釉结构复杂，大体上分为四层：靠近胎体的第一层和第二层与天青釉的结构相同，蓝色层的上界呈变化幅度很大的波浪状，釉面下有许多气泡；第三层是紫红二色相互交错的不连续层；第四层即表面层，是整齐均匀淡蓝色的铜氧化层。这种釉层结构，对各种光波具有选择性吸收和选择性反射的能力，使釉层含蕴晶莹，优美动人。

钧瓷造型有强烈的民族风格和时代特色。宋代钧瓷造型在继承唐瓷的基础上，着意仿商、周青铜器的特点，古朴典雅，端庄豪放，装饰简练，线条明朗，曲直圆方，起伏适当。器型有洗、炉、尊、花盆、鼎、花托、盒、钵、瓶等，也有寿桃、动物等异形类产品。

如今，由于导入了现代科技，钧瓷的烧制方法有了不少改进，品种也更加丰富多彩。“旧时王谢堂前燕，飞入寻常百姓家。”现在钧瓷已成为备受追捧的艺术佳品。

五、北宋官窑

据文献记载，北宋徽宗政和年间，曾经在开封附近修建官窑，专门烧造御用瓷器。关于北宋官窑的窑址，历代颇有争议，直到当代还有学者认为汝窑就是北宋官窑。① 学者普遍认为，北宋官窑应该在开封附近。不过由于北宋开封城经历多次黄河泛滥，早已埋在深深的地下，北宋官窑的窑址也一直没有被找到。学界都是从文献的角度来推测其可能存在的位置。②

北宋官窑存在的时间不是很长，也就是宋徽宗后期的几年时间而已，所以北宋官窑瓷器传世的并不太多。在故宫博物院和台北“故宫博物院”所藏的北宋官窑瓷器，不少都是礼器。其特点是“端庄宏伟，紫口铁骨，釉层凝厚，青釉比较淡，开大小相错的片纹”。③

---

① 李刚：《宋代官窑探索》，《东南文化》1996 年第 1 期。

② 王治国、王晖：《北宋官窑遗址在开封东郊存在的可能性》，《文物鉴定与鉴赏》2012 年第 1 期。

③ 李知宴：《中国古代陶瓷》，商务印书馆 1998 年版。

第二节　翰墨丹青：中原书法艺术

在世界范围内，只有中国人将书写发展成为艺术，中国书法在一定程度上脱离了实用的范围，成为一个独立的艺术门类。中国绘画也在世界画苑之中独树一帜。

一、书法

中国文字的起源，限于材料，学界尚无统一的认识。不过，甲骨文是大家公认的最早的汉字。殷墟所发现的数万片带字甲骨上的文字，从某种意义上可以被看成中国书法的源头。中国书法的许多要素，如谋篇布局等，在甲骨文中已经有所体现。甲骨文呈现出一种古拙的美感，很多书法大家通过临摹甲骨文而获得了书法的灵感。

商朝后期，青铜器上开始出现铭文。到了西周，青铜器上的铭文越来越多。人们往往把铸刻在青铜器上的文字称为金文和钟鼎文。中原地区出土的春秋时期青铜器数量明显增加，很多都有精美的金文。

战国时，文字纷杂，各国自成体系。秦统一后，实行“书同文”，对汉字进行整理、规范进而统一，“罢其不与秦文合者”①，以秦国原来的小篆为基础，整理出规范的汉字，这对整个中华文化的发展至关重要。其中关键人物就是被称为

① 许慎：《说文解字·序》，中华书局1963年版。

小篆鼻祖的李斯（河南上蔡人）。其代表作有《泰山刻石》《琅琊刻石》等，其字结构严谨，线条劲健圆润，有苍古、沉郁之气，是先秦诸多种文字集大成者，也是后世百代的典范。

汉代为中国文字的成熟期，尤其是以洛阳为首都的东汉，完成了篆、隶、草、行、楷五体书的创建，并孕育出多位在中国书法史上有着重要地位和影响力的书法大家。东汉历代帝王也都热衷于书法，正是因为他们的提倡和推动，才形成了书法昌盛的局面。这一时期在书法史上影响深远的人物，主要有许慎、蔡邕、刘德昇等。

许慎，字叔重，汝南召陵（今河南漯河市郾城区）人，博通经籍，被人称为“五经无双许叔重”。[①] 许慎擅长小篆，模仿李斯而甚得其妙。他于东汉永元十二年（100 年）完成中国首部字典《说文解字》。全书以“六书”理论对每个字的形、音、义及其源流进行考订，非常系统详尽。由于文字与书法的关系紧密，因此，此书对后代书法的发展起到十分重要的作用，时至今日很多书法爱好者依然把学习《说文解字》当成是练习书法的基本功。

蔡邕（132—192），字伯喈，陈留圉（今河南杞县）人，东汉著名文学家、书法家、音乐家、经学家。

蔡邕出身于一个学术积淀深厚的家庭，自幼好学不倦，“唯辞章、数术、天文是好，妙操音律”。[②] 蔡邕曾经长期在洛阳皇宫的藏书机构“东观”中校书，在校书的过程中他发现，皇家的经籍因为年代久远，有许多文字的错讹，而且俗儒穿凿往往疑误后学。熹平四年（175 年），他与众大臣一起上奏汉灵帝要求正定《六经》文字。这一建议得到了汉灵帝许可，最后由蔡邕亲自书丹于碑，使工镌刻，立于太学门外，这就是著名的“熹平石经”。于是天下各地的学者，都以石经作为标准文本。石经刚刚立起来的时候，前来观看及摹写者，车乘日千余辆，连街巷都被堵得水泄不通。由蔡邕手书的熹平石经，代表了官定标准隶书，因此它集中体现了隶书法则，端庄稳重，笔法铿锵，极为工整严肃。

蔡邕是当时著名的书法家，一次汉灵帝命令工匠修理鸿都门，工匠们用扫帚在墙上写字，蔡邕从中受到启发而创造了“飞白书”。这种书体，笔画中丝丝露

---

① 范晔：《后汉书》卷七十九上《儒林列传》，中华书局 1965 年版。
② 范晔：《后汉书》卷六十下《蔡邕列传》，中华书局 1965 年版。

白，似用枯笔写成，为一种独特的书体，后世对其书体评价甚高，唐张怀瓘《书断》评论蔡邕飞白书时说“飞白妙有绝伦，动合神功”。蔡邕还有《大篆赞》《小篆赞》《九势》《隶书势》《笔论》等著述，对书法艺术作了集中的论述，探讨了中国古代书法艺术表现的力量与气势之美，在书法理论方面做出了重要贡献。蔡邕传世的作品还有《尹宙碑》。

董卓之乱中，蔡邕受到牵连而被杀。据说蔡邕死后葬在河南禹州市的逍遥岭，岭上曾有摩崖石碑一通，上刻汉隶字体，字大二寸，为蔡邕亲书。

刘德昇，颍川（今河南禹州市）人，他创造了介于楷书和草书之间的行书字体，因而有“行书之祖”的美名。后来，钟繇、胡昭都学习他的书法，胡书肥、钟体瘦，但都具有刘德昇书法之美。

魏晋南北朝的三百多年间，是中原书法的又一鼎盛期，楷书、行书得以定型，书法理论日趋完备，同时魏晋也是书法家辈出的时期。曹魏的钟繇、北魏的郑道昭等就是这一时期书法家的杰出代表。

任何一种书体的发明，都不是某一个人一时灵光乍现的结果，往往是众多书法家长期探索积累的结晶。不过，在楷书的形成过程中，钟繇做出了特别重要的贡献，则是一个不争的事实。钟繇，颍川长社（今河南长葛）人。魏文帝曹丕十分敬重钟繇，钟繇最终官至太傅，后人也称其为“钟太傅”。

钟繇擅长铭石、章程及行狎书三体。铭石即刻碑之隶书，其代表作为《上尊号碑》及《受禅表》。这两碑均刻于黄初元年（220 年），立于临颍，一贯有“三绝碑”之称，即文、书、刻均为绝品。这两碑笔画已出现明显的方折，意味上较汉隶稍淡，但整体气息仍具汉隶的朴茂淳厚特征，并且结体规范，整体肃穆庄严，为当时的隶书树立了官方认可的模板。在曹魏以后千余年的隶书碑刻中，无出其右者。可惜后来地方官员经常打拓“三绝碑”，花费都摊派到地方百姓的身上，当地百姓愤怒之余，毁了此碑。

章程书即楷书，因其传世的楷书均为奏章，所以章程书称楷书，而钟繇本人也被称为“正（楷）书之祖”。钟繇的《宣示表》《力命表》都是小楷。他的行狎书，即行书，早已失传。如前所述，其行书师法刘德昇，颇得其妙。曹魏时期是中国书法的转折期，书体由汉隶向多种书体及风格转变，包括钟繇在内的中原书法家起了关键的作用。

郑道昭，河南开封人。幼年好学，博览群书，北魏孝文帝时为秘书丞兼中书侍郎，出为青州刺史，后入秘书监，归洛阳。他的作品是流传最多的，尤其是他任职于青州（今山东莱州）期间，在其所管辖的云峰、大基、天柱三山留下了多处摩崖刻石，其中《郑文公上碑》《郑文公下碑》等摩崖刻石最为著名。他的书法风格特点是，下笔多用正锋，大起大落；起落转折，处处着实；间用侧锋取势，忽而峻发平铺，既有锋芒外耀，又多筋骨内含。其书法之妙在于方圆并用，不方不圆，亦方亦圆，或体方而用圆，或用方而体圆。故能给人以结体宽博、笔力雄强的感受。

最能代表北魏时期书法艺术发展水平的是“龙门二十品”。“龙门二十品”中有19品在古阳洞，仅有1品位于老龙洞外的第660窟。“龙门二十品”是北魏开凿龙门石窟过程中所刻的造像记，内容一般是表达造像者祈福消灾的心愿。其书法艺术是在汉隶和晋楷的基础上发展演化而来，从而形成了端庄大方、刚健质朴，既兼隶书格调，又孕楷书因素的独特风格，是“魏碑”的代表作，也体现了北魏时期书法艺术的精华。“这批龙门名品，各极精好，或出探抒意，或缩收敛神，坦坦荡荡，宛如天成。其率真的意趣既似着意求工而竟得其稚，又如加心求巧却又恰得其拙，显示了天机动处无意而得的天然神韵”。①

从笔势上看，入笔露锋，横画的书写先竖向下方按再横向右上方运行，经常出现横画向右上方明显的欹斜，且波磔明显，带有明显的隶意，表现为收笔时按笔并上挑出锋。这是受刻刀影响的缘故，刀在石上运行较为迟钝、生涩。② 由于楷法刚刚产生，新的法度尚未形成，“二十品”石刻文字仍保留了浓厚的隶书笔形和结体习惯，隶法尚存，楷势不足，结体稚嫩。这样书写者就有更大的发挥和想象空间，形成了风格多变的结体特征。

隋唐三百多年间，是中国书法史上的一个重要时期。上承汉魏六朝，下启宋、元、明、清，书坛大家辈出。后代书法家，莫不取法于唐，包括清中晚期碑学复兴运动中的书法家，均在唐朝的基础上，复由此上追三代、魏晋，最终取得大成。

唐初三大家是欧阳询、虞世南、褚遂良，他们均先仕于隋，后入唐为官。他

---

① 欧阳中石等：《中国的书法》，商务印书馆1997年版。

② 李云：《浅析〈龙门二十品〉造像题记书法的形式构成特征》，《作家》2010年版。

们在唐颇受优渥，书法也于晚期达到高峰。其中褚遂良以其楷书的独特风格与欧、虞拉开了距离，从而成为隋末唐初书坛一大重镇。

褚遂良，祖籍阳翟（今河南省禹州市），在太宗、高宗朝为官，因被封河南郡公，故称“褚河南”。褚遂良上接二王，下开颜真卿，是二王传统在初唐的典范。他的书法先学欧阳询，得其结构；后学虞世南，得其内敛之法；然后自开新路，尽得二王笔法和风神。褚遂良在贞观十年（636 年）被虞世南引荐给唐太宗之后，才得以见内府所藏二王真迹，方得二王精髓。故书于唐太宗贞观十五年（641 年）的《伊阙佛龛碑》和《化度寺碑》，和书于贞观十六年（642 年）的《孟法师碑》，仍明显可以看到受欧阳询的影响。十年之后，即唐高宗永徽四年（653 年）所书之《雁塔圣教序记》方才得二王精髓，确立了褚书以行入楷的风格规范。

唐代中原另一位与褚齐名的书法家是孙过庭。孙过庭，字虔礼，陈留（今河南开封）人。唐高宗、武则天时人，官至右卫胄曹参军、率府录事参军，擅长书法和书法理论。工于楷、行、草各体书法，尤以草书擅名，其草书遵法二王。工于用笔，笔势坚劲。孙过庭自撰自书《书谱》，这是一部书法理论著作和书法作品，原本有二卷六篇，今存其手迹一卷。有学者称此书：“唐初孙过庭的《书谱》是书法史上罕见的书文并茂的作品，议论鞭辟入里，文章恣肆宏美，在书法的创作和理论上都为后世立下了标杆，堪为古代书法理论的奠基之作。”① 书中深入探讨了前代书法名家的传承关系和风格，精辟地阐述了不同书体的特点。《书谱》书法精美，独具特色，历来备受称赞。它用笔神采矫健，结构规律性强，各部分配合适度，学书者皆奉为楷模。

宋代是中国书法史上一个重要的发展阶段。北宋建都汴京，汴京成为当时的政治、经济、文化中心。也是当时书坛的中心。北宋四大书法家苏轼、黄庭坚、米芾、蔡襄都在汴京活动过。

经唐末五代战乱之后，宋初缺乏善书法的人才。太宗即位后，置御书院，募求善书者，许自荐，入选后充翰林，于是书法之风逐渐兴盛。宋淳化三年（992 年），太宗下令把内府所藏历代墨迹，交由翰林侍书王著编次摹勒上石于禁内，

---

① 赵宏：《孙过庭〈书谱〉书法理论体系及其特征》，《首都师范大学学报》2012 年版。

名《淳化阁帖》。《淳化阁帖》是中国最早的一部汇集各家书法墨迹的法帖。所谓法帖，就是将古代著名书法家的墨迹经双钩描摹后，刻在石板或木板上，再拓印装订成帖。《淳化阁帖》共10卷，收录了先秦至隋唐一千多年的书法墨迹，包括帝王、臣子和著名书法家等103人的420篇作品，被后世誉为中国法帖之冠和"丛帖始祖"。

书坛名家李建中，字得中，号岩夫民伯，祖籍京兆（今西安），后迁居洛阳，累官至工部郎中、判太府寺。他淡泊名利，曾先后三次求掌西京留守司御史台，故人称"李西台"。他酷爱洛阳风土，构筑园池，称"静居"。擅长书法，颇得欧阳询笔法之神韵，为一时之绝。《宋史》本传中，称赞他"行笔尤工，多构新体，草、隶、篆、籀、八分亦妙，人多摹习，争取以为楷法"。[①] 传世作品有《李西台六帖》及法帖论述《千字文》。《土母帖》是李建中存世墨迹的代表作，天下十大行书之一，排第十。现藏台北"故宫博物院"，曾被刻入《三希堂法帖》。其中提及"新安门"，地近洛阳，所以推测这是李建中晚年居住在洛阳时所写。

石延年，字曼卿，南京宋城（今商丘市睢阳区）人，著名书法家。北宋著名学者石介曾经把石延年的字、欧阳修的文章、杜默的歌称为"三豪"。他的书法作品被人们评价为："大字，气象方严遒劲，极可宝爱，真所谓'颜筋柳骨令人喜'。"[②] 他爱在墙壁和匾额上题字，常常在工具上超出常规，效果奇特。法书墨迹有《古松诗》，为欧阳修所书《筹笔驿诗》石刻和龙门陈抟十字刻石跋。

苏舜元、苏舜钦兄弟，祖籍四川，其曾祖时迁居开封，祖父苏易简曾任参知政事。好收藏历代书法真迹。苏舜元，字才翁，"为人精悍任气节，为歌诗亦豪健，尤善草书，舜钦不能及"。苏舜钦，字子美，尤工行、楷、草书，"善草书，每酣酒落笔，争为人所传。及谪死，世尤惜之"。[③] 二苏号称"草圣"，独步宋朝，黄庭坚、蔡襄、米芾都曾学过二苏书法。

宋朝为了防止发生宗室之祸，采取了一系列措施，如五服以内的宗室集中居于宫宅，不得随意外出同宾客交往，基本上不让做实官。朝廷对他们的教育，也没有把培养他们治国理民的能力作为重点。排行第十的赵佶做梦也没想到有朝一

---

① 脱脱：《宋史》卷四百四十一《文苑传（三）》，中华书局1963年版。

② 马端临：《文献通考》卷二百四十四《经籍考（七十一）》，中华书局1986年版。

③ 脱脱：《宋史》卷四百四十二《文苑传（四）》，中华书局1963年版。

日要当皇帝，因此，把人生的追求都放在吟诗作赋、研习书画上。后来哲宗皇帝突然去世，哲宗没有子嗣，各派势力斗争的结果，就使赵佶登上了皇位。

在后人眼中，宋徽宗在当皇帝上是业余的，而在书画上却是专业的。他的书画独步天下，在中国书画史上堪称划时代的人物。其代表书体为楷书，变唐朝褚遂良、薛稷之法，形成了气势劲健、瘦而飘逸的新书体，自号“瘦金体”。他的草书亦自成一格，爽劲俊逸、笔健气畅，代表作为《草书千字文》。他还命文臣辑《宣和书谱》《宣和画谱》《宣和博古图》。宋徽宗崇宁三年（1104年）始设书学，生徒以500人为额，学习篆、隶、草三体及《说文》《字说》《尔雅》《博雅》《方言》等五书，兼通《论语》《孟子》大义。考校书法分上、中、下三等。大观四年（1110年），召书学生入翰林书艺局。

靖康之耻，随着徽钦二帝被掳到北方，开封城的繁华也烟消云散。金元以降，中原地区书法发展一落千丈，除宋广、王铎等人外乏善可陈。

宋广，字昌裔，河南南阳（一作汝阳）人，活动于洪武年间，官至沔阳同知。他以行书见长，但传世作品中只有草书一体，体兼晋唐，笔势翩翩，但过于媚熟，又以笔势连续不断而乏古意。他主要学张旭、怀素，同时更多地糅入了二王、孙过庭的笔意于“颠张醉素”之中。宋广书法在明初受到一致赞誉，是因为其强烈的个性冲击了相对寂静的书坛，增添了新鲜之感，从而带来了一派生机。其传世的作品有《太白酒歌轴》《临自叙帖》《风入松词轴》。

王铎，字觉斯，号嵩樵，河南孟津人。明天启二年（1622年）进士，官至大学士，入清后为礼部尚书，是明末清初最杰出的书法家。

王铎的书法首先追求古典的书法精神，尊羲献、溯篆隶、取唐宋，各代书法精华无不纳入其师法之中。王铎的书法以40岁为界，40岁前以古代书法大家的作品为临本，潜心古帖，以二王为宗，上及钟繇，下至南朝诸家，这一阶段是集古法阶段，他在技法上学古人的结字、用笔、取势。40岁后，由于官场的矛盾，造成心理上的狂躁，此时对字型进行了夸张，显得奇崛险怪，线条上追求放纵恣肆，挥洒自如，用笔沉着痛快，纵横跌宕。其书法风格雄强有力，达到了前无古人的高度，表现出撼人心魄的雄浑气势。王铎在43岁时所书的《行书杜甫五律诗轴》，取米书的自然天成趣味，用笔洒脱，字与字间不去刻意求其摆布，行与行间顺其自然。47岁时所书的《行书五律雨中无事湛源道丈邀饮扇面》，开始使用宿墨之法，从而使线条产生水墨的韵致。50岁之后，作品在笔法上往往中侧锋并用，运笔自如洒脱，结字尽显我法，不再取二王之法，尤其对书法艺术姿态与力量的意向美表现得淋漓尽致。此后，王铎不断推出许多新的杰作，而且不断有所超越。

当代中原书坛的代表性人物则有陈天然、唐玉润等。陈天然，1926年4月20日生于河南省巩义市河洛镇柏沟岭。为当代书画家、版画家、诗人。当代著名书画家王琦曾评价陈天然的书法说："陈天然的书法更具有鲜明的个性色彩，他虽精研传统书法之奥秘，而又不落传统书法之窠臼。他的书法是以行楷为主，愈是大的字体愈能表现出作者的个性和艺术特色。他在书法上那样粗犷有力、转折自如、刚柔相济、粗细兼备的风格，不仅包含有他的版画和水墨画中的养分，而且也体现了他继承、发展我国古代书法家优良传统的革新创造精神。他的楷书有古代书法中柳体的骨骼、颜体的血肉，而精神则完全是陈天然自己的，可谓自辟路径，独树一帜。他在结字方面狠下功夫，用笔如行云流水，气势磅礴，笔力有千钧之重。他以行草见胜，但世人却极力推崇他的大字行楷，因其更能显示他的艺术风格。"

唐玉润，字秋山，号德君，一号冰清馆主。1924年生于咸阳，后移居郑州，现为中国书法家协会会员，中国老年书法家协会理事，河南美学学会理事，兼任郑州大学、山东大学、河南教育学院教授等职。其书画作品曾在中国美术馆及日本、美国、新加坡等地展出，受到好评，是享誉国内外的著名书画家。书法宗颜真卿，特别对《颜家庙碑》《中兴颂》《麻姑仙坛记》等大楷和《祭侄稿》《争座位》《送刘太冲序》等行草书，心追手摹，用力甚勤。启蒙临诸家而专攻颜体，博采众长而为我所用，逐步形成意气风发、气吞山河、雄浑刚健的鲜明个人风格。其楷书朴茂老辣，浑厚端庄，伟岸大度；行草刚柔相济，温润秀雅，遒婉挺拔。

二、绘画

我们无法考证绘画起源于何时，不过在中原地区很早就出现了绘画则是一个不争的事实。早在仰韶时代，彩陶文化成为仰韶文化的特征。

仰韶文化陕县庙底沟类型彩陶以蔷薇科月季花覆瓦状花冠鸟类纹饰最突出，大河村仰韶文化彩陶纹样中，太阳纹、月亮纹、六角星纹等最有特色。汝州阎村仰韶文化墓葬出土的彩陶缸上有一幅《鹳鱼石斧图》，它是迄今为止已发现的中原乃至全国最精彩的原始绘画杰作，距今约6000年。这幅画位于缸的腹部，高37厘米，宽44厘米。作者根据石斧、鹳、鱼的不同形象而采用不同的艺术手法来表现。石斧和鱼，用黑色线条勾勒轮廓，以起伏、转合、刚柔互用的绘制，把表现对象的形状和神情描绘得十分生动；鹳则直接用色彩涂染形体，唯有眼睛，用浓重的黑线勾圈，中间用黑色圆点表现眼睛，显得分外有神。所以有学者指出，《鹳鱼石斧图》已经孕育了中国绘画传统艺术表现手法的两种基本形式——勾勒和没骨。

东汉时期，在中国绘画史上是民族艺术风格确立与发展的极为重要的时期，以洛阳为中心的中原绘画在东汉的艺术版图上占据了核心的位置。

东汉的统治者为了巩固其统治，往往将皇权神化。在东汉绘画史上，神化皇权、鼓吹天人感应、各种祥瑞成为一个重要的主题。这些绘画往往出现在宫殿、宗庙以及墓葬之中。

同时，提倡忠孝节义，也是统治者维护其统治的重要手段之一。因而，对于忠孝节义的表彰成为东汉绘画的重要主题之一。大量的忠臣、孝子、节妇出现在东汉的绘画中，尤其是在墓葬、画像石和画像砖中更为普遍。

从整体看，东汉的绘画具有非常浓厚的教化色彩，这与儒学在东汉的普及有很大关系。

东汉时期的绘画艺术，大致包括宫殿寺观壁画、墓室壁画、帛画等。

文献记载汉明帝“雅好丹青”，在南宫云台四壁上画辅佐光武帝中兴汉室的28名功臣的画像。汉明帝曾携同马皇后观看宫中画室，墙壁上画有娥皇、女英等古代帝后的画像。汉灵帝曾于鸿都门学画孔子及七十二弟子像，不仅宫殿绘有壁画，贵族府邸内也有不少壁画。外戚宦官们的府邸无不雕梁画栋。

除壁画外，在宫殿的屏风上，以及车马、舆服、器用上都可见到精美的绘画。东得光武帝在宴见臣下时，被身旁屏风上画的美女像所吸引，“数顾视之”。大司空宋弘对皇帝的失态非常不满，当即引用了《论语》中孔子的话：“未见好德如好色者。”说得光武帝很不好意思，下令将屏风撤去，光武帝对宋弘说：“闻义则服，可乎？”①

秦汉时期，洛阳地区的贵族墓葬极尽奢华，很多墓葬都有壁画，或者用画像石、画像砖来装饰墓葬。这些壁画和画像砖、画像石，也是秦汉时期绘画的重要组成部分，成为我们了解秦汉时期绘画不可多得的宝贵资料。

洛阳汉代壁画墓迄今发现的共有11座，加上被盗出国的“八里台”西汉壁画墓，总计有12座。在这些琳琅满目的汉墓壁画中，我们不仅看到了两汉时期墓室的建造技巧和壁画发展的脉络及特点，而且还深刻地感受到汉代人们的思想、情感、意趣、观念。其不仅有古人浪漫的想象，而且也有对古人现实生活的反映。通过这些壁画，我们不仅可以了解古人对天地和生命的认识，也可以了解古人对生活的追求。同时，也让我们叹服秦汉时期绘画技艺的精湛。

洛阳汉墓壁画所涉及内容大致可分为五类：

第一，是神话故事类。主要有东王公、西王母、伏羲、女娲一类仙人和表现仙界的珍禽神兽，及在天人感应论影响下产生的祥瑞图。最具代表性的是卜千秋墓的“升仙图”，这幅图可以说是长沙马王堆汉墓帛画升仙图的展开形式。

第二，是天象神类。如日、月、星宿、云气和象征四方星座的四神（青龙、白虎、朱雀、玄武）等，洛阳烧沟61号壁画墓的“日月星云图”，是我国发现最早的天象图之一。

第三，是历史故事类。为了宣扬儒家伦理道德、强调人身依附关系的经史故事，多在壁画中出现如孔子、周公一类的古代圣贤及猛将义士等，像洛阳烧沟61号西汉壁画墓中“周公辅成王图”。

第四，表现墓主享乐生活的燕居、庖厨、宴饮、歌舞、迎宾拜谒等场景。如偃师辛村新莽墓壁画，此墓壁画共有八幅，其中以“庖厨图”最为著名，画中人物众多，形态生动传神，真实地反映了汉代中原地区人们的饮食习俗和浮华奢侈的社会生活场景。

第五，表现墓主仕宦经历和身份的车骑出行。如偃师杏园村东汉墓壁画和朱村东汉曹魏墓壁画，其中杏园村“车马出行图”最为典型。

在洛阳地区也发现了大量的画像砖墓。西汉早期，这种画像空心砖墓在今河

① 范晔：《后汉书》卷二十六《伏侯宋蔡冯赵牟韦列传》，中华书局1965年版。

南地区迅速发展，并在西汉中期影响到周边地区。西汉晚期到东汉末是画像砖艺术的繁荣期。

洛阳邙山土质坚硬，适合于制造陶器、砖瓦和画像砖，所以在洛阳地区东起首阳山，西至洛孟公路，北至邙山北麓，南至洛河北岸，东西长30公里，南北宽10余公里的范围内，出土了大量的画像砖。出土于洛阳的西汉空心画像砖，以高度概括的图案为主，布局疏朗，阴刻线条简率、圆韧，具有抽象的象征意义。

画像砖包罗汉代政治、经济、文化、民俗各个方面，是研究汉代历史的百科全书，现见到的多数以模印为主，雕刻的少见，雕刻还保留彩绘的更稀有，只以绘画为主的大型空心汉画像砖可称国宝级，对研究汉代绘画有重要的参考价值。

总体上说，秦汉时期的绘画艺术，并不注重具体事物形象的描绘，强调意向的表达。重意不重形，是中国传统绘画艺术最重要的特征。这一特征在秦汉时期已经非常明显地呈现出来。所以秦汉时期的绘画，无论是壁画还是画像石、画像砖，线条非常简单，简单的几笔勾勒，就把想要表达的意境表达得淋漓尽致。从这个意义上说，秦汉时期的绘画对后世中国传统绘画的发展产生了非常深刻的影响。

在汉灵帝时还涌现了著名的画工刘旦和杨鲁等，著名文人张衡、蔡邕等人也都善于绘画。

魏晋南北朝时期中原绘画少见著录，出土石棺所刻绘的大都是孝子贤妇图，而石窟彩绘、石刻造像则全为佛教图像，构图饱满，人像凝重，多出自无名画工之手。南迁的中原画家则开始尝试山水画的创作。

隋唐时期是中国绘画史上的重要发展阶段，不仅名家辈出，而且佳作不断涌现。

武则天时期在洛阳担任朝散大夫、左尚方令的曹元廓，擅长画骑猎、人马、山水等题材，构思布局很精巧。薛稷是著名的书画家，东都尚书坊有他画的鹤，精妙绝伦。卢鸿一祖籍范阳（今北京市），迁居洛阳，隐居于嵩山，与僧人、道士为伍。唐玄宗征拜他为谏议大夫，谢绝不受。他善于画山水树石。荥阳人郑虔，书画造诣甚高，洛阳圣善寺的木塔院中有他很多书画作品。

洛阳私人住宅中，绘画以壁画、屏风画为常见，有两种情况：一种是纯艺术，多画山水、动物，起到装饰居室、寄托寓意的作用。如洛阳劝善坊东北隅太子太师魏徵的住宅中，山池院有进士郑光乂画的山水，被时人看重；尚善坊东南隅岐王李范的住宅中，有薛稷画的鹤，世称妙绝。另一种是信仰艺术，画佛教经变故事及供养人，起到礼拜生敬、祈求佑护、调节情绪的作用。如白居易在洛阳履道里住宅中的壁画。开成五年（840 年）三月，他在家中请人绘制两幅壁画。一幅是西方极乐世界《三圣图》。他作《画西方帧记》记其事，说自己进入暮年，患中风病，于是施舍俸料钱三万铜钱，请画工杜宗敬按照《阿弥陀经》和《无量寿经》的故事，画成高九尺宽一丈三尺的巨幅壁画。另一幅是《弥勒上生兜率天图》。白居易家中绘制壁画，只是为满足自己作为在家居士的佛教信仰需求，便于礼敬祈愿，因而壁画缺乏生活气息。

在唐代洛阳画坛上，声名显赫、成就巨大的是盛唐画家吴道子。吴道子（约685—785），阳翟（今河南禹州市）人，被唐玄宗赐名为吴道玄，在唐代即被称为“画圣”。

吴道子年少孤贫，对绘画兴趣浓厚，时时练笔。成年后，追随张旭、贺知章学习书法，没取得多大进展，就专注于绘画，不再旁骛，以画工为生。他来到东都洛阳，被唐玄宗召入宫中充当供奉，起初师法南朝画家张僧繇，千变万化，时有超越。他在长安、洛阳两京的佛寺道观，作壁画四十余间，即便是同一题材的经变图，画出来也不曾雷同。吴道子还在邙山玄元皇帝（老子）庙画五圣（唐高祖、唐太宗、唐高宗、唐中宗、唐睿宗）千官壁画，画面上宫殿富丽堂皇，百官神采飞扬，气势压倒云龙，匠心出神入化。时人杜甫作《冬日洛城北谒玄元皇帝庙》诗称赞道：“画手看前辈，吴生远擅场。森罗移地轴，妙绝动宫墙。五圣联龙衮，千官列雁行。冕旒俱秀发，旌旆尽飞扬。”① 吴道子在洛阳的佛寺道观留下很多备受人们赞赏和珍惜的壁画作品。

北宋郭若虚《图画见闻志》卷一《论曹吴体法》，比较了吴道子和北齐曹仲达人物画的区别，说：“吴带当风，曹衣出水。”这是说曹仲达所画外国佛像，“其体稠叠，而衣服紧窄”，即胡族风格；吴道子所画人物，“其势圆转，而衣服飘举”，即中国的民族风格。这可以看作吴道子人物画的特点。

吴道子的佛画虽然数量很大，但保存下来的并不多，究其原因，可能与历史

---

① 杜甫：《冬日洛城北谒玄元皇帝庙》，《全唐诗》卷二百四十二，中华书局 1999 年版。

上“灭佛”有关，如唐武宗和五代周世宗时都进行过“灭佛”运动。吴道子的作品在北宋已经比较少见，宋徽宗赵佶亲自主持编纂的《宣和画谱》，记录皇家收藏品中有吴道子画的佛、菩萨、天王像等92幅。吴道子的作品，今天能够知道的，有《送子天王图》《明皇受箓图》《十指钟馗图》《孔雀明王像》《托塔天王图》《大护法神像》等，传世者皆为后人摹本。另外，在河北曲阳北岳庙，保存着吴道子的壁画《云行雨施》和《万国咸宁》等；在甘肃敦煌莫高窟第一百〇三窟的《维摩经变图》，也被认为属吴道子的画风；在日本京都东福圭，藏有绢本着色释迦三尊像三幅，自古被视为吴道子遗墨。历代从事绘画与雕塑的工匠行会均奉吴道子为祖师。

五代时期，河内（今河南济源）人荆浩进一步探索山水画画艺，善于以水晕墨章技术描绘大山大水，高峰深谷。其画作结构严谨，气势恢宏，号称“全景山水”。荆浩是北方山水画派的创始人，他的《笔法记》是山水画的第一部理论作品。

宋代是中原古代绘画的顶峰时期，风格多样，名家辈出。画家们绘山水、画人物、摹花鸟，以画作反映社会生活，表达心情志趣。中原是北方山水画派的天下，宋初，关仝、李成、范宽并称北方山水画三大家，关仝一生以画关中山景为主，李成、范宽则往来京洛之间，三人被誉为“三家鼎峙，百代标程”。范宽的名作《溪山行旅图》，布局雄伟、简洁、肃穆，没有任何矫揉造作的迹象，展现了大自然无处不在的恰当且和谐的内在秩序和理性。

宋神宗时期，河南温县人郭熙效法范宽，以自然为师，所画山水寒林真实细腻、千态万状、不拘一格。以后的画家把他与李成并称“李郭”。郭熙著有《林泉高致》一卷，创“高远”“平远”“深远”三远法，是其长年观景、绘画的经验之谈。

河阳（今河南孟州）人李唐是南宋画院“四大家”之首，创“大斧劈”皴染法画山水，刚劲犀利，气势雄健，创造了一种刚性画风，影响到整个南宋画坛。李唐是位有气节的画家，北宋灭亡后，他迁至杭州，任南宋画院待诏，那时他已80岁。山河破碎，使他忧心如焚，热切盼望在他有生之年能看到山河重归一统，并把这种感情倾注在画卷之中。他的《晋文公复国图》《采薇图》寓意深远，后者今尚存。

花鸟画起于六朝隋唐，北宋集其大成。北宋早期，黄筌父子开创的黄派花鸟画一统天下，具有富贵意趣、风格浓艳、富丽工巧之特征。北宋中期，安徽濠梁人崔白、开封人吴元瑜等是花鸟画的改革派，他们打破黄家体制，以写生代替模仿，以野逸代替宝贵，以轻淡代替富丽。吴元瑜作花鸟画，自出胸臆，追求笔墨意趣和花鸟神韵。

宋徽宗赵佶是个书画帝王。经过宋徽宗和画院众手的共同努力，宣和年间创造了画史上负有盛名的花鸟画“宣和体”。直到现在，“宣和体”还是画家们师法资取的范本。宣和画家重视客观真实地描写自然的花鸟草虫，同时以诗意的情致落实在画面上，既清澈明净，又典雅精致。宣和年间还由官方主持将宫廷所藏绘画作品著录编撰为《宣和画谱》一书。该书共 20 卷，收录魏晋至北宋画家 231 人，作品 6396 件。按画科分为道释、人物、宫室、番族、龙鱼、山水、畜兽、花鸟、墨竹、蔬果 10 门。每门画科前均有短文一篇，叙述该画科的起源、发展、代表人物等，然后按时代先后排列画家小传及其作品。该书不仅是宋代宫廷绘画品目的记录，而且还是一部传记体的绘画通史，主张绘画的社会教育作用。虽然该书存在不少缺点，但仍是一部绘画著录方面的重要典籍，对于研究北宋及以前的绘画发展和作品流传，有一定的史料价值。

说到北宋时期的绘画，不能不提张择端的《清明上河图》。《清明上河图》被誉为中国十大传世名画之一，是市井风俗画的典型代表。《清明上河图》宽 25. 2 厘米，长 528. 7厘米，绢本设色。作品以长卷形式，采用散点透视构图法，生动记录了 12 世纪北宋汴京的城市面貌和当时社会各阶层人民的生活状况，是汴京当年繁荣的见证，也是北宋城市经济情况的写照。清明上河是当时的民间风俗，类似今天的节日集会。全图大致分为汴京郊外春光、汴河场景、城内街市三部分。在 5 米多长的画卷里，共绘了 814 个各色人物，牛、骡、驴等牲畜 73 匹，车、轿 20 多辆（顶），大小船只 29 艘。房屋、桥梁、城楼等各有特色，体现了宋代建筑的特征，具有很高的历史价值和艺术价值。“此图在笔墨技法上采取了以工代写、以写润工的方法，既不同于界画的刻板，又有界画之工整典雅；既有别于写意画的粗放，又兼有写意画的生动传神，形成了独特的风格。这种风格，对后代人物风俗画产生了深刻影响。”①

---

① 徐政：《中国古代绘画》，商务印书馆 1996 年版。

北宋灭亡后，该画辗转流传，明时归兵部尚书陆完所藏，陆作题记。陆完死后，其子将此画售予昆山顾鼎臣，不久，归相国严嵩、严世蕃父子。在此期间，社会上流传很多关于严嵩父子借《清明上河图》打击、陷害都御史王忬的传闻，并被时人记入笔记中。严嵩败，家产被籍没，此图入宫廷。入清以后，此图先后为陆费墀、毕沅等人收藏。1799 年，毕沅死后第四年，家产被籍没，此图被收入清宫，并著录于《石渠宝笈三编》。1921 年，溥仪以赏赐溥杰为名，将《清明上河图》等文物偷运出宫，由天津转运长春伪满皇宫。1948 年，中国人民解放军解放了长春，解放军干部张克威通过当地干部收集到伪满皇宫流散出去的珍贵字画十余卷，其中就有《清明上河图》。1949 年，张克威调到东北行政委员会工作，临行前将这十余幅卷轴交给了当时开辟东北革命根据地的主要负责人之一林枫。《清明上河图》经林枫之手入藏东北博物馆，后来又调到北京故宫博物院珍存。2015 年 9 月 8 日至 11 月 8 日，“石渠宝笈特展”在故宫的武英殿展出，其中就有《清明上河图》。

北宋以后，由于经济文化重心南移，中原画界寂寥。值得一提的只有朱仙镇木版年画。年画作为中国独有的一朵艺术奇葩，是我国古老的民间艺术精华。朱仙镇木版年画与天津杨柳青、山东潍坊、江苏桃花坞年画并称中国四大年画。朱仙镇的木版年画，不但具有极高的艺术收藏价值，而且极具观赏价值。朱仙镇的年画历史非常悠久，可以追溯到北宋年间。其制作采用木版与镂版相结合，水印套色，种类繁多，主要有各种神马、钟馗、门神、鞍马人物、娃娃仕女、福禄寿禧等，所用颜料为矿植物经加工漂出，色序有：丹红、铜绿、水红、槐黄、葵紫、大红，古时用纸以白麻纸为主，麻纸抓色好，上色均匀，色彩艳丽，庄重深厚。题材和内容大多取材于历史戏剧、演义小说、神话故事和民间传说。年画乡土气息浓郁，民间情趣强烈，具有独特的地方色彩和淳朴古老的民族风格，是民间工艺美术中的一枝奇葩。

当代著名书法家唐玉润也精通绘画，其花鸟画以画牡丹著称，素有“唐牡丹”之誉。其绘画早年习工笔，青年时亲受齐白石教诲和鼓励，进而师承八大山人、任伯年、吴昌硕、陈半丁等。画风清新秀逸，用笔简约，设色淡雅，传统功力深厚。画中的菊花冰清玉洁，牡丹雍容华贵，梅花侧重表现“香自苦寒来”的人生艰辛，荷花突出展示“出淤泥而不染”的高贵品格；笔下的玉兰、修竹、兰草、芭蕉等，生机盎然，充满豁达乐观的情意。作品多次参加国内外大展并获奖，在日本、新加坡、美国、加拿大、新西兰、韩国等国家有着广泛的影响。

第三节　梨园天地：中原戏曲艺术

中原地区不仅是中国戏曲的起源地，而且在今天的梨园界河南戏曲也占据着重要的地位。豫剧、曲剧、越调等河南戏曲的影响已经走出河南，广泛地流行于山东、河北、安徽、湖北、陕西、山西、甘肃、新疆等地。

一、河南戏剧的历史底蕴

中原地区在中国戏曲史上占据着非常重要的地位，徐朔方曾说："中州即河南在戏曲史上的重要性不能受到忽视。"① 在成熟的戏剧艺术形式出现之前，构成戏剧的重要元素——音乐和舞蹈在中原地区起源很早。舞阳出土的18支七音孔和八音孔骨笛，距今已有8000年之久。殷墟出土的文物不仅有木腔蟒皮鼓，而且还有大、中、小铜铙。在安阳、内黄、禹州等地，出土了商周青铜面具，这与后世的戏剧脸谱或许有着一定的联系。自王国维的《戏曲考原》和《宋元戏曲考》以降，各种古典戏曲研究著述所举的实例几乎都出自中州。

春秋时，中原地区的歌舞已经相当兴盛，并且已有优戏表演。洛阳出土的战国时期的舞女玉雕、淅川出土的楚国编钟乐器等，说明先秦时期中原歌舞已居于领先水平。"优孟衣冠"故事的中心人物孙叔敖，其封地即在今淮滨县。

两汉时期，中原是全国的中心地区，尤其是东汉定都洛阳之后，这里的乐

---

① 徐朔方：《我和小说戏曲》，收《徐朔方说戏曲》，上海古籍出版社2000年版。

舞、百戏表演技艺高超，规模宏大，冠甲天下。“东海黄公”被多数剧史家认为是我国最早的戏曲剧目。张衡《二京赋》中曾写道：“东海黄公，赤刀粤祝，冀厌白虎，卒不能救。”① 从张衡《二京赋》中还可以知道当时有二十多种角抵戏。汉代的《公莫舞》则是目前所知最早的有角色、有情节、有对白、有歌舞的歌舞剧。三国魏晋南北朝时期，虽然战乱不断，但角抵戏仍在不断发展。

隋唐是中原文化繁荣的一个高峰期，乐舞百戏表演也达到新的水平。隋炀帝曾在洛阳应天门外大排百戏，以招待到来的少数民族首领。唐时，洛阳为东都，唐玄宗开元年间，在洛阳设立了主管歌舞的机构——左右教坊。唐玄宗曾在洛阳五凤楼设宴，举行了规模盛大的乐舞会演。据《新唐书·礼乐志》载：“玄宗既知音律，又酷爱法曲，选坐部伎子弟三百，教于梨园。声有误者，帝必觉而正之，号‘皇帝梨园弟子’。”② 后世遂将唐玄宗看作戏剧界的祖师，而戏曲演员一般也被称为梨园弟子。唐代歌舞的戏曲性进一步增加，也开始有了一些简单的角色划分。

此时，由北齐流传下来的《兰陵王》《钵头》《踏摇娘》等歌舞日臻精妙，更富有戏剧性，特别是后者，已由原来的两个角色发展为三个角色，有点像后代小生、小旦、小丑的“三小戏”。

唐代出现了参军戏。参军原来是一种官职的名称，相传后赵时，参军周延贪污，但皇帝赦免了他的罪过，每逢宴会时便命俳优扮演他，令人嘲弄。扮演周延的演员被称为参军，扮演嘲弄角色的演员叫苍鹘。二人表演以科白为主，一个逗哏，一个捧哏，类似今天的相声。后来参军戏逐渐由简单趋向复杂，并吸收了歌舞的成分。这种参军戏经常在洛阳等地演出。

五代十国时，后唐庄宗李存勖，像唐玄宗一样精通音律，雅好辞赋，文才昭然，他还能进行演唱，自取艺名“李天下”，被后世戏曲艺人尊为戏神。这对后来宋杂剧的发展起到重要的引导作用。但是唐庄宗重用伶人，终于导致灭顶之灾。

北宋是戏曲定型并走向成熟的一个重要阶段。在宋代的都市里，有了固定的大型游乐场所瓦舍勾栏。瓦舍又叫瓦肆、瓦子，里面设有大小勾栏。勾栏指用花

① 张震泽：《张衡诗文集校注》，上海古籍出版社 2009 年版。

② 欧阳修：《新唐书》卷二十二《礼乐志》，中华书局 1975 年版。

纹图案互相勾连起来的栏杆，里面有戏台、戏房、神楼、腰棚（看度），相当于后代的剧场。各种民间技艺，如俗讲、说话、诸宫调、鼓子词、唱赚、傀儡、皮影等，都可以在里面演出。当时，汴梁遍布瓦舍勾栏，其中最大的可容纳数千人。不论风雨寒暑，常年都有演出。在各种技艺荟萃、交流、融合的基础上，经过艺人和文人的共同创造，宋杂剧脱颖而出，并逐渐成为乐部的主体。

宋杂剧的样式一般由三部分组成，即艳段、正杂剧（两段）、杂扮，实际为四个段落。艳段为开场，目的在于招徕观众、安定剧场。正杂剧为主体，是经过悉心安排、寓警戒和诤谏于滑稽表演的杂剧正文。杂扮为正杂剧后的玩笑段子，用以送客。

宋杂剧一般有五个角色，即：末泥、引戏、副净、副末、装孤。末泥相当于后代的班主，引戏负责执行末泥的主张，进行指挥调度。副净多扮演装傻充愣的角色，副末插科打诨以逗趣，装孤当场扮官，分工各有不同。“杂剧中末泥为长，每一场四人或五人。先做寻常熟事一段，名曰‘艳段’。次做正杂剧、通名两段。末泥色主张，引戏色分付，副净色发乔，副末色打诨。或添一人，名曰‘装孤’。先吹曲，破断送，谓之‘把色’。大抵全以故事，务在滑稽唱念，应对通遍。此本是鉴戒，又隐于谏诤，故从便跣露……又有杂扮，或曰‘杂班’，又名‘经元子’，又谓之‘拔和’，即杂剧之后散段也。顷在汴京时，村落野夫，罕得入城，遂撰此端。多是借装为山东、河北村叟以资笑端。”①

绝大部分宋杂剧都比较简短，但也有连台本、系列剧，如《目连救母》。目连是个孝子，他的母亲因违犯佛规，被打入十八层阿鼻地狱。为救母，目连出家为僧，修成正果，费尽九牛二虎之力找到母亲，但母亲已被罚为饿鬼。目连向佛祖求救，佛祖让他每年七月十五日设盂兰盆会，放起焰口，向所有乞食的饿鬼投食，只有这样才能使其母获救。后来，母子二人果然同升天界。这是一出具有浓厚宗教色彩的戏，一般从七夕开始演出，连演八天，到中元节（七月十五日）才能演完。元、明、清三代，宋杂剧《目连救母》发展为专门的目连戏。

南宋迁都临安之后，中原地区划入金国的版图。在金国迁都汴京之后，这里又重现了北宋时期的繁华，金杂剧比北宋杂剧涌现出更多的新作品。董解元的

---

① 吴自牧：《梦粱录》卷二十《妓乐》，三秦出版社2004年版。

《西厢记诸宫调》就产生于这一时期，而董解元就是河南人。

元代是中国戏曲史上一个光辉灿烂的时期，中原地区的戏曲创作和演出都有许多新的成就。“现存元代杂剧中以开封及河南各地作为时代背景的元杂剧有38种”①，元代中原杂剧作家见于文献的有10余人，如郑廷玉、李好古、宫天挺等。郑廷玉，元代彰德（今河南安阳）人，一生大部分时光生活在豫北乡村。共撰杂剧23种，今仅存《看钱奴买冤家债主》《楚昭王疏者下船》《包待制智勘后庭花》《布袋和尚忍字记》《宋上皇御断金凤钗》5种，最著名的是前两种。李好古，河南西平人，是个地位不高的落魄书生，撰有杂剧《沙门岛张生煮海》《劈华山》《镇凶宅》两种，都是神仙故事，今仅存《沙门岛张生煮海》。宫天挺，大名路开州（今河南濮阳）人，曾任学官，著有杂剧6种，今存《范张鸡黍》《七里滩》两种。宫天挺所写的历史剧，寓有托古讽今的明显意图，他在《范张鸡黍》一剧中，一方面歌颂范式、张邵生死不渝的真诚友谊，另一方面又对那些依仗权门、追名逐利、窃文得官之徒给予无情的鞭笞与讽刺。这在元代杂剧中少见。

明代是中原戏曲的大发展时期。开封周王府和豪绅有大梨园七八十班，小吹打二三十班。第二代周王朱有燉著有杂剧31种，流传甚广。在开封有专门出售戏衣和头盔的店铺，戏楼在各地大量出现。明代中原戏曲属北曲系统，但昆腔开始传入河南。

朱载堉（1536—1611），字伯勤，号句曲山人，出生于怀庆府（今河南沁阳）。明太祖朱元璋九世孙，青年时自号“狂生”“山阳酒狂仙客”，又称“端靖世子”，著名的律学家（有“律圣”之称）、历学家、音乐家。1591年，郑王朱厚烷去世，作为长子的朱载堉本该继承王位，他却七疏让国，辞爵归里，潜心著书。著有《乐律全书》《律吕正论》《律吕质疑辨惑》《嘉量算经》《律吕精义》《律历融通》《算学新说》《瑟谱》等。朱载堉对于音乐理论的研究，极大地促进了戏曲音乐的发展。

清代中原戏曲的发展势头比明代更大，地方剧种纷纷形成，戏班社如雨后春笋般出现。

---

① 徐朔方：《我和小说戏曲》，收《徐朔方说戏曲》，上海古籍出版社2000年版。

明代中原的戏曲班社大多为私家所有，清代却出现许多职业民间班社，艺人靠走江湖吃饭。煤窑和商行有戏班，如密县（今河南新密）超化煤窑太乙班兴旺于乾隆末年，许昌山西油行的大油梆戏班兴旺于同治年间。有的县衙、府衙也建有戏班。戏曲爱好者还建立了以自娱为目的的“玩友班”。不少剧种都能演出“袍带戏”，剧目来源于《三国演义》《水浒传》等书。演出场地以高台、戏楼为主。班社之间竞争激烈，促进了戏曲水平的提高。

从南宋到明末清初，由南戏和江西弋阳、江苏昆山一带的民间曲调结合产生的弋阳腔、昆山腔最为流行。乾隆中期以后，昆曲渐衰，而所谓“乱弹”者起而代之，同京剧、汉剧、徽戏、晋剧一样，中原戏曲迅速崛起，形成了以豫剧为主体，包括曲剧、越调的戏曲体系。

二、豫剧

剧种的出现，是中国戏曲成熟的标志。“剧种可以使自己的演出采取基本上一样的文学剧本，具有基本上一样的表演形式，其中的唱腔应该有着基本上一样的板式；再有，就是它们要基本上集中在某一个地区。”① 流行于中原地区的剧种有豫剧、曲剧、越调等，其中影响最大的是豫剧。

豫剧，原称河南梆子，也叫河南高调、河南讴。豫剧之名，始于 20 世纪 30 年代，主要流行于河南省，在山东、安徽、河北、江苏、山西、湖北、陕西、甘肃、青海、西藏、贵州、四川、黑龙江、台湾等省、自治区也有专业演出团体。

豫剧的历史渊源，迄今尚无定论。很可能是从明末流入河南的“陇西梆子腔”和当地流行的民间戏曲——本地土腔相结合而形成的，在形成演变过程中，又受到来自“罗戏”的强烈影响。

豫剧形成以后，由于语音方言的不同，在各地流传过程中形成了各具特色的多路流派：以开封为中心的祥符调；以商丘为中心的豫东调，又称东路调；以洛阳为中心的豫西调，又称西府调、靠山簧；豫东南沙河流域流传的唱法称“沙河调”，又称本地梆。从唱腔板式结构、调式、旋律、节奏以及音调等各方面来看，

---

① 徐城北：《中国戏》，海燕出版社 1999 年版。

都包括在豫东和豫西两个声腔体系之中。

豫东声腔以豫东调为代表，包括祥符调、沙河调和高调。声腔的语言基础是中州音韵的豫东语调，发声多用假嗓，声高音细，音域属上五音，男声唱腔高亢激越，女声唱腔曲调流畅，花腔较多，具有奔放、明朗的特点。豫西声腔以豫西调为代表，声腔的语言基础是中州音韵的豫西语调，发声用真嗓，唱腔多用本腔，音域属下五音，男声苍劲悲壮，女声低回婉转，声音圆润，具有深沉、浑厚的特点。

豫东调适合表演喜剧，而豫西调适宜表演悲剧。很早以前，两调是各行一方，独立门户，两调的艺人也从不在一块儿“碰班”。1935 年以后，不少原来唱豫东调的剧团和职业艺人，为了适应悲哀低沉感情的需要，也有不少艺人因为嗓子不好挑不上去，于是很自然地找到了下五音这条出路；同一时期，不少原来唱豫西调的剧团和职业艺人，为了适应高昂激愤感情的需要，吸收了豫东调。这样豫东调和豫西调才开始结合，其结果是产生了大量豫西、豫东两调结合的职业剧团和艺人。

20 世纪二三十年代，豫剧有了女演员。第一个女演员是由河南坠子改唱梆子的王玉枝。接着又先后出现了陈素真、马双枝、司凤英、常香玉、玫瑰花、田岫玲等。女演员的加入，引起了河南梆子的巨大变革，使它在艺术上进入一个新的时期。

这一时期的特点首先是角色的发展由男女平衡转向以女角为中心，原有的“红脸戏”“黑头戏”大量被淘汰或削减，新编的剧本也都是以女性为主角。为了适应女演员嗓子的高度，本来定音很高的尖细震耳的弦子，不得不把调子降低。这样，唱腔和伴奏的配合，便由“高拉低唱”变成与女演员音高一致的“同度平行”，这使得男演员不得不完全用假嗓子唱，以便与主角配戏。

豫剧的旦角原来都是由男性饰演的，故而生、旦、净、丑各行曲调都是同板同腔、同一音域。一般均以大本腔唱出，只有带腔儿的时候才用二本腔。自从有女演员并成为舞台的中心角色之后，引起男声唱腔的变化，但男演员在完全改用假嗓子的初期还是不肯示弱的，于是用尽气力，拼命以大本腔往上挑，结果就发出了极端刺耳的“讴讴”声。此前豫剧就有“河南讴”的称呼，在这一短暂的过渡时期，“河南讴”更是盛极一时。“讴讴”声不仅让观众听着不舒服，就是演员自己也感到嗓子非常疼痛，弄不好就可能把嗓子搞坏，终生喑哑。为了保护嗓子，二本腔唱法便很顺利且迅速地形成。

此外，随着主演由做派粗大的生、净戏变为做派细致的旦角戏，唱腔曲调的风格也随之发生变化。除高昂激烈之外，又增加了柔婉细腻。同时，由于女演员是新走进豫剧的，她们不可能带有完美的唱腔，因此，除在原有唱腔的基础上苦心创造之外，就只有从外边吸收了。于是，京剧、评剧、秦腔、越调、河南曲剧、河南坠子等很多唱腔，就有意无意地被融合进来。化装、行头也渐渐向京剧学习。

豫剧唱腔属板腔体，唱词通俗易懂，多为七字句或十字句。它有独特的板式结构和比较完整的音乐程式。豫剧的伴奏乐器分为文、武场。文场有二弦、三弦、月琴，后因二弦音色尖噪而代之以板胡。武场常用的乐器有板鼓、堂鼓、大锣、小锣、手镲、梆子、手板等。新中国成立后，改进了乐器配置，增加了许多中西管弦乐器，淘汰了一些不适应的乐器，使豫剧音乐跨入一个新时期。

豫剧传统剧目有七百余出，它们在文词上具有通俗易懂，并带有中州地区的语言音韵和生活化、口语化的特点，形成了自己浓郁的地方特色和鲜明的民间风格。有不少思想性和艺术性较高的优秀传统节目，在故事结构、人物塑造、语言运用等方面，确实成为豫剧剧目中的优秀之作，具有代表性的有《对花枪》《三上轿》《地塘板》《提寇》《铡美案》《十二寡妇征西》等。新中国成立以来，经过推陈出新，出现一批优秀传统剧目，如《穆桂英挂帅》《破洪州》《唐知县审诰命》等，同时还改编了历史剧《花木兰》，创作的现代戏有《朝阳沟》《刘胡兰》《李双双》，移植演出的有《小二黑结婚》《罗汉钱》《祥林嫂》《红色娘子军》等，受到人们的普遍欢迎，使豫剧成为全国人民喜闻乐见的一种戏曲形式。

现当代有名的豫剧演员有陈素真、常香玉、桑振君、崔兰田、阎立品、马金凤、牛得草、唐喜成等，其中最著名而且影响最大的是常香玉。

常香玉，原名张妙玲，生于1923年，河南巩义人。9岁随父亲学艺，初学小生、武生等行当，后来专演旦角。13岁即出演《泗州城》而轰动开封。常香玉在豫西调的基础上，逐渐将豫东调、祥符调、沙河调等融于其中，并吸收了京剧、评剧、秦腔、河南曲剧等剧种的声腔技巧及坠子、大鼓等的优点，博采众长，形成了新唱腔，创立了“常派”，并于1948年创办了香玉剧社，开始培养新一代的青年豫剧演员。

1951 年，为支援抗美援朝，常香玉率剧社巡演半年，以演出收入捐献战斗机一架，并于 1953 年率团赴炮火连天的朝鲜战场慰问演出，被誉为“爱国艺人”。1954 年，常香玉又在新疆为边防战士和各族人民进行慰问演出。1979 年，中国的西南边陲出现战火，常香玉又到广西边防地区的军营中，为战士们演出。

常香玉是一位杰出的豫剧艺术家，她所开创的“常派”，声腔朴实而自然、慷慨又婉转、淳厚酣畅、变化自如、格调新颖，表演细腻洒脱、生动逼真，具有极高的审美价值。她的代表作“红、白、花”——《拷红》《白蛇传》《花木兰》已经成为豫剧中的经典剧目。《花木兰》于 1956 年拍成电影。2004 年，常香玉去世，国务院追授她“人民艺术家”的称号。

马金凤，河南洛阳人，原姓崔，小名金妮，国宝级豫剧大师，中国戏曲帅旦创始人。马金凤自幼学戏，1939 年到密县太乙新班演戏，曾向燕长庚、翟彦身学唱豫西调。14 岁正式登台演出。新中国成立后，马金凤与剧作家宋词合作，对梆子戏的传统剧本《老征东》进行整理，易名为《穆桂英挂帅》。1953 年到上海演出时，曾得到梅兰芳的具体指教，并被梅兰芳收为弟子，送马金凤一凤冠。后对剧本和演出进行了多次认真的锤炼和加工。1956 年进京演出《穆桂英挂帅》轰动了首都剧坛，被誉为“真国色”的“洛阳牡丹”。马金凤以高亢、清脆、甜美、朴实的唱腔风格而形成的豫剧旦行被称为“马派”。九十余高龄仍精力充沛地活跃在剧坛艺苑和一些大型演出活动中。

牛得草（1933—1998），河南开封人，原名牛俊国，著名豫剧表演艺术家。他 10 岁学戏，拜师李小顺，专攻文丑。后又问艺于高兴旺、李同宾及京剧名丑萧长华等。在博采旁收、广取众长的基础上融会贯通，自成流派，“官丑”尤称一绝。他技艺精湛，唱、念、做、舞俱佳，既讲究程式规范，又力求贴近生活；洒脱雅致，寓庄于谐；既有大家风范，又有乡土气息，唱腔诙谐幽默，自成流派。代表作品有《卷席筒》《唐知县审诰命》等。后者由牛得草亲自执笔并主演，1979 年被北京电影制片厂改编为电影《七品芝麻官》，并获第四届“百花奖”最佳戏曲影片奖，其中的一句台词“当官不为民做主，不如回家卖红薯”脍炙人口。

唐喜成（1924—1993），小名发伸，河南尉氏人。著名的豫剧表演艺术大师。

唐喜成的演唱虽以假声为主，但音域并不窄，而且声音洪亮，高低音衔接自然，控制自如。特别是吐字清晰，唱高腔也能保持音色的柔和悦耳。在50年的舞台艺术实践中，他创造性地以洪亮、委婉的“二本腔”和细腻、真实的表演，塑造了众多正直、廉明、潇洒的生角形象。代表剧目有《南阳关》《辕门斩子》《三哭殿》等。

三、其他剧种

（一）曲剧

曲剧又称“高台曲”“曲子戏”，20世纪50年代改称曲剧。它是在河南民间说唱艺术——鼓子曲的基础上，吸收其他剧种的艺术成果形成、发展起来的。曲子原分两支，一支是曲调简单易学的小调曲，流行在洛阳一带；另一支是曲调较多、唱词文雅的大调曲，流行于南阳地区。

清末，曲子戏的表演常和民间的踩高跷结合在一起，称为“高跷曲”。民国时，其表演形式逐渐固定，舞台演出已不再用高跷，而是和其他剧种表演特点接近。曲剧原来没有正规的戏班，由曲艺爱好者三五人结合，在茶馆酒肆、瓜棚柳荫放喉弹唱，与众同乐。曲子最初行头简单，不同锣鼓伴奏，打板的要帮腔，多“三小戏”（生、旦、丑）。后来，曲艺爱好者吸取了其他剧种的舞台表演艺术，成立了正规的戏班，并培养出一批有一定造诣的演员。曲剧唱腔音乐为曲牌体，共有曲牌150多个，用真嗓演唱，悠扬自然，富有抒情性，颇有感染力。有谚云：“迷曲子，曲子迷，三天戏唱跑大闺女。”主奏乐器为坠胡，也称曲胡，琴筒用硬木或黄铜制成，蒙蟒皮。

由于不是科班出身，功底较差，加之演出剧目多系《胡二姐开店》《对花庭》《金镯玉环记》等反映爱情生活的剧目，被当时的士大夫阶级视为低级下流、伤风败俗而加以反对。

抗战时期，国民党第六十八军刘汝明收集流散的曲子艺人，成立了第一个官办的曲子剧团，其他艺人亦趁势组织各自的戏班，演出剧目由过去的爱情生活小戏改为本头戏。戏剧取材多为民间传统历史故事。

新中国成立后，在政府的关怀支持下，曲子戏繁衍全省及湖北等地，成为省级剧种——曲剧。当代，曲剧在河南省内非常普及，许多市、县都有曲剧团。曲剧艺术家在现当代有李金波、张新芳、海连池等。曲剧传统剧目 210 个，大多没有脚本，唱词道白多用“活词”，代表性剧目有《陈三两爬堂》《卷席筒》和现代戏《掩护》等。

张新芳（1927—2006），曲剧大师，国家一级演员。河南邓州人。7 岁学艺，8 岁登台，9 岁走红。在她 70 多年的舞台艺术实践中，以精湛的表演、优美动听的唱腔、丰富的艺术经验，演出了《陈三两》《秦香莲》《荆钗记》《祥林嫂》等诸多家喻户晓的优秀剧目，塑造了一批感人至深的舞台艺术形象。她的演唱吐字清晰、刚健明亮、淳厚朴实，表演大方自如、情真意切，形成了独具特色的曲剧张派艺术，她创造性地丰富了曲剧的表演手段，增强了曲剧的艺术表现力，拓展了曲剧的表现领域，以卓越的艺术实践为推动河南曲剧事业的发展做出了重大贡献。

海连池（1941—2012），河南郑州人，著名曲剧表演艺术家。在半个多世纪的舞台实践中，海连池勤奋学习，刻苦钻研，广泛吸收越剧、豫剧和其他地方剧种的声腔艺术与表演技巧，使之融化到自己的艺术实践中，不断提高自己在艺术上的创造力和表现力，磨炼着、充实着自己的艺术个性。他善于捕捉人物的性格特征，善于把握人物的情感变化和心理节奏，恰如其分地展现人物的内心世界。他善于把日常生活化的动作巧妙地结合到传统的程式之中，不断地创造出新的表演动作和表演方法，实现了从生活到艺术的审美转化，逐步使自己的艺术进入美的层面和较高的艺术境界。海连池的代表作有《卷席筒》《徐九经升官记》等。

（二）越调

越调流行于河南及湖北北部，为河南三大剧种之一。它是在元、明时期流行于河南的地方小调的基础上，受到秦腔、汉调和卷戏的影响于明末清初时形成的，明末傅一臣的杂剧《苏门啸 · 卖情扎囤》中出现了“越调”一词。清乾隆年间，禹县县衙和车马行会曾组织过越调戏班。民国初年越调戏班进入省城开封演唱，引起轰动。20 世纪 30 年代前后，越调主要在南阳、许昌一带的乡村活动。

越调形成剧种以后，演出形式有三种：第一种是皮影越调戏，第二种是木偶越调戏，第三种是越调大戏班。流行于河南的越调大戏班，由于地方方言和语音的不同，又分为两个不同的流派：一派流行于南阳地区，也称豫西越调；一派流行于河南东南部一带。除此之外，还有从豫西过黄河传到怀庆府（今河南沁阳）农村的越调，仍为当地群众所喜爱。

越调既有较多的曲牌，又有较完整的板腔。唱腔主要为“越调”，有时也兼唱“吹腔”“昆腔”“七句半”等。无论男女角色都用真嗓，本脸大口，给人以朴素、真切、豪爽的感觉。伴奏乐器以四胡为主（越调有时也被称为“四股弦”），卧笛、月琴为辅，后来逐渐增加了短杆坠胡、闷子、二胡、唢呐、三弦和琵琶。

越调的传统剧目分为正装戏和外装戏两种，有四百多个剧目。正装戏为越调的传统，其结构严整，唱词深奥，每段唱词固定，并规定有一定的曲牌和调门。道白时用卧笛伴奏，主要演历史袍带戏，多以生、净为主角，如《抱火斗》《文王吃子》《乌江岸》《十五宫》等。外装戏多系活词连台本，也有许多公案戏。外装戏以小生、小丑为主角，词句通俗，多唱少白，生活气息浓厚，如《李双喜借粮》《火焚绣楼》《哭殿》等。

1949 年后，政府对越调给予扶持，郑州及许昌、南阳等地先后成立越调剧团，当代越调艺术家有毛爱莲、申凤梅等。

毛爱莲，1930 年生，河南舞阳人。著名越调表演艺术家，国家一级演员，有“越调皇后”之称。9 岁学戏，12 岁登台演出，16 岁自办“兴爱剧社”。新中国成立后整理的有影响力的传统剧目有《无佞府》《白奶奶醉酒》等，同时还演出了一批现代戏，如《卖箩筐》《打瓜园》《夫妻俩》，均参加了中南五省戏曲会演，并分别由珠江电影制片厂和北京电影制片厂拍摄成舞台艺术片。

申凤梅（1927—1995），河南临颍人，著名越调表演艺术家。11 岁开始学艺，14 岁搭班。在她 57 年的艺术生涯中，先后在传统戏、新编历史剧及现代戏等二百多个剧目中扮演过生、旦、净、丑等各种行当的角色，塑造了各色各类性格迥异的众多艺术形象。尤其是她在《诸葛亮吊孝》《收姜维》等三国戏中塑造的诸葛亮这一艺术形象深得观众好评，有“活诸葛”之称。其代表剧作还有《李天保吊孝》等。

（三）南阳梆子

南阳梆子又称“宛梆”或“南阳调”。它起源于南阳，为河南梆子（豫剧）的一支。清乾隆年间开始形成，道光以后广泛流行，民国初年特别兴盛。流行范围以南阳为中心。

南阳梆子属梆子腔系，唱腔高亢有力，火爆粗犷。音乐结构为板式变化体。说白清晰，有浓厚的生活气息。文场有大弦和二嗡、月琴、笙、笛等。武场有鼓板、锣、鼓等。

南阳梆子有三百多个传统剧目，其中有《浑圆镜》《罗花传》《阴阳树》《审连理》等，现多已失传。

（四）大平调

大平调，又名“大梆子戏”。它用以击节的梆子长二尺，直径三寸余，故得此名，俗称“大油梆”。大平调的历史比较悠久。明弘治十一年（1498 年）《滑台重修明福寺碑记》中记载有大平调。过去它的活动地区很广，以河南省北部的濮阳、滑县为中心，流行于冀南、鲁西、皖北等地，分为“东路平”（过去叫“开州平”）和“西路平”（过去叫“滑县平”）两大流派。“东路平”以行腔取胜，“西路平”以吐字见长，两派剧目大同小异，器乐伴奏有所不同，表演艺术因人而异，各有特色。

大平调以黑红脸为主，表演粗犷。早在清代，演员为了谋生，班社之间竞争激烈，演唱“对台戏”，争创绝招，以求压倒对方，客观上促进了艺术水平的提高和演员的成长。

大平调属于古老的梆子系统。音乐结构为板式变化体。曲牌音乐分为唢呐、竹笛、丝弦三种。文场主要乐器为：大弦，即八角月琴，俗称“老鳖”；二弦，即木制短杆胡琴；三弦。武场乐器除一般的锣鼓外，还配有：“四大扇”，即大铙、大镲；尖子号，又名大号，状如喇叭，长至 1.2 米，能有效地烘托演员的表演。

大平调有剧目六百多个，多取材于《三国演义》《水浒传》《封神演义》等小说中，主要有《闯王进京》《杨广篡朝》《三搜太白府》《白玉杯》《战洛阳》等。

（五）怀梆

怀梆也叫“怀剧”，本地人称“老怀梆”，因流行于沁阳、孟县、济源、温县、武陟、修武、原阳一带，这些地方为旧怀庆府，故名“怀梆”。怀梆的形成有两种说法。一说是豫剧流入后与当地的民间音乐结合而成，依据就是它的唱腔、板式和伴奏乐器都和豫剧相同；另一说是怀梆的前身叫“海神戏”，因它多半是在久旱不雨之时，百姓们抬着老君爷、老关爷等神像游街祈雨时演唱，故称它为“海神戏”。海神戏登上高台的历史尚无确切的记载，不过从明清时期在沁阳修建的很多“舞楼”来看，说明那时就有高台戏了。那时交通并不是很便利，说明很可能已经有了本地的剧种，而这个本地剧种，很可能就是海神戏。

海神戏分为“海神班”（耍戏班）和“江湖班”（围鼓圈）。这些戏班多由群众自发组织，推选有名望的老艺人为领导，以庙宇、祠堂为集聚点，农闲演唱，农忙劳动。后来，这两种戏班演唱的主要对象发生了变化：“海神班”多为乡绅官宦服务，“江湖班”多为普通群众服务。除祭祀神灵外，有钱人家娶媳妇、生孩子、吃喜面、做满月都请“江湖班”演唱。“江湖班”演唱时不化妆，几个人或十几个人围坐在桌子四周的板凳上进行演唱，所以当地人也叫“围鼓圈”。

怀梆的伴奏乐器分为文场和武场两部分。文场乐器主要有大弦、板胡、二胡、笙、笛子、唢呐、大嗡子、三弦、月琴等。大弦是过去怀梆伴奏的主要乐器，也是怀梆的特色乐器。它长不足一尺半，以牛皮筋作弦，使用粗重的硬弓，需要15公斤的力气才能拉响。大弦声音高昂尖细，音如卧笛。大弦独特的音色和演奏风格使怀梆音乐显得很有特色，但目前怀梆伴奏的主弦是板胡。怀梆的武场乐器主要有鞭鼓、手板、大堂鼓、小战鼓、大锣、小锣、小镲、梆子等。在怀梆的打击乐中，鼓板有着重要的地位，它是乐队的中心和灵魂，起着指挥的作用。在早期怀梆剧团中司鼓的地位很高，很受人尊敬。司鼓不仅会的戏多，还要以导演身份排练节目。他们不仅要熟悉剧情结构，知道伴奏要求，而且还要眼疾手快，能够随机应变地处理演出中出现的各种变化。怀梆艺人常说：“司鼓没文化，伴奏如打架；司鼓如果不识谱，指挥好似瞎眼虎。”

在怀梆的表演中，其板式不是孤立的，常常是相互配合形成的一个整体，来表达丰富的情感或进行复杂的叙事。怀梆的演唱男女皆用真嗓，即所谓大本腔演唱。大本腔较少修饰，显得质朴、自然，很好地体现了怀梆纯朴自然的特点。怀梆唱腔发音铿锵有力、高亢激昂、粗犷豪放，给人以畅快淋漓之感。

怀梆有三百多出剧目，但现在能整理出来的剧本只有二百出左右。目前各地怀梆剧团能上演的剧目已经非常有限，能演十出戏以上的剧团已经很少，大多只能演三五出戏。怀梆剧目的内容包括多个方面，征战疆场、生活故事、神鬼世界等无所不涉，其中以征战类戏最为突出。

（六）怀调

怀调，又称“淮调”“槐调”。相传是明洪武年间由山西省洪洞县移民带入豫北、冀南的一种声腔，经与本地的土梆子结合，大约在明朝中后期形成为板腔体剧种。

清康熙年间，怀调得到迅速发展，山西东部、山东西部、黄河两岸，甚至河北保定一带，都有怀调的班社，并形成了以安阳为中心的“南府调派”，以邢台为中心的“北府调派”，以及“老怀调派”“新怀调派”等四大流派。当时不仅在演出方面具有广泛的群众基础，还对大平调、武安平调等剧种的形成和发展产生不同程度的影响。

怀调的音乐在声腔、板路、伴奏乐器等方面与大平调多有相近之处，其特点是慷慨激越、浑厚有力。怀调在演唱时强调要吐字清晰，讲究吞口音。男女演员原来都用大本腔发声，唱时带后嗓。1832 年，名艺人杨四子首创二本腔，从那以后，男演员多用二本腔演唱，到 20 世纪 40 年代以后，后嗓便逐渐不用了。

怀调在清代盛行期间，艺人们就组织了怀调行会，会所设在安阳郎神庙内，每年七月七日，怀调各班云集于此，演唱三天，谓之祭典。怀调演员一般都经过严格训练，班规十分严格。女角虽都是男扮，但男女行当的生活和艺术训练都有严格区别。学女角的男演员，生活上一律要模仿女人的习性，平时要穿女人衣服，吃住赶场不准和男演员在一起，如遇客人，要主动回避，如有越规，必受罚。

怀调以弹拨乐器为主。弦乐的代表乐器是大弦、二弦、三弦，合称“硬三手”，再加上门箱胡（旧称“四手弦”）。打击乐器的代表是大梆（一尺半长）、大铙、大镲、堂鼓，另有约四尺长的马号。这些乐器经过巧妙的配合演奏，对烘托将帅的威严、庄重和士卒奋勇杀敌的英勇气概，对渲染古战场的两军拼杀、人喊马嘶的战斗气氛都非常有力。

怀调艺人不仅注重唱功，在表演方面也很有功夫。一些著名的艺人，不但讲究刻画人物，还有飞身巾杉杆、飞钗插杉杆、踢飞枪、扎上靠旗下跪翻筋斗、要帽翅、要獠牙、要势口、要辫子、要火、喷火、单掉泪等绝技。因而在怀调流行地区，群众中流传着很多赞赏性的顺口溜，如“拆了房子卖了砖，要看根成《包头山》；舍了爹，舍了娘，舍不了天保的《反西唐》”等。

怀调传统剧目有三百多个，以袍带戏为主，如《平辽东》《闯幽州》《雷振海征北》《樊梨花投唐》等。

（七）河洛大鼓

河洛大鼓，起源于清末民初，是在洛阳琴书的基础上发展起来的。洛阳琴书旧称“琴音”，早期的伴唱乐器是我国传统的七弦古琴。洛阳琴书早期演唱方式多为闭目坐唱，其唱腔委婉细腻，字少腔多，节奏缓慢掩沓，演唱书目多为才子佳人悲欢离合的中、短篇故事。“琴音”在官宦、商绅和文人之间传唱，词曲典雅，流入民间后，改称“琴书”，其琴也改为扬琴。据洛阳地方志记载，河洛大鼓形成于清末以前，洛阳城乡流传较广的曲艺形式称“琴书”。约在清末民初，偃师县琴书艺人较集中的段湾村，有段炎等人前往南阳学艺，学会了当地的“鼓儿词”。在与洛阳方言琴书结合后，逐渐形成了具有洛阳地方特色的大鼓。“河洛大鼓”在发展过程中，又曾有过“鼓碰弦”“大鼓京腔”“洛阳大鼓”等名称，1952 年正式命名为“河洛大鼓”。

河洛大鼓最常见的表演形式为：主唱者左手打钢板，右手敲击平鼓，另有乐师以坠胡伴奏。演唱风格欢快活泼、气氛热烈，常以“愿书”的方式，在乡村庭院表演。河洛大鼓的音乐欢快活泼，表现力丰富，具有鲜明的地方风格，其重要特征来自于别具一格的音乐形态。河洛大鼓的音乐形态主要有四个鲜明的特征：

第一，集多种地方音乐素材为一体的曲调形态。河洛大鼓的曲调来源于河南地方的多个剧种或曲种，音乐的构成为非单一性的，从丰富的地方曲调中，吸纳相关的音乐素材，并将其重组为全新的、鲜活的音乐语汇，巧妙地融入各种唱腔板式中，使其成为叙述故事情节与描写人物性格的表现手段。

第二，以河南方言音韵为基础的旋律形态。河洛大鼓是用河南方言说唱的曲种。河南方言的语音系统奠定了河洛大鼓演唱的音韵基础，并构建了以河南方言为音韵基础的旋律形态。河南方言以特有的四声调值规律影响了旋律的发展形态，同时也赋予了它独特的音乐色彩和浓郁的地方风格。

第三，以多种唱腔板式组合为体系的结构形态。河洛大鼓音乐是由多种唱腔板式组合的板腔体结构，主要唱腔板式是［平板］，又名［二八板］，其他常用唱腔板式有［引腔］［起腔］［坠子口］［三字紧］［落板］［五字垛］［十字句］［飞板］［叹腔］［凤凰三点头］［垛板］［滚口白］［武板］等十几种板式。这些丰富的唱腔在叙述故事情节、描写人物性格与心理时，都各具独特的效果。

第四，以宫调式为体系兼及离调与转调的调式结构。河洛大鼓的调式是以宫为主音的宫调式，具有色彩明亮的表现特点，且构成了河洛大鼓的基本格调。河洛大鼓大致有三种调式形态：五声、六声、七声调式形态。特别是常用于过门及前奏结束处的五声调式，被河洛大鼓艺人们称为“主旋律”。

如今河洛大鼓已列入国家级非物质文化遗产名录。

第四节　凝重与飞动：中原雕塑艺术

早在新石器时代早期，人们已经开始了雕塑活动，早期的雕塑多为一些动物形象。当佛教传入中原以后，以佛教为题材的造像大量出现。如今中原大地上，还保留有众多举世闻名的雕塑作品。

一、中原早期雕塑艺术

中原地区的雕塑，起源非常早。早在新石器时代早期的裴李岗时代，中原地区就已经出现了众多精美的雕塑。裴李岗文化出土了大量陶羊头、猪头，具有一种非常古拙的趣味。新密莪沟北岗遗址发现的陶人头是中原地区发现最早的人头塑像。进入仰韶时代，陶塑艺术的典型代表就是彩陶。这一点我们在前面已经介绍过了。仰韶文化时期中原雕塑艺术的突出成就就是在濮阳西水坡第四十五号大墓中出土的用蚌壳摆塑的龙虎图案，这是宗教信仰和艺术创作有机结合的产物，也是迄今为止我国发现的第一个龙的形象。

夏商时期，中原雕塑艺术有了显著发展。前期主要表现为通过线雕和浮雕技法在青铜器和玉器上装饰几何纹、动物纹和人物纹等丰富多彩的纹样。这一时期中原地区的玉雕技艺迅猛上升，达到了很高的水平。

殷商时期，体现中原雕塑水平的是青铜器。尤其是商代晚期以动物写实的浮雕和圆雕作品最为突出。如安阳殷墟出土的鹿鼎和牛鼎，其正面浮雕的鹿和牛的形象极具写实性和艺术性。妇好墓出土的鸮尊是一件圆雕的精品。

春秋战国时期，中原的雕塑艺术成就，首先是生动形象的人物作品开始增多，如三门峡上村岭虢国墓出土的跽坐人漆绘铜灯和洛阳金村墓出土的胡服玩鸟人、银制胡人等都是具有生活气息、形象生动的写实作品。其次是平雕和浮雕技艺使用多见于青铜彝器和铜镜上，代表作品有辉县赵固村战国墓出土的宴乐狩猎纹铜鉴，刻有细如发丝的图像，内容包括台榭建筑、狩猎、宴乐，反映了当时的贵族生活。纵观这一时期的中原雕塑艺术，无论是广度还是深度都有所发展，呈现出新的现实主义艺术特征。

两汉时期是中原地区雕塑艺术最为繁荣的时期。石雕艺术已彻底摆脱了原始的古拙特点，陶俑和陶制明器在随葬品中大量发现和画像砖石在墓葬中的使用构成了这一时期中原雕塑艺术的主体。在两汉时期中原地区的大批匠师已掌握了极为高超的石雕技艺，用自己的勤劳和才智给中原大地留下了众多石雕精品。随着两汉“视死如生”的观念日益深化，厚葬之风逐渐盛行，大量陶俑和建筑明器在随葬品中日益增多，雕塑艺术领域也随之扩大。在中原出土的两汉陶俑中，不但人物轮廓鲜明、姿态生动，而且题材更为广泛，出现了描写各种生活的动人场面。

最能体现两汉时期中原石雕艺术风采的是著名的东汉石辟邪。现藏于洛阳博物馆的东汉石辟邪，发现于 1992 年 12 月，当地民众在汉光武帝原陵南 1 公里处的油坊街村挖水渠时挖出。此件石雕雕刻精美，造型伟岸，前所未有，它昂首挺胸，步履矫健，充满自信而豪迈之势，给人一种强烈的阳刚之美。这件重达 8 吨的石辟邪，高 1.9米，通长 2.9米，身生双翼，形似狮虎，线条优美，富有动感。

这件石辟邪出土以后，引起了广泛的关注，其最大的特点就是气势恢宏，在同类的辟邪造型里面，可以说它是最精美的。还有就是，它生出了双翼，这在以前的东汉石刻中是没有见到过的。这种风格，在西域同时期的石刻中比较流行。所以，它也是不同文化交流融合的一个见证。

二、石窟艺术

佛教传入中国之后不久，也把佛教的石刻艺术带到了中国。魏晋南北朝时期，随着佛教的普及，印度的石刻艺术也与中原地区原有的石刻艺术相结合，出现了具有中国特色的石窟艺术。

在中原近20处石窟中，最为世人所知的就是龙门石窟。它吸收中原传统文化精华，把外来艺术与传统艺术融为一体。龙门石窟为我国三大石窟之一，与甘肃敦煌石窟、大同云冈石窟齐名。

龙门石窟位于洛阳城南约10公里处。该地东西两山对峙，伊水由南向北从中间流过，古称“伊阙”，又称“龙门”。伊阙一带，石质坚硬，山林葱翠，风景秀丽。星罗棋布的洞窟就开凿在伊水两岸，南北长约1公里。

龙门石窟，从北魏开始，经东魏、西魏、北齐、北周、隋、唐、五代至宋，前后陆续开凿400余年，主要集中在北魏和唐代。龙门石窟现存洞窟1352个，佛龛785个，造像10万余尊，碑刻题记3680多块，佛塔39座。其中北魏的作品约占30%，唐朝的作品约占60%。

太和十九年（495年），北魏迁都洛阳，佛教中心也随之从平城转移到河洛地区。孝文帝笃信佛教，在洛阳大兴寺庙，龙门石窟的开凿也由此而始。北魏时期开凿的洞窟主要有古阳洞、宾阳中洞、莲花洞、魏字洞、石窟寺和普泰洞等。

现存最早的佛造像位于古阳洞内。古阳洞正壁主尊释迦坐佛，磨光高肉髻，面相长圆清秀，较显单薄，外披褒衣博带式袈裟。北壁东起第四龛主佛也有类似的形制特征。这两尊佛像属典型的“秀骨清像”式。与云冈二期褒衣博带装佛有一些区别，其中可能有来自南朝影响的因素。正壁主尊约雕凿于太和末至景明年间，该像被视为风行于龙门石窟的众多汉族士大夫风格佛像的最早范例。

宾阳中洞完工于延昌末和熙平初年（515—517年），由于是直接为皇帝作功德，又由官员出面督造，因此其级别之高属龙门北魏石窟之最。宾阳中洞的三佛造像，是龙门北魏佛像的代表作。主像为一身结跏趺坐佛，头顶饰波状发纹，面相方圆略长，五官宽大，宽肩、平胸腹，衣纹密集，衣质柔软。雕刻手法细腻，覆于台座前的袈裟下摆为三层，更具有士大夫所崇尚的潇洒飘逸的风姿。

莲花洞主尊立佛像，可作为北魏时期龙门佛像样式成熟的标志。该像约雕造于北魏永平、延昌年间（510—513年），原存头部面相清秀，表情慈祥，细颈、削肩、平胸、鼓腹，显得娇柔无力，大衣刻画流畅写实，风度潇洒。

以孝昌三年（527年）完工的“大尉皇甫公石窟”为代表的魏字洞、普泰洞、慈香窑等窟佛像，更加显示出了龙门北魏佛像的独具特色。这些窟中的佛像以坐佛为代表，普泰洞与魏字洞主佛刻画出了清秀的面相与娇弱无力的身躯，这点与莲花洞主佛相似。而皇甫公石窟主佛则重在表现身躯的骨架特征，以此来表现其消瘦清像风格。

龙门北魏时期的佛像，已呈现出融合外来与传统艺术的新的样式。着褒衣博带装的消骨清像造型，是与北魏统治者的汉化改革，以南朝为榜样，制定礼乐制度的历史背景密不可分的。北魏的实力和武力虽胜过南朝，却一直吸取南朝的文物制度。在这种背景下，促使来源于印度的佛像样式与中国本土的传统艺术和社会时尚完美地结合。

北魏时期，浮雕艺术的典型代表是《帝后礼佛图》。《帝后礼佛图》位于宾阳中洞的东面墙壁上，雕刻的是北魏孝文帝和文昭皇后供养佛像的盛况。《帝后礼佛图》是我国雕塑史上的珍品，可惜在20世纪30年代被美国人普爱伦勾结北平琉璃厂的古董奸商岳彬盗凿而去。从原壁被凿的痕迹和残存的浮雕斑痕，以及后来在奸商家中查出的几箱浮雕碎块来看，原作恐怕已被凿毁，现藏于美国的只是复制品。这无疑是人类艺术史上的一大悲剧。

唐代的窟龛造像，集中于唐高宗和武则天时期，占龙门总数近三分之二。就佛像艺术而言，完全进入了唐代佛像样式的成熟期。唐高宗时期的立佛像多着通肩式大衣，如双窑北洞、药师洞等。溜肩、挺胸、细腰、宽胯、长腿，这些优美的体型特征在药师洞主佛身上表现得更加充分。

龙门唐代石窟中最重要的是奉先寺。奉先寺始修于咸亨三年（672年）四月一日至上元二年（675年）十二月三十日，费时三年又九个月。皇后武则天曾施助宫中脂粉钱二万贯。奉先寺前原来曾有木构建筑物，是唐代奉先寺的寺庙部分。后经风雨的侵袭，已完全湮灭无踪，使内部造像敞露于外。奉先寺本尊卢舍那佛坐高13米，两侧为迦叶（已毁）、阿难，外侧为二菩萨，左右两壁为天王及金刚各一对（右壁的天王及金刚已毁）。奉先寺规模之宏伟是罕见的，这样宏伟的规模体现了唐代强大的物质力量和精神力量。

奉先寺群像作为不朽典范作品的重要价值在于形象的创造，群像的构图关系和这一组群像的艺术概括能力。

本尊、罗汉、菩萨、天王、金刚等形象追求各种不同性格及气质。卢舍那大佛结跏趺坐于八角形台座上，身着通肩大衣，下身部分残缺，躯干刻画简洁，薄衣透体，面颐丰满，神态庄严典雅，表情温和亲切，是一富有同情而又睿智明朗的理想性格。他的右手掌心向前举到胸前，五指自然地微屈，表现出内心的宁静和坚定。他向前凝视的目光中仿佛看见了人类的命运和归宿。卢舍那大佛具有完全中国化的面容和风格，是中国雕塑艺术史上最伟大的作品之一。

由于窟中雕像过于高大，所以艺术家在雕刻时，让像的上身长大，下身短小，从而使人们从下面仰视并不感到比例失调。这种利用人们视觉上的误差进行造像比例设计的做法，是非常先进的。

奉先寺的 9 个形象外表是彼此孤立的，但是作为成组的群像，以本尊为中心，具有内在的关联。9 个形象是一幅完整的构图，手法上利用简单的对称排列法突出本尊卢舍那佛。本尊四周的背光、项光和胸前的一环环的衣纹围绕在本尊的面部四周，使之成为全景的中心点，把主题的中心置于明显的几何中心点上，收到单纯而有力的效果。从内容看，本尊和菩萨的和善，以及天王、金刚的强壮威猛等是同一主题的不同方面，它们之间相互结合、相互补充。正如徐自强所说："奉先寺大型群像的雕造可说是中国雕刻艺术发展史上的高峰。"①

奉先寺的开凿，据说武则天以皇后的身份捐了"脂粉钱两万贯"。上元二年（673 年）奉先寺完工的时候，武则天还率领群臣参加了开光仪式。

万佛洞在龙门西山中部，凿成于唐高宗永隆元年（680 年），因洞内南北两壁刻有 15000 尊小坐佛而得名。

万佛洞主尊阿弥陀佛，高 4 米多，端坐于束腰八角莲花座上，莲花座上有四个造型威武的力士浮雕，佛像面容丰满，安详肃穆。主尊两侧为二弟子、二菩萨。后面石壁上雕 54 支莲花，每一莲花上雕一个菩萨或一个供养人。他们有的端坐，有的私语，有的嬉戏，形象生动。万佛洞南壁观音菩萨，左手提净瓶，右手执麈尾，面带笑容，体态丰盈，端庄文雅，温顺善良，犹如宫中少女。

龙门唐高宗与武则天时期的佛像，已不再致力于那种超凡脱俗的神貌，代之以更多的人情味和亲切感。在造型上则是追求健康、丰满，更加接近人的自然形体美。在精神上气魄远胜于前代，给人以向上的动力。

龙门石窟雕凿完成以后，历经一千多年的风风雨雨，除自然的风雨剥蚀以

---

① 徐自强、吴梦麟：《中国的石刻和石窟》，商务印书馆 1996 年版。

外，还经历了众多的人为破坏。如唐武宗灭佛、周世宗灭佛，都对龙门有一定的冲击。历代打制拓片，也对石刻题记多有损伤。尤其是近代以来，龙门石窟所遭受的破坏达到了顶峰。1915 年当地政府统计，大佛被破坏的有 180 尊，小佛像被破坏的有 7275 尊。[①] 此后，龙门石窟的盗凿，愈演愈烈。官商勾结，多数佛头都被凿下来，流散海外。

除龙门石窟以外，中原地区还有许多比较重要的石窟。巩义石窟寺位于南河渡镇寺湾村，距市区 10 公里，1982 年被定为国家级文物保护单位。巩义石窟是北魏皇室开凿的一座石窟，孝文帝创建了寺院，宣武帝时开始凿石为窟，刻佛像千万，后来东西魏、唐、宋时陆续在这里刻了一些小龛。由此证明，巩义石窟是继洛阳龙门石窟之后开凿的又一个石窟。石窑寺于北魏宣武帝景明年间（500—503 年）建，原名希玄寺，唐代名十方净土寺，宋改今名。东西魏、北齐、隋、唐及北宋，相继在此凿窟造像。石窟寺现存大雄宝殿和东西庑殿 10 间，洞窟 5 座，千佛龛 1 个，现有摩崖大佛 3 尊、摩崖造像 255 个、佛像 7743 尊和数十篇题记。

万佛沟位于河南安阳市区西南 25 公里的宝山之麓。由灵泉寺向东西方向延伸的宝山沟，依山遍刻石窟，建造年代为东魏武定四年（546 年）至北宋乾兴元年（1022 年），是全国最大的高浮雕塔林，因与洛阳龙门有相似之处，亦称小龙门。今存有石窟 247 个，塔（殿宇）龛 245 个，佛、僧雕像数百尊，高僧铭记百余篇。大留圣窟位于岚峰山东侧，由高僧道凭法师于东魏武定四年（546 年）刻造。石窟高 3. 5米，宽 3. 3米，内有汉白玉石佛 3 尊。大住圣窟居于宝山南侧，隋开皇九年（589 年）开凿。窟高 2. 6米，宽 3. 4米，内刻迦毗罗神王、那罗延神王及释迦牟尼佛等。以两大石窟为中心，从东到西遍布摩崖浅窟塔龛，凿于东魏至唐宋，历 600 余年，可谓洋洋大观。塔龛造型精致，样式各异。有的端庄吉祥，有的玲珑雅秀，线条流畅，惟妙惟肖，技艺精湛娴熟。

大伾山，位于河南鹤壁浚县城东，故又称东山。因其有中国最早、北方最大的大石佛而著称于世。该石佛始建于北魏，依山开凿，总高八丈，藏于七丈高的楼内，素有“八丈佛爷七丈楼”之称，为世界佛屋景观之唯一。古时，黄河流于

① 赵振华：《龙门石窟盗凿史》，收晁会元编著《新编龙门百品》，中州古籍出版社 2014 年版。

其脚下，每到雨季，常会洪水泛滥，故雕石佛以镇之。

三、宋陵石雕

宋陵位于河南巩义境内，是北宋帝王的皇陵，这里埋葬着北宋7位皇帝，加上宋太祖赵匡胤之父赵弘殷，共有8座帝陵，另有皇后陵21座，亲王、公主、皇子、皇孙及名将勋臣墓152座。巩义宋陵原有石刻雕像512件，现存407件。其中望柱14件，象及驯象人24件，瑞禽14件，甪端13件，仪仗马和控马官91件，羊和虎54件，客使37件，文武官54件，武士14件，门狮68件，上马石12件，宫人4件……①

北宋皇陵选择在河南巩义，首先与宋太祖赵匡胤准备迁都洛阳有关。五代十国时期，由于长期战乱，洛阳地区遭受严重破坏，而开封处于交通中心，经济发达，梁、晋、汉、周都在此建都。宋太祖承周而有天下，自然也将都城定于开封。但开封地势平坦，无险可依，这始终是北宋王朝的一个心腹大患。出生于洛阳的赵匡胤一直有迁都洛阳的打算。巩义位于开封、洛阳之间，选择这里作皇陵所在地，也是为其迁都做准备。迁都之事虽因群臣反对，不得不放弃，但是皇陵却最终落户巩义。其次，巩义宋陵所处之地居嵩山北麓，南有金牛山、黑砚山，东有青龙山、石人山，西北有洛河、黄河，依山傍水，景色宜人，最适宜作陵墓。这就是北宋选择巩义作为陵区的原因。巩义宋陵，共有四个陵区。

（一）西村陵区

西村陵区距巩义15公里。这个陵区有宋太祖之父赵弘殷永安陵、宋太祖赵匡胤永昌陵、宋太宗赵光义永熙陵及十余座皇后陵，它是北宋最早营建的陵区。永安陵因建于定鼎之初，南方尚未统一，人力、物力有限，典章制度尚未完备，加之其并非开国之君，故陵墓石雕人物较为矮小，形象质朴自然，较少刻意雕饰的痕迹，保存有大量晚唐五代的遗风。石象生数量也很少，仅有望柱、石马、石羊、石虎、蕃使。

---

① 陈朝云：《南北宋陵》第五章《北宋帝陵的石刻》，中国青年出版社2004年版。以下叙述，也都是在陈朝云先生成果的基础上略有删节。

永昌陵为赵匡胤之陵墓。赵匡胤崩逝于976年，在此前一年，北宋灭南唐，大体统一全国。作为一代开国之君，永昌陵的营建自有一番宏伟气象。此时，陵墓营建已有一整套完善的制度和严格的规定，这种制度源自唐朝，唯略有增删而已。永昌陵石刻包括望柱、象及象奴、瑞禽、石马及控马官、石虎、石羊、蕃使、文臣、武将、武士、宫人、四门门狮等。这些大都仿自唐朝诸陵，象与象奴为宋始增设，石象躯体庞大、纯朴可爱，象奴发卷曲如非洲人，衣纹写实。碑形浮雕瑞禽较朱雀在形式上也有很大改进，马面、龙身、鹰爪、凤尾，背景衬以山岳，小兽出没其间，与之呼应。甪端也是首创，它概括了南北朝到唐一些神兽的特点加以变化，头如麒麟，独角，但上唇特长，狮身，有翼，四爪，表现了宋代神兽石雕的特色，为明清诸陵石雕的麒麟等所继承。石羊颈部修长伸出，作高瞻远瞩之态，表情温驯，体态俊美。伏马与控马官，既承唐陵石雕又有发展，马显得雄姿勃发，丰满圆润，比例准确，刀法精练。武臣头戴二梁冠，浓密短薄，虎背熊腰，两手拱前，器宇轩昂。两侧镇陵将军，面部刻画右颊比左颊略为窄瘦，正面看去似乎不大舒服，但因透视关系，祭陵者由南向北一路走来，所见到的将军脸面，眉目生威，侧视行人，全无不当。

永熙陵为赵光义之陵墓。赵光义承其兄之帝位，使北宋政权得以稳定，经济迅速发展。赵光义去世之时，强盛的国力，使其附墓规模庞大，原有的58件石刻俱存，其形制比永昌陵显著高大。人像面部丰腴、表情威严，给人以威压之感。其体型头大身粗，比例似有不合，但近前仰视，头与全身的比例也恰到好处，并加强了躯体伟岸之感。这种根据透视需要而加以变形的表现手法，是继承唐代佛教雕塑的传统。在雕刻技法上也有很大发展，刀法细密，写实倾向加强，个性刻画也较为突出。东侧客使以布包头，戴大耳环，高鼻深目，手捧珊瑚与宝瓶等，显示了不同国度不同民族的容貌和服饰差异。西侧的客使，头戴平顶冠，手捧印。此三位客使形象与服饰似东亚朝鲜、日本等国，大都面部丰满，眉目细长，与北宋初期佛教雕刻菩萨形象极为相似。文、武大臣像也都健壮浑厚。镇陵将军站势比较平直，而盔甲上的纹饰开始丰富细致。这些人像的表情刻画，强调了文武臣僚以及使者们，对于墓主去世时的哀伤之感。

（二）蔡庄陵区

蔡庄陵区位于芝田镇蔡庄村北岭上，南距蔡庄村1公里，北距巩义市区5公里。该陵地处北宋诸陵的中部。陵区内营建有宋真宗永定陵，在永定陵西北祔葬有章献明肃刘皇后、章懿李皇后和章惠杨皇后三座皇后陵。永定陵陵园建于岗地顶端的偏西部，地势东高西低，呈现阶梯形的台地。由于远离村庄，陵区附近绝少障碍物。

永定陵石刻，是北宋陵墓石雕中保存最为完整的石刻。石刻作品在继承永昌、永熙二陵风格的基础上，向细致入微、注意人物神态方向发展。所有的人物，神情悲戚，沉浸在无限的痛苦之中。包括镇陵将军、武士，也都是双眉紧锁，双目下垂，没有丝毫威武之相，倒是动物雕塑颇有生气。

（三）孝义陵区

孝义陵区位于巩义市区南部，这里是一片黄土岗，岗地东南连接青龙岗，该陵区依岗地北坡而建，南高北低，落差较大。由东南向西北，依次营建有宋仁宗赵祯的永昭陵和宋英宗赵曙的永厚陵。另外还有宋仁宗曹后及宋英宗高后的两座陵墓。永昭陵和永厚陵上宫东西间约 300 米。

永昭陵是宋仁宗赵祯的陵墓，永昭陵与永厚陵石雕风格接近。人物雕像完全摆脱了早期所受晚唐五代的影响，由粗壮厚实、肥胖壮健而向晚期的不胖不瘦、修长俊美过渡；形象刻画有所加强，文臣突出其雍容不迫，有的微作弓背之态，以表现其文静和彬彬有礼。永昭陵的镇陵将军，老成持重，着重刻画其内在的力量，含蓄与哀戚的神情，没有横眉张目之感。永昭陵的武臣像，宽袍大袖，双手拱前拄剑，表示出儒将的风度。永厚陵的文臣像，更是显得温文尔雅。

（四）八陵陵区

八陵陵区位于巩义市西南 12 公里的芝田镇八陵村南，这里南依嵩山余脉白云山，北接伊洛水，地形自然开阔，岗坡平缓。该陵区在北宋四个皇陵区偏西南，东与西村陵区隔天坡河相望，两者相距 2. 5公里。陵区内由东南向西北依次营建有宋神宗永裕陵和宋哲宗永泰陵，及五座皇后陵。

永裕陵是宋神宗赵顼的陵墓，在高高的陵台上，陵前石雕像还存有 17 件，是晚期宋陵石刻的代表作品，造型生动，技法纯熟、流畅。南神门外的石狮，雕刻得刚健、浑厚，生机勃勃。人们品评宋陵石雕说：“东陵狮子西陵象，滹沱河上好石羊。”认为永熙陵石羊、永泰陵石象和永裕陵石狮的造型和雕工之佳，在宋陵诸石刻中，应位列榜首。

永泰陵的神道还保留着昔日的肃穆威严，给人以震撼。然而令人遗憾的是神道两侧高大的文武官员石雕像往往只留下躯干。永泰陵上宫保存尚完好，该陵现存石雕像 56 件，其中有石人、石虎、瑞禽石屏等。

第十章

中原宗亲文化

尊族敬宗是中华民族的古老传统。自进入文明社会以后，中国古代社会的宗族一直在社会生活中发挥着十分重要的作用。时至今日，注重血脉亲情，依然是中国文化的一大特征。

第一节　姓氏的由来

两个陌生的中国人见面，首先要问的一句话就是："您贵姓？"姓氏对于中国人而言，绝对不仅仅是一个符号那么简单，姓氏在很大程度上是中国人身份认同的标志。

一、姓与氏

姓是什么呢？《说文解字》说："姓，人所生也。"[①] 表示一个人是从哪里来的。姓的起源非常古老，可以追溯到遥远的母系氏族社会。所以一些古老的姓都带有"女"字偏旁，如姬、姜、姚、姒、妫。在母系氏族社会里，人们都随母姓，到了父系氏族社会以后，人们才改随父姓。

夏商时期，我们只知道夏朝是姒姓，商人是子姓，更详细的情况也就说不出什么了。进入西周以后，周人建立了宗法制，宗法制的建立，也是周公制礼作乐的重要内容。从此，开始出现了比较完备的姓氏制度。周人是姬姓，可是人们日常生活中并不把姓直接冠在名的前面。如周公叫旦，但是人们并不把他称呼为姬旦。人们平常只是把氏冠在名的前面。

那么什么是氏呢？这就要讲一下周人的宗法制度。

所谓宗法制度，是在父权家长制的基础上不断扩大和发展而来的。由它构成

---

① 许慎：《说文解字》"女部"，中华书局 1963 年版。

了贵族间的等级阶梯，形成西周社会的基本政治制度。它确定了贵族的亲疏等级，分封和世袭的关系，解决了继承权的争端，成为巩固分封制的重要手段。根据这一制度周王既是普天下最高的统治者，又是全体姬姓的大宗，代表社稷，主持宗庙，掌握最高的政权和族权。天子的宗庙被称为太庙，祭祀历代祖先。周天子由嫡长子继承，世代保持大宗的地位。其余诸子封为诸侯，称为别子。他们在各自的封地内建立宗庙和相应的政权机构，分成若干新的别宗。同时为了和大宗相区别，他们又各有自己的氏号。受封的别子成为这些别宗的始祖，其封地和爵位由他们的嫡长子继承，成为别宗的宗子。在诸侯国内，又封自己的兄弟以采邑，建立卿大夫之家。卿大夫在自己的采邑内建立宗庙，统率自己的家族。这些卿大夫之家，又可以有自己的氏号，以便和诸侯国内的大宗相区别。卿大夫以下分出若干父权家长制的家庭，其家长为士。这种层层宗法关系使政权与族权合一，确立了贵族的等级制度。各级贵族有不同的政治地位和经济特权，形成了国家的基本体制。士以下就是平民，平民是没有姓氏的，他们只有名。

就这样，从姓又分化出了许多的氏。如从姬姓分化出了吴、鲁、季、孟等氏。姓产生在前，氏形成于后。姓是氏的本源，氏是姓的支派。一个家族的“姓”一旦产生，便世代相继，不加更改，相当稳定，而“氏”则可随着封邑、官职等客观条件的变化而改变，以至出现同一个人有几个不同的氏或父子两代不同氏的现象。如春秋时期晋国士大夫会以其世官“士”为氏，又以其封邑“随”为氏，还以其另一个封邑“范”为氏。因此，《左传》中称他为“士会”，又称他为“随会”“范会”“随武子”“范武子”等。

进入战国以后，宗法制度彻底崩溃。于是人们也就不再区分什么姓和氏了，姓氏逐渐混为一谈。人们直接把自己的氏当成了自己的姓，至于那个遥远的姓，一般不再提起。宗法制度解体后，姓氏也不再是贵族的专利，平民也开始有了自己的姓氏。姓氏也就普及了，姓氏不再表示不同的等级，仅成为家族的标志。

夏、商、周三代，姓、氏分置。秦汉以来，姓氏合二为一，二者通称混用。在司马迁的《史记》中，姓与氏等同相通，毫无分别。宋代宋樵在《通志·氏族略》中谈到这种现象及其形成的原因：“秦灭六国，子孙皆为民庶，或以国为氏，或以姓为氏，或以氏为氏，姓氏之失自此始。故楚之子孙可称楚，亦可称芈；周之子孙可称周子南君，亦可称姬嘉……兹姓与氏浑而为一者也。”① 这里说的虽然是诸侯称国称氏的变化，却反映出姓氏混同的历史现象。

二、姓氏源流

层层分封的贵族宗法制度崩解之后，人们对于姓氏的区分已经搞不清楚了，人们也不去计较姓和氏，在日常生活中，人们直接把自己的氏当成了姓，作为自己家族身份的标志。春秋以前，“百姓”指的是各级贵族，到了秦汉以后，百姓指的才是庶民。那么人们日常生活中所使用的这些由氏发展而来的姓，都是怎么产生的呢？② 东汉班固的《白虎通义》归纳出 9 种情况，宋代郑樵的《通志·二十略·氏族略》归纳出了 31 种情况，以下综合班固和郑樵两种说法，做一个简单的介绍。

（一）以国名为姓

现在常见的齐、鲁、秦、吴、宋、卫、蒋、毛等姓，大都是历史上这些国的王室宗族或黎民百姓为纪念其国而以国名为姓。如齐国国君是姜姓吕尚的后代，春秋战国时齐国发生内乱，姜姓政权被田姓取代，于是，亡国后的姜姓人纷纷以国名为姓氏，从此改姓齐。

（二）以官称为姓

如司马、司徒、司寇、司空、宗政、庚、廪等。据《周礼》记载，司马属于夏官，专管军事；司徒属于地官，专管教化；司寇属于秋官，专管刑狱；司空属于冬官，在西周主管建筑、制造之类，相当于后世的工部尚书；宗政来源于宗正，主管皇室事务；庚是露天粮仓，廪是有房顶的粮仓，粮官的后裔便以庚、廪为姓。这些人的后裔，往往把祖先曾经担任过的官职作为自己的姓氏。

---

① 郑樵：《通志·二十略》卷二十五《氏族略·序》，中华书局 1995 年版。

② 在以下叙述过程中，姓氏将不再区分。

（三）以爵号为姓

如王、公、侯、伯。王者有天下，后来称霸一方的人也可称为王。在中国历史上，这是一个使用频率极高的字。人之尊莫过于王，喜欢以王作为姓氏的心理不难理解，这恐怕是王姓能成为中国大姓的重要原因。

（四）以先人的名或字为姓

如伯、仲、叔、季、孔。早在姓氏合一之前，就已经出现了“王父字为氏”的习俗。伯、仲、叔、季，在古人的字中经常出现，一般表示排行，如鲁桓公的小儿子叫季友，他的后世建立的宗族名叫季氏，后来姓氏合一以后，他的后裔就以季为姓。孔子的祖先是宋国的王族公子嘉，公子嘉字孔父，他的后人就以孔为自己宗族的名号，姓氏合一后，以孔为姓。

（五）以号为姓

如阿（阿衡，伊尹之号）、春（春申君，楚黄歇之号）、尝（孟尝君，齐田文之号）、信（信陵君，魏公子无忌之号）、马（马服君，赵奢的封号）等。

（六）以祖上的谥号为姓

如周朝的文王、武王，其后代分别姓文、武。宋国国君宋戴公之后，以戴为姓。秦穆公之后，以穆为姓。鲁哀公之后，以哀为姓。

（七）以地名为姓

以地名为姓大致可分为两种类型：一是以封邑的地名为姓，大都是贵族的姓，如瑕丘（鲁桓公庶子食采于瑕丘，因以为氏）、苗（楚贲皇奔晋，食采于苗，因以为氏）、旗思（楚大夫居旗思城，因以为氏）、高堂（齐卿高敬仲食采于高堂，因以为氏）。二是以居住的地名为姓，大都是平民的姓。如东门、南宫、西郭、池、桥、井、东郭、柳下、西门等。

（八）以从事的职业为姓

如巫、陶、卜、商、乐、屠等。

（九）以祖先的图腾为姓

把祖先崇拜的生物或自然现象作为姓氏。如云、龙、牛、马、羊、熊、鹿、骆、鱼、鲍、杨、柳、松、梅、林等。

（十）以五行为姓

如金、木、水、火、土。

（十一）以天干、地支为姓

甲、乙、丙、丁、子、丑、寅、卯等。

（十二）以春、夏、秋、冬、日、月、星、辰为姓。

（十三）以矿物为姓

如金、银、锡等。

三、姓氏的流变

我国的姓氏在两汉以后，没有发生大起大落的变化。其发展主要表现在数量的调整上，而不是内涵的变化上。数量上的调整主要有如下几种情况：消失、产生、转换和分化。

关于姓氏的消失，宋人洪迈在《容斋随笔》中指出："两《汉书》所载人姓氏，有后世不著见者甚多。"① 复姓有公上、公户、室中、阳城、昭涉等44个，单姓有其、枚、终、食、浊等108个，尽管无法断言这些姓氏已经消失，至少在今天的生活中，已难觅它们的踪影。

关于姓氏的产生和转换，有如下几种类型：

---

① 洪迈：《容斋随笔·汉人希姓》，上海古籍出版社1996年版。

（一）避讳而改姓

如秦汉时，籍姓为避西楚霸王项籍的名讳而改姓席；庆氏为避汉安帝父亲刘庆之讳而将庆氏改为贺氏；唐末，王审知称闽王，当地沈姓改为尤；五代时因避后晋石敬瑭之讳而将敬姓改为苟姓和文姓。后晋灭亡后，他们又恢复了敬姓。可惜，好景不长北宋皇帝的祖宗名中带“敬”，于是还要改。北宋名臣文彦博就本姓敬。不仅如此，专制时代里所认定的圣人的名也需要避讳，于是丘姓就改成了邱。

（二）读音相近而变为别的姓氏

如江淮地区“韩”“何”不分，北京一带“耿”“简”相近，福建沿海“王”“黄”不分，历史上都有互改现象。闾丘后来也因为音变而改为卢。

（三）避乱避祸而改姓

如南北朝时，南朝人刘凝之避乱入北朝，改姓员氏；王审知闽国灭亡之后，子孙为逃避仇人的追杀，分别改姓游、沈、叶。金亡后，完颜氏后人有流落安徽、河南的，改姓完，后于20世纪80年代复姓完颜。

（四）少数民族或外国人改姓

如隋末王世充本西域胡人，后改姓王。少数民族改姓最大的事件，就是北魏孝文帝时改鲜卑族姓为汉姓，如把宗室的拓跋姓改为元姓。在这次改姓运动中，总计有144个鲜卑姓被改为汉姓。这些被改的姓氏后来都融入汉族中，成为汉族姓氏的一部分。蒙古族中也有人改成汉姓，如孛儿只斤氏，就改成了鲍或包。部分满族人在清朝灭亡以后也改成了汉姓，如瓜尔佳氏改成了关氏，爱新觉罗氏改成了金氏或王氏。

（五）赐姓

有些人因为得到了皇帝的眷顾会被皇帝赐姓，这在专制时代里是莫大的荣幸。如西汉初年因为劝说刘邦定都关中而被刘邦赏识的娄敬，就被刘邦赐姓为刘。王莽时，对向他投诚的西汉宗室也多赐姓为王。为了拉拢党项贵族，西夏的建立者先后被唐朝和北宋赐姓为李和赵。最著名的要数郑成功，他因为被南明隆武皇帝赐姓为朱，所以被人们称为国姓爷。不过他的后人在投降清朝以后又恢复了自己的姓氏。赐姓中也有人会被赐给其他的姓，如著名的三保太监郑和，本姓马，是回族，后来明成祖赐他姓郑。也有人被赐了恶姓的，如武则天就下令唐祭室改唐高宗原来的王皇后为"蟒"氏，唐玄宗李隆基也曾经下令改唐宗室新兴王李晋姓"厉"。

（六）入赘

入赘有两种情况。一是上门女婿，他的子孙照例是要随妻子姓的。二是随母改嫁而改成继父的姓。范仲淹就曾随母改嫁，一度以继父姓氏为姓，后来才改回范姓。

（七）复变单

在长期的历史演变过程中，有一些复姓被改成了单姓，如欧阳，就有人改成了欧，诸葛有人改成了葛。

（八）因为其他原因而产生的改姓

如西汉时期采取了对各地豪强进行迁徙的政策，其中山东的田氏被迁徙到长安附近，由于分八批进行，所以后来就产生了第一到第八的姓氏，今天还有一部分第五氏的后人。有人则是因为耻于同姓者的恶行而改姓，如著名诗人艾青就因为耻于与蒋介石同姓而改为艾。有些姓氏在流传过程中也会被省写，如鄫姓后来就逐渐写成了曾，邴姓逐渐写成了丙。在汉字简化的过程中，又有一些人的姓氏发生了改变，如萧氏中有人改萧为肖，傅氏有人改傅为付，等等。现代社会中也有将父母双方的姓氏加以组合成为新的姓氏的。

第二节　尊祖敬宗

在进入文明社会以后，氏族并没有完全解体，在相当长的时期内，氏族仍是社会最基层的组织，人们仍然生活在大大小小的氏族之中。后世，氏族逐渐转化为宗族，一直到近代，宗族在社会生活中都发挥着重要的作用。

一、古代宗族制度源流

什么是族呢？从字面上看，族是个假借字，原指盛箭矢的袋子，把许多支矢装在一起叫族（后来写作“簇”）。从字义上讲，族是凑、聚的意思，同姓子孙，生相亲爱，死相哀痛，时常聚会，所以叫族。宗族是指同一个男性祖先的子孙，虽然已经分居，结成了许多个家庭，但是世代相聚在一起，按照一定的规范，以血缘关系为纽带结合成为一种特殊的社会组织形式。又称家族、户族、房头。

宗族的起源与原始社会的氏族有着密切的关系。中华文明的起源，并不是在氏族解体的基础之上而来的。夏王朝的建立，其实就是在原有部落联盟的基础上，确立了夏后氏部落的核心领导地位，以及夏后氏部落首领的世系。传说中夏部落联盟是由 12 个部落构成的，他们是夏后氏、有扈氏、有男氏、斟寻氏、彤城氏、褒氏、费氏、杞氏、缯氏、辛氏、冥氏、斟戈氏。

进入殷商时期，国家组织以氏族为基础，包括商王朝和商王朝以外的方国都是如此。殷商时代的族可以称为氏，见于文献的有条氏、徐氏、萧氏、索氏、来氏、宋氏等。所有的族中以子姓的影响最大。商王十分重视发展王族和多子族的势力，多子族就是没有继承王位的王子和他的后裔。他们经常担任多尹之职。当然王畿地区也居住着异姓族，如伊、何、耿等。这些异姓部族在卜辞中称为“多生（姓）”，商王对他们也是尽力拉拢。晚商时期的氏族通过不断地壮大而形成分支，这在商末青铜器的族徽铭文中看得十分清楚。商末和周初的不少青铜器上铭刻有象形性质很强的族徽，如戈氏在晚商时期的王畿地区势力就很大。从殷墟的墓葬中可以看出大、中型的墓葬都是聚族而葬的。关于商朝氏族的情况我们可以得出以下结论：首先，商代社会的基本组织形式是氏族，从商王到各级贵族，甚至普通民众都生活在不同等级的氏族之内。游离于氏族之外者，在商代社会上只是少数。商代的社会生产也是以氏族为单位进行的。其次，商代的氏族在社会上有很大的影响，商王朝的很多军国大事都需要通过氏族来完成。再次，商代的氏族既是社会成员的血缘组织，又是商王朝基本的社会基层组织、军事组织，以及征收贡赋的单位。

西周建立后，首先需要巩固自己的统治，武王去世后周公摄政，他在完成了对殷商残余反叛势力的镇压以后，在洛阳进行了制礼作乐，而制礼作乐的重要内容就是确立了宗法分封制度。宗法分封制度使传统的氏族制度有了更为严密的组织。当时，周人在消灭了殷商以后，面对广阔的东方，实际上采取的是武装殖民的统治方式。每一个武装殖民集团，就是一个宗族。如周公长子伯禽被分封到山东曲阜，建立鲁国，它就是一个周人的武装殖民集团，也是伯禽后裔所建立起来的宗族。所以，在很长时期内，各个诸侯国都有很清晰的国人和野人的划分。国人就是周人，他们在宗族上属于周天子的分支。野人，就是原住民。国人和野人有着不同的宗族组织，承担着不同的责任和义务。同时，周人也通过婚姻等形式，与一些古老的宗族建立政治联盟，如分封舜之后到陈，并将周武王长女大姬嫁给陈胡公妫满。在周人消灭殷商的过程中立有大功的异姓功臣，如姜尚就被分封到了山东临淄建立齐国，姜尚也并不是孤身一人来到山东的，姜氏宗族也是他所依靠的基本政治力量。

后来，随着人口的增加，宗族组织进一步扩展。周天子所在的宗族是天下姬姓的大宗，而各诸侯国内，国君所在的宗族也是其诸侯国内姬姓的大宗。如卫国，康叔的宗族相对于周天子的宗族，是小宗。但是，在卫国国内，康叔的宗族被称为大宗。康叔去世后，国君之位由其嫡长子继承，其他的儿子受封为卿大夫，也都建立起自己的小宗族。即便是到了最低的士阶层，他们依然有着自己的宗族组织，与天子、国君保持着以血缘为纽带的宗法关系。

但是，到了春秋时期，周天子威权不再，各个诸侯国之间逐渐展开了以争霸为表现形式的兼并，大量的诸侯国被消灭。春秋后期，有一次郑国讨伐陈国，受到了晋国的指责，郑国的大夫子产答道："昔天子之地一圻，列国一同。自是以衰，今大国多数圻矣，若无侵小，何以至焉？"① 方千里为一圻，方百里为一同，当时的晋、楚、齐等大国早就超过了这个规定。

众多的诸侯国被吞并以后，他们国内的宗族组织也都不复存在。到了战国初期，晋国一分为三，齐国也被田氏所取代，齐、晋两国国内的原有宗族势力相继瓦解。秦国偏处西陲，本身宗族组织不发达。进入战国以后，宗族逐渐退出了历史舞台。各国所进行的变法，也都是朝着中央集权的方向发展，宗族势力与中央集权并不相容，因而宗族势力成了各国变法打击的目标。

秦始皇统一六国以后，建立起了全国范围内的中央集权专制体制。秦朝虽然二世而亡，但是秦始皇所确立的专制集权体制却得到了长期的延续。西汉建立以后，汉承秦制，为了加强中央集权，各地的宗族势力都在朝廷打击之列。早在西汉前期，刘敬就曾向刘邦建议将各地豪强迁移到长安，就近加以控制，如齐国的田氏，楚国的屈、昭、景等，他说："今陛下虽都关中，实少人。北近胡寇，东有六国之族，宗强，一日有变，陛下亦未得高枕而卧也。臣愿陛下徙齐诸田，楚昭、屈、景，燕、赵、韩、魏后，及豪桀名家居关中。无事，可以备胡；诸侯有变，亦足率以东伐。此强本弱末之术也。"② 于是刘邦就派刘敬迁移了各地宗族十多万人来到长安。到了汉武帝的时候，迁豪政策进一步强化，凡是担任过两千石以上高官的人，家产达到一定数额的人，都要迁移到长安来。

但是，从汉元帝以后，朝廷逐渐停止了迁豪政策的执行。地方上的宗族势力开始有所发展，并对中央集权构成了一定程度的威胁。王莽改制过程中，地方上的豪强始终是王莽打击的重点，无论是经济领域内的五均六管，还是王田私属，都是针对豪强的。因而，到王莽末年天下大乱，各地豪强纷纷起兵，光武帝刘秀就是在河北豪强的支持之下登上帝位的。光武帝虽然试图对地方豪强有所限制，

① 《左传·襄公二十五年》卷三十六，阮元校刻《十三经注疏》，中华书局1980年版。

② 司马迁：《史记》卷九十九《刘敬叔孙通列传》，中华书局1982年版。

但最终也未能如愿。光武帝的很多功臣，往往传家一百余年，几乎与东汉相始终，如窦氏、梁氏、邓氏等。由于东汉的选官制度，逐渐由累世经学发展出了累世公卿。如著名《尚书》学者杨震之后，弘农杨氏，四世三公。著名《周易》学者袁安之后，汝南袁氏，四世五公。其他如，颍川荀氏、陈氏等，都成为当时有名的名门望族。

在东汉末年的战乱中，宗族势力已经成为一支重要的政治势力。曹魏建立后，九品中正制的确立，更加巩固了宗族势力的政治利益，逐渐出现了“上品无寒门，下品无势族”的局面。① 晋室南渡以后，在江南形成了门阀政治，“王与马共天下”。在北方，各地民众也往往以宗族的形式聚集在一起，建立起了众多的“坞壁”以自保，少则数十户，多则数千户。“到了永嘉丧乱之时，中原宗族更建立坞壁以拒胡抗敌；逮至十六国、北朝时期，中原地区的宗豪为了自保，多数聚族而居，聚坞而守。”② 坞壁的首领称为坞主，常常是宗主豪强自封。坞壁群的首领也有称之为统主的，由坞主们互相推举而产生。坞主必须在坞壁内建立一定的秩序，才能率领本宗族从事耕作和自保。这种秩序的建立，除了利用宗族制度与宗族观念，以及坞主的权势与财力之外，还要求那些担任坞主的豪强具备相当强的凝聚力，这种凝聚力的产生则与那些宗主豪强们是否具备当时盛行的豪侠风尚有关。

北魏建立后，对中原地区进行军事征服的同时，也在政治上进行拉拢，清河崔氏、渤海高氏、荥阳郑氏等，都成为其统治阶层的一员。宗主督护是北魏平城政权对汉族豪强地主实行的羁縻政策，北魏并非一进入中原就实行羁縻政策，而是进行杀伐和迁徙。这些政策引起了普遍的激烈反抗，于是北魏朝廷不得不在汉族地区实行宗主督护，给予宗主对所统民户的督护权，负责维持地方治安和赋役征发。宗主督护制的实行缓和了北魏拓跋氏和汉族的矛盾。孝文帝迁都洛阳之后，北魏实行三长制，由国家对地方进行直接控制。

隋唐统一以后，中央集权的专制体制再次得到了强化，门阀政治的时代一去不复返，“旧时王谢堂前燕，飞入寻常百姓家”。唐朝政治一个重要的特色就是打

---

① 《晋书》卷四十五《刘毅程卫和峤武陔任恺崔洪郭奕侯史光何攀列传》，中华书局 1974 年版。

② 〔韩〕具圣姬：《两汉魏晋南北朝的坞壁》，民族出版社 2004 年版。

击旧的贵族，扶植庶族。唐朝建立以后，也像前朝一样要区分士庶，于是唐太宗就让人重新编订了《氏族志》，书成以后，将山东的崔干列为第一等，唐太宗大怒说："我与山东崔、卢、李、郑，旧既无嫌，为其世代衰微，全无冠盖，犹自云士大夫，婚姻之间，则多邀钱币。才识凡下，而偃仰自高，贩鬻松槚，依托富贵。我不解人间何为重之？祇缘齐家惟据河北，梁、陈僻在江南，当时虽有人物，偏僻小国，不足可贵，至今犹以崔、卢、王、谢为重。我平定四海，天下一家，凡在朝士，皆功效显著，或忠孝可称，或学艺通博，所以擢用。见居三品以上，欲共衰代旧门为亲，纵多输钱帛，犹被偃仰。我今特定族姓者，欲崇重今朝冠冕。何因崔干犹为第一等？昔汉高祖止是山东一匹夫，以其平定天下，主尊臣贵。卿等读书，见其行迹，至今以为美谈，心怀敬重。卿等不贵我官爵耶？不须论数世以前，只取今日官爵高下作等级。"① 这虽然反映了唐太宗还没有摆脱门阀的观念，但客观上《氏族志》的修订还是对旧日门阀贵族进行了打击。经历了安史之乱后，旧贵族几乎踪迹全无。

由唐到宋，社会出现重大变革。整个社会人身依附关系进一步减弱，主户和客户的划分，不具有身份性特征，只是财产关系的一种体现。北宋中央政府在加强中央集权的同时，也对地方的宗族势力加以利用和扶持，鼓励敬宗收族。一方面，政府极力表彰通财共居、合爨共食的大家庭。但这种大家庭的存在，极大地违背了人类的本性，内部关系极其复杂，矛盾冲突十分尖锐，最终因难以维持而瓦解。虽经统治者极力提倡，始终不能达到政府的期望。另外一种情况是，鼓励已经分离的小家庭聚族而居，建立起由族长、房长、家长主导的严密组织系统，协助基层政权完成政府的统治任务。

明清两代，中央集权达到了顶峰，为了弥补中央集权对地方自主权的极大剥夺，中央政府又不得不依靠地方宗族势力来弥补。根据明清时期的选官制度，本省人不能在本省任职，一县之中，知县、主簿、县尉、教谕、训导、典史等主要官员都由中央政府任命，无论其出身为何，外地人是他们共同的特征。中央政府对一个县的统治，是不可能仅仅依靠几个外地人就可以完成的。中央政府也试图将政权向县以下延伸，事实上由于技术手段的限制，"政权不下乡"是中国古代

① 刘昫：《旧唐书》卷六十五《高士廉长孙无忌列传》，中华书局 1975 年版。

政治的常态。无论是赋税的征收、社会治安的维持，还是农业生产的组织协调，都离不开地方宗族势力的支持。

近代以来，传统乡村社会发生革命性的变革，整个社会的重心由乡村向城市转移，越来越多的民众脱离了原有的宗族组织，乡村宗族组织也呈现出迅猛的衰落局面。与此同时，政权开始向乡村渗透。1949 年中华人民共和国建立后，乡村的宗族组织彻底沉寂。政府通过公社、大队、生产队，直接管理到每一个农民的衣食住行。宗祠往往被拆毁，或改作他用，族谱、家谱等作为“四旧”而被烧掉。族长往往作为土豪劣绅，或者“地富反坏右分子”受到批斗。改革开放以后，宗族形式虽然有所恢复，但是随着大批民众离开农村进入城市，农村被严重边缘化，宗族也必将退出历史舞台。

二、传统中原乡村宗族的社会职能

近代以前的传统中原乡村，宗族发挥着极其重要的社会职能。大体而言，传统宗族组织的社会职能主要体现在以下几个方面：

（一）族产

从宋朝开始，族产成为宗族组织的重要物质基础。宋朝族产种类繁多，有田产、宅舍等，尤值一提的是义田。宋仁宗皇祐元年（1049 年），范仲淹“于其里中买负郭常稔之田千亩，号曰义田，以养群族之人。日有食，岁有衣，嫁娶凶葬皆有赡”①。义田的用途主要用于赡族，一时被看作收族睦族的最佳手段，官僚士大夫争相仿效。官府对于社会救济并不热心，社会救济职能往往由宗族来代行。

（二）家法族规

在中国历史上，很早就存在家法，但具有宗族法规性质的家法族规真正在社会上得到发展，则是从宋朝开始的。宋朝的家法族规，就其调整的社会关系来讲，是很宽泛的。从维护宗法等级身份制到调整宗法性财产关系，从保护婚姻家

---

① 陶宗仪：《说郛》卷七十三下《说郛三种》，上海古籍出版社 2012 年版。

庭制度到维护礼仪制度，无所不包，但其中日益重要的是对民事关系的调整。一方面是由于中国古代法律体系中民事法规不发达，民事关系多由辅助性规范来调整。另一方面，从宋朝开始，身份性等级差距稍有缩小，民事关系日益复杂，在这种情况下发展起来的家法族规，要想起到加强宗族凝聚力、强化宗族组织的作用，就不得不更多地调整宗族内部的民事关系。

（三）祭祖

祖先崇拜是宗法制度的重要思想观念基础。祭祀祖先既是祖先崇拜的反映，也是加强祖先崇拜的手段，建立系统完善的祭祀祖先制度是敬宗收族的重要内容。祭祖有墓祭和祠祭两种形式。南宋初年，朱熹曾设计了供奉高、曾、祖、祢四龛的祠堂，但那只是祠堂的雏形，祠堂真正兴起是在元代。传统的中国乡村，祠堂往往是一个村子里最为辉煌的建筑。在传统中国社会里，宗教并不发达，尤其是官方的意识形态并不具备宗教的形态。但是中国传统文化具备了宗教所发挥的职能，其中一个就是解决了人从哪里来到哪里去的问题。他们认为，人是由列祖列宗繁衍而来的。人要到哪里去呢？一方面，自己的生命在子子孙孙的生命中得到延续。另一方面，自己的灵魂也要回到祖宗的怀抱之中。因而，中国人特别重视宗族的观念，大家有着共同的生命之源，在一些宗族活动中，宗族的认同感不断被加强，从而消除了个人的无助感，给人以温暖的精神关怀。同样，中国人之所以特别看重祖坟，不仅是孝的体现，而且也是因为那是自己生命之源的所在。没有深仇大恨是不会破坏别人的祖坟的。一个人死后，要回归到祖宗的怀抱之中，也就是要葬回祖坟。在传统社会里，死后不让葬回祖坟，是十分严厉的惩罚。

（四）谱牒

宋代以后，宗族编修的谱牒与门阀宗族制度下的谱牒有很大的不同，其内容由三部分构成：①家法族规；②祠堂、族田的坐落地点，建筑、购置沿革，祖墓的坐落地点，以及这些东西的图表；③族众的血缘关系表。时至今日，中原民众依然十分重视宗谱，续上家谱，就如同找到了精神的归宿一般。

（五）宗祧继承

宗族的世系传承除了血缘关系的传承，还有人们身份地位的传承，即嫡长子继承制。通过宗祧继承，一方面可以维持宗族内正常的家庭秩序和家庭生活，另一方面可以不断延续宗族香火，使列祖列宗常享祭祀。

（六）族塾义学

对于普通宗族来说，在宋朝以前能够创办族塾义学的并不多。宋朝由于以科举考试作为取士的主要手段，并且这扇门向全社会敞开，各宗族为了培植本族的势力，竞相创立族塾义学，以聚族教养。同时，族产的普及，也为普通宗族创办族塾义学提供了物质基础。尤其是在科举制度中，政府名义上在每个县都办有学校，但是这些学校并不开展经常性的教学活动。这些学校的学生，即生员，俗称秀才，往往是具有较高文化程度的人。没有进入县学的人，称为童生，童生的教育政府并不负责，往往需要由宗族来承担起对幼童的教育，私塾是中国传统知识分子接受教育的主要渠道。

（七）乡村水利建设

传统的中原乡村里，男耕女织的小农经济是生产的常态。但是，个体小农经济本身的脆弱力量，不足以使他们有能力进行农田水利建设。农田水利建设的组织，往往是地方政府在宗族的配合和支持下开展起来的。

（八）乡村公共设施建设

乡村道路、桥梁等社会公共设施的建设，无一例外都离不开宗族组织的参与。而政府对此少有过问，尤其是乡村道路桥梁建设更是如此。

（九）婚丧嫁娶的组织

乡村社会里的婚丧嫁娶，往往由宗族负责组织，事主只是负责经济支出。当然，宗族组织也需要对宗族成员的婚丧嫁娶承担部分经济支出。

由此可见，在传统的中原乡村社会里，一个人从呱呱坠地到寿终正寝，几乎都离不开宗族。在宗族的行政管理方面，出现了分级管理的现象。族长统揽全族事务，其产生有三种方式：一是前代族长和宗族元老指定；二是先天的法定继承，即由辈分最长、年龄最长者自然升为族长；三是公众推举。由于公众推选更加侧重族长人选的德才兼备，最有利于宗族本身的稳定和发展，因此，宋朝以后在普通宗族中选举族长的现象较为普遍。族之下分房，设房长，统揽某一房的事务。除族长、房长之外，宗族中还有许多专司某一事务的专职人员。宗族行政管理的日益严密和完善，是宗族组织强化和发展的有力保障。

三、历史时期的中原大族

在漫长的历史时期，中原地区始终是政治、经济、文化中心，所以历史上中原地区也诞生了众多知名的名门望族，如弘农杨氏、汝南袁氏、颍川荀氏、颍川陈氏、陈郡谢氏、荥阳郑氏等，他们在历史上发挥了其他人难以企及的重要作用。这里仅举颍川陈氏、陈郡谢氏、荥阳郑氏三例以窥一斑。

（一）颍川陈氏

汉末魏晋颍川陈氏家族成员见载于《后汉书》《三国志》《晋书》《宋书》《世说新语》等书。颍川陈氏作为当时的一流高门，在谱学兴盛的时代下，撰有《陈氏谱》一部，是陈氏最早的私家谱录，现已轶失。但南朝宋裴松之注《三国志》、梁刘孝标注《世说新语》都曾征引该谱。

第一代陈寔（104—187），字仲弓，颍川许（今许昌长葛市古桥乡陈故村）人。少时家境贫寒，曾在县里作小吏，做事任劳任怨，有志好学，受到县令的赏识，让他去太学读书。后来，陈寔先后任郡督邮、功曹。东汉桓帝元嘉元年（151 年）被司空黄琼选为闻喜长，后又改任太丘（今河南永城）长。在地方任上，陈寔以德施治，爱护百姓。后来沛国相违法敛赋，加重百姓负担，陈寔无法阻止，便辞官归里。陈寔德冠当时，成为远近名士之首，荀爽、贾彪、李膺、韩融、王烈、管宁、华歆、邴原等都曾向他问学。

东汉末年，宦官弄权，大兴“党锢”，对士族名士进行迫害。延熹九年（166

年），李膺等二百余人受诬为党人，被捕下狱，陈寔也在其列。其他人多逃避求免，但他却自请入狱。翌年遇赦得出。建宁元年（168 年）灵帝即位，大将军窦武谋除宦官，征陈寔为掾属，参与定计。不久事败，窦武等被杀，宦官大规模缉捕党人，陈寔再受党锢，隐居家乡。

有一次，一个小偷躲到他家屋梁上，准备夜间行窃。陈寔发觉后，不动声色地把儿孙们叫到屋里，教育他们要努力上进，堂堂正正做人。他说道："夫人不可不自勉。不善之人未必本恶，习以性成，遂至于此。梁上君子者是矣！"伏在梁上的小偷听了很受感动，跳下来向他请罪。"寔徐譬之曰：'视君状貌，不似恶人，宜深克己反善。然此当由贫困。'令遗绢二匹。自是一县无复盗窃。"①

党锢解除后，大臣们纷纷推荐陈寔，朝廷也多次以高位相召，但都被他推辞。中平四年（187 年），陈寔病逝于家中，享年 84 岁。从各地赶来吊祭的有三万多人，大将军何进也遣使出席，为之刊石立碑，谥文范。

第二代陈纪（128—199）、陈谌。陈寔有 6 个儿子，其中，陈纪、陈谌最贤，两人与父亲并称"三君"。两兄弟继承了父亲传下来的家学门风，传承家学，并以儒家的伦理规范进行自我约束。

董卓入洛阳，拜陈纪为五官中郎将，迁侍中，后拜太仆，征为尚书令。建安初，袁绍为太尉，拜陈纪为大鸿胪。陈谌也曾依附董卓、袁绍。此外，陈氏还与荀氏、钟氏等汝南颍川地方势力结成政治集团，即汝颍集团。汝颍集团是汝南、颍川党人势力的联合，在曹操掌权时期成为重要的政治力量。在曹操继承人的斗争中，陈氏支持曹丕，积累了政治资本。

第三代陈群（？—236）。陈群是陈纪之子，陈寔与陈纪、陈谌两代是陈氏家族兴起发展的时期，陈群则把家族威望推向鼎盛。

建安三年（198 年），曹操破吕布，辟陈群为掾属，后转侍中，领丞相东西曹掾，与荀彧、荀修、钟繇、郭嘉、司马懿等并为曹操的谋士。曹丕为魏王太子时，对陈群很敬重，以朋友之礼相交。延康元年（220 年），曹丕嗣位为魏王，封陈群为昌武亭侯，徙为尚书。曹丕代汉之后，进陈群颍乡侯，徙尚书令。黄初六年（225 年）为镇军大将军、领中护军、录尚书事。第二年，文帝病危，遗诏陈

---

① 范晔：《后汉书》卷六十二《荀韩钟陈列传》，中华书局 1965 年版。

群与曹真、司马懿等共同辅政。明帝即位，进封颍阴侯，为司空，故录尚书事。

陈群任吏部尚书时，曾制定九品中正制，这是曹魏政权为争取世家大族的支持而制订的，对门阀士族制度的形成有重大影响。

第四代陈泰（？—260）。陈泰是陈群之子。陈泰从政的方向主要是军事，这与汝颍集团受重用，全面掌握政治、军事大权的背景是一致的。他两次击退姜维的进攻，参与平定诸葛诞之乱。后来官至尚书左仆射。时人认为陈泰在学问造诣、教化天下等方面不如其父陈群，但练达世务、建功立业则超过他父亲。

陈泰功高权重，成为司马氏结托的对象。但对于司马氏弑君篡权，陈泰反应强烈。司马炎代魏后，颍川陈氏也逐渐衰落。

由于颍川陈氏门第高贵，后世陈氏多托名为颍川陈氏之后。如南朝陈的建立者陈霸先"自云汉太丘长寔之后也"。① 陈姓在福建、台湾的始祖"开漳圣王"陈元光据说也是颍川陈氏的后裔。

（二）陈郡谢氏

陈郡谢氏（祖籍今周口太康）在魏、西晋时期名气不大，其真正成为名门高族是在东晋建立之后。

陈郡谢氏最早上溯到谢瓒，他在曹魏时官至典农中郎将。谢瓒之子谢衡（281—324）生活在两晋之交，"以儒素显"，官至国子祭酒，说明陈郡谢氏最早兴起还是以文学见长。谢衡有三子：谢鲲、谢裒、谢广。谢裒官至吏部尚书，谢广任官与之相当，两人名声不大，唯谢鲲最负盛名。

谢鲲是陈郡谢氏在江表的第一代，过江后曾任丞相王导的幕僚，后官至豫章太守。谢鲲性喜老庄，风流佻达，不修威仪，不尚功名，与阮放、胡毋辅之、毕卓、桓彝、王尼、羊曼、阮孚等人号称"江左八达"，是两晋之际的大名士。

谢鲲之子谢尚，自幼"神悟夙成"，被誉为少年颜回，是一位博综众艺、文武双全的人物，深得王导、王戎的器重。曾官历阳太守，转督江夏、义阳、随三郡军事。建元中，转西中郎将、都督扬州六郡军事、豫州刺史、假节镇历阳。桓温准备北伐时，令谢尚驻寿阳，进号安西将军。谢尚讨叛军张遇于许昌，为强敌

---

① 李延寿：《南史》卷九《陈本纪上》，中华书局1975年版。

所败，收付廷尉。此时，褚皇后临朝听政，因谢尚是其舅父，降号建威将军。晋穆帝永和初，谢尚进位尚书仆射，都督江西、淮南诸军事。桓温收复洛阳，上表请以谢尚镇洛阳，谢尚因病未能成行。不久，谢尚病死于历阳，时年50岁。谢尚精通音乐，镇守寿阳时，令乐人制石磬以备太乐，江表自此始有钟石之乐。

真正让人对陈郡谢氏刮目相看的是谢尚的从弟谢安。谢安是谢裒之子，他是东晋时期的传奇性人物。自幼“风神秀彻”“神识沉敏”，有学行，善行书，能清言，喜音乐。司徒王导和桓彝等重量级人物都颇器重谢安，因此名声广为人知。但谢安似乎对做官不感兴趣，多次以身体不佳为由坚辞征辟，隐居于会稽东山，与王羲之、许询及著名高僧支遁游山玩水，吟诗作赋。征西大将军桓温出兵北伐，请谢安出山为司马。大军出发前，朝中大臣齐至新亭送别，中丞高崧对谢安说：“卿累违朝旨，高卧东山，诸人每相与言，安石不肯出，将如苍生何？苍生今亦将如卿何？”[①] 谢安闻听面有愧色，但是他不敢违背桓温之意，不久被征入朝，任吏部尚书、中护军。晋简文帝司马昱病重，桓温上疏举荐谢安辅政。晋孝武帝司马曜时，谢安任尚书仆射，领吏部，加后将军。当时，强敌环伺，益、梁失守，襄樊、邓州失陷，告急文书不时而至。谢安不慌不忙，镇以和靖，御以长算，终于使边境得以安宁。

谢安辅政期间，前秦苻坚自恃兵马强盛，率军南下，号称百万，进屯淝水，欲一扫江南。东晋闻之，朝野震怖。晋孝武帝以谢安为征讨大都督，率军迎敌。谢安兄子谢玄不放心，前来问计。谢安和平常一样，神色自若，说：“我已经有安排了。”然后就不再说话。谢安平时下围棋不是谢玄的对手，这时却要和谢玄手谈，谢玄担心前秦来犯，无心下棋，竟然不是谢安的对手。之后，谢安又去游山玩水，到了夜里，才开始排兵布阵，令谢玄等前去破敌。当谢玄打了胜仗，派人前来报捷时，谢安正与人下棋。他看了一眼捷报，继续下棋。客人实在忍不住，问谢安到底怎么了。谢安徐徐答道：“小儿辈遂已破贼。”[②] 之后，就把捷报扔到床上，照旧下棋，没有一点喜悦之色。等下完棋后，他抑制不住内心的激动，越门而出，健步如飞，连屐齿折了都没觉察到。[③]

---

① 房玄龄：《晋书》卷七十九《谢尚谢安列传》，中华书局1974年版。

② 房玄龄：《晋书》卷七十九《谢尚谢安列传》，中华书局1974年版。

③ 参见萧华荣：《华丽家族两晋南朝陈郡谢氏传奇》，北京三联书店1994年版。

（三）荥阳郑氏

荥阳郑氏是典型的汉魏旧族，根基深厚，冠冕不绝。入汉的第一位郑氏家族人物是郑荣。郑荣之后郑当时，是西汉武帝时期的名臣，以善于发现人才而著称，官至大农令，后世一般称郑当时为荥阳郑氏实际上的祖先。郑当时有子韬，曾任太丘长。郑韬子仲，江都守；郑仲子房，房子季，赵相；郑季子奇，议郎；郑奇子稺；郑稺子宾，御史。

郑宾三子，长子崇，字子游，汉哀帝时为尚书仆射，封平阳侯。他虽然贵为尚书，却十分简朴，每次上朝都穿一双破皮履，时间久了连汉哀帝也说："我识郑尚书履声。"① 郑崇六世孙冲，冲孙玄，东汉著名经学家；郑玄子益恩。

郑宾二子立。

郑宾三子兴，字少赣，活跃在魏晋南北朝、隋唐、五代时期的荥阳郑氏成员，基本上都是郑兴的后裔。郑兴以儒学致显，佐命光武。兴子众，官至大司农，曾出使匈奴，为东汉名臣。郑兴、郑众父子都是当世名儒，郑兴、郑众父子的著作主要有《周礼郑大夫解诂》一卷、《春秋左传条例章句传诂》、《春秋难记条例》、《春秋删》十九篇、《春秋左氏传条例》九卷、《毛诗传》、《孝经注》、《春秋左氏传条例章句》九卷、《牒例章句》九卷、《春秋牒例章句》一卷、《周礼郑司农解诂》六卷、《周易郑司农注》、《郑氏易说》、《毛诗郑司农义》一卷、《郑氏婚礼》一卷、《国语章句》一卷、《国语解诂》一卷。这些著作今天都已经散佚，清代学者有辑佚本传世。郑众子安世，长乐、未央厩令。安世二子，长子绑为骑都尉，次子亮除为郎。绑子熙，上计掾。熙二子，长子泰，次子浑，主要事迹在曹魏。

荥阳郑氏子孙世传家业，相延不辍，东汉末年，已经成为雄张乡里、富甲一方的地方大族。永嘉之乱后，荥阳郑氏的主体并未南渡，而是长期留居北方，因而保存了更为深厚的土著根基。同众多的北方世家大族一样，荥阳郑氏与少数民族统治者的关系经历了一个由对立到合作的漫长历程。屈身事胡，最初多是一种不得已的求全之策。荥阳郑氏相继在石赵、前燕、后燕政权中为官，与各个少数民族统治者保持着若即若离的联系。

---

① 班固：《汉书》卷七十七《盖诸葛刘郑孙毋将何传》，中华书局1962年版。

从北魏立国到孝文帝即位的半个多世纪中，荥阳郑氏较受冷遇，寂寥无闻。神䴥四年（431 年）遍征各郡首望，郑氏未预其列。这种局面的产生与其自身的地域因素有或多或少的联系。荥阳紧邻洛阳，地控关河，本是兵家必争的战略要地。但经过西晋末年和十六国时期的反复争夺，洛阳一带的社会经济遭到极大破坏，其战略地位有所下降，一度成为南北势力鞭长莫及的边地。荥阳郑氏与后燕政权渊源较深，又远离北魏前期统治中心代郡，与鲜卑权贵及其他河北大族有着先天的隔膜。在北魏前期相当长的时间里，荥阳郑氏基本上游离于北魏上层统治集团之外，整个家庭保持着可南可北的态势。

荥阳郑氏在北魏政治和社会地位的确立，有两个原因：

一是孝文帝迁都洛阳，造成北魏政治中心南移，荥阳郑氏由局促一隅的“乡豪”变成了近迩京师的“四海通望”，成为北魏为稳定政权要结纳的对象。如利用郑羲在河南的“民望”来克定汝南、平定淮北、消除河南叛乱等。荥阳郑氏也极力追随朝廷以获得更多的家庭权益，子弟纷纷步入政坛，从而使其在河南的地方势力更加巩固。

二是与李冲为代表的高门大姓的联姻，是家族在北魏门第确立的一个重要机缘。在文明太后主政的二十余年中，李冲备受恩宠，这间接给荥阳郑氏带来了宝贵的发展机遇。李冲属陇西李氏，其兄李承曾任荥阳太守，因此与荥阳郑氏结下不解之缘，促成了陇西李氏与荥阳郑氏的累世联姻与交游。李冲娶郑羲从父兄郑德玄之女，李冲之女嫁郑羲子道昭，两个家族结成了密切的姻亲关系。

北魏末年东西分裂，郑氏一部分房支入关。在东、西魏的对抗中，郑氏亦有建立功勋者。入关房支的卓越贡献获得了西魏、北周政权的信任，如郑孝穆与郑常皆因军功深得宇文泰重用，被赐姓宇文氏。入关房支还通过与关陇集团之间错综复杂的婚姻关系来巩固自己在统治集团内的地位。如郑孝穆女嫁大将军、安昌郡公元则；郑译娶梁安固公主；郑文宽娶魏平阳公主，即宇文泰妻子冯诩公主之妹；郑术三女分别嫁宇文谐、宇文谈、宇文弘；郑茂伯之女嫁大将军达奚武等。

入关郑氏已经融入西魏、北周的统治集团中，所以在北周及隋代的政治地位较高。如郑孝穆长子郑诩，历纳言，后至开府仪同三司、大将军、邵州刺史。子郑诚为北周大将军、开封县公。子郑译，为开府仪同三司、大将军、内史中大夫，封归昌县公，邑千户。寻迁内史上大夫，晋爵沛国公。杨坚执政后，拜郑译柱国、丞相府长史，内史如故，寻进位上柱国。郑译及郑诚子郑善果成为隋朝初政坛具有较大影响的人物。

在唐代，入关房支成为山东士族高门，而与之相比，留居东魏的郑氏却日渐衰落，几乎没有重要人物出现。

第三节　血脉情深：中原根亲文化

中华民族自古就有慎终追远的传统，中原文化中最能体现这一传统的就是根亲文化。根亲文化体现在许多方面，如对人文始祖的信仰，对姓氏的认同，对宗亲血脉的重视等。

一、炎黄子孙

如今的中国人，往往自称炎黄子孙。如果从科学的意义上去追寻，我们全体中华儿女都试图建立与炎帝和黄帝之间的遗传谱系，但这是一件不可能的事情。中华民族的民族认同，从来都不是建立在血缘基础之上的。相对于血缘，我们更看重的是文化。韩愈曾在《原道》中说："诸侯用夷礼则夷之，夷而进于中国则中国之。"[①] 如今的炎黄，更多的是一种文化的符号，体现了全体中华儿女对中华文化的认同。其实类似的文化符号，不仅有炎黄，还有伏羲、颛顼、帝喾、舜、大禹等。

中原地区是华夏文明的起源地，因而在中原大地上留下了众多关于炎、黄活动的遗迹和传说。如新郑的轩辕故里、灵宝的铸鼎原等。随着华夏文明的扩张，炎黄的传说也随之扩散到其他地区，如今许多地方都有关于炎、黄等人文始祖的传说或遗迹。我们无意去强调中原文化对炎黄等人文始祖的独占性，其他地区关

---

① 《原道》，韩愈撰，刘真伦、岳珍校注：《韩愈文集汇校笺注》，中华书局2010年版。

于炎、黄的传说，恰恰说明了对炎、黄认同的普遍性，更进一步彰显了中原炎、黄文化的价值和意义。

如今新郑每年农历三月三都会举行拜祖大典。新郑拜祖大典的规格非常高，由国务院侨务办公室、国务院台湾事务办公室、河南省人民政府、河南省政协委员会、中华全国归国华侨联合会、中华全国台湾同胞联谊会、中华炎黄文化研究会、欧洲中国和平统一促进会、台湾中国统一联盟、世界华侨华人社团联合总会、世界客属总会主办，郑州市人民政府、政协郑州市委员会、新郑市人民政府承办，影响也日渐扩大。灵宝每年农历二月初九举行黄帝诞辰祭祀大典活动；淮阳太昊陵庙会也有着悠久的历史，在河南、安徽一带影响广泛，每年都会有数百万人前往。每年农历三月二十八，安阳市人民政府、内黄县人民政府隆重举行盛大的公祭颛顼和帝喾的大典。

二、姓氏之源

姓氏文化是中国传统文化中很有特色的内容，姓氏并不只是个人的符号那么简单，其背后体现着对亲情的认同和对根脉的意识。体现在姓氏中的根亲文化，对于中国人而言有着一定的宗教情结。它解决了只有宗教才能解决的人从哪里来到哪里去的问题，在浓浓亲情的关怀之中，中国人寻到了灵魂的归宿。所以，叶落归根、狐死首丘是中国人根深蒂固的观念。

中原地区是中国姓氏最重要起源地，依人口数多少排序的 300 个大姓中有 171 个起源于河南，当今 100 个大姓中，起源或部分源头在河南者有 78 个。如根据 2007 年公安部统计，人口前 10 的姓氏为：王、张、李、刘、陈、杨、黄、赵、吴、周。在这些大姓之中，起源于河南的有 7 个。

王姓的主流是东周灵王太子晋后裔，发源地为洛阳。《通志 · 氏族略》言："若太原、琅琊王之王，则曰周灵王太子晋，以直谏废为庶人，其子宗恭为司徒，时人号曰王家。"①

张姓源自黄帝之子少昊青阳氏之子挥公。据《新唐书 · 宰相世系表》所载：

---

① 郑樵：《通志 · 二十略 · 氏族略第四》，中华书局 1995 年版。

“黄帝子少昊青阳氏第五子挥为弓正，始制弓矢，子孙赐姓张氏。”① 挥公因发明弓箭，司弓矢之职，挥公之墓在河南濮阳。

李姓则把鹿邑的老子故里作为自己姓氏的起源地，今天河南也是李姓人口之中的第一大省。

刘姓，有人认为其始祖为监明，或刘累，即便是《左传》中的那句“其处者为刘氏”，都经不起历史学的考证。相对而言比较可靠的是，公元前599年前后，周定王将刘邑（今河南偃师）封给弟弟姬季子做领地。至此，姬姓刘子国就正式在东周王畿之内建立起来，刘康公也就成了姬姓刘氏的肇姓始祖。姬姓刘氏世代任周朝卿士，主持内政外交达一百多年。

陈姓起源于河南淮阳，据《史记》记载，周武王灭商以后把舜的后人妫（guī）满分封于陈，即今天的河南淮阳，其后裔即以陈为氏。

黄姓的祖先为伯益，曾助大禹治水。伯益的后裔在西周初年被周王分封为诸侯，建黄国于今河南省潢川县，春秋时期楚灭黄，其后裔以黄为姓。当然也有人说黄国的建立者是颛顼之后，但有一点是可以肯定的，黄姓起源于河南潢川。郑樵《通志》中明言：“黄氏，嬴姓，陆终之后，受封于黄。今光州定城西十二里有黄国故城在，楚与国也。僖十二年，为楚所灭，子孙以国为氏。”②

周氏出洛阳：“赧王为秦所灭，黜为庶人，百姓号曰周家，因为氏焉。”③

其他不是直接起源于河南的姓氏，也可间接溯源到河南。如吴姓起源于江苏吴县，但是由泰伯可以上溯到黄帝，这样也可以追根到河南。

相应在河南建立了众多的姓氏文化研究组织，开展了很多的联谊活动。在荥阳，有郑氏宗亲总会所捐资成立的郑氏祖地荥阳基金会和振兴祖籍顾问团。在固始县有三十多个姓氏研究组织，如固始王氏文化研究会等。这些组织都开展了十分有效的活动，发挥了巨大的社会效益。进入21世纪以来，各地普遍出现了修谱热。如郑氏就有《太康郑氏族谱》《偃师郑氏家谱》的修撰。人们不仅修自家的宗谱，而且也注意与其他地区的同宗加强联系。尤其是港台地区，很多宗族组织在修谱的过程中，都注意到中原寻根问祖。中原地区举办了各种姓氏宗亲的寻根

---

① 欧阳修：《新唐书》卷七十二下《宰相世系表二下》，中华书局1975年版。

② 郑樵：《通志·二十略·氏族略第二》，中华书局1995年版。

③ 郑樵：《通志·二十略·氏族略第二》，中华书局1995年版。

活动，如1989年4月世界许氏宗亲会秘书长、台北许氏宗亲会会长许江富率领许氏祭祖团一行10人到许昌祭祖。以后各种寻根活动不断，比较有影响的有：1990年4月4日，台湾叶氏宗亲祭祖团一行103人和香港叶氏南阳堂宗亲会一行6人到叶县祭祖。10月，泰籍华人谢其昌联络美国、菲律宾等10多个国家的谢氏后裔120多人到唐河县寻根，确认《谢氏族谱》记载无误后，捐资50万元，筹建"客家谢氏活动中心"。1991年5月4日，台湾钟氏宗亲会一行48人到长葛寻根祭祖。1992年4月，台湾范氏宗亲会一行2人到伊川寻根。7月，新加坡林氏宗亲100多人到卫辉比干庙（墓）祭祖。2002年，"全球郑氏中原大寻根暨纪念郑成功收复台湾340周年大会"在郑州举行……

三、移民之源

在漫长的历史中，中原先民由于种种原因迁播四方，他们在各地创造新辉煌的同时，并没有忘记根在中原。如南北朝时期江南地区的豪门之一谢氏家族，始终不忘标榜自己是陈郡谢氏。

中国历史上多次南向移民，形成了汉族中的一个特殊族群：客家人。如罗香林所言："客家先民东晋以前的居地，实北起并州上党，西属司州弘农，东达扬州淮南，中至豫州、新蔡、安丰。换言之，即汉水以东，颍水以西，淮水以北，北达黄河以至上党，皆为客家先民的居地。"①谢重光对此有所修正，认为客家族属的近源在唐宋以来的江淮地区，"他们的远源可以追溯到古代广义的中原地区"。②

近年，客家人到中原地区寻根问祖的越来越多，如2003年第十八届客属恳亲大会在郑州召开，2014年第二十七届客属恳亲大会在开封举行，中原与客家人之间的血脉联系越来越受到重视。如今，很多客家人、闽南人及海外游子都以河洛郎而自居。福建泉州的洛阳桥，就是中原与闽台地区血脉联系的见证。除客家人以外，各地民众的族谱也往往将自己的源头追溯到中原，把中原当成自己魂牵梦萦的故乡，自己灵魂的归宿。如今天台湾地区人口超过500户的姓氏有100个，

---

① 罗香林：《客家源流考》，台湾"世界客属总会秘书处"赠印本。

② 谢重光：《客家源流新探》，福建教育出版社1995年版。

其中63个姓氏的族谱有明确记载，其先祖自河南光州固始迁徙福建，再由福建迁往台湾。近年，南迁先民的后裔们怀着对故土的深情和向往，络绎不绝地回到固始寻根谒祖。

中原地区针对移民也开展了相应的寻根连亲活动，比较成功的是固始县所举办的根亲文化节。闽台地区的移民多数认为自己先祖来自光州固始，先后随唐朝陈元光和五代王审知入闽，因而陈元光也被他们看成是开漳圣王。固始县以此为依托，加强与海内外华人的联系，自2009年以来，每年都举办根亲文化节。根亲文化节期间，活动内容丰富，如第三届固始根亲文化节期间，安排了光州固始寻根拜谒大典、第四届中原（固始）与闽台渊源关系研讨会暨“河南省对台交流基地”授牌仪式、回望原乡——闽台百家姓氏源流巡展、“开漳圣王回老家”等宗亲主题活动。

第十一章

中原民俗文化

中原人民非常热爱生活，中原地区的民生日用也别具特色，这些特色与今天中原人的生活依然息息相关。

第一节　中原节庆文化

关于节日的起源，有很多说法。具体到中国，不少学者倾向于节日的起源与农业生产有密切的关系。中原地区的节庆有着悠久的历史，节庆民俗在一定程度上引领了当时的社会风尚。

中原地区的节庆可以划分为三类①：

一、岁时节庆

（一）春节

年就是稔，就是谷熟、丰收。年的历史很早，在传说时代就有，如轩辕黄帝时称“节”，是旌旗飘舞、庆贺丰收、欢呼胜利的意思；尧舜时期叫“载”，夏朝叫“岁”。

1911 年辛亥革命后，我国开始使用世界通用的公历纪年。为了避免混淆，元旦用来表述公历的 1 月 1 日，旧历元旦改称春节。春节过去称元旦，是一年岁月的开始。春节的民俗活动主要有祭祀祖先、吃饺子、拜年、走亲戚等。

春节中祭拜祖先与神灵的意义在于提醒人们注意农时的同时，感谢祖先对粮食丰收的保障，包括对人口生产的保佑。祭拜的顺序是一拜天地、二拜诸神（老

---

①　本节参考了郭绍林的部分研究成果。

祖)、三拜灶王、四拜财神。春节的第一顿饭是吃饺子。煮饺子时，鸣放鞭炮。为了驱邪恶、求吉利，有的地区煮饺子时要用芝麻秸，意味着新的一年像芝麻开花一样节节高，日子越过越好。初一亲朋好友互相拜贺，称为拜年。初二开始走亲戚，看老人，出嫁的闺女开始走娘家。闺女走娘家的时间，各地习俗不一，开封是初二，驻马店等地是初五、初六。初一至初四禁忌很多，初五破禁，俗称“破五”，一般也吃饺子，从这天起各行各业开始转入正常。

（二）二月二

农历二月初二，正处于惊蛰前后，万物复苏，人们认为龙要从蛰伏中抬头登天，故又称“青龙节”“龙头节”。

中原民间的二月二，以祈福、消灾、祛毒为中心展开。因中原气候比较干燥，水贵如油，历来对龙特别崇拜，村村建有龙王庙，祈求龙王降雨。民间传说龙在头年的冬至蛰伏于潭中，来年二月二抬头升天，开始行云降雨的工作。所以二月二祭龙神，祈求全年风调雨顺。豫东商丘等地，又称二月二为“围仓节”，旧时儿童常在这天用棍敲屋梁，并唱“二月二，敲梁头，大囤尖，小囤流”，以祈求丰收。

（三）三月上巳

上巳节的起源很早，早在先秦就有在三月上巳到水边洗濯举行“祓禊”活动的记载。汉代洛阳城上巳日的“祓禊”活动十分丰富。魏晋以后，“祓禊”活动逐渐被固定在三月初三日。唐代，在上巳日重要的活动是出游，当然宴会也是必不可少的，宴会上的娱乐项目更加丰富，有斗鸡、走马等活动助兴。孟浩然《上巳日洛中寄王迥十九》诗曰：“卜洛成周地，浮杯上巳筵。斗鸡寒食下，走马射堂前。垂柳金堤合，平沙翠幕连。不知王逸少，何处会群贤。”① 不过文人雅集之时，曲水流觞依然是重点。刘禹锡《三月三日与乐天及河南尹李奉陪裴令公泛洛禊饮各赋二十韵》描写了洛阳文人雅士上巳日集会的场景：“洛下今修禊，群贤胜会稽。盛筵陪玉铉，通籍尽金闺。波上神仙妓，岸傍桃李蹊。水嬉如鹭振，歌

---

① 孟浩然：《上巳日洛中寄王迥十九》，曹寅编《全唐诗》卷一百六十，中华书局1999年版。

响杂莺啼。历览风光好，沿洄意思迷。棹歌能俪曲，墨客竞分题。”① 不仅群贤毕集，而且佳丽随行，棹舟洛水之上，实为人生一大快事。如此雅集必有诗歌传世，白居易、刘禹锡等人曾有《会昌春连宴即事》组诗：

元年寒食日，上巳暮春天。鸡黍三家会，莺花二节连。

——白居易。

光风初澹荡，美景渐暄妍。簪组兰亭上，车舆曲水边。

——刘禹锡。

松声添奏乐，草色助铺筵。雀舫宜闲泛，螺杯任漫传。

——王起。

园蔬香带露，厨柳暗藏烟。丽句轻珠玉，清谈胜管弦。

——白居易。

陌喧金距斗，树动彩绳悬。姹女妆梳艳，游童衣服鲜。

——刘禹锡。

圃香知种蕙，池暖忆开莲。怪石云疑触，夭桃火欲然。

——王起。

正欢唯恐散，虽醉未思眠。啸傲人间世，追随地上仙。

——白居易。

燕来双涎涎，雁去累翩翩。行乐真吾事，寻芳独我先。

——刘禹锡。

滞周惭太史，入洛继先贤。昔恨多分手，今欢谬比肩。

——王起。

病犹陪宴饮，老更奉周旋。望重青云客，情深白首年。

——白居易。

遍尝珍馔后，许入画堂前。舞袖翻红炬，歌鬟插宝蝉。

——刘禹锡。

断金多感激，倚玉贵迁延。说史吞颜注，论诗笑郑笺。

① 刘禹锡：《三月三日与乐天及河南李尹奉陪裴令公泛洛禊饮各赋二十韵》曹寅编《全唐诗》卷三百六十二，中华书局1999年版。

——王起。

松筠寒不变，胶漆冷弥坚。兴伴王寻戴，荣同隗在燕。

——白居易。

掷卢夸使气，刻烛斗成篇。实艺皆三捷，虚名愧六联。

——刘禹锡。

兴阑犹举白，话静每思玄。更说归时好，亭亭月正圆。

——王起。①

唐代洛阳城上巳日代表性食品有张手羹家的“手里行厨”。② 这一天还有投石卜事的习俗。据说武则天时期，酷吏来俊臣及其党徒聚集在龙门，“竖石题朝士姓名以卜之，令投石遥击，倒者则先令告”。③ 大概这就是民间投石卜事的肇始。

（四）六月节

六月节是中原古俗，庆贺农耕生产丰收的节日。中原地区六月初一称“小年下”，相对于一年将过一半，因此又有“半年节”之称。六月初一夏收夏种已基本结束，家事稍闲，人们的辛劳换来了农业的好收成。从物质上讲，生活有了保障，从心理上讲，紧张、劳累的心情得到松弛。另外，还要答谢神灵祖先的庇佑，感谢土地的赐予。

六月六节，古称“天赐节”。神话传说六月初六为龙女晒衣日，大家多在这天晒衣、曝书，以防虫蛀，豫东鹿邑等地称为“晒衣节”。豫西和豫南有些地方称“回门节”，已出嫁的闺女要在这天回娘家看父母，称为“望夏”。

（五）中秋节

关于中秋节的起源，目前尚未有定论。到唐朝初年，中秋节才成为固定的节日。《新唐书·礼乐志五》载“其中春、中秋释奠于文宣王、武成王”④，及“开元十九年，始置太公尚父庙，以留侯张良配。中春、中秋上戊祭之，牲、乐之制

---

① 曹寅编：《全唐诗》卷七百九十，中华书局 1999 年版。

② 陶宗仪：《说郛》卷九十五上《说郛三种》，上海古籍出版社 2012 年版。

③ 司马迁：《资治通鉴》卷二百六，胡三省注引《考异》，中华书局 2013 年版。

④ 欧阳修：《新唐书》卷十五《礼乐志五》，中华书局 1975 年版。

如文宣”。[①] 中秋团圆夜，赏月是一项重要的活动。僧人栖白《八月十五夜玩月》云：“寻常三五夜，不是不婵娟。及至中秋满，还胜别夜圆。清光凝有露，皓魄爽无烟。自古人皆望，年来又一年。”[②]

（六）重阳节

《易经》中把“六”定为阴数，把“九”定为阳数，九月九日，日月并阳，两九相重，故而叫重阳，也叫重九。重阳节早在战国时期就已经形成，据说起源于上蔡。南朝梁吴均的《续齐谐记》中有这么一个故事。东汉时，汝南人桓景跟随一个叫费长房的高人游学多年，有一天费长房对桓景说：“九月九日你们家有灾，让你的家人缝制布囊，里面装上茱萸，然后把茱萸囊系在手臂上，登山喝菊花酒，可消此灾。”桓景依费长房所言，举家登山。傍晚，桓景一家归来，发现家中饲养的鸡犬牛羊全都死了。费长房知道后说：“此可代也（这些家畜已经代人受灾）。”[③] 这件事发生后，人们纷纷效仿，所以重阳节有登高、赏菊的活动。现在主要流行吃重阳糕，上面有红枣。

唐代，重阳被正式定为节日。武则天甚至于载初元年九月九日在洛阳举行登基大典，正式成为大周女皇。从此以后，宫廷、民间一起庆祝重阳节，并且在节日期间进行各种各样的活动。

重阳节最重要的活动就是登高，孟浩然有诗云：“北山白云里，隐者自怡悦。相望试登高，心随雁飞灭。愁因薄暮起，兴是清秋发。时见归村人，沙行渡头歇。天边树若荠，江畔洲如月。何当载酒来，共醉重阳节。”[④] 重阳登高之时需佩戴茱萸以求避邪，重阳之时，正逢菊花盛开，所以赏菊也是重阳日的重要活动。张说《九日进茱萸山诗》中说：“家居洛阳下，举目见嵩山。刻作茱萸节，情生造化间。黄花宜泛酒，青岳好登高。稽首明廷内，心为天下劳。菊酒携山客，萸囊系牧童。路疑随大隗，心似问鸿蒙。九日重阳数，三秋万实成。时来谒轩后，

---

① 欧阳修：《新唐书》卷十五《礼乐志五》，中华书局 1975 年版。

② 栖白：《八月十五夜玩月》，曹寅编《全唐诗》卷八百二十三，中华书局 1999 年版。

③ 陶宗仪：《说郛》卷六十九上，《说郛三种》，上海古籍出版社 2012 年版。

④ 孟浩然：《秋登兰山寄张五》曹寅编《全唐诗》卷一百五十九，中华书局 1999 年版。

罢去坐蓬瀛。晚节欢重九，高山上五千。醉中知遇圣，梦里见寻仙。”①

（七）冬至

冬至是二十四节气之一，像夏至一样是寒冷或炎热时节到来的标志。古代无论官民对此节都很重视，称之为“亚岁”，像过年一样庆贺。俗话说：“冬至大似年”。河南民间用新黍米做食品祭祀先祖。冬至也是民间敬师、拜师的重要节日，古代书院和私塾特别重视此节。在河南洛宁，家塾、私塾在冬至全部放假，祭祀孔子，中午设宴款待老师。冬至开始交头九，民间有这天吃饺子可以防止冻坏耳朵之说。相传东汉末年瘟疫流行，天寒地冻，人们的耳朵都被冻坏了。医圣张仲景看到以后忧心如焚，于是命人将药包成人耳朵的形状，煮好以后送给大家吃，人们的耳朵就不再冻伤。后世就有了冬至吃饺子的习俗。浚县、汤阴等地还把冬至吃饺子直接称为“安耳朵”。三门峡等地还认为冬至吃饺子可以防咳嗽等。

（八）祭灶

祭灶在腊月二十三，中原又称“小年下”。传说灶王爷二十四日上天向玉帝述职，所以在二十三日，人们在锅台边摆上麦芽糖、年糕等供品，唯恐灶王爷上天后说人间的坏话，所以用麦芽糖、年糕之类把他的嘴巴黏住，并让他嘴甜，光说好话。祭祀时在锅灶墙上贴灶神，并贴上“上天言好事，下界保平安”的对联，横批为“一家之主”，焚香膜拜，送灶王爷上天汇报一年民家的情况。同时，老年人还念念有词：“灶王灶王，你上天堂，多说好，少说歹，五谷杂粮全带来。”有些迫切需要生儿育女的则念道：“腊月二十三，灶王上西天，多说好，别说歹，马尾巴上带个胖小子来。”送灶王爷上天，有的地方供红公鸡，给灶君作马。方城等地不宰公鸡，只在鸡头上洒冷水，让鸡扑棱，象征灶王爷骑马的形象。南阳旧有“男不祭月，女不祭灶”之说，但豫北地区却是妇女率儿女焚香拜奠祀灶。七天之后，也就是除夕夜，还要把灶王爷接回来。因为年三十晚上，灶王爷和诸神要来人间过年，那天还有“接灶”“接神”的仪式。

---

① 张说：《九日进茱萸山诗》曹寅编《全唐诗》卷八十九，中华书局 1999 年版。

（九）除夕

除夕即大年三十。开封、南阳、三门峡等地，把守岁叫作“熬年”，息县等地称为“守皮袄”。濮阳、范县、南乐等地上坟请祖先回家过年，到村头跪下，一边烧纸，一边祷告：“老爷爷，老奶奶，年下啦，回家跟儿孙过年吧！”于是就燃着香烛领“老人”回家过年。

民间传说只要有恒心，在除夕晚上就一定会等到老天爷的闺女打开南天门向人间赐福，如果早睡了就没福了，所以这天要守岁。除夕夜一家人聚在一起，说说笑笑，尽享天伦之乐。

除夕夜人们还会在庭院里点起篝火，唱歌跳舞来守岁。唐人王建就在诗歌中描绘了人们守岁时的场景：“金吾除夜进傩名，画袴朱衣四队行。院院烧灯如白日，沉香火底坐吹笙。”① 据记载，唐人已经开始了燃放爆竹的习俗。

二、纪念性节日

（一）寒食与清明

寒食与清明的时间非常接近，后来人们就把这两个日子并在一起。唐朝清明与寒食放假四天，有四天的假期，外出踏青是一个很好的选择。韩愈《梨花下赠刘师命》回忆了当初在洛阳出游时梨花盛开时的情景：“洛阳城外清明节，百花寥落梨花发。”② 寒食据传是为了纪念介子推而设，所以在这一天照例要禁火，之后则要重新钻火，寒食节里有各种娱乐活动。张说曾有诗描写寒食、清明期间的各种风俗：“寒食春过半，花秾鸟复娇。从来禁火日，会接清明朝。斗敌鸡殊胜，争球马绝调。晴空数云点，香树百风摇。改木迎新燧，封田表旧烧。皇情爱嘉节，传曲与萧韶。”③ 白居易也曾有诗写寒食节踏青、宴饮时的各种娱乐，《六年寒食洛下宴游赠冯李二少尹》诗云：“丰年寒食节，美景洛阳城。三尹皆强健，

---

① 王建：《宫词一百首》之一，曹寅编《全唐诗》卷三百零二，中华书局 1999 年版。

② 韩愈：《梨花下赠刘师命》，曹寅编《全唐诗》卷三百四十三，中华书局 1999 年版。

③ 张说：《奉和圣制寒食作应制》曹寅编《全唐诗》卷八十八，中华书局 1999 年版。

七日尽晴明。东郊蹋青草，南园攀紫荆。风拆海榴艳，露坠木兰英。假开春未老，宴合日屡倾。珠翠混花影，管弦藏水声。佳会不易得，良辰亦难并。听吟歌暂辍，看舞杯徐行。米价贱如土，酒味浓于饧。此时不尽醉，但恐负平生。殷勤二曹长，各捧一银觥。”① 《洛桥寒食日作十韵》中云：“上苑风烟好，中桥道路平。蹴球尘不起，泼火雨新晴。宿醉头仍重，晨游眼乍明。老慵虽省事，春诱尚多情。遇客踟蹰立，寻花取次行。连钱嚼金勒，凿落写银罂。府酝伤教送，官娃岂要迎。舞腰那及柳，歌舌不如莺。乡国真堪恋，光阴可合轻。三年遇寒食，尽在洛阳城。”②

寒食、清明期间扫墓也是一个重要的活动，开元二十年（732 年），唐玄宗下令：“寒食上墓，礼经无文，近世相传，浸以成俗。士庶有不合庙享，何以用展孝思？宜许上墓，用拜扫礼。于茔南门外奠祭，撤馔讫，泣辞，食余馔于他所，不得作乐。仍编入礼典，永为常式。”③

清明这天，民间各家门头要插柳枝，男女还要戴柳枝编的环，有谣谚说：“清明不戴柳，红颜成皓首。”清明插柳、戴柳的信仰在于祈求土地赐予人间生命。

（二）端午节

端午节是为了纪念屈原而设。据说屈原在五月初五怒沉汨罗江以后，人们为了纪念屈原，就在这一天划龙舟、吃粽子。

唐朝时端午已经是一个非常隆重的节日。在南方有龙舟竞渡，不过在洛阳也有丰富的民俗活动。端午节里，一些重要的大臣会得到皇帝赏赐的宫衣等物，杜甫曾有诗曰：“宫衣亦有名，端午被恩荣。细葛含风软，香罗叠雪轻。自天题处湿，当暑著来清。意内称长短，终身荷圣情。”④ 当然，借着节日的由头，向皇帝进献礼物以博取皇帝欢心也是很常见的事情。端午节这一天人们要佩戴五色彩丝，或者挂在门上，称为长命缕。唐玄宗曾经写道：“五月符天数，五音调夏钧。

---

① 白居易：《六年寒食洛下宴游赠冯李二少尹》，曹寅编《全唐诗》卷四百四十五，中华书局 1999 年版。

② 白居易：《洛桥寒食日作十韵》，曹寅编《全唐诗》卷四百四十九，中华书局 1999 年版。

③ 《资治通鉴》卷二百八十七，中华书局 2013 年版。

④ 杜甫：《端午日赐衣》，曹寅编《全唐诗》卷二百二十五，中华书局 1999 年版。

旧来传五日，无事不称神。穴枕通灵气，长丝续命人。四时花竞巧，九子粽争新。方殿临华节，圆宫宴雅臣。进对一言重，遒文六义陈。股肱良足咏，风化可还淳。”① 民间也有相互赠送长命缕的习俗。

端午节，一般人家门上都插艾，妇女缝香囊佩戴，小孩的手腕、足踝上系五色线，修武等地还用雄黄抹小孩的鼻孔、耳孔和肛门，据说这样可以避毒驱邪，防止蛇蝎、蜈蚣侵害。

（三）七夕

据传七夕是为了纪念牛郎和织女鹊桥相会，这一天主要的民俗活动是妇女的乞巧，因此七夕节又称乞巧节。乞巧主要是妇女向月穿针引线，据王仁裕《开元天宝遗事》载：“七夕，宫中以锦结成楼殿，高百尺，上可以胜数十人，陈以瓜果酒炙，设坐具，以祀牛、女二星，妃嫔各以九孔针五色线向月穿之，过者为得巧之侯。动清商之曲，宴乐达旦。士民之家皆效之。”② 该书还记载：“七月七日，各捉蜘蛛于小盒中，至晓开；视蛛网稀密以为得巧之侯。密者言巧多，稀者言巧少，民间亦效之。”③

旧时，这天妇女会在院中呈供瓜果，向天上的织女星乞求针线、绣花技巧。据说，姑娘们还能在这天晚上听到天上牛郎、织女相会时的说话声。陕县的姑娘聚在树下听，息县的姑娘咬着丝瓜根听，方城的姑娘隐藏在扁豆架下听，等等。

三、宗教节日

（一）上元日（元宵节）

上元日与汉代的太一祠有关。在佛教传入后，上元日又增添了佛教的色彩。从《唐会要》来看，上元日并没有被列入正式的节日之中，但在民间，上元日的隆重超过了其他任何节日。

---

① 李隆基：《端午三殿宴群臣探得神字》，曹寅编《全唐诗》卷三，中华书局 1999 年版。

② 王仁裕：《开元天宝遗事》，中华书局 2006 年版。

③ 王仁裕：《开元天宝遗事》，中华书局 2006 年版。

隋唐上元日热闹非常。隋大业六年（610 年），隋炀帝在洛阳接受周边各族首领的朝见，于是从各地征召了近两万名艺人来洛阳演出，声闻数十里。隋朝上元日的核心内容变为燃灯。隋炀帝曾有诗描写洛阳灯火的辉煌：“法轮天上转，梵语天上来。灯树千光照，花焰七枝开。月影凝流水，春风含夜梅。幡动黄金地，钟发琉璃台。”①

入唐以后，上元夜灯火更盛。唐人刘肃记载：“神龙之际，京城正月望日，盛饰灯影之会。金吾弛禁，特许夜行。贵游戚属及下隶工贾，无不夜游。车马骈阗，人不得顾。王主之家，马上作乐，以相夸竞。文士皆赋诗一章，以记其事。作者数百人，惟中书侍郎苏味道、吏部员外郎郭利贞、殿中侍御史崔液三人为绝唱。”② 苏味道：《正月十五夜》诗云：“火树银花合，星桥铁锁开。暗尘随马去，明月逐人来。游伎皆秾李，行歌尽落梅。金吾不禁夜，玉漏莫相催。”③ 描写神龙元年上元夜，官府取消了通常的夜禁，洛河上的天津桥也将铁索打开听任游人往来。月光下游人熙熙攘攘，女伎则边走边唱。郭利贞的《上元》诗道：“九陌连灯影，千门度月华。倾城出宝骑，匝路转香车。烂漫惟愁晓，周游不问家。更逢清管发，处处《落梅花》。”④ 崔液更是连赋六首。通过这些诗歌，我们可以了解到上元夜洛阳城中的盛况，甚至连皇帝也混迹于百姓之中流连忘返。

近代以来，正月十五俗称元宵节。它提醒人们注意狂欢的界限，即年节已经结束，告诉人们应回到各种农事活动之中。元宵是一年中的第一个月圆之夜，旧时这天前后，家家户户张灯，尤其十五日通宵灯火通明，古代又称“灯节”。灯节一般为三天，十四日为试灯，十五日为玩灯，十六日为送灯。

中原民间元宵节活动内容丰富，规模盛大，有“小过年，大十五”之说，人们认为“春节重在礼，元宵喜在乐”。城镇搭彩棚、搞灯展、放烟火，开展各种民间文娱活动，如旱船、高跷、舞狮、竹马等。

豫东夏邑等地，家家蒸面灯，放在门槛、磨坊、鸡窝等处。豫西新安等地，多蒸各式灯盏馍，馍上有小坑插捻，加食油点燃，全家每人一捻，点着后，全家

---

① 隋炀帝：《正月十五日通衢建灯夜升南楼》，收《汉魏六朝百三家集》卷一百一十四。

② 刘肃：《大唐新语·文章》，中华书局 1984 年版。

③ 苏味道：《正月十五夜》，曹寅编《全唐诗》卷六十五，中华书局 1999 年版。

④ 郭利贞：《上元》，曹寅编《全唐诗》卷一百零一，中华书局 1999 年版。

人围观，象征光明和团圆。灯节要吃元宵，1913年因元宵与“袁消”同音，袁世凯下令改称“汤圆”。

（二）佛诞节

历史上在佛教流行的时代，佛诞日被看成节日。如唐代，释迦牟尼的诞辰是官府承认的一个非常重要的节日，为纪念佛祖诞生全国放假一天。中原地区认为佛诞是在四月初八，这一天会有浴佛、行像等活动。张籍《题清彻上人院》诗中曾提及浴佛之事：“古寺临坛久，松间别起堂。看添浴佛水，自合读经香。爱养无家客，多传得效方。过斋长不出，坐卧一绳床。”①

（三）盂兰盆会

盂兰盆会与目莲救母的故事有关。根据《佛说盂兰盆经》记载：佛的大弟子目乾（犍）连用天眼看见自己的母亲在饿鬼道受着饥饿的折磨，如处倒悬，消瘦得只剩下皮包骨头。他立即以钵盛饭，借神通力量送给母亲吃。其母抓饭，刚送到嘴边，就化成火炭，不能食用。目乾（犍）连大哭，向佛请教解救母亲的方法。佛说：“汝母罪根深结，非汝一人力所奈何……当须十方众僧威神之力，乃得解脱。”佛告诉他，只要在七月十五众僧自恣时设盂兰盆，“具饭、百味五果、汲灌盆器、香油锭烛、床敷卧具，尽世甘美以著盆中，供养十方大德众僧”，佛即命众僧在受食前“为施主家咒愿”，便可借众僧威神之力，使施主“现在父母，寿命百年，无病，无一切苦恼之患，乃至七世父母，离饿鬼苦，生人、天［道］中，福乐无极”。《佛说盂兰盆经》西晋时译成中文，由于和中国的孝道合拍，受到人们的喜爱。我国设盂兰盆会，始于南朝梁武帝大同四年（538年），以后渐成风俗，朝廷和民间都在七月十五日举行活动，成为国事大典和民间的孝亲节，以超度祖宗，报答祖德。

唐人杨炯《盂兰盆赋》曾记载武则天时一次盂兰盆会的盛况，首先指出其性质是“天子之孝”。入场开始后，“三公以位，百寮乃入。鸣珮锵锵，高冠岌岌。规矩中，威容翕，无族谈，无错立”。好像是“山中禅定，树下经行，菩

---

① 张籍：《题清彻上人院》，曹寅编《全唐诗》卷三百八十四，中华书局1999年版。

萨之权现，如来之化生。莫不汪洋在列，欢喜充庭。天人俨而同会，龙象寂而无声”。大典正式开始，武则天头戴通天冠，身佩玉玺，在洛阳城南门楼上居高临下，主持活动。上公列卿，大夫学士，稽首再拜，说道：“圣人之德，无以加于孝乎！”杨炯下面的议论，极少涉及佛教，而是借题发挥，绕了一个圈子，对政治寄托希望，说：“夫孝始于显亲，中于礼神，终于法轮。武尽美矣，周命惟新。圣神皇帝，于是乎唯寂唯静，无营无欲，寿命如天，德音如玉。任贤相，惇风俗；远佞人，措刑狱；省游宴，披图箓；捐珠玑，宝菽粟；罢官之无事，恤人之不足，鼓天地之化淳，作皇王之轨躅。”① 从这些话来看，杨炯对于礼神图箓之类的事情并不赞成，对于这次大典的过度铺张不以为然，而是希望武则天任用贤才，精简机构，实行仁政，减轻刑罚，发展农业，体恤民瘼，节约开支，敦励风俗。这完全是儒家的主张。可见，士大夫参加这样的活动，不过是佛教搭台，政治唱戏。以上这些节日活动，反映隋唐时期洛阳丰富多彩的社会生活，以及传统习俗的发展和中外融合的文化状况。

（四）腊八

腊八是腊月初八，是我国古老的传统节日。“腊”是古代的一种祭礼，即一年辛勤耕作，喜获丰收，到年底举行的一种对自然界风调雨顺的答谢祭。佛教传入我国后，据说佛教创始人释迦牟尼的成道之日也在十二月初八，因此腊八也是佛教徒的节日，称为“佛成道节”。这一天各地的寺庙一般都要施粥。

腊八要吃腊八粥。腊八粥的用料各地不同，有用米、豆、枣、红薯的，也有用胡萝卜、豆的，总之是要用八种材料做成。南阳的腊八粥里有面条，浚县有花生，陕县有核桃仁、柿饼、大米、小米，息县有莲籽，修武有豇豆、绿豆，汤阴有山药蛋，开封有百合、龙眼。

驻马店等地的幼女要在腊八时穿耳洞，以便长大后戴耳环。浚县还将腊八粥涂在果树上，据说这样做可使来年果树多结果。

---

① 杨炯：《盈川集》，文渊阁《四库全书》本。

第二节　中原庙会文化

传统的河南农村几乎村村都有庙，一般都会有庙会，对于当地人而言，庙会被看成非常隆重的节日。

一、河南庙会概况

中原地区的农村，过去几乎每个村子都有庙，可以说是“村村皆有庙，无庙不成村”。在这些庙中，一般都供奉着在本地的社神，即土地爷爷和土地奶奶。有些庙也供奉着在本地历史上有突出贡献的英雄豪杰和历代先贤。无论是原型人物的神，还是一般意义上的社神，都已经被拟人化，或者说被人格化了，他们往往都有纪念日，如生日、成道日等。在这些纪念日里，人们都会举行盛大的纪念仪式，即庙会。对于当地民众来说，这些庙会被当成非常隆重的节日，其重要程度不亚于春节。

（一）庙会的起源

庙会起源于远古的多神崇拜。但是庙会的形成，有一个历史过程，非是一朝一夕或在短时间内就可完成的。正如高有鹏所言：“庙会的起源有远源，有近源，作为一种整体形势，它是远古时代就已经形成了的，在后来社会文化发展的各个时期不断充实、完善，新的庙会不断产生着。”[①] 高有鹏总结庙会的四个要素：庙宇与神灵、祭祀仪式、社、时间单位即历法。

笔者以为，庙会的真正形成，应当是在中原地区形成稳定的农耕社会以后的事情。可以确信两汉时期就已经有了庙会。东汉末年董卓之乱时，阳城县乡民正在乡社集会，遭到董卓乱兵的屠杀。阳城县乡民的这次集会，就是一次庙会。到了隋唐时期，庙会的内容更为丰富，也更为普及。当时最为隆重的就是一年一度的春社和秋社。晚唐诗人王驾的《社日》就描写了当时春社的情形："鹅湖山下稻粱肥，豚栅鸡栖对掩扉。桑柘影斜春社散，家家扶得醉人归。”[②] 到了明清时期，庙会基本定型，与今天民间的庙会已经没有太大的区别了。

（二）庙会的种类

高有鹏将庙会划分为世俗性庙会和宗教性庙会。所谓世俗性庙会，最多的就是各地的土地庙、山神庙、城隍庙、水神庙、火神庙、三官庙，这些庙遍布中原各地，神的职能大多为保佑一方平安。还有历代先贤的纪念庙，如老子庙、关帝庙、岳飞庙、杨再兴庙等。香火旺盛的还有传说中的人文始祖庙，如伏羲庙、女娲庙、黄帝庙、神农庙等。另外，还有一些行业性保护神，如鲁班庙、药王庙等。还有一些时间久远，当地民众也说不清楚庙里究竟供奉的是什么神灵。

宗教性庙会可以分为道教庙会和佛教庙会两大类。道教是中国本土所产生的宗教，多神崇拜是其最主要的特色之一。中原地区遍布着道教宫观和庙宇，比如玉皇庙、三皇庙、老君庙、碧霞元君祠等。中原地区众多庙会大多带有道教的特色，如嵩山中岳庙，每年春秋两次庙会。佛教进入中国以后，逐渐中国化，尤其是与中国历法相结合，形成了一系列中国化的佛教节日。这些佛教节日，往往成为佛教的庙会。如正月十五上元日，就是白马寺最为隆重的庙会。

庙会还可以根据其影响大小划分为地方性庙会和地区性庙会。地方性庙会，一般都是当地的土地庙、山神庙。影响所及，最多也就是三乡五里。地区性庙会，往往是一些先贤纪念性庙宇，或者是一些远古始祖类庙宇，这类庙会的影响往往比较大，能够在一个比较广泛的区域内形成影响，甚至在全国具有较大的影

---

① 高有鹏：《沉重的祭典——中原古庙会文化分析》，河南大学出版社 2000 年版。

② 王驾：《社日》，曹寅编：《全唐诗》卷六百九十，中华书局 1999 年版。

响。如淮阳太昊陵庙会。一些香火旺盛的道教宫观和寺庙，庙会影响也比较大。

根据时间长短，庙会还可以分为短期型庙会和持续型庙会。绝大多数庙会都是短期型庙会，一天之内结束。有些庙会则会持续数日，甚至长达一个月。如中岳庙会，会期十天。淮阳太昊陵庙会是从二月二持续到三月三，一月有余。有的庙会一年举行一次，有的庙会一年举行数次。

除此之外，还有一些虽然号称庙会，其实已经变相成为集贸和娱乐的集会。如宝丰县的马街书会、漯河牲口会等。

（三）庙会的会期

庙会日期的确定各有来历，一般来说，随着寺庙的祭日或岁时农事需要而定。寺庙祭日多以寺庙所奉祀的神仙（人）的诞辰日为祭日，所谓的诞辰日期有些确有实据，有些则是出自传闻。如火神庙会，定于正月初七，相传此日为火神生日。药王庙会定于四月二十八，相传是唐代著名医学家孙思邈的生日。关帝庙庙会定于五月十三，相传此日为关羽生日。祖师庙庙会定于三月三，相传此日为祖师生日。玉皇庙庙会定于六月初五，相传此日为玉皇生日。财神庙会定于七月二十一，相传此日为比干生日。这些纪念日当然不能被看成是信史，但是当地民众深信不疑。会期的确定，彰显了庙会信仰的特点。

庙会一般一年一次，也有一年两三次，甚至多次的。庙会会期有长有短，短的一两天，长的可达月余，如淮阳县太昊陵庙会，从农历二月初二到三月初三为止。一般庙会多为三日，第一日为正会日，会前一天称“起会”，会期最后一天称“末会”。会期发展趋势由短变长，时间长的有以下原因：一是当地经济比较繁荣；二是该寺庙在当地人们心中的地位和威望高；三是庙会会场地理环境优越，交通便利。

从总体上看，庙会会期的时间每个月都有，但各个月数量不一样。庙会多在每年农历的正月到四月之间，尤以三月、四月最盛。这种会期的安排反映了庙会与农业密不可分的关系，春夏之交是农民春耕与准备夏收的季节，因而庙会多安排在此时举行。正月、二月庙会亦占有一定的比例，体现了庙会安排中劳逸结合的原则。

（四）庙会的娱乐

传统的中原庙会，内容十分丰富。庙会的首要内容是祭祀。当地民众都把庙会当成节日来过，三乡五里的亲友都来赶会。因而，庙会是一个非常重要的集贸市场，商品琳琅满目，可谓应有尽有。庙会也是一种非常重要的娱乐平台。

传统的中原农耕生活，日出而作，日落而息，面朝黄土背朝天，日复一日的苦作，不仅辛苦，而且也十分沉闷。只有在节日期间才能有难得的放松和娱乐。中原民众的宗教信仰，具有十分强烈的世俗特色。祭祀神灵是一个重要手段，就是通过娱乐的方式使神灵感到快乐，从而更好地履行其护佑苍生的职责。因而，中原地区许多庙宇都建有戏台，如洛阳关林庙的大门南边，正对着关林庙就建有一座戏台。庙会活动的一个重要内容，就是请戏班子来演戏。

一般而言，庙会之前约请好戏班，俗称写戏。根据财力和庙会的规模，唱大戏少则一台，多则数台、十数台。演出剧目可具体指定，称“点戏”。在豫西灵宝一带，演戏时还要推举精通戏剧知识的“戏母子”，由他负责监督戏班演唱中戏剧台词、唱腔、招式和戏剧情节。如有失误，随时批评指正，并有权责令戏班停演及罚扣其所定酬价。

庙会不仅有戏曲，而且也有各种杂耍表演，如高跷、旱船、竹马、狮子、龙灯、推小车、抬花轿、马戏、擂大鼓等。在豫东一带的农村，还流行肘歌、驮歌等。肘歌和驮歌据说已经有五百多年的历史。所谓驮歌，就是有小演员站在成年人的肩头，由成年人驮着他进行表演的一种歌舞。作为一种古老的汉族民间艺术，肘歌的演出由上下两部分组成，上为表演者，均系少儿孩童，下为支撑者，多为有民舞技艺的青壮年男子。支撑者腰间绑缚一铁架，卡在双肩与前胸，用绳子在身后绑牢，铁架在手臂一侧向上延伸，高出头顶，再采用公母榫眼相扣，另固定一铁架，用作支撑表演者站立。执撑者身着戏剧服装，用手握扶铁架，以袖遮掩。根据节目内容，把铁架彩绘成花、木、禽、鱼、古代兵器或生活器皿等。表演者根据曲目着装，把一只脚和小腿绑缚固定在支撑铁架上，另一只脚、小腿和双臂扭动、摆动，进行表演。支撑者在打击乐和八音班的伴奏下，踩着鼓点节拍，且行且舞，走“乌龙摆尾”、“龙亲嘴”、“秧歌”（前八步、后八步）、“剪子股”（内八形、外八形、内剪股、外剪股、交叉成剪子形）等民间舞步，并前后随意穿插变换队形，多在街道、大院场中表演。肘歌、驮歌已经被列入国家级非物质文化遗产名录。

二、著名庙会举例：淮阳县太昊陵庙会

中原地区有许多著名的古庙会，如驻马店的盘古山庙会、商丘的火神庙庙会、新郑具茨山黄帝庙会、浚县古庙庙会等，其中以淮阳的太昊陵庙会规模最大，影响最广泛。

太昊陵是太昊伏羲氏的陵庙，位于周口市淮阳县城北1.5公里处。淮阳古为陈国，传为伏羲之都。据文献记载，春秋时已有陵墓，汉代在陵前建祠。宋太祖赵匡胤诏立陵庙，又大事建筑。明太祖朱元璋曾亲临祭祀，明清对陵庙建筑屡加修葺。太昊陵规模宏大，占地800亩，建筑雄伟，殿宇巍峨，结构仿明皇宫，分内城和外城，内城叫紫禁城，外城叫皇城。陵园内，殿宇琉金，楼阁掩翠，金碧辉煌。沿中轴线由南向北，依次建有九龙壁、午朝门、玉带桥、道仪门、先天门、太极门、钟鼓楼、统天殿（大殿）、显仁殿、太始门、陵垣门、伏羲陵、蓍草园。大殿高17米，面积360平方米。殿内伏羲塑像高5米。殿前有7级台阶，可供千人同时参拜祭祖。

伏羲氏一直都被认为是华夏人文始祖之一，在很多地区都有伏羲崇拜的现象。中原地区的民众，十分崇拜伏羲，将伏羲称为人祖爷。太昊陵庙会时间为每年农历二月初二到三月初三，时值新春伊始，冻土未消，民间正闲。方圆数百里的群众均到此赶会、进香。尤其是二月十五，更被认为是人祖爷的生日。

官方的祭祖大典一般在农历二月初二举行，规格为最高的太牢祭祀，即牺牲用纯色的全羊、全牛、全豕三牲。大殿祭台中央放置祭案，上摆三牲五谷、时鲜水果及香烛等祭品。程序依次是：献香、献爵、献祭文、演奏祭祀羲皇的盛大乐曲。所有参与祭祀人员双目正视伏羲像，默念伏羲历万世而不朽的功德。

大典结束后是持续一个月的民间祭拜。赶庙会的群众一般数十人结为一“会”，推一人为“会首”，其余进香者称为“斋公”。进香者排着长队，打着龙旗，带着社火表演队及响器班子，抬着供品，捧着高香，一路吹吹打打，载歌载舞而来。到陵庙午朝门前便鸣锣叩头，一路烧香放鞭炮，直到统天殿前。有的善

男信女则抬着高至二三米，全用香扎成楼阁式的香楼，到陵墓前焚烧。

伏羲既为人祖，掌管着生育繁衍的大事，所以来太昊陵求子的特别多。求子程序有两项内容：

一是摸子孙窑或说叩子孙窑。显仁殿东北角墙壁上，离地五尺高的一块青石板上有个十分光滑的石孔，俗称“子孙窑”，据说女人摸摸叩叩就会怀孕生孩子。每逢太昊陵庙会期间，子孙窑前人挤人、人扛人、人驮人，争相叩摸子孙窑。

二是到显仁殿女娲奶奶跟前拴娃娃。显仁殿的女娲奶奶像前的香案上放着很多光肚泥娃娃，求子的女人在女娲奶奶像前跪拜祷告，并许下心愿，然后给旁边的道人一些钱，掏出事先备好的红线拴住自己看中的泥娃娃，藏在衣襟下迅速离去，嘴里不停呼念道士给孩子起的名字或自己事先想好的名字，一直到家，把娃娃藏在妇女的床沿席下，如果三年内怀孕生子，那就是女娲奶奶赐给的孩子。

庙会期间有各种各样的民间娱乐活动，其中以杂要表演为最多，狮子、龙灯、竹马、旱船等应有尽有。

与其他庙会相比，太昊陵祭祖庙会有两个十分独特的特色。一是“担经挑”，也称“担花篮”，是原始的祭祖悦神的舞蹈。经挑舞每班四人，三人担花篮，一人打竹板，以数唱形式伴舞，三副经挑，六种花篮，边舞边唱。二是在庙会上随处可见泥泥狗。泥泥狗也称太昊陵狗、陵狗，以黄淤泥捏制，黑色为底，然后用红、黄、白、绿、粉五色绘以点线结构的图案。黑色代表龟蛇崇拜，红和白色则意味着生命、生殖。泥泥狗的造型多样，有草帽老虎、人面猴、对脸人、猴头燕、双头狗等，腹部绘有女性生殖器图案，表现了在龟蛇崇拜基础上的女性生殖崇拜。泥泥狗是伏羲、女娲抟土造人功绩的活化石。

如今的大昊陵庙会，规模更加宏大，朝圣者已遍及周边数省。庙会期间，每天人流量有20多万人，高潮时有40多万人。由于人潮汹涌，会期又长达一个月，人们在祭祖进香的同时，利用各种形式进行物资、文化交流。不少国际学者、友人也都在此期间来太昊陵寻古探幽，研究古老的东方文明，港、澳、台同胞以及侨居国外的华夏子孙，每年都组团来太昊陵寻根问祖，并以到伏羲陵前谒祖朝拜为荣，以示不忘祖先，不忘自己是龙的传人。

第三节　中原婚丧文化

婚丧嫁娶是非常重要的民俗活动，这些活动的背后，体现了中原人民对婚姻和生命的重视。

一、婚嫁

早在先秦时期，周公制礼作乐就包括了婚礼。虽然我们今天不能用《仪礼》来直接说明周公制礼作乐的内容，但是《士婚礼》依然可以一窥先秦时期婚礼的大概。而且西汉时期儒家被奉为一尊以后，《仪礼》对社会生活起到了很大的指导作用。其中《士婚礼》所确定的婚礼程序，成为后世婚礼的基本指导原则，后世婚礼基本上按照《士婚礼》的六道程序来举行。

（一）纳采

民间称为提亲，一般由媒人充当中介进行说合。婚姻大事，双方家族首先要有联姻的愿望。

（二）问名

按照古礼，男女之间不能随便问对方的姓名。在纳采程序过后，如果女方同意这门婚姻，会把女方的姓名以及生辰八字等基本信息告知男方。

（三）纳吉

男方在得到女方的姓名、八字等信息后，一般要请人进行占卜，看两个孩子是否合适。如果占卜的结果非常吉利，男方一定要将占卜的结果通报女方。

（四）纳征

如果双方占卜结果非常吉利，那就要正式确立婚姻关系。纳征，就是民间所说的下聘，或者叫定亲。在中原地区民间，定亲基本意味着双方婚姻关系已经确立，不能轻易反悔。定亲还要举行一个非常隆重的仪式，告知亲朋。同时，下聘的时候，往往还要送给女方一笔不菲的聘礼。不同时代，聘礼有不同的含义。在古代，孩子结婚后，对于女方家长而言，意味着孩子的他者化，也就是自己养了十多年的孩子成了别人家的人，所以给女方家长一定的补偿也是合理的。但是，在一些地区，聘礼往往演变成买卖婚姻，这是一种亟待革除的陋俗。

（五）请期

下聘之后，双方婚姻关系确立，接下来就要为正式的婚礼做准备。婚礼的日期必须确定下来。一般来说，要请专门的巫师或道士之类的帮忙挑一个好日子，俗称"看好"。中原地区民众一般喜欢用农历双日子，或者五一、十一之类的日子。另外，临近年底的日子也被认为是好日子。在确定了婚礼的日子以后，一定要通知女方，这个程序称为"送好"。

（六）亲迎

亲迎，也称迎亲，是婚礼的高潮。

在亲迎之前，男方一定要布置好新房，结婚用的被子等。要请儿女双全、父母健在的妇女用红线来缝制。前一天，还要请新郎的弟弟或侄子陪着新郎一起睡，俗称压床。洛阳一带认为当晚若被小男孩撒上一泡尿就更好，预示着很快会生个男孩。有的地方不要求新郎必宿此床，但由弟、侄压床是不能少的。结婚当天，会在新房的被子里放上枣、栗子、花生等东西，寓意早生贵子。

婚礼当天，男方亲自到女方家中迎娶新娘。在中原地区，婚礼无论如何减省，亲迎这道程序是绝对不能省掉的。过去，中原地区迎亲要用花轿，花轿由男方家中出发时，坐有压轿童。新娘上轿时，脚不得沾地，由哥哥或舅舅背送到轿上。起轿时，新娘必须哭，以示惜别和感谢父母养育之恩。迎亲花轿，来回不能走同一条路，一般采用逆时针方向，去时走右边，回时走左边。相传走重路会只生女不生男，或只生男不生女。

花轿抬到婆家之后，新娘双脚也不能着地，必须走在红毡或布袋上。两边有人将红毡或布袋依次向前递进，称为“传袋”，寓意传宗接代。

新娘进门后，举行的最隆重的仪式就是拜堂，即拜天地、拜父母、夫妻对拜。旧时都是跪拜，现在改为鞠躬，拜天地一般也省了。

中原地区的婚礼，都是在中午举行，而且强调婚礼必须在正午之前开始。但是在古代，婚礼都是在傍晚时分举行。所以，拜完天地就入洞房了。如今南方地区还保留着傍晚举行婚礼的习俗。

在古代，“婚礼不贺”，婚礼不接受祝贺，因为子女的婚礼，意味着父母的老去，这是一件让人伤感的事情。但是，后世婚礼已经成为民众联络感情的一个重要平台，婚礼的一个重要内容就是大宴亲朋。

送走亲朋，晚上夫妻双方进入洞房，还要举行合卺礼，即喝交杯酒。旧时多举行“撒帐”仪式，即由儿女双全的与新郎、新娘同辈的中年妇女把五谷、花生、大枣等撒到新郎、新娘的帐子里，边撒边唱，祝愿新人吉祥如意、白头到老。接着新郎、新娘喝交杯酒，表示相亲相爱，永结同心。喝完交杯酒后，有人端上饺子，饺子多不煮熟，这时外边有人问新娘：“生不生?”新娘必答：“生。”婚日当晚，喝过交杯酒，闹洞房随即开始。主家设宴邀请给新婚送礼的朋友、邻居们前来，一是致谢，由新郎新娘给大家倒酒；二是让“闹”，图个喜气。新婚闹房，中国皆然，有的颇为荒诞，有的颇为粗俗，总之各有各的招数。

闹完洞房，亲友并没有立即离去，有的地方还有听房的习俗，人们躲在外边窗下听。俗称小两口此晚一定要说话，不说话不好。俗语云：“小两口，不说话，生个小孩儿是哑巴。”若谁家结婚没人去闹房、听房，还得请人去闹去听。

婚礼至此并没有完全结束。次日清晨，新娘要拜见公婆，称为开拜。同时，婚礼第二天新娘的娘家人还要到新郎家里，称为瞧亲，主要起到娘家安慰闺女的作用。婚后的第三天，新娘第一次回娘家，称为回门，也是非常隆重的仪式。

二、丧葬

“慎终追远”是中原民众的重要思想特征，葬礼是中原民众最为看重的礼仪之一。在葬礼中，不仅追思逝者，而且进一步彰显活人的亲情。整个葬礼，可以分为葬前、安葬和葬后习俗。

（一）葬前

1. 送终

根据儒家经典的记载，丧礼的第一道程序叫“属纩”（zhǔ kuàng），即病人临终之前，要用新的丝絮（纩）放其口鼻上，试看是否还有气息。古人讲究寿终正寝，一般而言，老人临终前渴望能在自家里去世。临终必须是在堂屋正当屋。

老人弥留之际，儿女亲友侍奉守候在其身旁，听取遗愿、遗嘱，一直至其咽气，俗称送终。老人如有子女送终，则谓之“得际”，是有福气的表现。

老人已断气，但身体未凉、肢体未僵之际，子女要抓紧时间为其整容、剃头、梳髻和擦澡净身。穿寿衣前，子女要为老人穿“暖衣”，即把寿衣一件件穿在自己身上套好，再给老人穿。更衣之举，文献中称之为“小殓”，潢川县一带今俗称“装老”。穿寿衣时，亲人均不能哭泣，以免泪洒死者身上，使其到阴间受罪。

2. 发丧

死者穿好寿衣后，便移到草铺上。草铺即停尸板，多设在正房中央迎门处。让亲友悼念。也有将死者放入棺木之中，但是并不将棺木钉死，南阳等地称为“停灵”。

停灵时，要在死者脸上盖以黄纸，表示不忍再看死者面孔。用麻纰捆住死者双足，称为“绊脚索”。在死者脚前点燃油灯，称为“长明灯”。在死者头前放瓦盆，称为“老盆”。老盆的用处，各地不完全一样。方城用以烧纸钱，林州用以给死者供饭，新县是为老人断气后擦洗身体用的。

3. 报丧

家中有人亡故，遣人通知近亲好友及时赶回，并参与安葬事宜，是为“报丧”。报丧多由孝子前往，同时也要派人或带信告知其他亲戚朋友。现代多发讣告。

4. 吊孝

亲戚朋友得到消息后，要赶到死者灵前拜祭，称为“吊孝”。旧时，吊孝者要烧纸，并用古礼跪拜。不论吊孝者年纪大小，孝子都要向他叩头致谢。

5. 戴孝

戴孝，民间称“穿孝”“护孝”。孝指孝衣。戴孝最富礼义，所以一点儿也不能马虎。民间要求亡者子女穿重孝，即戴白布孝帽，穿毛边白大褂孝衣，腰束生麻，手持哀杖等。再则要往鞋上糊孝。家族中该穿孝的人各拿一双鞋，按辈分高低、血缘远近，用白线在鞋面上缝孝布。孝鞋不能换布，否则对死者不吉利。孝鞋也不能撕，撕孝就撕死者的皮，死者会报复的。

根据《仪礼·丧服》等记载，根据与死者血缘关系的远近，人们要穿五种不同的丧服，分别是：斩衰、齐衰、大功、小功、缌麻。

斩衰（衰读为 cuī）是五服中最重的丧服。用最粗的生麻布制作，断处外露不缉边，丧服上衣叫“衰”，因称“斩衰”。表示毫不修饰以尽哀痛，服期三年。古代，诸侯为天子，臣为君，男子及未嫁女为父，承重孙（长房长孙）为祖父，妻妾为夫，均服斩衰。

齐衰（音资崔），丧服名。齐，下衣的边。齐通缵，衰通縗，是次于“斩衰”的丧服。用粗麻布制作，断处缉边，因称“齐衰”。服期分三年、一年、五月、三月。服齐衰一年，用丧杖，称“杖期”，不用丧杖，称“不杖期”。周代，父在服齐衰杖期，父卒服齐衰三年。唐代，父在、父卒为母皆齐衰三年；子妇为姑（婆）亦齐衰三年。

大功，亦称“大红”。丧服名，是次于“齐衰”的丧服，用粗熟麻布制作。服期为九个月。清代，凡为堂兄弟、未嫁堂姊妹、已嫁姑及姊妹，以及已嫁女为伯叔父、兄弟，均服“大功”。

小功，亦称“上红”。丧服名，是次于“大功”的丧服。用稍粗熟麻布制作。服期五月。清代，凡为伯叔祖父母、堂伯叔父母、未嫁祖姑及堂姑，已嫁堂姊妹、兄弟妻、再从兄弟、未嫁再从姊妹，又外亲为外祖父母、母舅、母姨等，均服小功。

缌（sī）麻，丧服名，是次于“小功”的丧服。“五服”中最轻的一种。用较细熟麻布制作，做工也较“小功”为细。清代，凡男子为本族曾祖父母、族祖父母、族父母、族兄弟，以及为外孙、外甥、婿、妻之父母，表兄、姨兄弟等，均服缌麻。

人们往往用是否出“五服”来作为血缘关系远近的一个标志。血缘关系远的话，就不再穿丧服。同五世祖的亲属为袒免亲，即所谓“素服”，也就是用一块白布缠头而已。

另外，孝子百日不剃头，胡子多了也不能剪，五七内孝子不能洗脚，不然，洗脚的脏水会让阴间的父母替喝。家有丧，春节期间的春联也要改变，一般是头年春上不贴对联。

（二）安葬

1. 入殓

入殓也叫入棺、入木，就是把亡人从灵床上放入棺木。入殓前，要把棺材再行检点，往里放些石灰或青灰，还有用彩纸甚至绸子装饰。装殓时，忌尸体见阳光。入殓时，长子捧头，闺女抬脚，其他子女则一起架尸体缓缓放入棺内。修武等地入殓时要由大女儿抱着死者的头放入棺内。

2. 送葬

送葬即出殡，是把灵柩运送到埋葬或寄放的地方，是丧事活动的高潮。出殡要择吉日进行。夫妻中单亡者，要选在单日出殡，否则对活着的配偶不吉利。如果已有先亡者，则属双亡，单日、双日均可。

根据儒家典籍的记载，过去天子去世七月而葬，因为天下最边远的民众听到天子去世的消息赶到都城，需要七个月的时间。诸侯、大夫、士人、庶民，停灵的时间依次递减，后世普通民众在去世后的三到五天安葬。

具体出殡时间的安排，多以家距茔地的远近而定。一般为早饭后出殡，最迟者也不可超过中午时分。对于应在单日葬而因故必须在双日殡的，则要到午后进行，也有些地区是下午出殡。

出殡前，为方便各家亲友吊唁、祭奠，丧家在大殓后未设灵棚者，多在大门旁边临时搭起灵棚，并行“移灵礼”，将灵柩由灵堂移至灵棚。

出殡的早晨，孝子要到祖先堂前行辞祖礼，在沁阳一带，女婿还要向灵柩行祭拜礼。

灵柩起动时，要在门口路上迎着灵柩把老盆摔碎，称为“摔老盆”。中原绝大部分地区摔老盆的都是长子或长孙，因为牵涉到继承权问题，不能让别人摔。但也有少数地方，如修武，摔老盆可以是长媳，方城可以是女婿。

大型送殡队伍最前面是捧纸扎者，有十数人或数十人。紧跟纸扎队伍的是响器班。响器班后是抱灵牌、扛招魂幡的长子、长孙以及手执哭丧棒、怀抱“宝贵馍”的诸孝男，其后是灵柩。送殡队伍通常由本族一男性长者或亡者女婿在前导引，沿途抛撒纸钱。凡行到十字路口，诸孝眷都要面向灵柩，跪地烧纸致祭。

路祭者拦路时，桌上还放有香烟等。路祭时，送殡的响器便尽情吹奏一番，祭桌上的香烟，实际上是为他们而设。不管何人路祭，孝子均要跪地等候。灵柩行至要道或上坡、道路坎坷时，孝子都要跪地等候，向抬龙杠者致谢或加以犒赏。

3. 安葬

棺木送到墓地，抬龙杠者要快跑几步，孝子们也跟着快跑，民间称为“抢穴”。随后，停下来，把棺架放在地上，用绳子把棺材兜起以便下葬。此时，行墓祭礼，众人一起向入墓棺材方向行四叩礼，礼毕即行安葬礼。

下葬时，郑州等地媳妇、闺女要下墓坑里扫墓。在巩义、郑州等地，棺材放平稳后，要在棺上铺红纸一张，随后于红纸上放弓一把、箭三支，最后再把画有镇邪符号的布瓦放一片在纸上，布瓦四角多写“天下太平”祝词，有了这些镇物，亡人即可安息。封墓时，普遍由孝子铲第一锹土。封土后，将引魂幡、哭丧棒插于坟前或坟后，并焚烧纸扎的金山、银山、金童、玉女、摇钱树、聚宝盆、车、马、房屋及各种生活用品。

（三）葬后

1. 除丧

出殡后，族人或厨师立即将灵堂中的铺草等一并清除焚烧，俗称“除丧”。并将室内打扫干净，供上家神。有的还把死者生前所用的衣物，抛于房顶，待太阳晒干后再分与诸子女。

2. 谢孝

葬后第二日，孝子要行酬谢礼，俗称“谢孝”“收泪”。谢孝时，首先要挨门挨户向邻里磕头致谢。致谢一般不进门，站在被谢者院门外，邻里多在院内以“一说都有”作答而不出门。

3. 做七

佛教认为人死要托生，七天一次机会，第七个七天，一定会托生出去。因此，每个七天，子女都要烧纸祭奠一次，称为“做七”。“五七”要隆重，“七七”称为“尽七”，晚辈要穿孝衣上坟大祭一次。

4. 守孝

孝子在一定时期内停止娱乐和社交活动，对新丧老人进行哀悼。旧时守孝期限一般为3年。“尽七”之后有“百日祭”，每逢周年有“周年祭”。其中第三个周年，祭礼最隆重，称为“三年祭”，为最后一次祭奠。以后除孝，一切恢复正常。

根据儒家经典，孝子在亲人去世后的头三天不能吃东西，之后也是逐渐添加食物，到三年丧结束的时候恢复正常。也不能住在房子里，要居庐，住在守丧的房子中，专门守孝。守孝期间，还要“寝苫枕块”，睡在草荐上，头枕着土块。

第四节 中原饮食文化

告子曾经说过："食、色，性也。"① 饮食是生命得以延续的基本前提，不过随着人类文明的演进，饮食也逐渐被赋予了文化的色彩。

一、河南饮食文化概况

中原地区，地处黄河中游，物产丰富，得天独厚，各种食材为中原饮食文化的发展奠定了坚实的物质基础。

比较名优的原料有桐柏山、大别山、伏牛山的猴头菇、竹笋、鹿茸菜、羊素肚、木耳、蘑菇、荃菜等；平原河网地区的猪、鸡、牛、羊、鸭、鱼、蛋等十分丰富，特别是黄河鲤鱼、固始黄鸡、南阳黄牛、淇县双脊鲫鱼等都是闻名海内的名贵烹饪原料。这些原料为豫菜提供了雄厚的物质基础。

中原饮食文化历史悠久，从出土文物来看，早在史前时期中原地区的饮食就已经十分丰富了。可以说，水陆珍馐，应有尽有。

4000多年前，夏启在禹县为诸侯设宴，史称"钧台之享"，是我国史载最早的宴会。殷商开国之君商汤曾经得到过一个重要的助手，他就是伊尹。相传，伊尹出生于嵩县一带，擅长烹调，被称为"宰相厨师"。据说，伊尹从烹饪中认识到治国理民的理念，鼎和五味，治国也就协调。伊尹被后代尊称为烹调始祖。我

① 《孟子·告子上》。

国最早的烹饪理论——《本味篇》，据说就是伊尹初见商汤时的谈话内容。

周朝以后，随着社会经济的发展，烹调——尤其是宫廷烹调发展很快，宫廷中专设了掌管膳食的官吏“亨人”（亨同烹）。同时，西周初年周公制礼作乐，影响到社会生活的诸多方面。其中饮食也被纳入礼的规范之中。钟鸣鼎食被认为是贵族饮食的标志之一。

先秦时期人们的饮食已经区分了主食和副食。所谓主食，就是各种谷物加工之后的食物，为人们提供足够的能量。所以中原民众也被称为“粒食之民”。副食，则是蔬菜、肉类等调剂人们口味的佐餐之物。先秦时期，菜肴的烹饪方式主要是用鼎来烹。老子曾说：“治大国若烹小鲜。”小鲜指的是小鱼，治理一个大国就如同烹煮小鱼一样，不能频繁搅动，要保持政策的连续性和稳定性。

当时人们用鼎来烹煮食物，不过食用的时候，却要分餐。人们跪坐在各自的席子上，面前放一个矮小的几案。食物烹煮好了以后，从鼎里盛入杯中，分到每个人面前，大家分而食之。《史记》中就记载了郑国一次因烹煮引发的政变：“灵公元年春，楚献鼋于灵公。子家、子公将朝灵公，子公之食指动，谓子家曰：‘佗日指动，必食异物。’及入，见灵公进鼋羹，子公笑曰：‘果然！’灵公问其笑故，具告灵公。灵公召之，独弗予羹。子公怒，染其指，尝之而出。公怒，欲杀子公。子公与子家谋先。夏，弑灵公。”① 楚汉相争时，项羽也曾将刘邦的父亲绑到两军阵前，威胁刘邦如果不投降就将其父亲烹掉。刘邦却说：“吾与项羽俱北面受命怀王，曰‘约为兄弟’，吾翁即若翁，必欲烹而翁，而幸分一杯羹。”②

秦汉时期，中原地区的饮食文化更加丰富。在新密市打虎亭汉墓中，刻有一幅《庖厨图》，上面逼真地刻有杀鸡宰鸭、杀牛宰猪、负薪烧火、汲水酿酒、磨豆腐以及煮肉烹鱼的图画。曹植有诗云：“置酒高殿上，亲友从我游，中厨办丰膳，烹羊宰肥牛。”③ 描写的就是宾朋宴飨的场景。

秦汉时期，气候发生重大变化，从汉武帝以后气候开始转冷。先秦时期中原地区曾种植水稻，随着气候的转冷，中原地区没有办法再种植水稻。朝廷极力推广“宿麦”——冬小麦的种植。

---

① 司马迁：《史记》卷四十二《郑世家》，中华书局 1982 年版。
② 司马迁：《史记》卷七《项羽本纪》，中华书局 1982 年版。
③ 萧统：《文选》卷二十七《箜篌引》，中华书局 1977 年版。

随着冬小麦的普及，中原地区民众的日常主食也转变为以面食为主。起初，人们将麦粒煮成麦饭来吃。由于麦粒很硬，煮熟之后仍十分坚硬，很难消化，所以麦饭被当成粗粝的食物。东汉初年，光武帝刘秀在河北地区受到王朗的追击，一度绝粮，多亏冯异为刘秀煮了点儿麦饭才得以渡过难关，对这顿麦饭，刘秀记忆深刻。

后来，为了利于消化，人们将麦子碾碎来吃，于是就催生了面粉。有了面粉以后，人们的主食变得丰富起来。首先是将面粉擀成饼状，煮熟了吃，被称为汤饼，也就是后世的面片儿汤。跋扈将军梁冀曾经在汉质帝所吃的汤饼中下毒，毒死了汉质帝。后来人们将面饼切成条就成了索饼，这就是后世的面条。时至今日，中原地区的民众依然将面条作为主食。

东汉时期，人们发明了发面技术。发酵技术早在先秦就已产生，后来人们将发酵技术运用到面食的加工中，于是就有了馒头。

魏晋南北朝时期，贵族们更是将饮食推向了极致，西晋末年贵族何曾每天饮食要花费万钱，还要说“无下箸处”。北魏时期的洛阳城，十分繁华，洛阳城中的饮食也很有特色，催生了一些有名的饭店。如洛阳阊阖门外就有一家叫作“张主羹”的饭店，“水产陆贩，随需而供，每节则专卖一物，遍京辐凑，号曰浇店”，新年出售的是元阳脔，正月十五上元日卖的油饭叫油画明珠，正月初七日卖的叫六一菜，二月十五卖的叫涅盘兜，清明卖的叫手里行厨，寒食节卖的叫冰凌粥……①

南北朝时，佛教极盛，仅嵩洛一带就有名寺一千多所，大批厨僧（尼）潜心研究斋饭，寺庵菜应运而生，成为豫菜的一个组成部分。

唐代诗人王维《洛阳女儿行》中有“侍女金盘脍鲤鱼”的诗句②，描写洛阳饮食的精美。隋唐洛阳城，洛河穿城而过。洛河上有一座最著名的桥，叫天津桥，即今天的洛阳桥。洛阳桥头有一家酒楼，名叫董家酒楼。李白非常喜欢这家酒楼，后来还曾有诗写道：“忆昔洛阳董糟丘，为余天津桥南造酒楼。黄金白璧买歌笑，一醉累月轻王侯。”③

---

① 陶宗仪：《说郛》卷九十五上，《说郛三种》，上海古籍出版社 2012 年版。

② 王维：《洛阳女儿行》，曹寅编《全唐诗》卷一百二十五，中华书局 1999 年版。

③ 李白：《忆旧游寄谯郡元参军》，曹寅编《全唐诗》卷一百七十二，中华书局 1999 年版。

到了北宋，东京汴梁是全国的政治、经济、文化中心和中外贸易枢纽，商业十分繁荣。据《东京梦华录》记载：“东华门外，井市最盛，盖禁中买卖在此，凡饭食、时新花果、鱼虾鳖蟹、鹑兔脯腊……无非天下之奇。其品味若数十分，客要一二十味下酒，随索目下便有之。”① 作为北宋首都的开封城，达官显贵云集，正如侯彦喜、梁留科所言：“北宋时期，开封政治、文化和交通的中心地位为饮食文化繁荣提供了消费群体……他们对美食佳饮的追求对北宋开封饮食文化的繁荣起着举足轻重的作用，在为开封的饮食消费提供广阔市场的同时，也有力地促进了开封饮食烹饪技术的提高。”② 在河南偃师出土的宋代烹调画像砖上，刻画着一位妇女，高髻云鬟，丰姿绰约，从容挽袖。该妇女面前方桌上放着圆砧，砧上有一条鱼，砧旁有刀，刀边又有三条鱼。桌前燎炉一架，炉火熊熊，釜水沸腾。宋代可谓是豫菜史上的鼎盛时期，豫菜形成了色、香、味、形、器五性俱佳的完整体系，有宫廷菜、官府菜、市肆菜和寺庵菜等。

二、著名豫菜

（一）洛阳水席

洛阳水席有一千多年的历史，具有如下特点：一是有荤有素，素菜荤做，选料广泛；二是有汤有水，味道多样；三是上菜顺序有严格的规定，搭配合理。所谓水席有两个含义：一是全部热菜皆有汤；二是热菜吃完一道，撤后再上一道，像流水一样不断地更新。全席共设24道菜，包括8个冷盘、4个大件、8个中件、4个压桌菜，冷热、荤素、甜咸、酸辣兼而有之。上菜顺序极为考究，先上8个冷盘作为下酒菜，每碟是荤素二拼，一共16样；待客人酒过三巡后再上热菜，首先上4大件热菜，每上一道跟上两道中件，美其名曰“带子上朝”；最后上4道压桌菜，其中有一道鸡蛋汤，又称送客汤，以示全席已经上满。热菜上桌必以汤水佐味。

洛阳水席中的首菜是牡丹燕菜，以白萝卜丝为主料，以水发鱿鱼、水发海

---

① 孟元老：《东京梦华录》卷之一《大内》，中华书局1982年版。

② 侯彦喜、梁留科：《北宋时期开封饮食文化繁荣机理分析》，《商业研究》2008年第6期。

参、火腿、香菇等为配料制作而成，又用其制成一朵牡丹花作点缀。此菜因萝卜丝酷似水发后的燕窝细丝而称“燕菜”。1973 年 10 月，加拿大总理特鲁多访华时，周恩来总理亲自陪同他访问洛阳。10 月 14 日的午宴上，洛阳名厨王胡子和崔学礼合作，制作一道传统的燕菜，并雕了一朵牡丹花浮在菜面上，以示洛阳特色。该菜清香利口、风味独特，受到两位总理的赞赏，周总理遂把该菜叫作“牡丹燕菜”。

（二）鲤鱼焙面

鲤鱼焙面是河南的一道名菜。取一斤半左右的黄河鲤鱼，经初步加工后，两侧解成瓦垄形花纹，下油锅炸透，然后用适量白糖、香醋、姜末、料酒、食盐、葱花等作料，兑入开水，勾入水芡，用旺火热油烘汁，至油和糖醋汁融合后浇在鱼身上即成。此菜色泽红亮，鱼肉鲜嫩，甜中透酸，酸中微咸。焙面又叫龙须面，细如发丝，不零不乱，用油炸后，色泽金黄，蓬松脆香。糖醋溜鱼和焙面搭配起来，珠联璧合，相得益彰。吃过鱼后，再把鱼汁重新烘一下，倒在焙面上，吃后既有鱼肉鲜嫩之美，又有焙面酥香之乐，起到一盘菜肴两种风味的效果，故有“先食龙肉，后吃龙须”的美谈。

（三）道口烧鸡

道口烧鸡是道口镇义兴张烧鸡的略称，产于河南滑县道口镇，创始于清顺治十八年（1661 年），距今已有三百多年的历史。乾隆五十二年（1787 年），义兴张传人张炳得御厨姚寿山所传“要想烧鸡香，八料加老汤”的诀窍，所制烧鸡被世人称为色、香、味、烂“四绝”。道口烧鸡色泽鲜艳，造型美观，芬芳浓郁。提起鸡腿一抖，鸡肉与骨头自行分离，酥烂可口，令人拍案叫绝。

（四）套四宝

“四宝”为鸭、鸡、鸽、鹌鹑。以上“四宝”既要剔除骨架，又要保持外形完整。然后将“四宝”首尾相照，身套身，腿套腿，成为一体。套时，先将鹌鹑肚里填充海参、香菇，并用针把破口别住，在开水锅中焯一下，套入鸽子内；接着用同样的方法套入鸡、鸭腹内，再配以作料，装盆加汤，上笼蒸五个小时左右，从里到外，通体酥烂，色泽光亮，原汁原味，不肥不腻，醇香扑鼻。

（五）马豫兴桶子鸡

马豫兴桶子鸡是开封历史上独具一格的回族食品。据考证，在北宋时期就有一家酒楼擅长烹制桶子鸡，后随宋室南迁，遂在南京开业，历数百年不衰。清咸丰五年（1855年），桶子鸡创始人的后裔马有仁重返故里开封，并带回一桶“陈年老汤”，又在开封办起马豫兴桶子鸡店。马豫兴桶子鸡的制作十分讲究，原料采用三年以下肉胰饱满、胸脯挂油、形体圆美的优等肥嫩活母鸡。宰烫煺毛，配以五味作料，用文火煨制而成。蒸熟的桶子鸡不开膛，不破肚，体形完美，色泽通透。其味道荷香扑鼻，食之咸香质脆，肥而不腻。

（六）炒三不沾

炒三不沾是安阳名菜，也叫桂花蛋。以蛋黄为主料，配以桂花糖、优质粉芡、白糖、上好大油等炒制而成。它以色、味、香、形俱全，不黏锅、盘、筷而得名。入口软香油润，甜而不腻。清乾隆皇帝南巡，路经彰德府，知府献膳，其中就有炒三不沾。乾隆帝食后大悦，立即令人记此菜的做法，从此炒三不沾传入皇宫，成为宫中名菜。

（七）郑州烩面

中原地区民众以面食为主，而中原地区面食的代表则非烩面莫属。据说，合记羊肉烩面是飞机轰炸出来的美食。抗战时期，日军飞机经常空袭郑州，当时有一位名厨叫赵荣光，特别喜欢吃面食。飞机来了，赵师傅就去躲飞机，回来后，就把剩下的面条加点羊肉汤烩烩再吃。久而久之，赵师傅发现重新烩过的面也很好吃，就潜心研究，在里面放些盐、碱，使之更筋道，做出的面别有一番风味，后来就成了风靡一时的风味美食。也有说法称烩面的发明人叫李绍卿。据说李绍卿发明烩面后，与人合伙开面馆，因为是众人合伙，因而称为“合记烩面”。河南烩面所用的面为扯面，类似拉面，但稍有不同。一般用精白面粉，兑入适量盐碱和成软面，经反复揉搓，使其筋韧。烩面的精华全在于汤，羊肉汤要选用上好鲜羊肉，经反复浸泡后下锅，撇出血沫，放入大料，将肉煮烂。下面时，锅内放原汁肉汤，将面拉成薄条入锅，放上羊肉，配以黄花菜、木耳、水粉条。上桌时外带香菜、辣椒油、糖蒜等，其味更鲜。因为面香肉烂，味道浓郁，而且价格便宜，它成了中原地区最典型的风味小吃。

（八）小笼包子

开封小笼包子历史悠久，它是由北宋时期“东京第一”的“王楼山洞梅花包子”经历代厨师逐渐改制而成。色、香、味、形俱佳，别具一格。北宋之后，灌汤包子在开封流传开来。20 世纪 20 年代，名厨黄继善创办“第一点心馆”，主营灌汤包子。30 年代，为适应市场需求，他对包子的制作方式加以革新，通过“三硬三软”和面，使面皮筋韧光滑，不漏汤，不掉皮。还改大笼为小笼蒸制，就笼上桌，旋吃旋蒸，既保持了包子的热度和形状的完美，又便于经营，备受顾客欢迎，此即为灌汤小笼包子。

（九）胡辣汤

关于胡辣汤，典籍中少有记载。可能是在明清时期诞生，民国以后逐渐推广开来。中原地区的胡辣汤以西华县逍遥镇胡辣汤和舞阳县北舞渡胡辣汤最为知名。实际上正宗的胡辣汤中只用胡椒不用辣椒，胡辣汤的意思，就是“胡乱辣”，各种辣味加在一起的那种辣。胡辣汤“内容”很多，最常见的有面筋、海带丝、粉丝、千张丝、花生米、香菜、姜末、榨菜、胡椒粉等。根据节令和地域的不同，还会有牛（羊）肉、黄豆、木耳、黄花菜、菠菜、萝卜条、葱花等。香、滑、绵、润，于吞咽之余又有东西可嚼，十分惬意。

作为一种民间小吃，胡辣汤有着广泛的群众基础。人们对于家乡的记忆，往往不是家乡的大餐，更多的是民众日常的小吃。所谓乡愁，有时候不过就是早餐时的一碗胡辣汤而已。

第十二章
中原文化的传播与扩散

产生、发展于中原大地的中原文化，有着深厚的历史渊源，是中华文化最主要的源头，中原文化也始终是中华文化发展的主流。中原文化在发展壮大的同时，也逐渐走出中原，辐射到华夏各地，最终成长为中华文化这棵参天大树。

第一节　迁播四方的中原先民和中原文化

在漫长的历史时期，由于种种原因，不断有中原移民从中原出发迁播各地，这些从中原出发的炎黄子孙，不仅传播扩散了中原文化，而且也始终没有忘记自己河洛郎的身份。

一、中原诸先民的外迁

中原人民向外迁徙，早在先秦时期就已经开始，以后历代不断，流向四面八方，就像涟漪一样不断向外扩散。这种迁徙，既有国家强制性的移民，又有自发性的迁徙；既有大规模的群体迁移，又有零星的移居。其中，次数最多、人口最众、持续时间最长的则是南迁。中原地区开发最早，人口增长速度快而耕地面积少，又因长期是政治中心所在地，并且交通便利，因而成为历代兵家必争之地。加上水旱等自然灾害及统治者的残酷压迫和剥削，剩余劳动力需要向外寻找出路，受战乱及自然灾害之苦的人们希望有一个避难的场所，这就是中原人民外迁的动因。与此相对，南方开发较晚，地广人稀，自然条件好，过去的百越之地，中原人鲜有迁徙，在动乱之时反而成为“桃花源”，一批又一批的中原人向南移居。历史上几次大的迁徙事件如下。

（一）秦代迁徙

公元前233年，秦将王翦平定楚国，翌年又攻越，破越都会稽，越君投降，秦在此设会稽郡。接着，秦始皇以屠睢为主将、赵佗为副将率领大军平定岭南。屠睢因滥杀无辜，为土著所杀，秦始皇重新任命任嚣为主将。任嚣和赵佗经过4年努力，于公元前214年平定岭南。秦始皇在南方设桂林（郡治在今广西桂平）、象郡（郡治在今广西崇左）、南海（郡治在今广州），又发逋亡人（因拖欠、逃避国家税役而逃跑后被捉住的人）、赘婿、商人戍守南方。关于这一批南迁的中原人的人数，一般认为有50万之巨。后来赵佗又上书皇帝，求没有夫家的女子3万人，以为士卒婚配，秦始皇给了1.5万人。这些人后来在岭南定居，成为中国最早的大规模南迁人民。

（二）汉代迁徙

公元前119年，汉武帝发动大规模的移民，将72.5万关东（函谷关以东）贫民迁往陇西、北地、西河、上郡、会稽。王莽末年，中原地区不仅是战乱重灾区，而且也是瘟疫流行之区，大量民众外迁。如王充的祖先就是在王莽末年迁到了会稽郡。东汉末年，洛阳遭董卓之乱，人民流移东出，先转往彭城（今江苏徐州）一带，此后向南渡江。如汝南吕氏、周氏移居安徽；开封濮氏、孔氏，固始胡氏，洛阳赵氏等分别移居江苏南部及浙江；项城程氏先移居广东，后远徙越南。

（三）晋代迁徙

西晋末年，“八王之乱”使中原动荡，北方胡人先后南下，在中原建立政权，史称“五胡乱华”。晋室南迁，建立东晋。东晋建立后，先后有祖逖、庾亮、殷浩、桓温、刘裕等组织的多次北伐行动，使这一时期战乱连连，兵燹相接。战乱导致人民大规模南迁，这一时期南迁的人，包括社会各个阶级，既有皇室、贵族等所谓的“衣冠”，也有农民、士兵、工匠、商人等下层百姓，分别迁入福建、安徽、浙江、江苏、江西、湖北等地。据《福建通志》记载，“衣冠始入闽者八族，所谓林、黄、陈、郑、詹、丘、何、胡是也”。[①] 此外，南迁的中原人还有淅川的范氏、民权的蔡氏、新蔡的干氏、淮阳的王氏、太康的袁氏和谢氏、新野的庾氏、沈丘的周氏、许昌的荀氏、杞县的江氏、西华的殷氏等。

（四）唐、五代迁徙

唐初至五代，中原人又多次南迁，其中最主要的有三次：一次在隋末唐初，一次在安史之乱后，一次在唐末。

1. 隋末唐初

据明代方志记载，唐高宗总章二年（669 年），朝廷派河南固始人陈政任岭南行军总管，率兵镇压福建南部的土著叛乱，因寡不敌众，退守九龙山。朝廷又派陈政的哥哥陈敏、陈敷率领 58 姓军校组成援兵。去闽途中，陈敏、陈敷卒，其母魏氏率众入闽。仪凤二年（667 年）四月，陈政卒，由其 20 岁的儿子陈元光代父，经过九年战争，局势平定后，于垂拱二年（686 年）向朝廷申请设立漳州，“疏请建州治于泉、潮之间，以控岭表，设刺史主其事”。宰相裴炎、狄仁杰等以为非陈元光不可，于是朝廷任命陈元光为漳州刺史，使漳州一带“方数千里无桴鼓之警”，[②] 陈元光也被后世尊为“开漳圣王”。当然，关于陈政的哥哥和母亲率众入闽，有学者提出并非从中原入闽，而是从潮州入闽。军队中可能既有中原人也有当地人，如果是这样，至少说明，在陈政、陈元光父子的时代，已经有相当多的中原人移往潮、漳之间。隋末唐初，中原战乱连绵，河洛一带为唐、郑、夏三个军事集团的主要战场之一，人民被迫流散迁徙。隋炀帝时，全国有 800 万户，而唐初只剩二三百万户，大量的人口往四周迁徙也是逼不得已的事情。

2. 安史之乱后

经过唐初休养生息，到唐玄宗天宝年间，全国户口又恢复到 800 万户左右。正在文恬武嬉之际，安史之乱爆发了，中原人民遭受了一场空前浩劫。叛军、官军、援军（回纥）每次进入洛阳都要大肆掠夺和破坏，“洛阳四面数百里，人相

① 郝玉麟监修《福建通志》卷六十六，文渊阁四库全书版。

② 河南省地方史志编辑委员会、河南省档案馆编：《河南新志》，中州古籍出版社 1990 年版。

食，州县为墟”①，“汝、郑等州，比屋荡尽，人悉以纸为衣”②。在这种形势下，中原户口大减，除死于战乱的外，其他被迫南迁。这次南迁的河南人有权、梁、元、宋等姓，分别移居江苏、浙江、福建、云南、湖北、湖南等省。

3. 唐末、五代时

唐末与五代十国时期，又是一个乱世。在这一时期，福建相对比较安定，这是因为河南光州固始人王审知在这里建立了闽国，保了一方平安。王审知生于唐懿宗咸通三年（862年），他有两个哥哥，大哥王潮，二哥王审邽。唐末各地起义军蜂起，安徽寿州人王绪率领军队攻陷固始，闻听王潮兄弟有才有勇，于是招到军中担任军官。王绪后来率军入福建，拥兵数万人。王绪喜欢猜忌，部将有才能的往往被他找个借口杀掉，王潮心中很害怕，于是与人合谋，将王绪囚禁，王绪于是自杀了。王潮兄弟苦心经营，逐渐拥有全闽，唐廷封王潮为威武军节度使。唐乾宁四年（867年），王潮去世，王审知继任威武军节度使，并任福建观察使，晋爵琅琊王。唐亡后，梁太祖朱全忠加封他为闽王。后梁灭亡后，他向后唐称臣。在他主政福建的二十多年间，提倡节俭，减轻赋税，境内比较安定。他收留重用唐朝的流亡人士作为辅佐，兴办学校，改变福建文化落后的局面。开辟海港，招徕商贾，奖励通商。本来经济文化落后的福建也逐渐发展起来。尤其是泉州、福州海外贸易的展开，打开了海上的门户，为后来宋朝时期海外交通的发展奠定了基础。在五代十国的乱世，闽中能获得30年之久的安宁，与王潮、王审知的贡献分不开。王氏兄弟随王绪入闽时，随之进入的还有为数众多的光州、寿州和其他地方的中原士人，有陈、张、李、吴、蔡、杨、郑、谢、郭、曾、周、廖、庄、苏、何、高、詹、沈、施、卢、孙、傅、马、董、薛、韩等27姓。明清之际著名的民族英雄郑成功，其先祖即是跟随王潮从光州入闽的。这是一次人口大迁徙，众多的中原士人入闽，与当地人共同开发闽地，友好相处。

（五）北宋末年

北宋靖康元年（1126年）十一月，金兵攻占开封，掳徽、钦二帝，史称

① 刘昫：《旧唐书》卷二百上《安禄山（子安庆绪）、史思明、高尚、孙孝哲（子史朝义）列传》，中华书局1975年版。

② 刘昫：《旧唐书》卷一百九十五《回纥列传》，中华书局1975年版。

“靖康之难”。1127年，宋室南迁，随行的既有皇亲国戚、达官贵族，也有下层人士。人数之多，超过以前各次。因南宋建都临安，所以此次南迁的中原人以寓居浙江、江苏者为多。此外，还有迁至上海、福建、湖北、湖南、江西、广东、广西等地的。

金元之际，尤其是金宣宗迁都开封以后，中原地区再度成为战乱重灾区。元朝末年，红巾军首先起于中原地区。明朝末年，中原地区也是官军和李自成义军决战的主战场。每次战祸，都会有中原民众外迁。

部分南迁至闽、粤一带的中原人，在明清时迁往台湾，有许多姓氏在当地发展成名门大族，还有许多人远徙海外。1953年，台湾进行过一次户籍调查，户数在500户以上的100个姓氏中，有63姓的族谱上记载其先祖来自光州固始县，这63姓共计67万多户，占台湾总户数的80.9%。

中原人民多次南迁而形成客家人。客家人肇始于秦汉，形成于4世纪初至13世纪末，是自黄河流域南徙至赣、闽及粤东、粤北等地的移民，由于是后来迁入，为“客居”，因而被称为“客家”，以区别于土著居民，后相沿成俗，这一部分汉人便自称“客家人”。客家人是汉民族的一个支系，他们讲客家话，客家话是汉民族八大方言之一。目前，全世界约有1.2亿客家人，国内主要分布在广东、福建及港澳台地区。客家人还走出国门，在海外分布于30多个国家和地区，较集中的地区是东南亚一带。无论客家人身在何处，他们的族谱里都记载着其根在河洛一带。在福建泉州和今天的洛阳都有洛阳桥，洛阳桥见证了客家文化的形成与辉煌。直到今天，不少台湾人和海外华人都称自己为“河洛郎”。

二、迁播四方的中原文化

伴随着中原移民迁播的脚步，中原文化也随之向四周扩散。中华文化各构成单元与中原文化之间有着十分密切的渊源。在一定程度上中原文化是中华文化的核心，是民族认同的基础，也是各地域文化的根源。正是中原文化，将中华文化的各文化单元凝结在一起。

（一）客家文化与中原文化

如前所述，客家人的源头可以追溯到中原地区，而客家文化也是由中原文化衍生而出的。关于客家人是什么时候形成的，学术界存有争议，但是有一点是可以肯定的，客家人是在移民迁播过程中逐步形成的，其间很难有一个绝对的标志性时间点。客家民系的定型，大体是在大规模移民终止以后。客家文化是中原先民在迁播过程中，将中原文化传播到南方地区，与南方原住民以及越、苗、畲、瑶等少数民族文化相互融合之后形成的。客家文化与中原文化的渊源主要体现在以下几个方面：

首先，客家文化与中原文化有着共同的信仰体系。客家文化是中华文化的重要文化单元，其核心信仰体系与中原文化的主体并无根本性差异。

客家文化信仰体系的基本架构，依然是由儒、道、佛所构建起来的。儒家所倡导的忠孝仁义，始终都是客家人所遵循的基本伦理道德。无论走到哪里，客家人始终没有忘记自己对于国家和社会所承担的责任，即便是身处海外，他们也没有忘怀祖先耕耘过的故土。对于亲人的孝，对于家庭的义务，始终是客家人奋斗的基本动力之一。对民众的仁，对朋友的义，也始终是客家人做人的基本准则。就这一点来说，客家人的信仰体系和中原民众并无不同。

只是由于客家人在迁播的过程中，外在环境更为凶险，天灾人祸时有发生，个人在面对巨大的社会历史变故时，往往是无能为力的，因而客家人自然而然就会祈求于神灵的护佑。相对于中原民众，客家人拜祭神灵会更多一些。这些神灵，有些是从中原带过去的，比如天地神祇、神仙菩萨等。有证据证明，闽台一带很多关帝庙与中原地区的关帝庙有着一定的历史渊源。有些神灵是客家人在迁播过程中所接受的当地的神灵，如妈祖信仰。这些信仰虽然有着非常鲜明的地域特色，但与中原地区民众的信仰也有着相通之处。所崇敬的神灵被赋予了护国佑民的职能。这些神灵并不针对某一特定地区、特定人群，在人们的观念中，他们都有普度众生的情怀。而且，人们所尊崇的神灵，往往有着一定的原型人物，这些原型人物都是道德高尚的豪杰。如妈祖的原型林默，人称林默娘，福建莆田湄洲人。自幼聪慧，知书达礼，生前多次救人。去世后，还曾多次显灵，救人于惊涛骇浪之中。妈祖信仰从宋朝就受到官府的认可。① 同时，客家人所崇奉的神灵，大都可以被佛道二教所容纳。

---

① 汪毅夫：《客家民间信仰》，福建教育出版社 1995 年版。

其次，客家人的祖先崇拜、宗族观念与中原文化一脉相承。祖先崇拜、宗族观念是中华文化的一大特色，这一特色也被客家人所传承。而祖先崇拜、宗族观念也都是起源于中原地区。

祖先崇拜对于中国人而言，完全可以上升到信仰的高度。与祖先崇拜有关的祠堂、祖坟等，都是十分神圣的。对于传统的中国人来说，活着不能到宗祠中祭祀先祖，死后不能葬入祖坟，是一件非常可悲的事情。客家人背井离乡，最放不下的就是祖坟和宗祠。从王羲之的《丧乱帖》就能看出远离故土的人们在听到祖坟遭到破坏时的悲愤之情："追惟酷甚，号慕摧绝，痛贯心肝，痛当奈何奈何!"客家人虽然远离故土，但并没有彻底抛弃祖先。一旦有机会，他们就会到中原寻根，而修缮祖坟、参拜宗祠也是寻根的一个重要内容。

同时，他们在远离故土的时候，即便再仓促，也都没有忘记把祖先的神灵牌位带在身边。以后纵然出于种种原因，难以再回故土，但是至少带着祖先牌位意味着没有抛弃祖先，在另外一个世界最终也将与祖先团聚。甚至有些人漂洋过海到了海外，也没有舍弃祖先牌位。在其祖宗牌位上，都清晰地标示着他们的祖根地就在中原。

与祖先崇拜密切相关的姓氏文化更是渊源于中原地区，据调查，客家人常用的前100个姓氏中有过半直接或间接起源于中原地区。

再次，客家人语言文字来自中原。客家人在民族上说都是汉族，这一点没有任何疑问。他们使用的书面文字是汉字，与其他地区的民众没有丝毫差别，所不同的是客家人的方言。

作为汉语的一个分支，客家话特色非常鲜明，其中有些带有明显的南方少数民族语言印记，如"母亲"一词在广州梅县一带称"阿娓（读为梅）"，在福建长汀一带称"娓娓"或"姆娓"，皆用"娓"来称呼母亲，这在汉语普通话或者其他方言之中是很少见的。而在畲族、苗族或瑶族的语言中则多用"娓"来称呼母亲，其间的渊源关系不难看出。[①] 不过，客家话的源头则要追溯到中原地区，客家先民所讲的就是中原地区的语言：河洛雅言。他们在南迁的过程中，即保留了中原官话，又吸收了客居地的方言特点，形成了今天的客家话。[②] 客家话更多

---

① 丘桓兴：《客家人与客家文化》，商务印书馆1998年版。

② 丘桓兴：《客家人与客家文化》，商务印书馆1998年版。

的则是保留了上古时期汉语的古音，如客家话中保留着完整的入声韵尾，用客语朗诵古汉语的作品，如唐诗、宋词，韵律方面比官话、普通话要吻合得多。

客家人的生活风俗很多也来自中原。客家人源自中原，也将中原地区的很多风俗习惯带到了南方，甚至海外。如源自中原地区的各种节日，都被客家人完整地继承下来。过年期间，贴春联、祭祖、燃放烟花爆竹、舞龙舞狮、走亲访友，与中原民众完全相同。有趣的是，客家人在过年的时候，一定要吃东江酿豆腐，据说在吃这道菜的时候，长辈一定会告诉年轻人，自家祖先从何而来。

（二）台湾文化与中原文化

台湾与大陆同根同源，史前时期台湾地区的考古文化，如大坌坑文化和圆山文化，与大陆东南地区的石峡文化、昙石山文化有着明显的共同点，圆山文化出土的石锛是中国东南沿海地区新石器时代晚期文化中常见的石器，在珠海流域常见的一些陶器中圜底罐、圈足碗、圈足簋等，也常见于长江中下游地区新石器时代晚期。晚期已出现少许青铜器，如大坌坑上层的一件两翼式青铜镞，与商周时代的同类器近似。

从三国时期开始，台湾开始出现在文献记载中。之后，大陆与台湾的联系日趋紧密。到了宋元时期，中原文化开始传入台湾。宋代，朝廷已经开始派兵戍守澎湖。元代设立澎湖巡检司，管理台湾、澎湖地区。明代末年，西班牙和荷兰侵略者先后占据台湾。清朝初年，郑成功将台湾作为反清复明的基地，于1662年成功收复台湾。截止至清朝统一台湾，在郑氏政权据有台湾的二十余年间，中原文化在台湾地区迅猛发展。

这里仅就儒学在台湾的发展为例，就可见这一时期中原文化在台湾的传播。郑氏据台期间，儒学在台湾的发展，首先得益于郑氏统治集团的大力提倡。随着郑氏集团在台湾统治的稳固，统治集团也开始重视文教事业的发展。1665年，陈永华向郑经提议修孔庙，建学校起初，郑经以为修孔庙、建学校并非紧急要务，似乎可以暂缓。而陈永华指出，只有兴建学校，才能推行教化、培养人才，进而世运昌隆。于是，在台湾正式建立了孔庙和学校，孔庙落成的时候，郑经亲自前往举行奠礼，观者如潮。

之后郑氏集团开始在全台推广学校教育，要求各村社建立学校，聘请中原儒生为教师，教授儒家经典。随着学校教育体系的建立，郑氏集团开始举行科举取士。天兴、万年两县，每三年举行一次考试。优秀者被选拔到承天府参加更高一级的考试。最终，经过层层选拔的优秀人才被任命为官府各级官员。正是因为官府的大力提倡，才在台湾形成了“台人自是始奋学”的局面。

其次，伴随着郑氏退守台湾的中原士人，对于儒学在台湾的传播起到了非常重要的作用。郑氏据台，奉永历正朔，一些不甘于臣服清朝的中原士人纷纷渡海来到台湾。这些人，往往具有比较高的学养，他们来到台湾以后，或是课馆授徒，或是以笃行教化乡里。“避难缙绅，多属鸿博之士，怀挟图书，奔集幕府，横经讲学，诵法先王，洋洋乎，济济乎，盛于一时矣。”①

1683 年，年仅 12 岁的郑克塽投降清朝，台湾正式归入清朝版图。清朝统治台湾之初，在台湾设立台湾府，隶属福建省。1885 年，清政府在台湾设省，1895 年甲午战败的清政府与日本签订《马关条约》，割让台湾给日本。清朝在台湾的统治前后有 210 多年。

清朝统治台湾的 210 多年间，是中原文化在台湾全面普及的阶段。仅就儒学而言，在这一时期台湾的儒学更为迅猛地发展，首先还是得益于学校教育体系的健全。清朝是中国古代科举制度最为完善的时期，与科举制度相伴生的还有一整套的学校教育制度。清朝统治台湾以后，开始将学校教育制度在台湾进行普及。就在清朝夺取台湾的 1683 年，台湾知府蒋毓英开始在台湾兴办学校。两年后，台湾府学正式成立，由福建省派一名教授负责学校事务。台湾各县也相应办起县学，设教谕、训导各一名。

不过，明清时期的所谓官学，并不负责实际的教育之责。官学所承担的主要责任是考试，每县的学校里有一定名额的生员。考取县学生员就是大家通常所称的秀才，秀才具备参加省级乡试的资格。乡试中举，可以参加由礼部举行的会试。会试取中，参加由皇帝亲自举行的殿试，即为进士。清政府统治台湾之初，无论是府学还是县学，生员数额都十分有限。后来，逐渐增加。

官学虽然不直接承担人才培养的责任，但是通过考试可以起到对教育的引领作用。当时科举考试所考的内容，就是儒家经典，考试的形式则是八股文。于

① 连横：《台湾通史》卷十一《教育志》，中华书局 1983 年版。

是，民间教育自然也就以儒家经典为主。儒学正是通过这种途径开始在台湾大规模普及的。

其次，自从郑成功收复台湾以后，台湾本土民智渐开，一些开明乡绅也大力提倡儒学教育，私塾开始在各地大量兴建，各地纷纷建立起一些有影响的书院。

明清时期的学校教育体系并不负责实际的教学，实际的教学无论是启蒙教育，还是更高等的教育，都由民间自行承担。尤其是启蒙教育，在很大程度上依赖于地方乡绅的支持。大陆民众渡海到台湾之后，往往聚族而居，他们在生活安定下来以后，也开始关注于幼童教育，大量私塾在各地普遍建立起来。在这些私塾之中，首先是教孩子们《三字经》《百家姓》《千字文》等识字书，通过这些蒙学教材，儒家所倡导的基本理念得以宣传普及于社会大众之中。之后的教授，以《四书》为主，所用的注解则是依托朱熹的《四书集注》。接下来要学习的是《诗经》《尚书》《周易》和《左传》，同时还要学习八股文的写作。大体上需要十年左右的时间，才能达到参加科举考试的程度，“十年寒窗”并非虚言！不过最后真正能读完十年的并不多，而能在科举考试中谋得出身的就更少。我们不能以有清一代台湾地区科举人数的多少来评价清代台湾地区的儒学教育，这种教育更多的意义在于普及。

明清是中国古代书院发展的顶峰，各地纷纷建立起书院。这些书院往往聘请名儒担任院长，注重高层次儒学人才的培养。清朝统治台湾的200多年间，台湾地区的书院经历了从无到有的兴衰过程。清朝占领台湾的第二年，知府卫台揆就在台湾建起了第一座书院：为文书院。据不完全统计，清代台湾的书院超过23座，分布于台南、云林、屏东、彰化、苗栗、台北、基隆、澎湖、新竹、宜兰、嘉义、凤山等县，可以说全台各地都建有书院。

在这些书院之中，影响最大的当数海东书院。海东书院于康熙五十九年(1770年)由台厦道梁文煊创建，为当时台湾规模最大的书院。不久，海东书院一度被改为科举考试的考棚。乾隆四年，台湾重建考棚之后，海东书院得以恢复。次年分巡道刘良璧捐俸倡修，贡生施士安慨捐学田近1000亩，以田租充当书院日常经费开支。当时的学政杨二酉奏请朝廷，比照福建省直辖之例，以府学教授来负责书院的教学。之后，分巡道刘良璧和觉罗四明先后两次为海东书院制定学规，加强对书院的管理。海东书院最兴盛的时候，有房屋一百多间。学者薛士中、俞荔、董文驹、施琼芳、施士洁、杨希闵、吴文溥、谢颖苏等人先后担任海东书院山长，其中施琼芳、施士洁是台湾仅有的父子进士。清末著名保台志士丘逢甲、“公车上书第一人”汪春源、著名诗人许南英、郑鹏云等人先后毕业于海东书院。这些书院的存在，对儒学在台湾的发展起到了非常重要的贡献，极大地提升了台湾地区的儒学水平。

再次，一些在台湾任职的中原士人，公务之余对儒学的大力提倡也促进了儒学的普及。清廷控制台湾之初，在台湾设一府三县。后来随着台湾地区社会经济的发展，清廷在台湾地区的行政机构设置也日趋完善。1727 年，设台湾道，辖一府四县二厅。1885 年，台湾设省，辖三府十一县三厅一直隶州。在这些行政机构中任职的，大多为中原士人。这些中原士人，具有很高的儒学素养，他们在公务之余，往往能够大力提倡儒学的教育和普及。

乾隆年间，河北文安人陈玉友先后出任台湾同知、台湾知府等职。他在任职期间，始终把文教当成政府的一项要务。每到一地，都不忘兴办学校。他曾主动带头捐资修复崇文书院。书院建成后，陈玉友继续带头捐资，帮助青年学子完成学业。道光年间，河南沁阳人曹谨曾经在台湾淡水任职，任职期间兴利除弊，受到乡民爱戴。曹谨十分重视文教事业的发展，到处开设私塾，广泛刊印儒家典籍。对于勤奋善学的青年，曹谨总是能够给予各种奖励。在他的带动下，淡水地区的儒学有了明显的发展。清朝第一任台湾巡抚刘铭传更是重视文教的典范，刘铭传任台湾巡抚期间，亲自兼任台湾学政。对于扶持台湾地区文教事业的发展，不遗余力，史称“其所以奖励科举者至矣！”①

正是这些中原士人前赴后继的不懈努力，才使得台湾地区的儒学获得了长足的发展。也正因为儒学在台湾的广泛传播，更加紧密了台湾与祖国大陆的文化联系。因而，清代台湾儒学的发展，表现为重伦理道德的宣扬普及，对于经典本身的研究，并不是其特长。儒家所倡导的一些伦理观念，开始成为台湾地区民众日常生活中基本的伦理准则。尤其是忠孝观念深入人心，这就是台湾民众在民族危机时刻，不断涌现出大量爱国志士的重要原因。也是后来虽然经历了日本 50 年殖民统治，依然对中华民族有着强烈认同感的重要原因。

---

① 连横：《台湾通史》卷十一《教育志》，中华书局 1983 年版。

第二节　万流朝宗：中原文化的传播途径

长期以来，中原地区发挥了中华文化发源地的功用，中原文化也通过各种渠道向四周辐射繁衍。

一、由移民带来的迁移扩散

从世界范围来看，移民都是文化传播扩散最重要的载体。每一个移民，都是一颗文化的种子，自觉不自觉地将原住地的文化带向移居地。在历史上，中原地区往往是移民的重要迁出地。这些移民在迁播的过程中，将中原文化扩散到各地。在中国移民史上，移民的产生有两种情况，一种是主动移民，一种是被动移民。

（一）主动移民的文化扩散

主动移民，是民众为了寻找更适宜的生存环境而进行的迁移。费孝通先生说："因为人口在增加，一块土地上只要几代的繁殖，人口就到了饱和点；过剩的人口只得宣泄外出，负起锄头去另辟新地。"[①] 在中国历史上，因人口饱和而进行的迁移经常发生，政府也往往鼓励这样的迁移，如《通典》记载唐朝曾规定：

---

① 费孝通：《乡土中国·生育制度》，北京大学出版社 1998 年版。

“居狭乡乐迁就宽乡者，去本居千里外复三年；五百里外复二年；三百里外复一年。”① 近三个世纪以来，数千万民众闯关东，就是这个类型。如民国年间，旅平河南赈灾会曾多次组织中原移民前往东北垦荒。据统计该组织前后共组织移民达数十万之多。②

在封建王朝统一控制下，出于政治的考虑，政府往往会鼓励甚至组织移民。如为了稳固帝国的疆界，中国历代统治者往往募民实边。秦始皇在取得岭南之地后，曾派大军前往驻防，后来这些人大多留居当地，秦军将领赵佗曾向秦始皇上书：“求女无夫家者三万人，以为士卒衣补。秦皇可其万五千人。”③ 这是见于记载向岭南大规模移民的开始。西汉前期，晁错曾向汉文帝建议：“令远方之卒守塞一岁而更，不知胡人之能。不如选常居者，家室田作，且以备之。”④ 汉文帝听从了他的建议。汉武帝时，随着帝国疆域的扩张，更是大规模向四方移民。其后，历代统治者都将移民实边作为巩固边防的一个重要措施。

主动移民，往往是社会的底层民众，伴随他们传播的往往是与生产生活密切相关的文化特质。农耕的生产方式，伴随着中原移民的脚步向四方扩张。史念海先生曾有一种观点，认为黄河本名一个字：“河”。“河”开始变“黄”是在西汉中期以后的事情，“这应该和当时森林遭到破坏和大量开垦土地有关”。⑤ 汉武帝取得河西走廊后，开始向西北地区大规模移民，移民在西北地区的农垦破坏了西北地区原始的植被，水土流失加剧，黄河开始变色。同样，在闯关东的过程中，伴随着大量中原移民的到来，东北地区农垦面积迅猛增加。

中原地区的衣食住行等生活文化随着移民的迁播而向四方扩散。虽然衣食住行等生活文化容易随着客观环境的变化而变化，有时中原移民迁移到新的地区也会受到当地人的影响，如太伯、仲雍迁移到吴越后就受到越人的影响而文身断发，但更多的时候，中原移民会自觉地保持中原地区的文化特色，否则就会受到人们的抨击和批评。如西汉初年汉高祖曾派陆贾出使南越，南越王赵佗故意“魋

① 杜佑撰，王文锦等点校：《通典》卷六《食货六》，中华书局 1988 年版。

② 可参见叶宗宝博士论文《一九二九：同乡与赈灾——旅平河南赈灾会研究》，复旦大学 2007 年版。

③ 司马迁：《史记》卷一百一十八《淮南衡山列传》，中华书局 1982 年版。

④ 班固：《汉书》卷四十九《爰盎晁错传》，中华书局 1962 年版。

⑤ 史念海：《河山集》（三集），人民出版社 1988 年版。

结、箕倨”会见陆贾，陆贾就批评他说：“足下中国人，亲戚昆弟坟墓在真定，今足下反天性，弃冠带，欲以区区之越与天子抗衡为敌国，祸且及身矣。”赵佗听了这番话，也很不好意思，“于是佗乃蹶然起坐，谢贾曰：‘居蛮夷中久，殊失礼义。’”①

语言文字的迁播主要依靠使用者。中原移民的到来，也将汉语和汉字带到了西域，丝绸之路上的众多考古发现，证明了汉语和汉字在西域的传播。现代语言学家已经证实，在南方的客家方言中，保留了很多上古音的孑遗。各地出现的所谓方言岛，大多与移民的迁播有关。甚至可以根据方言，勾勒出移民迁移的路线。

由于主动移民的文化水平相对不高，因而思想文化、高雅艺术等少有通过他们而得到传播的。他们的文化传播扩散，往往是无意的、无组织的。他们所传播的文化，往往与当地文化结合而产生一些变化。如今天东北地区的关东文化，就是伴随中原移民的到来而形成的。他们在闯关东的过程中，把中原文化中开拓、古朴、豪放的文化特点不断放大，与东北地区固有的文化相结合，成为今天特色鲜明的东北文化。

（二）被动移民的文化扩散

被动移民，是由于战乱和灾荒等天灾人祸而导致的移民。中原大地位居天下之中，号称得中原者得天下，因此也是战祸频仍之地。中原人民因而被迫踏上了迁播之路。

早在两汉之际，就有大批中原移民为躲避战祸而向各地迁播。西汉时期，江南地区尚处于待开发状态，瓯江流域、闽江流域仅在各自入海口有一个县。东汉以后，行政区划设置明显增加。对比长江流域两汉时期人口的变化，可以发现东汉时期长江中下游地区人口明显增加。

---

① 班固：《汉书》卷四十三《郦陆朱刘叔孙传》，中华书局1962年版。

两汉长江中下游地区人口对照表

郡国名	西汉人口	东汉人口
江夏郡	219218	265464
南　郡	718540	747604
庐江郡	457333	424683
九江郡	780525	432426
会稽郡	1032604	1181278
丹阳郡	405171	630545
豫章郡	351965	1668906
桂阳郡	156488	501403
武陵郡	185758	250913
零陵郡	139378	1001578
合　计	4446980	7104800

说明：会稽郡东汉分为会稽郡和吴郡，表中东汉会稽郡人口系两郡总和

尤其是豫章郡、桂阳郡、零陵郡的人口增加最为显著。除人口的自然增长以外，与王莽末年中原移民的大量到来有直接的关系。后世，每逢战乱，都会有大量的中原移民移居江南，或者岭南。如永嘉之乱中，大量中原移民向江南、辽东、河西地区迁移。东晋政府为了安置大量中原移民，设置了许多的侨置州郡。如在都城建康周围设置有南兖州、南豫州、南徐州。南迁的移民，清晰地知道自己的祖居地，如陈郡谢氏、琅琊王氏之后人等。两宋之际的靖康之乱，中原人民也大量南迁，《宋史·食货志》记载："高宗南渡，民之从者如归市。"① 到13世纪初，蒙元崛起，开始灭金灭宋，中原地区战火更烈，居民南迁规模也更大，历史上河南人口最少的时期便出现在元朝初年。在这次移民高潮中，南迁人口约有500万之众，多寓居浙江、江苏，并散居于上海、福建、湖北、湖南、江西、广东、广西等地。宋代诗人韩淲曾感叹："莫道吴中非乐土，南人多是北人来。"②

---

① 《宋史》卷一七八《食货志》，中华书局1963年版。

② 韩淲：《涧泉集》卷一七《次韵》，文渊阁《四库全书》本。

史书也有“中原士大夫避难者多在岭南”① 的记载。

被动移民和主动移民不同之处在于，被动移民包括了社会的各个阶层，很多社会精英、上流人物也被迫背井离乡，踏上逃亡之路。在迁移过程中，人们为了生存往往结成一个个的团体，上层人物成为人们团结的核心。他们的到来，改变了当地的文化结构。如东汉末年刘表统治下的荆州相对安宁，荆州地区成为一个重要的避难地，“关西、兖、豫学士归者盖有千数，表安慰赈赡，皆得资全”②，逐渐在荆州地区形成了一个荆州文人集团，荆州文人集团在经学、文学等许多领域颇有建树，唐长孺先生曾将荆州之学与洛阳太学进行比较，他说：“荆州学校的规模和制度远远逸出郡国学校的范畴，不妨说是洛阳太学的南迁。”③ 诸葛亮随着叔父逃亡荆州，他在荆州所交往的士人，也多是来自中原地区。这些被动移民，尤其是移民中的精英，有比较强的文化自觉，往往能自觉地承担起文化传承的责任，因而他们对于中原文化的扩散起到了非常重要的作用。夏增民在引用谭其骧先生关于永嘉移民的分布之后说：“由此可以看出，建康吴会地区移入的北方移民最多，迁入江陵长沙地区、鄱阳豫章地区的被动移民人数亦不在少数。北方移民数量规模较大的地区，与前述文化发达区域是相吻合的，这也从另一个方面论证了该地区文化发达的成因以及儒家文化中心形成的必然。”④

伴随着文化精英的被动移民，处于文化结构核心层的思想文化、文学艺术也逐渐从中原扩散到江南、岭南、辽东、河西等地。就思想文化而言，随着晋室南迁，中原士人纷纷南下，在洛阳盛极一时的玄学也随之渡江。如东晋之初的士人领袖王导就曾亲自召集士人彻夜玄谈，“殷中郡为庾公长史，下都，王丞相为之集，桓公、王长史、王蓝田、谢镇西并在。丞相自起解帐带麈尾，语殷曰：‘身今日当与君共谈析理。’既共清言，遂达三更。丞相与殷共相往反，其余诸贤略无所关。既彼我相尽，丞相乃叹曰：‘向来语，乃竟未知理源所归。至于辞喻不相负。正始之音，正当尔耳。’明旦，桓宣武语人曰：‘昨夜听殷、王清言，甚

① 李心传：《建炎以来系年要录》卷六十三，中华书局1956年版。

② 范晔：《后汉书》卷七十四《袁绍刘表列传下》，中华书局1965年版。

③ 唐长孺：《汉末学术中心的南移与荆州学派》，《襄阳师范专科学校学报》1982年第2期。

④ 夏增民：《儒学传播与汉晋南朝文化变迁》，华中科技大学出版社2009年版。

佳，仁祖亦不寂寞，我亦时复造心，顾看两王掾，辄翣如生母狗馨。’”[①]

不仅是玄学，儒学的传播也得益于这些士人。以王导为例，南渡之初，王导发现“于时军旅不息，学校未修”，就向晋元帝上书请求恢复学校制度：“故有虞舞干戚而化三苗，鲁僖作泮宫而服淮夷。桓文之霸，皆先教而后战。今若聿遵前典，兴复道教，择朝之子弟并入于学，选明博修礼之士而为之师，化成俗定，莫尚于斯。”[②] 对于他的建议，晋元帝“甚纳之”。不仅江南，辽东地区的文化也因移民的到来获得巨大的发展，如史载辽东鲜卑慕容部首领慕容皝“尚经学，善天文”[③]，其子慕容儁“雅好文籍，自初即位至末年，讲论不倦。览政之暇，唯与侍臣错综义理，凡所著述四十余篇”。[④] 他们父子的文化修养，显然与避居辽东的中原士人有关。两宋之际，由于靖康之难而南下的中原士人，推动了理学的发展重心从中原向江南、闽南的转移。如程颐的弟子洛阳人尹焞在绍兴初年南渡，曾充任经筵讲官，向宋高宗上书极力要求为理学平反，为理学在南宋的传播做出了重要贡献。邵雍之子邵伯温更是在宣和年间就预感中原将乱而迁居蜀地，使邵雍之学传到了四川。

在文学艺术领域也是如此。永嘉之乱后，大批中原士人南下，使得江南地区的文学、艺术获得了巨大的发展。琅琊王氏、陈郡谢氏、太原王氏等大族，“善属文”者代不乏人。尤其是书法艺术，因为琅琊王氏的到来，江南地区的书法艺术有了巨大的发展，王羲之、王献之父子更是做出了突出的贡献。两宋之际，因靖康之难而南下的大批士人，使得宋词的创作重心由中原转移到江南，李清照、辛弃疾、朱敦儒等人即是杰出代表。

二、通过人员往来进行文化传播与扩散

自秦始皇统一六国以后，统一成为中国历史发展的主流。虽然传统的农耕社会，社会流动相对不大，社会呈现出静止的状态，但国家的统一，为人们的广泛

---

① 刘义庆著，孙震堮校笺：《世说新语校笺·文学》，中华书局1984年版。
② 房玄龄：《晋书》卷六十五《王导列传》，中华书局1974年版。
③ 房玄龄：《晋书》卷一百〇九《慕容皝载记》，中华书局1974年版。
④ 房玄龄：《晋书》卷一百一十《慕容儁载记》，中华书局1974年版。

流动提供了条件。频繁的人员流动，促进了中原文化的传播与扩散。

（一）各地民众到中原地区的文化学习

中原地区长期是政治、经济的中心，文化处于领先地位。① 因而，中原地区成为各地民众向往的文化圣地，许多人主动前往中原学习深造，并承担起将中原文化向各地传播的使命。尤其是在大一统王朝统治下的和平年代，各地民众到中原的主动求学，往往成为中原文化传播扩散的主要渠道，尤其是思想学术、文学艺术的传播扩散更主要通过这一渠道传播。

早在西汉前期，蜀郡太守文翁曾选派蜀地青年才俊到都城太学学习。东汉建立后，政府更加重视太学的建设，太学规模不断扩大。汉桓帝时，太学生人数一度达到 3 万人。太学成为各地学子求学的首选目标，赵翼《陔馀丛考》指出："汉时，凡受学者皆赴京师。"② 之所以如此，是因为各地虽有学校，"然经义之专门名家，惟太学为盛，故士无有不游太学者"。③ 为方便学生学习，汉灵帝采纳蔡邕的建议，在洛阳太学门外刻立石经，据章怀太子李贤《后汉书》注引《洛阳记》记载，总共有四十六块石经："石经文都似碑，高一丈许，广四尺，骈罗相接。"谢承的《后汉书》还记载：立于太学门外，以瓦屋覆之，四面栏樟，开门于南，河南郡设卒看守。石经落成以后，其观视摹写者，车乘日千余辆，填满大街小巷。"④ 盛况空前。当时的太学生来自各地，两汉时期，太学生籍贯可考者总计 167 人，其中西汉 96 人，来自 37 个郡国；东汉 71 人，来自 30 个郡国。⑤ 据 1931 年出土的西晋"大晋龙兴皇帝三临辟雍皇太子义再莅之德隆熙之颂碑"记载，西晋太学甚至有来自西域的学生。这些太学生对于中原文化的扩散发挥了重要的媒介作用。

众多太学生的学习目的只是博取一官半职，但并非所有人都能如愿，更多的

---

① 曾有学者对此提出异议，如樊如霞《先越文化不落后于中原文化的探讨》一文就认为历史上闽粤文化也很发达，也是中华文明的源头。我们认为学术研究并非刻意为地域争荣誉。无论是文字，还是国家，还是思想文化，都不曾起源于闽粤地区。而且，石器时代闽粤地区的文化并没有能够实现传承，自然谈不上源头了。

② 赵翼：《陔馀丛考》卷十六《两汉时受学者皆赴京师》，河北教育出版社 1990 年。

③ 赵翼：《陔馀丛考》卷十六《两汉时受学者皆赴京师》，河北教育出版社 1990 年。

④ 范晔：《后汉书》卷七十九《儒林列传》，中华书局 1965 年版。

⑤ 参见华中师范大学范玉娥硕士论文《两汉太学研究》。

还是回归乡里，以教书为业，促进了中原文化的扩散。正如赵翼所言："及东汉中叶以后，学成而归者，各教授门徒，每一宿儒门下著录者至千百人，由是学遍天下矣。"① 如来自会稽郡的王充，"少孤，乡里称孝。后到京师，受业太学，师事扶风班彪。好博览而不守章句"。而且"家贫无书，常游洛阳市肆，阅所卖书，一见辄能诵忆，遂博通众流百家之言。"② 王充回到家乡后，以教书为业，著书立说，其中《论衡》85 篇基本完整地保留到了今天。即便不以教书为业，他们也往往能自觉地传播中原文化。如西晋敦煌人索统"少游京师，受业太学，博综经籍，遂为通儒。明阴阳天文，善术数占候。司徒辟除郎中，知中国将乱，避世而归。乡人从统占问吉凶，门中如市。统曰：'攻乎异端，戒在害己，无为多事，多事多患。'"③

隋唐以后，统治者将科举制度与学校教育制度密切联系起来，更进一步刺激了各地学子前往中央学校的学习热情，加速了中原文化扩散的步伐。如南宋初年著名《春秋》学者福建建宁人胡安国，先到开封太学学习，绍圣三年中进士后被任命为太学博士，曾历任湖南、成都等地提举学事，南宋初曾出任经筵讲官。

各地学子到中原地区学习的目的地不局限于中央所办的太学或国子学，中原地区著名学者所创办的私学也具有很大的吸引力，这些私学成为中原文化扩散的重要渠道。两汉时期，随着"儒术"独尊，私学开始兴盛，如范晔所论："若乃经生所处，不远万里之路。精庐暂建，赢粮动有千百。"④ 不仅两汉时期，后世知名学者也往往都是大教育家，及门弟子遍及天下各地。如著名理学家程颢、程颐兄弟，所授弟子都是一时俊彦。南剑（今福建南平）人杨时在中了进士之后，放弃了做官，从学于二程。"程门立雪"典故就出自杨时，"时盖年四十矣。一日见颐，颐偶瞑坐，时与游酢侍立不去，颐既觉，则门外雪深一尺矣"。⑤ 杨时与另一位南剑人罗从彦俱为程门弟子，他们共同的弟子李侗也是南剑人，人称"南剑三先生"，而李侗就是朱熹的老师。

至于虽不能亲受学于中原学者，然向往中原学术，通过各种渠道而主动学习

① 赵翼：《陔馀丛考》卷十六《两汉时受学者皆赴京师》，河北教育出版社 1998 年。
② 范晔：《后汉书》卷四十九《王充王符仲长统列传》，中华书局 1965 年版。
③ 房玄龄：《晋书》卷九十五，中华书局 1974 年版。
④ 范晔：《后汉书》卷七十九上《儒林列传》，中华书局 1965 年版。
⑤ 脱脱：《宋史》卷四百二十八《道学二（程氏门人）》，中华书局 1963 年版。

中原文化者，不胜枚举，他们对中原文化的传播也起到了积极的作用。两宋之际浙江严州人喻樗，“少慕伊、洛之学”。[①] 莆田人林光朝，“闻吴中陆子正尝从尹焞学，因往从之游。自是专心圣贤践履之学，通《六经》，贯百氏，言动必以礼，四方来学者亡虑数百人。南渡后，以伊、洛之学倡东南者，自光朝始”[②]。

（二）商贸往来所带动的文化传播

传统的农耕社会中，商贸只作为农业的补充而存在，相对来说不是很活跃。但在统一的和平时期，商贸活动往往能突破重重阻碍有所发展。司马迁在《史记·货殖列传》中记载：“汉兴，海内为一，开关梁，弛山泽之禁，是以富商大贾周流天下，交易之物莫不通，得其所欲。”[③]

来往各地的商人所传递的不仅是商品，也包括文化。当然，从广义的定义出发，商品本身就是文化的组成部分，属于物质文化的范畴。如北宋五大名窑之中的官窑、汝窑、钧窑都在河南，这些名窑产品的销售流通对中原陶瓷文化的传播扩散起到了巨大的作用。而且商品本身也往往是文化的载体，承载了一定的精神文化和制度文化。如西汉时期已经有了书店。东汉时期纸张已成为一种重要的商品，雕版印刷业出现以后，中原地区也是一个重要的出版中心。纸张和书籍的流通，加速了中原文化的扩散。

同时，往来各地的商人也是文化的载体，他们促进了中原文化的传播与扩散。中原地区自古就是商贸发达的地区，洛阳、开封、南阳等地都是著名的大都市。北魏洛阳城中设有多个市场，据《洛阳伽蓝记校笺》记载，洛阳大市“周回八里”，而且在大市周围的十个里坊也都是商业繁盛之地：“凡此十里，多诸工商货殖之民。”[④] 在中原经商的商贾，来自全国各地，甚至是异域他邦。北魏时期洛阳城中，“伊洛之间，夹御道有四夷馆，道东有四馆：一名金陵，二名燕然，三名扶桑，四名崦嵫。道西有四馆：一曰归正，二曰归德，三曰慕化，四曰慕义”[⑤]。其中就居住着一些来自波斯、大秦的商人，此时的洛阳城成了丝绸之路的

---

① 脱脱：《宋史》卷四百三十三《儒林三》，中华书局 1963 年版。

② 脱脱：《宋史》卷四百三十三《儒林三》，中华书局 1963 年版。

③ 司马迁：《史记》卷一百二十九《货殖列传》，中华书局 1982 年版。

④ 杨勇：《洛阳伽蓝记校笺》卷四《法云寺》，中华书局 2006 年版。

⑤ 杨勇：《洛阳伽蓝记校笺》卷三《宣阳门》，中华书局 2006 年版。

东方起点。隋炀帝曾在洛阳接待了大批异域胡商，出土文物也证实了异域商旅往来的频繁，如洛阳博物馆收藏有发现于洛阳的罗马银币，在洛阳还发现有中亚商人的墓地。各地辐辏而来的商贾，在商业贩卖之余，必然会受到中原文化的影响，加速了中原文化的扩散。同时，有大量中原地区的商人贩运于四方，如秦汉时期的洛阳大商人师史："周人既纤，而师史尤甚，转毂以百数，贾郡国，无所不至。洛阳街居在齐秦楚赵之中，贫人学事富家，相矜以久贾，数过邑不入门，设任此等，故师史能致七千万。"① 他们在往来经商的过程中，也将中原文化传播到四方。

（三）戍卒、刑徒等对文化的扩散

在专制集权社会里，民众除了承受经济剥削，还要承担大量的徭役，为官府的各项建设提供劳力，同时还要承担兵役，保卫国家，护卫各级贵族。徭役和兵役，促进了人员的流动，也促进了中原文化的传播与扩散。

由于中原地区长期作为统一王朝都城所在地，中原民众一般不需要到其他地区服徭役，所以中原民众的向外流动主要为戍边。历代中央王朝都在边境地区建立起大量的烽燧，田余庆先生曾说："屯田区、城堡和烽燧，西汉在北方边境的政治、军事据点，也是先进经济、先进文化的传播站。"② 在居延汉简中，有不少简牍都详细记载了戍卒的里籍，可以看到有很多中原人在居延戍边。如："戍卒魏郡内黄□居里杜收贳卖鹑缕一匹，直千……"（《居延汉简甲乙编》112. 27）"察微燧陈留郡偒宝成里蔡□子，七月中贳卖……"（《居延汉简释文合校》E. P. T51. 122）"张掖居延库卒弘农郡陆浑河阳里大夫成更年廿四，庸同县阳里大夫赵勋年廿九"（《居延汉简甲乙编》107. 3A），"南阳郡杜衍安里公乘张畜年廿六庸□□同县安居里公乘张胜年廿八"（《居延汉简释文合校》E. P. T52. 240）。虽然其他地区尚未发现如居延汉简一般丰富的出土材料，但可以肯定中原人戍守的地方不止居延。秦朝末年准备到渔阳戍边的陈胜、吴广等人都是中原人氏。西汉中期，新安人楼船将军杨仆曾到过岭南、朝鲜等地。中原人来到边塞，必然或多或少地将中原文化传播到边塞。

---

① 司马迁：《史记》卷一百二十九《货殖列传》，中华书局 1982 年版。

② 田余庆：《秦汉史》，中国大百科全书出版社 2011 年版。

各地民众向中原的流动既包括服徭役，也包括服兵役，以徭役为主。以汉代为例，民众一年需要承担劳役一月。后来，多不用亲自服役，而改为交纳二千钱役钱。实际的劳作，往往由政府动员各地刑徒来承担。新中国成立后，曾对汉魏洛阳城进行考古发掘，发现了大量的刑徒墓地。在刑徒墓地共出土了820多块墓砖，其中一些墓砖上刻有刑徒的籍贯，可以看出这些人来自全国各地。如有一块砖上写有："右部无任江夏鄂完城旦谢郎永初元年七月一日物故死在此下。"① 当然，还有大量的刑徒最终能够生还故乡。这些来自各地的民众到达洛阳后，多少会受到一些中原文化的影响，他们在一定程度上起到了文化扩散载体的作用。

三、出身中原的官员在各地的文化推广

自从汉武帝罢黜百家之后，儒生出身的官员逐渐增多，如司马迁所言，"公卿大夫士吏斌斌多文学之士矣"。② 这些儒生出身的官员，往往对于传播文化具有很高的热情。他们所传播的文化涵盖了生产生活、制度与思想文化等各个层面。他们的文化推广具有很高的效率，但也存在人亡政息的弊端。总体上看，他们对中原文化的传播扩散还是发挥了重要作用的。

自从战国时期确立上计制度以后，对地方官员的考核主要是人口和垦田面积，所以地方官员都把劝课农桑当成第一要务。就农业生产而言，中原地区长期处于领先的地位，江南、岭南地区长期处于刀耕火种的阶段。最早的铁制农具出现在中原，最早的牛耕出现在中原。出身中原地区的官吏对于先进农桑文化的扩散，发挥了重要的推广作用。如东汉初年的著名循吏任延，来到位于越南中南部的九真郡以后，发现当地人还不知道牛耕，"乃令铸作田器，教之垦辟，田畴岁岁开广，百姓充给"③。茨充担任桂阳太守期间，也是"教民种植桑柘麻纻之属，劝令养蚕织履，民得利益焉"。④ 东汉后期崔寔出任五原郡太守，发现"五原土宜麻枲，而俗不知织绩，民冬月无衣，积细草而卧其中。见吏则衣草而出"。崔寔

---

① 洛阳师范学院河洛文化国际研究中心编：《洛阳考古集成·秦汉魏晋南北朝卷》，国家图书馆出版社2007年版。

② 司马迁：《史记》卷一百二十一《儒林列传》，中华书局1982年版。

③ 范晔：《后汉书》卷七十六《循吏列传》，中华书局1965年版。

④ 范晔：《后汉书》卷七十六《循吏列传》，中华书局1965年版。

到任后“斥卖储峙，为作纺绩、织纴、练缊之具以教之，民得以免寒苦”①。

生活文化主要是人们日常的衣食住行、婚丧嫁娶等方面的文化。随着中原地区礼乐文明的确立，人们的日常生活被纳入礼乐制度的范围之中。在边远地区任职的官员，也将推广礼乐文明当成分内之务。东汉初年岭南地区的九真郡“骆越之民无嫁娶礼法，各因淫好，无嫡对匹，不识父子之性、夫妇之道”。任延到任后，“乃移书属县，各使男年二十至五十，女年十五至四十，皆以年齿相配。其贫无礼聘，令长吏以下各省奉禄以赈助之，同时相娶者二千余人”②。

史书记载的历代循吏，往往将兴学当作教化之本。东汉建武初，卫飒出任桂阳太守，下车伊始“修庠序之教，设婚姻之礼。期年间，邦俗从化”③。一代名臣李膺在担任蜀郡太守时，“修庠序，设条教，明法令”④。西晋虞溥在担任鄱阳内史时“大修庠序，广招学徒”，向下属各县宣讲了办学的意义：“学所以定情理性而积众善者也。情定于内而行成于外，积善于心而名显于教，故中人之性随教而移，善积则习与性成……今四海一统，万里同轨，熙熙兆庶，咸休息乎太和之中。宜崇尚道素，广开学业，以赞协时雍，光扬盛化。”⑤ 很快就有七百多人前来就学，号称“风化大行”。

也有一些出身中原的官员，虽然不具备兴庠修序的条件，或者没有主观的愿望，但他们在游宦过程中的文化活动，也促进了中原文化的传播与扩散。如杜甫一生仕宦未能显达，纵使有振兴庠序的想法，也缺乏实现的能力。但是杜甫在四川、湖南等地的诗文创作，在一定程度上促进了中原先进文化的扩散，促进了当地文化的发展。白居易在各地的仕宦虽未有兴办学校之举，但他在江南等地的诗文创作，同样也促进了中原文化的扩散，促进了当地文化的发展。

在专制政体下，伴君如伴虎，政治斗争极为激烈，很少有人能够在仕途上一帆风顺。官员们在仕途上的升降沉浮，在客观上起到促进中原文化传播扩散的作用。在历史上，江南、岭南等地多被看成蛮荒之地，遭到贬斥的官员往往被贬谪

① 范晔：《后汉书》卷五十二《崔寔列传》，中华书局 1965 年版。

② 范晔：《后汉书》卷七十六《循吏列传》，中华书局 1965 年版。

③ 范晔：《后汉书》卷七十六《循吏列传》，中华书局 1965 年版。

④ 范晔：《后汉书》卷六十七《党锢列传》，中华书局 1965 年版。章怀太子注引谢承《后汉书》。

⑤ 房玄龄：《晋书》卷八十二《虞溥列传》，中华书局 1974 年版。

江南、岭南等地。贾谊在出任长沙王太傅过湘江时写下了《吊屈原赋》，来抒发自己愤懑的心情。贾谊从太中大夫升任长沙王太傅，心情已是如此沉闷，后世众多遭到贬斥的官员，其心情就可想而知了。贾谊在长沙，始终没有从悲观的情绪中解脱出来，三年中没有什么建树。后世一些被贬江南、岭南的官员并不都如贾谊一般颓废。他们中的很多人，在到任以后很快就全力投入新角色之中，为当地的发展做出突出的贡献。刘禹锡在被贬期间，还不忘记向宰相建议："请下礼官博士议，罢天下州县牲牢衣币，春秋祭如开元时，籍其资半畀所隶州，使增学校，与半归太学，犹不下万计，可以营学室，具器用，丰馔食，增掌故，以备使令，儒官各加稍食，州县进士皆立程督，则贞观之风，粲然可复。"① 可以想见，刘禹锡在自己职权范围内，肯定会有兴学之举。韩愈曾两次被贬岭南，都对当地的发展做出了自己的贡献，在阳山"有爱在民，民生子多以其姓字之"②，潮州人为纪念韩愈将恶溪改名为韩江。韩愈在贬所，勤政之余，也不忘提携后进，在《送区册序》中记述了他与青年区册讲论《诗》《书》的愉悦。在潮州任上他大胆启用赵德兴办教育，改变了潮州文化落后的局面。不仅刘禹锡、韩愈等知名学者在贬斥期间不忘教书诲人，就连一般官员也都能做到"造次必于是，颠沛必于是"。如王义方被贬吉安丞（今海南昌江县）。"吉安介蛮夷，梗悍不驯，义方召首领，稍选生徒，为开陈经书，行释奠礼，清歌吹舞，人人悦顺。"③ 贬官对海南文化发展的贡献，已经成为学界的共识。

四、朝廷的文化推广

秦始皇统一六国后，朝廷在中原文化的扩散中所发挥的作用越来越重要。朝廷往往通过行政命令来推行文化同一，朝廷的文化推广具有很高的效率，在这个过程中有简单粗暴的弊端，有时对文化多样性构成破坏，但不可否认也促进了中原文化的传播和扩散。朝廷的文化推广涵盖了物质文化、制度文化和精神文化三个层面。朝廷的文化推广，主要体现在制度文化和精神文化。因为朝廷虽然注重

---

① 欧阳修：《新唐书》卷一六八《韦王陆刘柳程列传》，中华书局 1975 年版。

② 欧阳修：《新唐书》卷一七六《韩愈列传》，中华书局 1975 年版。

③ 欧阳修：《新唐书》卷一百二十五《王员韩苏薛柳冯蒋列传》，中华书局 1975 年版。

农业生产的推广，垦田和人口成为地方官员考核的重要指标，但是由于各地情况千差万别，朝廷对农业生产的推广往往仅提一些笼统的原则，以农业文化为代表的物质文化的推广，地方政府发挥的作用要超过朝廷。以下主要讨论朝廷对于制度文化和精神文化传播扩散的推动作用。

制度文化的传播扩散，主要得益于朝廷移风易俗的努力。从汉武帝罢黜百家以后，历代统治者都把移风易俗放在一个很重要的位置，认识到风俗教化对于维护统治秩序的作用，注重对礼乐文明、忠孝节义的推广。虽说统治者的目的在于维护其专制统治，但客观上促进了中原文化在全国范围内的传播扩散。在汉代，皇帝诏书中经常提到对于忠、孝等伦理道德的提倡，如汉武帝曾要求各级官员要做到："公卿大夫，所使总方略，壹统类，广教化，美风俗也。夫本仁祖义，褒德禄贤，劝善刑暴，五帝三王所由昌也。朕夙兴夜寐，嘉与宇内之士臻于斯路。故旅耆老，复孝敬，选豪俊，讲文学，稽参政事，祈进民心，深诏执事，兴廉举孝，庶几成风，绍休圣绪。"① 汉宣帝在诏书中也说："夫婚姻之礼，人伦之大者也。酒食之会，所以行礼乐也。今郡国二千石或擅为苛禁，禁民嫁娶不得具酒食相贺召。由是废乡党之礼，令民亡所乐，非所以导民也。《诗》不云乎？'民之失德，乾餱以愆。'勿行苛政。"② 汉成帝在永始四年下诏曰："圣王明礼制以序尊卑，异车服以章有德，虽有其财，而无其尊，不得逾制，故民兴行，上义而下利。"③ 朝廷的这些诏令多少也促进了中原文化的传播扩散，如三年丧制本来只通行于中原部分地区和人群之中，但到东汉中后期，三年丧已经成为普遍的礼俗，如杨天宇先生所言："三年丧，虽春秋、战国时期已很少有人施行，而到了汉代，却渐渐盛行起来，特别到了东汉，竟成风气。"④

不仅汉族政权对于推广中原风俗情有独钟，进入中原的各少数民族政权对于移风易俗也有着很高的热情，他们对于中原文化的推广力度甚至比汉族政权更大，其中最为显著的就是魏孝文帝的改革。魏孝文帝迁都洛阳后进行全面的汉化改革，强制要求北方南下的鲜卑贵族彻底抛弃鲜卑旧俗。他要求彻底革除鲜卑旧

① 班固：《汉书》卷六《武帝纪》，中华书局 1962 年版。
② 班固：《汉书》卷八《宣帝纪》，中华书局 1962 年版。
③ 班固：《汉书》卷十《成帝纪》，中华书局 1962 年版。
④ 杨天宇：《经学探研录》，上海古籍出版社 2004 年版。

有的婚俗："夫婚姻之义，曩叶攸崇；求贤择偶，绵代斯慎。故刚柔着于《易经》，《鹊巢》载于《诗》典，所以重夫妇之道，美尸鸠之德，作配君子，流芳后昆者也。然则婚者，合二姓之好，结他族之亲，上以事宗庙，下以继后世，必敬慎重正而后亲之。夫妇既亲，然后父子君臣、礼义忠孝，于斯备矣。太祖龙飞九五，始稽远则，而拨乱创业，日昃不暇。至于诸王聘合之仪，宗室婚姻之戒，或得贤淑，或乖好逑。自兹以后，其风渐缺，皆人乏窈窕，族非百两，拟匹卑滥，舅氏轻微，违典滞俗，深用为叹。"① 他亲自为皇族礼聘中原士族之女为婚。如他曾下诏推广中原语音："自上古以来及诸经籍，焉有不先正名而得行礼乎？今欲断诸北语，一从正音。年三十以上，习性已久，容或不可卒革。三十以下，见在朝廷之人，语音不听仍旧。若有故为，当降爵黜官。各宜深戒。如此渐习，风化可新。若仍旧俗，恐数世之后，伊洛之下复成被发之人。"② 其他，姓氏、服饰等许多方面都进行了彻底的变革。有一次他对留守代北的鲜卑人依然身着旧服大为不满，"昨望见妇女之服，仍为夹领小袖。我徂东山，虽不三年，既离寒暑，卿等何为而违前诏？"③

思想文化的传播扩散，主要得益于朝廷对于教育的关注。汉武帝元朔五年，诏曰："盖闻导民以礼，风之以乐。今礼坏乐崩，朕甚闵焉。故详延天下方闻之士，咸荐诸朝。其令礼官劝学，讲议洽闻，举遗兴礼，以为天下先。太常其议予博士弟子，崇乡党之化，以厉贤材焉。"④ 政府开始重新掌控教育权，到西汉末年，已经建立起比较完善的学校体系。"郡国曰学，县、道、邑、侯国曰校。校、学置经师一人。乡曰庠，聚曰序，序庠置《孝经》师一人。"⑤ 东汉以后，学校教育体系更加完善。该体系的建立，对于中原文化的传播扩散发挥了重要的作用。相对于前述出身中原的官员在各地兴学，朝廷的文教政策具有很高的效率。即便是一些对文教不感兴趣的官员，至少在皇帝诏令刚下之后不久，多少也要做一点应景文章。

一些少数民族政权在进入中原以后，不仅积极吸收中原文化的优秀成果，而

① 魏收：《魏书》卷二十一上《献文六王列传》，中华书局1974年版。
② 魏收：《魏书》卷二十一上《献文六王列传》，中华书局1974年版。
③ 魏收：《魏书》卷二十一上《献文六王列传》，中华书局1974年版。
④ 班固：《汉书》卷六《武帝纪》，中华书局1962年版。
⑤ 班固：《汉书》卷十二《平帝纪》，中华书局1962年版。

且在推广中原文化上，具有很高的热情。前秦苻坚在王猛的辅佐下一度统一北方，《晋书·苻坚载记》记载："及坚之僭，颇留心儒学，王猛整齐风俗，政理称举，学校渐兴。"[①] 而且苻坚本人"博学多才艺……亲临太学考学生经义优劣，品而第之。问难《五经》，博士多不能对"。[②]《魏书·儒林列传》："始建都邑，便以经术为先，立太学，置五经博士，生员千有余人。"[③] 北魏迁都洛阳以后，不仅重新恢复了太学，还有国子学、四门小学、皇亲之学等。各地方的学校制度也较汉代有了很大的完善。北魏献文帝时规定，大郡设博士二人，助教四人，学生一百人；次郡设博士二人，助教二人，学生八十人；中郡设博士一人，助教二人，学生六十人；下郡设博士一人，助教一人，学生四十人。周武帝宇文邕时更加重视经学，重用儒生。《北史·儒林列传》称北周武帝"征沈重于南荆……降至尊而劳万乘，待熊安生以殊礼，是以天下向慕，文教远覃"。当时天下学生、大儒虽然比不上魏晋时，然风俗之变，亦"近代之美也"[④]。

其他，诸如战争、各少数民族政权与中原王朝的交往等，也都对中原文化的传播与扩散起到了一定作用。如秦始皇、汉武帝对岭南地区的征服，极大地促进了中原文化在岭南地区的扩展。汉武帝时期，对河西走廊、朝鲜半岛的征服，也使得中原文化在这些地区的扩展成为可能。随着中原王朝的兴盛，周边少数民族政权往往会被迫或主动向中原派送质子，他们往往成为中原文化扩散的媒介。如鲜卑拓跋部早期首领沙漠汗曾经长期生活在洛阳，质子的存在对中原文化的扩散起到了重要的作用。

---

① 房玄龄：《晋书》卷一百十三《苻坚载记上》，中华书局 1974 年版。
② 房玄龄：《晋书》卷一百十三《苻坚载记上》，中华书局 1974 年版。
③ 魏收：《魏书》卷八十四《儒林列传》，中华书局 1974 年版。
④ 李延寿：《北史》卷八十一《儒林列传上》，中华书局 1974 年版。

第三节 “中”：今天的河南人

河南话中有一个标志性的词，“中”！河南人，特别爱说“中”，如果在普通话中找到对应的词，大概包含了“对”“行”“好的”“是的”等多种含义。这样一个词体现出河南人质朴、忠厚的特点，体现出中原文化中道而行的特质。所谓“极高明而道中庸”，今天的中原文化恰是达到了这样的中和境界。

一、当代中原文化的特点

伴随着文化自信力的增强，中原文化的特点也逐渐被人们所认识。大体而言，今天的中原文化，主要具有如下特点：

第一，执着的本位文化意识。中原文化尽管在不同的历史阶段多次遭遇外来文化威胁，但一直自立不变，中原文化很难被外来文化所融解，反而是外来文化被中原文化改造，最后生成的依然是“以我为中心”的文化景观。时至今日，中原文化依然在彰显着自身的价值，虽然也接纳外来的文明，但依然在保持着自身的特色，拒绝被外来文化同化。以饮食为例，当代中原饮食虽然融会了全国各地饮食的特点，但自身的特点并没有被消融，一些其他菜系在进入河南市场以后，多少也都受到中原饮食文化的影响而发生了改变。

与文化本位意识相联系的是文化优越意识。就文化心态而言，中原文化并不把自己与其他的地域文化等同看待。普遍认为中原文化可以包容其他地域文化，中原文化与其他地域文化之间的关系是干与枝的关系。

中原人的乡土意识非常强。本身中原大地就是一片得天独厚的沃土，加之农耕生产方式的保守性，造就了中原人安土重迁的性格。中原人不到迫不得已，不会离开自己的家乡，他们对家乡的土地有着很深的感情。中原人有事需要离开家乡，一般都会带上一包故乡的泥土。如果遇到天灾人祸，被迫离开家乡，中原人依然保持对家乡深深的眷恋，保持自己的身份标识。如抗战中河南遇到大范围的旱灾，大量河南人被迫逃荒，其中有大量的河南人到了陕西，据统计，目前至少有800万河南人后裔生活在陕西。这些来到陕西的河南人并没有被陕西人所同化，还是非常清晰地彰显着河南人的身份，如今在陕西西安、宝鸡一带，河南话的流行程度超过了陕西话。

当然，文化本位意识如果过分强调，就会成为文化保守主义。不可否认，中原文化之中存在一定的保守主义成分。表现为对新事物的抗拒，对变革缺乏热情，因循守旧，人云亦云。农耕文明不奢谈更新，简单的农事活动对于经验的依赖性要比对于技术的依赖性强。中原人崇尚由祖先或长者传授给他们的经验与美德，他们以尚古为美。在保留了传统的同时，也阻碍了创新。

第二，务实的心理趋向。在相当长的历史时期内，中原地区以农耕为主要的生产方式，而农业生产需要坚忍不拔和一丝不苟的精神，“一分耕耘一分收获”。在以农业为主业的经济环境下，中原人养成了务实的精神品质，这种精神在古代得到了精英文化的弘扬，最终成为中原文化的实践标准。质朴的务实心态对中原文化的影响十分深刻，表现在众多方面。如在中原人的审美观念中，不喜欢浮华艳丽，崇尚朴实厚重。在民居方面，中原地区的传统民居，更强调其实用价值，较少装饰。即便是大户人家，有一些石雕、木雕或砖雕，基本上是宣扬一些伦理故事，或表达美好的愿望，很少有单纯以审美为目的的。中原传统服饰也是在注重实用的基础之上追求实用与审美的和谐统一。

第三，强烈的家族本位意识。农耕文明的典型特征是以家庭为单位的小生产，家庭或由家庭扩大化的家族是社会的本体，社会是无数个家庭或者家族的集合，国是家的放大。家是个人生命的来源，又是个人经济的依靠和政治生活的起点。个人的社会角色首先是家庭成员，然后才是社会人。在传统社会中，中原人往往把家庭看得比个人更重要，特别重视家庭的伦理关系和个人在家庭中的责任和义务。这种家族本位意识在传统社会中抑制了人的个性，但却给家庭和社会带来了和谐与秩序，造成了传统中国“家国同构”的社会结构。

家族不仅被看成是个人生命之源，而且也被看成灵魂最后的归宿。传统的观念之中，死后不能葬入祖坟是一件十分可悲的事情。祖坟、宗祠等往往被看成是家族的象征，具有很高的地位，没有深仇大恨一般是不会去破坏别人家的祖坟的。破坏无主荒坟，也是被人们看不起的行为。

在强烈家族本位意识的引领下，中原人对于家庭伦理的重视达到了无以复加的程度。在所有伦理之中，最为重要的就是“孝”。如同所有的中国人一样，中原人将孝道看成人道之始。孝体现在许多方面，包括了对亲人的敬养，对故去亲人的丧葬祭祀。更重要的则是将孝道与做人联系在一起，认为一个人的品行不端不是个人的问题，而是事关父母乃至整个家族的声誉。所以，孝道并不随着父母的故去而终结，在父母去世以后胡作非为，最后受到法律的严惩，这将使死去的父母蒙羞，这是最大的不孝。与孝相联系的就“悌”，也就是兄弟姐妹之间的亲情以及整个家族的和睦。传统的中原人往往聚族而居，中原地区很多村庄往往以姓氏而命名，如张庄、李寨、刘营、王集等。

第四，敬天法祖的自然社会观。在传统的农耕生产方式中，人对自然有着很强的依赖性。所以，人们并不将自然看成是自身之外的“他者”，而是将自身与自然看成一个整体，强调天人合一。自然的节奏在中原人的生活中有着非常明显的影响。“敬天”的观念在中原人中广泛地存在着，尤其在春节期间，敬天的观念表现得最为突出。不过这时的“天”往往被赋予了更多人的情感和价值观念，说到底，它不是自然的“天”，而是人化了的“天”。同时，农业几乎是一种千年不变的简单再生产，农业技术的变革往往是在漫长的延续中逐渐发生的，这种变化对于某个个体生命而言，实在是慢得令人难以察觉，人们更多感受到的是祖祖辈辈的经验传授，因此老年人在生产生活中扮演着非常重要的角色。在中原人的生活中，老者长者，既是家长，又是师长，他们是经验和传统的化身，他们是智慧和德行的典范。尊老、敬老的传统在中原地区根深蒂固。在人们的观念中，老人在去世后就到了天上，依然在关注着人间，依然在护佑着子孙。“敬天”与“法祖”是紧密联系在一起的，先人是天与现实人生之间的纽带。

第五，中庸的文化品格。孔子曾经说：“极高明而道中庸。”所谓“中庸之道”就是不偏不倚的中道而行。由于农业生产来不得冒进和懈怠，农业耕作最正确的态度只能是踏实的、持久的、“不温不火”，在这中间，掌握“中”度是最要紧的。在农业文化发达的中原地区，中庸之道成为中原人整体的心理倾向。中原人反对偏激，不追求激进，待人接物温和适度，追求各方面的关系都能恰到好处。中原人一般性格温和，在与人交往中，不强人所难，往往能够推己及人，注重求同存异。河南话里的“中”，最能体现中原文化的中庸观念。

与中庸相伴随的是和谐的观念。中原文化中的和谐，包括了家庭的和谐和社会的和谐。当然“和”并不是无原则的妥协或者简单的同一，所谓“君子和而不同，小人同而不和”。中原文化中的“和”是承认差异前提下的和谐，是允许不同声音的和谐。“万马齐喑”的局面并不是和谐。儒家文化的核心内容，也是希望通过礼的规范，来达到人与人之间的和谐。老庄道家，在很大程度上强调人与自然的和谐。所谓“人法地，地法天，天法道，道法自然”。认为人应该遵循天地的规律，而天地的规律是永恒的道。道家也讲天人合一，但是他们主要追求人与自然的融合。庄子在《逍遥游》中向我们指出了放弃“小我”，追求与道合一的“大我”的逍遥境界。庄子的逍遥与无待是指人进入自然之后与自然无彼此之分。后来佛教进入中原地区以后也逐渐被中原文化“和”的特征所转变，逐渐从追求虚无的彼岸世界转变为追求内心的和谐，禅宗的产生就是这一转变的表现。

所以，中原文化并不主张简单平均，并不要求绝对一致。所谓尺有所短、寸有所长，每个人都能发挥自己的特长，取长补短，相互合作，就能相得益彰，取得最佳的效果。

中庸之道造就了中原文化和平至上的特点。传统的农业生产是自给自足的、以家庭为单位的小生产，与外界基本处于半隔绝状态，但正因为其小又与世隔绝，所以极难承受社会的变故。每次社会动荡受害的首先是农民，尤其是身处兵家必争之地的中原农民，往往首当其冲。因为他们恬静的生活是建立在稳定的社会环境基础上的，他们的生活方式使他们与世无争，他们比其他阶层更愿意过“鸡犬之声相闻，民至老死不相往来”的生活，因为这样对他们来说最为安全。这种生活方式和心理诉求必然导致和平至上的品格。这种品格在社会生活中诉诸的必然是和平的、与人为善的，甚至是逃避问题的原则。

当然，中原文化之中，也存在着很多的缺陷，或者糟粕。如缺乏创新意识，缺乏进取精神，缺乏科学的观念，缺乏民主自由法制的观念等。在一定范围内存在着崇尚权力、权威的官本位风气。集权时代形成了权力至上、尊卑有序的严密的等级结构，生活在等级结构中的人们各有各的等级定位，不得僭越。权力是地位和名利的象征，生活在权力争夺激烈的政治中心区域，中原人更加渴望权力的荣耀，渴望权力的庇佑，所以他们崇尚权力，崇尚权威。于是，他们很自然养成了浓重的官本位思想，官阶成了他们评价人生价值的标尺，其影响之深，至今未改。这些都是需要进行批判的。①

二、当代河南话

早在先秦时期，中原语音就看成雅言。后世因为政治中心长期在中原地区，所以中原语音相当长的历史时期内被看成是汉语的标准发音。唐朝人李涪曾说："凡中华音切，莫过东都，盖居天地之中，禀气特正。"② 唐代政治中心长安的方言并没有很高的地位，甚至据说当时皇帝因为说长安方言而被谏臣指为不标准。南宋的陆游说："中原惟洛阳得天地之中，语音最正。"③ 元朝人周德清说："欲正语言，必宗中原之音。"④ 到了清朝，著名学者阎若璩说："洛下为天下之中，南北音词，于此取正。"⑤ 到了清朝中期以后，由于北京明清以降一直居于全国政治中心，逐渐完成官话由河南话向辽东汉音（普通话前身）的转变。民国的国语、今天的普通话，后渐改以北京方言为标准音。

根据学者们的分析，今天的河南话大体可以分为两个大的区域。最主要的区域是中原官话区，基本分布在黄河以南地区。河南的中原官话区，又可以分为兖菏片、郑开片、安新片、洛嵩片、南鲁片、漯项片、商阜片、信蚌片、汾河片。另一个为晋方言与中原官话区之间的过渡区，基本分布在黄河以北的安阳、焦作、鹤壁、新乡一带。

今天的河南话与普通话之间的区别并不是特别大。首先，它们在语法上是完全相同的。其次，它们的句式也是基本相同。再次，河南话的语序和普通话没什

---

① 本小节参考了杨颉慧女士的研究成果。

② 陶宗仪：《说郛》卷十三下，《说郛三种》，上海古籍出版社 2012 年版。

③ 陆游：《老学庵笔记》卷六，中华书局 1979 年版。

④ 周德清：《中原音韵》《起例》，文渊阁《四库全书》本。

⑤ 阎若璩：《古文尚书疏证》卷五下，中华书局 2010 年版。

么差别。在许多词语称呼上，河南话与普通话之间也没有什么区别。具体到字的发音上，河南话与普通话的发音也非常接近，区别只是在于声调的不同。尤其是郑州话，与普通话之间的差别非常小，基本上是普通话的发音，河南话的声调，有人称之为河南味儿的普通话。就因为河南话与普通话之间的区别非常小，河南话一般都能被人们听懂。

河南话的特点首先是历史悠久。早在先秦时期，河南话就被称为“雅言”。后世河南话也长期作为汉语的标准发音。学者们研究发现，今天河南话的发音体系基本上在北宋时期就已经形成。其次，河南话简单明了，清晰易懂。河南话没有复杂的语法和句式，也没有含义晦涩的词语，一般能听懂普通话的人都能听懂河南话。再次，河南话吐字清晰，声音圆润悦耳。河南话不像有些地区的方言那样给人一种生硬的感觉，语气和缓，而且音高并不很高，带有很多儿化音，听起来亲切悦耳。最后，河南话具有非常强的表现力，有许多很传神的词语。最具有代表性的就是河南人口里的“中”，它的含义非常丰富，在普通话里很难找到合适的对应词语。

结语　凤凰涅槃

一、辉煌过去后的沉寂

自从北宋末年金兵铁骑踏破了东京城的繁花梦境之后，中原地区就逐渐丧失全国政治、经济、文化中心的地位。不仅如此，频繁的战乱给中原人民造成了深重的苦难，中原地区曾经的辉煌渐渐远去。

在靖康之乱中，中原地区遭到严重破坏，宋都开封从一座国际级的繁华都市迅速衰落。大批中原人被掳掠到北方，或逃亡江南。中原地区的经济发展一落千丈，就农业而言，水利系统逐渐荒废。手工业生产方面也遭到严重破坏，北宋官窑、汝窑、钧窑都被毁弃。中原地区的文化发展，也日趋于凋零。金朝末年，中原地区再次遭到蒙古铁骑的践踏。元好问的“丧乱诗”就字字血泪地描绘了中原地区悲惨的景象。金朝灭亡后，中原地区人口锐减，河南人口记录的最低值就出现在这个时期。经过大约百年的恢复，中原略有起色，随后红巾军起义，中原地区又成为主战场。到了明朝末年，李自成、张献忠等多次转战中原，中原地区再遭兵燹，刚有所恢复的元气又荡然无存。

近代以来，中原地区的苦难还在延续。北洋时期，中原地区匪患肆虐，同时各地土匪军阀横行乡里，为恶一方。短短十余年间，河南军政长官如走马灯一般换了一茬又一茬，督军换了9任，省长换了12任，无不极尽搜刮之能事。国民政府时期，河南仍是战乱频繁。在国民政府成立不久，1929年10月河南就发生了蒋冯战争，隶属于冯玉祥的宋哲元部通电反蒋。1929 年 12 月，又发生蒋唐战争，唐生智联合石友三通电反蒋。1930 年，又爆发了更大规模的中原大战。1930 年 4 月，阎锡山、冯玉祥、李宗仁等联合发动反对蒋介石的战争，是中国近代史上一次规模最大的军阀混战。战争前后历时半年，双方动员兵力近百万。中原生灵再遭涂炭。各路军阀，你方唱罢我登场，中原民众形象地将他们称为“蚂蚱队”，也就是说凡有他们到来的地方，如同遭受蝗灾一样，草木无遗。

1937 年日军侵入河南省，中国守军节节败退。11 月日军攻陷安阳。次年 2 月，豫北几乎全陷。5 月，日军连陷豫东数城。6 月 6 日开封失陷。9 日国民党军队在郑州花园口炸开黄河大堤，以水抵挡日兵，却造成大量人民死于非命。8 月，日军华中派遣军一部由皖入豫，国民党军队第七十一军在固始东南部的富金山顽强抗击后失利。1941 年 1 月日军发起豫南战役，第五战区司令长官李宗仁率部以很大的伤亡代价，痛击日军。1944 年 4—5 月间日军发起河南战役，攻陷豫中、豫西大片土地。1945 年初国民党军队经豫西南会战、鄂北会战再次溃退。日军在 8 年中先后占领县城 113 座，河南省仅有 9 县未陷入日军之手。河南省政府被迫迁往豫西南的山区，1945 年还被迫从西峡县丹水镇迁往位于大山深处的卢氏县朱阳关。

抗战胜利后不久，内战爆发。1946 年 6 月国民党军队以 30 万兵力向中原解放军发起进攻，被看作内战全面爆发的标志。

与战乱相伴随的是接连不断的天灾，仅就现代以来的灾荒来说，发生于 1942—1943 年的灾荒，是现代河南灾害中最为严重的一次，人民生灵涂炭，民不聊生。这次灾荒始于 1941 年，1942 年呈大荒，1943 年到达顶峰，到 1944 年才有所缓解。从时间上来看，1942 年是旱灾，1943 年是蝗灾。从区域上看，豫西、豫北以旱灾蝗灾最为严重，豫东、豫南则以水灾为重。这次灾荒造成 300 万人饿死，300 万人逃荒，几乎全省 3000 万人都成了难民。造成这次灾荒的原因有自然原因也有社会原因，但最根本的是社会原因，“水、旱、蝗”当然是“天灾”，但造成数百万人死亡的则主要是“人祸”，即当时政治的腐败、政府的严重失职。当时的驻军河南的汤恩伯，被人们看成河南民众“水、旱、蝗、汤”四大灾害之一。冯小刚执导的电影《1942》非常生动地向大家展示了河南人民曾经遭受的深重苦难。

天灾与人祸的交相发作，河南地区逐渐从物华天宝的沃土，沦落为经济落后、民生凋敝的贫瘠之所。中原文化逐渐从中华文化的核心区域被边缘化，失去了经济的支撑，中原文化出现了很明显的断层。流散四方的灾民成了很多人对河南最深刻的印象，在很多人的眼中，河南人是贫穷、落后、愚昧、狡黠的代名词。甚至在一定范围内形成了对河南的地域歧视。河南人被一些人称为“河南蛋”，河南人成了人们讽刺、揶揄的对象。当然，近代河南落后的原因是多方面的，但天灾和人祸，无疑是最主要的因素。

二、浴火重生的河南

在一定程度上，河南可以被看成是中国的代表，曾经创造过令人欣羡不已的辉煌，但又面临着辉煌过后的沉寂、苦难和沦落。同样，伴随着中国整体的再次腾飞，河南也开始了凤凰涅槃般的重生。

如今的河南，充分发挥了地处中原腹地的区位优势，凭借交通枢纽的便利条件，社会经济获得了长足的发展。农业方面，粮食产量稳步增长，占全国的1/9、油料产量占全国的1/7、牛肉产量占全国的1/7、棉花产量占全国的1/6。河南也是食品工业的大省，涌现了“三全”“思念”“双汇”等一大批全国知名品牌。河南工业门类覆盖了国民经济行业的38个大类，其中汽车、电子信息、装备制造、食品、轻工、建材等产业成为河南经济增长的强劲引擎。近年全省服务业增加值以高于10%的速度稳定增长，服务业总量居全国第九位。河南已经成为在全国举足轻重的商贸中心。河南的经济总量连续多年位居全国第五。河南的文化教育事业也稳步发展。如在电视方面，出现了一批在全国范围内有重要影响的栏目。在出版行业，中原出版传媒集团于2012年在A股上市。教育领域内，河南省拥有38所普通本科高校，其中8所省部共建高校。2011年9月29日，国务院出台《国务院关于支持河南省加快建设中原经济区的指导意见》，把建设中原经济区上升为国家战略。中原经济区战略定位为：国家重要的粮食生产和现代农业基地，全国工业化、城镇化和农业现代化协调发展示范区，全国重要的经济增长板块，全国区域协调发展的战略支点和重要的现代综合交通枢纽，华夏历史文明传承创新区。随着中原经济区建设的展开，河南的社会经济发展已经步入一个全新的发展阶段。中原的再次腾飞指日可待。

伴随着中原经济社会的发展，中原文化也随之崛起。中原文化的崛起，表现在内、外两个层面。首先，从外来说，人们对中国传统文化的认知在发生着潜移默化的改变，传统的价值再次被人们拾起，有人将这一现象称之为“文化自觉”。文化自觉的表现就是持续的“文化热”“国学热”。在这样一个历史背景下，作为中华文化根源地的中原大地，作为中华文化核心内涵的中原文化，再度成为人们关注的热点。正如上海交通大学胡惠林教授所言：“如果没有中原文化，我们都会失去回家的路，我们的灵魂将无所皈依。中原，是中国人的精神家园，是中华之源、中国之源。”国家对文化软实力也日益重视，在规划中原经济区的时候，特别强调要在中原打造华夏文明历史传承创新区。

其次，从内部来说，河南省也开始认识到文化对于经济社会发展的重要性，开始着重推动中原文化的再次腾飞。河南自 2005 年以来开始实施“文化强省”战略，推动河南从文化资源大省到文化强省的转变。这是面对文化经济化、经济文化化、文化经济一体化历史发展大势的战略选择。实施“文化强省”战略是河南经济社会发展的现实选择，是满足人民群众不断增长的精神文化需求的需要，也是以人为本，实现人的全面发展的需要。

在大环境和小环境的共同推动下，河南的文化建设呈现出蒸蒸日上的局面。如在非物质文化遗产保护方面，先后公布了多批保护名录。在文化产业发展方面，也进行了许多有益的尝试。尤其是在精神文化建设方面，开始深入挖掘传统文化的时代价值，打造今日河南人的“三平精神”，即“平凡之中的伟大追求，平静之中的满腔热血，平常之中的极强烈责任感”。

可以肯定的是，中原文化曾经走过无比辉煌而又灾难深重的过去，在全体中原儿女的共同努力下，中原文化必将创造出更加辉煌灿烂的明天。